中国物流专家专著系列·2021

国际陆港理论与实践

徐德洪　著

中国财富出版社有限公司

图书在版编目（CIP）数据

国际陆港理论与实践／徐德洪著．—北京：中国财富出版社有限公司，2021.8

（中国物流专家专著系列）

ISBN 978－7－5047－7508－5

Ⅰ.①国… Ⅱ.①徐… Ⅲ.①物流管理—研究 Ⅳ.①F252.1

中国版本图书馆 CIP 数据核字（2021）第 170971 号

策划编辑 张　茜　赵雅馨　　**责任编辑** 白　昕　王新月

责任印制 梁　凡　　**责任校对** 杨小静　　**责任发行** 敬　东

出版发行	中国财富出版社有限公司		
社　　址	北京市丰台区南四环西路 188 号 5 区 20 楼	**邮政编码**	100070
电　　话	010－52227588 转 2098（发行部）		010－52227588 转 321（总编室）
	010－52227566（24 小时读者服务）		010－52227588 转 305（质检部）
网　　址	http://www.cfpress.com.cn	**排　　版**	宝蕾元
经　　销	新华书店	**印　　刷**	北京九州迅驰传媒文化有限公司
书　　号	ISBN 978－7－5047－7508－5/F·3351		
开　　本	710mm×1000mm　1/16	**版　　次**	2021 年 10 月第 1 版
印　　张	25.5	**印　　次**	2021 年 10 月第 1 次印刷
字　　数	444 千字	**定　　价**	110.00 元

作者简介

徐德洪，男，汉族，籍贯四川，1975 年 11 月出生，硕士研究生学历，副教授/高级物流师，硕士研究生导师，陕西省优秀教师（2019 年），陕西省五一劳动奖章（2021 年）获得者。

现任西安外事学院物流学院院长、陕西自贸区研究院副院长、陕西省“一带一路”国际陆港物流联合研究中心办公室主任。兼任西部陆海新通道首批智库专家、教育部物流教指委物流管理专业工作组成员、中国物流学会特约研究员、中国条码自动识别技术协会常务理事、中国开发区协会陆港分会特聘专家、陇海兰新经济促进会秘书处副主任、陕西省物流学会副秘书长、陕西省物流与采购联合会专家、西安市物流与采购联合会专家委员会副主任委员和陕西省会展行业协会高级顾问、西安市会展协会顾问等。

主要研究方向：国际陆港、条码自动识别技术与应用、会展经济。

序　一

纵观全球现代物流的发展，各种物流要素和资源禀赋聚集度最高的是港口，这是基于国际贸易中超过 70% 的货物是通过海洋运输来实现的。港口的代际发展历程也进一步展示了港口在聚集发展要素、功能要素和服务要素中的枢纽作用。随着我国改革开放的深入推进，特别是“一带一路”倡议下的新一轮西部大开发，使得港口的功能延伸到了内陆腹地，陆港应运而生，成为带动内陆地区外向型经济发展的重要平台。具有和海港一样的功能要素、运输通道，并叠加了便捷的通关服务的陆港在国内蓬勃发展，成为现代物流发展的重要形态。

我国物流高等教育经过 20 多年的发展，已形成了 712 个专业布点（截至 2021 年 7 月）的规模，其中物流管理专业点 525 个、物流工程专业点 141 个、采购管理专业点 7 个、供应链管理专业点 39 个，物流类学科专业布点的布局发展的背后是我国蓬勃发展的物流业。在高校物流研究领域中，有部分学者围绕广义的“港口”开展研究，比如沿海地区的物流高校，大多研究港航物流；也有部分航空类院校的学者研究航空物流。陆港在我国内陆地区蓬勃发展后，在全国数千名物流高校教师中，有一部分人聚焦国际陆港领域，使其成为现代物流研究的一个重要新兴领域。

西安外事学院是一所在国内享有较高知名度的民办高校，已有近 30 年的办学历史，物流管理专业是该校第一个省级一流建设专业。2015 年本人曾和同事受邀访问该校，在此过程中本人了解到该校物流管理专业长期以来面向中西部内陆地区，培养陆港物流人才，徐德洪副教授带领的科研团队长期从事国际陆港理论和实践研究，该团队围绕国际陆港的定义、陆港物流和实施设备标准、陆港的发展模式及其趋势、国际陆港运输代码、陆港物流人才培养体系和陆港型国家物流枢纽等展开了系统研究，取得了丰硕的成果。值得一提的是，本人在该校访问期间适逢该校建成了全国第一个国际陆港物流综合仿真实验室，后来本人又去西安国际港务区参观调研了实际的陆港物流园区，发现实验室的规划设计走在了实践的前面，体现了国际陆港研究团队科研的价值和引领行业发展的现实意义。

《国际陆港理论与实践》是一部以国际陆港为主要研究对象的学术专著，全书分为上、下两篇共八章内容，其中上篇主要是国际陆港理论研究，主要从现代物流的经典理论、海港的发展引申到国际陆港，较为系统地介绍了国际陆港在中国的起源和发展、国际陆港研究理论和人才培养；下篇主要结合国内外陆港的发展和我国陆港型国家物流枢纽发展案例，较为系统地介绍了西安、成都和乌鲁木齐三个陆港型国家物流枢纽建设案例。

该书既是国际陆港研究领域的一部学术专著，也是一本很好的国际陆港物流专业教材。不仅适用于广大物流理论研究工作者，同时也是广大国际陆港行业管理者、国家物流枢纽规划设计人员和政府物流管理部门工作人员重要的参考工具书。本书对于我国国际陆港的发展和陆港物流人才的培养具有重要的参考借鉴价值。

2021 年 7 月

（教育部新文科建设工作组副组长、物流教指委主任、上海海事大学原校长黄有方教授）

序　二

近年来，陆港的蓬勃发展成为我国物流业界一个重要的标志，在广大内陆地区乃至沿海城市开通的中欧班列成为带动外向型经济发展的重要抓手。从西安学者席平于2000年率先提出“陆港”的概念后，陆港从最初依托沿海港口在内陆地区开设分支机构到现在发展了200多个，充分展示了国际陆港的生机和广阔的发展前景。

2018年12月，国家发展改革委联合交通运输部发布了《国家物流枢纽布局和建设规划》。依据区域经济总量、产业空间布局、基础设施联通度和人口分布等，统筹考虑国家重大战略实施、区域经济发展、产业结构优化升级等需要，结合“十纵十横”交通运输通道和国内物流大通道基本格局，选择127个具备一定基础条件的城市作为国家物流枢纽承载城市，规划建设212个国家物流枢纽，包括41个陆港型、30个港口型、23个空港型、47个生产服务型、55个商贸服务型和16个陆上边境口岸型国家物流枢纽。在此规划文件中，国家层面布局的陆港型国家物流枢纽数量超过了港口型和空港型国家物流枢纽数量。从前两批国家物流枢纽获批城市和类型来看，全国已有12个陆港型国家物流枢纽获批，充分说明国际陆港发挥的重要战略价值和作用。

在当前百年不遇的世界大变局和“双循环”背景下，国际陆港不仅是国家基础设施网络的重要组成部分，而且是现代供应链协同创新的重要平台，还是内陆地区经济体系的重要支撑。在物流业增速放缓、结构调整、企业集中、市场细分、“三链”协同、技术驱动、枢纽网络、生态融合、政策发力和人才制胜十大发展趋势下，国际陆港也进入从规模扩张到内涵发展的转折阶段。在此过程中影响国际陆港发展的新技术、新理念、新模式不断涌现，需要各地区陆港结合本地区的资源禀赋和区域经济发展需求作出调整，同时陆港如何与海港进一步融合发展、与空港联动发展，是未来陆港发展的重要研究课题。

本书有三个特点：一是系统性，本书梳理总结了国际陆港的起源与发展，对陆港前沿理论和人才培养等进行了系统研究；二是理论联系实际，本书既有陆港发展机理、陆港定义等基础理论研究，还结合国内外实践案例进行了分析研究，具有实践参考价值；三是与时俱进，本书结合中欧班列和国际运输代码的发展，运用“港产城”理论，进一步丰富了陆港的发展内涵。本书不仅可作为广大物流科研工作者研究参考用书，还可作为高校物流专业教材，同时还对陆港发展和管理部门有一定的借鉴价值。希望有更多的物流科研工作者投身国际陆港理论与实践研究，进一步完善我国陆港理论体系，为中国陆港的高质量发展贡献智慧和力量！

贺登才

2021.7.30

（中国物流与采购联合会副会长、中国物流学会（执行）副会长贺登才）

前　言

多年前，本人就萌生了编写一本研究“国际陆港”方面专著的想法，一来国际陆港正蓬勃发展，需要有这样的学术成果对行业发展提供智力支持；二来作为国内“陆港”理论和实践项目的策源地，西安物流学界需要有这方面系统性的研究成果“扛旗”。这些年来，尽管一直致力于物流领域和国际陆港方面的教学和研究，但是一直未能静下心来认真写作，加之繁杂事务的影响，使得编写计划一再搁置。

2018 年 12 月，国家发展改革委和交通运输部联合发布了《国家物流枢纽布局和建设规划》，在这份文件中陆港型国家物流枢纽的数量（41 个）居然超过了港口型（海港，30 个）和空港型（23 个）国家物流枢纽的数量，可见在国家物流枢纽的发展规划和布局上，陆港型国家物流枢纽在带动内陆地区现代流通体系建设、助力外向型经济发展中的重要作用。受此文件的启发，加之本人近几年来一直参与合肥、徐州、西安等地国家物流枢纽的申报建设，点燃了本人加快编写国际陆港专著的激情。

近年来，中欧班列的蓬勃发展带动内陆地区深度融入“一带一路”大格局，特别是在 2020 年席卷全球的新冠肺炎疫情冲击下，全国各地的中欧班列逆市上扬，成为我国物流业发展中的一面旗帜，进一步凸显了国际陆港在非常时期发挥的重要作用。西安开行的中欧班列近年来表现抢眼，开行量、重箱率、货运量等核心指标连续三年领跑全国。作为陆港“发源地”的西安国际港务区功不可没。作为西安研究“陆港”的物流人，本人再次感受到加快编写专著的重要意义。

本书集成了本人多年以来对国际陆港的研究成果，既有对国际陆港概念的理解和研究，也有对国际陆港的设立条件、选址规划、发展模式、设施及运营规范和国际陆港代码研究，还有结合国家物流枢纽建设要求的实践案例分享。其中，国际陆港代码研究具有较强的创新性与前瞻性，是我们团队和西安市质量与标准化研究院合作研究的智力成果，下一阶段我们将申报国家标准。此外，《陆港设施设备配置和运营技术规范》是我们团队和交通运输部水运科学研究院的合作成果，已经通过交通运输部于 2018 年发布实施，也是国际陆港研究的重要标志性成果。

与其他纯学术的专著相比，本书有以下几个特点。

一是系统性。目前国内有关国际陆港的著作主要有以下三本，分别是长安大学董千里教授所著的《物流集成场：国际陆港理论与实践》，大连海事大学孙家庆教授等人编著的《集装箱内陆港理论与实务》和国内“陆港理论”首创者席平研究员和刘金鑫、吴建烈、张宇圣所著的《陆港经济》。与这些学者的成果相比，本书较系统全面地梳理了国际陆港相关理论和实践案例，包括国外有关学者的理论研究和实践案例。

二是创新性。本书中的很多研究成果是本人多年研究的结果，既有原创性研究，也有参照其他陆港理论学者研究成果的再研究，特别是系统研究陆港代码，形成与海港、空港代码不同的编码体系，是陆港理论界的较大创新成果并具有较强的应用推广价值。

三是实践性。本书在编写过程中注重将与现代物流、港口理论有关的学术成果进行整理，进而形成对陆港理论的启示与带动，最后落脚于实践应用。实践案例部分重点结合陆港型国家物流枢纽项目介绍，也有代表性国际陆港在建设国家物流枢纽过程中的功能定位与发展路径，这些实践案例不仅是陆港理论的延伸，同时具有很强的应用推广意义，值得国内其他陆港项目参考借鉴。

由于本人学术水平有限，本书在编著过程中难免存在诸多不足和问题，敬请各位同人批评指正。

作　者

2021 年 5 月

目 录

上篇 理论篇

下篇　实践篇

上篇　理论篇

第一章　现代物流的经典理论

在现代社会生活中，物流活动已经成为一种司空见惯的经济活动，成为人们日常生活中的重要保障。2020 年，在席卷全球的新冠肺炎疫情冲击下，全球多个城市采取了紧急措施，在此期间物流发挥了无可替代的应急保障作用，进一步印证了一个城市可以没有旅游业、工业、农业，但不能没有物流业，凸显了现代物流活动的重要性。早在 2009 年，国务院就将物流业列入十大振兴产业之一，同时，物流业也是十大振兴产业中唯一的生产性服务业。物流业的振兴和发展，不仅是物流业自身发展的需要，也直接关系到我国整体经济竞争力的提升。作为现代服务业的重要分支领域，物流业跟其他行业密切相关，是连接各行业的重要纽带，也是使国内外市场相连的重要载体。发展至今物流业已经成为一头连着生产，一头连着消费，支撑国民经济发展的基础性、战略性、先导性产业，在市场经济中的地位越来越凸显。

第一节　物流的由来与内涵

一、物流的由来

众所周知，“物流”一词是个“舶来品”，日本经济学界于 20 世纪 50 年代中期，从美国的“Physical Distribution”一词演变而来，原意是“物流的分发”，日本译成“物的流通”，到了 20 世纪 60 年代中期，改称为“物流”。物流最直接的解释，是指物的实体流动。关于物流的概念，由于人们对物流的认识是一个不断深化的过程，所以目前还未有一个严格的定义。在我国，对物流概念的引入是在 20 世纪 70 年代末，改革开放以后的事情。而把物流作为一门学科进行研究，是在 20 世纪 80 年代中期以后，随着我国经济社会的迅速发展，对物流合理化的需求，促使我国实业界以及一些从事流通和生产制造研究的学者和专家，开始了对物流问题的研究。

二、物流的定义

目前，物流还没有一个统一的定义，各国的专家学者和相关组织结构从不同的角度给出了不同的定义。同时，物流还是一个发展中的概念，随着理论和实践的发展，物流的定义也将不断地发生变化。目前，比较有代表性的物流定义主要有以下几个。

（一）国外对物流的定义

1. 美国对物流的定义

2002 年，美国物流管理协会将物流定义为：物流是供应链运作的一部分，是以满足顾客要求为目的，对货物、服务和相关信息在产出地和消费地之间实现高效且经济的正向和反向的流动和储存所进行的计划、执行和控制过程。

2. 日本对物流的定义

在日本，不同学者对物流有不同的定义，最有代表性的是 1981 年日本日通综合研究所给出的物流定义：物流是将货物由供应者向需求者的物理性位移，是创造时间价值和场所价值的经济活动，包括包装、搬运、保管、库存管理、流通加工、运输、配送等活动领域。

3. 欧洲对物流的定义

1994 年，欧洲物流协会发表的《物流术语》中将物流定义为：物流是在一个系统内对人员及/或商品的运输、安排及与此相关的支持活动的计划、执行与控制，以达到特定的目的。

4. 加拿大对物流的定义

1985 年，加拿大物流管理协会给出的定义为：物流是对原材料、在制品库存、产成品及相关信息从起运地到消费地的有效率的、成本有效益的流动和储存进行计划、执行与控制，以满足顾客需求的过程。

（二）我国对物流的定义

中华人民共和国国家标准《物流术语》（GB/T 18354—2006）中，物流的定义为："物品从供应地向接收地的实体流动过程。根据实际需要，将运输、储存、装卸、搬运、包装、流通加工、配送、信息处理等基本功能实施有机结合。"

从以上定义中可以看出，物流泛指物质资料实体的物理性移动，包括场所位置的转移和时间的占用。物质资料的这种物理性移动存在于社会再生产的全过程，包括物质资料在生产领域里生产过程中各阶段之间的流动，以及从生产所在地经供应所在地向消费所在地，或从生产所在地直接向消费所在地的流动，以实现物流的空间效用和时间效用。

第二节　"第三利润源泉"与"冰山理论"学说

在现代物流发展的过程中，具有代表性的经典理论主要是日本学者的"第三利润源泉"和"冰山理论"学说，以及与此密切相关的美国学者"黑暗经济大陆"学说。

一、"第三利润源泉"

1. 学说由来

"第三利润源"的说法是日本早稻田大学教授、日本物流成本学说的权威学者西泽修教授于 1970 年在其著作《流通费用——不为人知的第三利润源泉》中提出的。从历史发展来看，人类历史上曾经有过两个大量提供利润的领域。第一个是生产领域，第二个是销售领域。在前两个利润源潜力越来越小、利润开拓越来越困难的情况下，物流领域的潜力被人所重视，被称为"第三利润源"。西泽修教授认为物流可以为企业在生产经营过程中提供大量直接或间接的利润，是形成企业经营利润的主要活动之一。

从全球经济发达体的发展历程来看，在生产力相对落后、社会产品处于供不应求的历史阶段，由于市场商品匮乏，制造企业无论生产多少产品都能销售出去。于是就大力进行设备更新改造、扩大生产能力、增加产品数量、降低生产成本，以此来创造企业剩余价值，即第一利润。当产品充斥市场，转为供大于求，销售产生困难时，也就是第一利润达到一定极限，很难持续发展时，便采取扩大销售的办法寻求新的利润源泉，这就是第二利润。然而，当生产和销售也达到了一定极限时，发现物流不仅可以帮助扩大销售，而且也是一个很好的新利润增长源泉，形成了“第三利润源泉”说。同样的解释还反映在日本另一位物流学者谷本谷一先生编著的《现代日本的物流问题》一书和日本物流管理协议会编著的《物流管理手册》中。

2. 学说的引进和对行业的发展影响

1985 年廖进球先生在《浅谈加强物流研究的几个问题》一文中提及了“第三利润源泉”概念，综合中外物流机构和学者的各种表述，认为应该从静态和动态的统一中把握物流的概念，其关键在于要用现代流通的观点去认识物流，提出开发物流领域是一项紧迫任务，并提出了改变我国物流落后状况的几点建议。1989 年，胡椿芳在《试论开辟企业第三利润源》一文中对于“第三利润源泉”概念作出解释，认为降低物流成本即开辟企业第三利润源泉，并通过实际数据证明物流现代化管理是开辟第三利润源泉的重要途径，提出六个管理途径。1992 年，杨学富和柳延峥在《开发第三利润源泉提高企业经济效益》一文中提出了第三利润源泉的由来，以及开发第三利润源泉的具体内容和措施，将理论联系实际。

2015 年，李宏财将“第三利润源泉”概念应用到发电领域，结合电厂物流管理的特点，梳理陡河电厂物流管理的业务流程，最终完成物流控制系统的设计，实现了物流、现金流、信息流运作畅通并闭合形成一个完整的反馈控制系统，为企业带来巨大的经济效益。2016 年，廖理将“第三利润源泉”概念应用到建筑领域，提出海外建筑施工企业在企业资源管理方面存在的缺陷，并提出相应的管理对策。2017 年，李腾将“第三利润源泉”概念应用到医药领域，就医药领域供应链管理所具有的特殊性，探索改善医药供应链管理运营效率的方法。2019 年，赵艳丰将“第三利润源泉”概念应用到印刷领域，认为削减入厂物流费用将成为印刷机械制造企业可挖掘的第三利润源泉，并提出三个削减途径。

2015 年，张建忠认为企业的物流系统是企业生产经营管理的重要组成部分和成本控制的关键环节，应通过物流系统来降低生产成本，充分发挥“第三利润源泉”作用，为企业创造更大的价值。殷晓婷认为“第三利润源泉”的重点在于采购成本的控制和降低，从采购成本对企业经营管理的影响来说明控制采购成本的重要性，并从目前采购管理存在的问题来分析如何控制和降低采购成本，为企业获得更多利润。同年，田晓剑与赵洪旭、孙丹等人均认为“第三利润源泉”的重点在于物流成本控制，分别阐述了我国制造企业和整体物流业的问题现状，并提出解决措施，措施重点在于增强物流成本管理意识，建立物流成本核算系统和物流信息系统，以及改造企业组织结构。2019 年，杜菲认为物流成本控制是“第三利润源泉”新的经济增长点，从人员投入、设备投入、作业效率及作业环境等方面探讨了物流中转环节的成本投入问题，提出了具有较强操作性的优化方法。

二、物流“冰山理论”

根据 1970 年西泽修教授提出的物流“冰山理论”学说，企业公布的财务统计数据中的物流费用只是露出海面的冰山一角，有很多项物流成本是隐藏的。由于物流成本的计算范围太大，因此在计算物流成本时，必须明确各项计算条件。

1. 学说由来

20 世纪 60 年代，日本早稻田大学的西泽修教授提出了物流“冰山理论”学说，他指出，企业的物流成本具有很大的虚假性，就像一座漂浮在水上的冰山，浮出水面的部分人们可以看到，而大量沉在水面下的是人们看不到的黑色区域。现行的财务会计核算制度记录的对外支付运费和保管费，只占整个物流成本的 30%。而在企业经营过程中消耗的大量的物流成本，由于混在了制造成本、销售成本和管理成本等费用之中，很难进行统计，根本看不到全貌。物流“冰山理论”学说的出现对企业认识物流成本和进行物流成本管理起了很好的指导作用。

2. 学说引进及对现代企业管理的启示

2012 年，王之泰认为解决“黑大陆”和物流“冰山”问题的关键在于管理体制，解决障碍的第一步是把系统的、贯通的物流纳入国家管理体制之中，并且为此建立和完善管理系统。2015 年，刘柏阳结合国外先进的物流成本统计现状，在分析我国区域物流成本统计指标体系的基础上提出进一步增加、完善指标体系的思路，以江西省为例进行了实证研究，主要对影响江西省物流成本的产业结构、重点行业发展水平、运输结构、物流业发展水平四个方面选取了相关的 11 个指标进行了灰色关联度分析，并验证了其可行性和有效性，最后根据分析及预测的结果提出有效控制江西省物流成本的对策建议。

2006 年，吴晓辉提出按照商品价格构成的理论，分析“第三利润源泉”。认为物流成本是由物流活动中各种既相互关联又相互制约的费用构成的总额。2016 年，马静漪梳理了 2005—2014 年有关物流成本的构成、研究方法、与经济的关系、影响因素及降低措施等观点。关于物流成本的构成，学者们大多从宏观角度出发，都只分析了总体趋势，通过国家间的社会物流成本与经济增长关联程度的比较研究，提出我国与发达国家物流成本费用比重的不同之处。关于物流成本的研究方法问题，学者们大都采用计量经济学的分析方法建立数学模型进行分析，主要有灰色关联度、主成分分析法、自相关函数、因子分析、回归分析等方法。在研究物流成本与经济的关系方面，学者们主要从博弈论、投入与产出、发展经济学、产业经济学、区域经济学等角度进行研究。关于影响物流成本的因素，学者大致归结为：基础设施不完善、物流管理观念滞后、信息化程度不高、控制手段单一、会计核算制度缺失等。

三、物流“黑大陆”学说

由于物流成本管理存在的问题及有效管理对企业盈利和发展的重要作用，1962 年，美国著名的管理学家彼得·德鲁克在《财富》杂志上发表了题为《经济领域的黑色大陆》一文，他将物流比作一块未开垦的处女地，强调应高度重视流通及流通过程中的物流管理。彼得·德鲁克曾经讲过流通是经济领域的黑暗大陆。彼得·德鲁克泛指的是流通，但由于流通领域中物流活动的模糊性特别突出，它是流通领域中人们认识不清的领域，所以“黑大陆”学说主要针对物流而言。

“黑大陆”学说主要是指尚未认识、尚未了解的领域，如果理论研究和实践探索照亮了这块“黑大陆”，那么摆在人们面前的可能是一片不毛之地，也可能是一片宝藏之地。“黑大陆”学说是对 20 世纪中经济学界存在的愚昧认识的一种批驳和反对，指出在市场经济繁荣和发达的情况下，无论是科学技术还是经济发展，都没有止境。“黑大陆”学说也是对物流本身的正确评价，即当时在这个领域未知的东西还有很多，理论与发展皆不成熟，需要进一步研究与实践。

第三节　产业集群理论与增长极理论

在现代物流发展的过程中，许多经典的经济学理论的有效性得到印证，其中具有代表性的理论有产业集群理论和增长极理论。

一、产业集群理论

（一）产业集群理论的产生与发展

最早从分工的角度描述产业集群现象的学者是经济学的主要创立者亚当·斯密。亚当·斯密在《国民财富的性质和原因的研究》一书中基于绝对利益理论（absolute advantage）深刻论述了产业集群的含义，分析了产业集群产生的内在动因，认为产业集群是由一群具有专业分工性质的企业，通过生产价值链的有机关联和衔接，共同完成某种生产任务集结而成的群体，并且认为产业专业化分工是产业集群形成的理论依据所在，产业专业化分工起因于交换能力，但受到市场范围的限制。

随着需求的拉动和社会分工的细化，产业集群得到了迅速发展、崛起和壮大，逐步成为产业组织的新发展和地区经济发展的新现象。产业集群是一个多主体（涉及产业、企业和政府）、多空间（涉及经济空间和纯地理空间）、多学科属性（涉及经济学、地理学、社会学）、多机制的复杂经济集聚现象，是推动区域经济发展的一种模式。伴随着经济一体化与全球化发展趋势，产业集群已经成为当前区域经济和产业组织发展的一种重要形式，其表现出来的强劲竞争优势和发展趋势引起了有关国际组织和许多国家及地方政府的高度关注和重视。产业集群这种独特的经济集聚现象最早产生于西方发达国家，关于产业集群的理论研究也在西方国家经济学界最早开展。随着产业集群的出现，产业集聚、集群问题一直受到众多经济学家、管理学家和产业政策制定者们的高度关注，成为经济学研究的重要焦点和热点问题。由于不同领域学者、管理者的学术背景及研究视角的不同，对产业集群的内涵和发展的认识也有所差异，有关产业集群的理论也出现了不同的学派观点。

新古典经济学的代表人物阿尔弗雷德·马歇尔（Alfred Marshall）是公认的“新古典经济学”的集大成者，也是“演化经济学”的先驱。他在继承亚当·斯密劳动分工思想的基础上，从新古典经济学角度，第一次基于分工理论系统解释了产业集群现象及其形成原因，揭示了外部规模经济（external economics）与产业集群之间的关联关系。马歇尔认为产业集聚最根本的原因在于获取地方化的外部规模经济——地方化经济（localization economics）优势，同时认为产业与地方社会具有不可分割性。他基于对英国纺织工业区的调查研究，提出“产业区”概念，认为同一产业中大量小企业通过地理集聚能够获得大规模生产的许多好处，主要包括降低运输和交易成本、获得专业化分工效应、刺激外部经济和新的企业家精神等。

一些学者基于区位理论对产业集聚现象的原因进行了探索和解释。工业区位经济学家韦伯在《工业区位论》一书中阐述了集聚经济的概念，认为运输成本和工资是决定工业区位的主要因素，并首次建立了有关产业集聚的一套规则和概念体系。罗纳德·科斯认为产业集聚中的企业是适应市场而诞生的经营个体，它基于一定的企业组织管理体系来统筹利用各类资源，外部靠市场价格机制合理安排生产计划、协调控制生产，降低企业和市场运作成本。区域经济学家胡佛在《区域经济学导论》一书中指出产业集聚经济的形成是源于集聚形成单一企业达不到的规模经济效应。

部分学者运用交易费用理论较好地解释了产业集聚的成因。新制度经济学的奠基者罗纳德·科斯在《企业的性质》（*the Nature of the Firm*）中开创性地提出“交易费用”的概念，认为产业集群存在上下游及配套服务企业，可以增加达成交易的可能性和交易频次，降低区位成本，并能进一步通过明确交易合作主体、交易时间、交易场所、交易规则等，降低参与交易各方的费用；同时产业集群内的企业在一定地理位置空间集聚发展，减少了信息的不对称性和机会主义行为，缩短了交易寻找、洽谈和成交的周期时间，进而可大幅降低交易费用。威廉姆森认为产业集群网络强调的是交易成本的节约，这也是产业集群得以形成的一个重要动因，并且进一步将交易费用划分为事前的交易费用和事后的交易费用两大类型。

部分学者运用新竞争优势理论对产业集群的形成进行了探索，从竞争优势出发揭示集群式的产业集聚现象形成的动因和过程。迈克尔·波特基于企业获取竞争优势的视角，对美国、英国、德国等许多国家的产业集聚现象进行了调查和梳理分析，对其形成动因进行了总结归纳，系统性地提出了新竞争经济、产业集群等理论体系，在此后的《集群与新竞争经济学》一文中，进一步解释了产业集群的概念和内涵特征，利用建立国家竞争优势理论“钻石模型”对产业集聚及产业群的形成进行了探索，认为生产要素条件、国内需求条件、相关产业和支持产业的表现以及企业的战略、结构、竞争对手的表现等影响因素共同发生作用，促进或阻碍一个国家某一产业竞争优势的形成。

20 世纪 90 年代后期，新经济地理学（new economic geography）理论学派基于报酬递增和不完全竞争，运用主流经济学的方法来对经济活动的空间集聚动力、空间产业集聚的发展变化及其均衡等问题进行了经济学的解释，从而促进了产业集群理论的发展。此外，还有一些学者试图用社会资本概念解释产业集聚现象。Swann（斯旺）认为由企业优势、新企业进入、企业孵化增长以及气候、基础设施、文化资本等共同作用的正反馈系统，是技术创新集群的重要动力机制。Brenner（布伦纳）等人在定量分析和“钻石模型”的基础上，从社会学视角将产业集群的发展总结为七种动力机制的共同作用，具体包括人力资本积累、非正式接触引起的信息流动、公司间相互依赖、公司间合作、当地资本市场、公众舆论和当地政策。

以上研究分别从不同的角度解释了产业集群的含义，分析了产业集群形成的动因及发展机制，对拓展产业集群的研究视角、建立和完善产业集群理论体系具有里程碑式的影响。总体而言，产业集群是指在特定区域中，具有竞争与合作关系，且在地理位置上集中、有交互关联性的企业、专业化供应商、服务供应商、金融机构、相关产业的厂商及其他相关机构团体等组成的群体。其代表着介于市场和等级制之间的一种新的空间经济组织形式。

（二）产业集群的生命周期

生命周期是生态学中的一个重要概念，具体是指生物个体从出生、成长、成熟、衰老直至死亡的全过程。世界上任何事物的发展都存在着生命周期，产业集群与所有的产业发展或产品开发一样有其客观存在的生命周期。产业集群的生命周期是每个产业集群都要经历的一个由诞生、成长到衰退的演变过程，具体是指从产业集群形成、发展壮大到完全退出社会经济活动所经历的时间过程。产业集群的生命周期（clusters’ life cycle）是影响产业集群演化发展过程和竞争力的一个重要动态因素。国内外许多学者从不同视角对产业及产业集群的生命周期进行了讨论和论证。

Eisingerich（艾辛格）等人提出产业集群的生命周期二阶段说，即将产业集群的生命周期过程分为早期阶段和成熟阶段两个过程。Maggioni（马焦尼）则将产业集群生命周期划分为以下的三个阶段：第一阶段，集群的形成通常由外界环境因素的变化而触发形成，集群企业通过向外界环境不断释放企业盈利、成长壮大的信息，从而形成集聚核，吸引上下游及配套服务机构的加入；第二阶段，随着集群企业的增多，集聚经济性和共生效应成为集群发展壮大、产业结构调整和转型升级的主要原因；第三阶段，集群可能发展成为一个国家/地区的技术创新的主导力量，能够抵挡外部市场、技术的冲击影响，也可能由于技术创新乏力，陷入路径依赖从而逐步走向衰落。迈克尔·波特根据产业集群的调查和演变历程的梳理分析，把产业集群生命周期划分为产业诞生、产业发展、产业衰亡三个演化过程和阶段。

与生物种群进化相似，产业集群发展也会受到外部资源环境容量的制约和限制。基于此思路，Tichy（蒂希）在美国经济学家雷蒙德·弗农提出的产品生命周期（product life cycle）理论基础上，结合产业集群的形成、演变的过程和特征，把产业集群生命周期划分为诞生阶段（formative phase）、成长阶段（growth phase）、成熟阶段（maturity phase）和衰退阶段（petrify phase）。产业集群生命周期与产业集群竞争力变化的关系如图1－1所示。

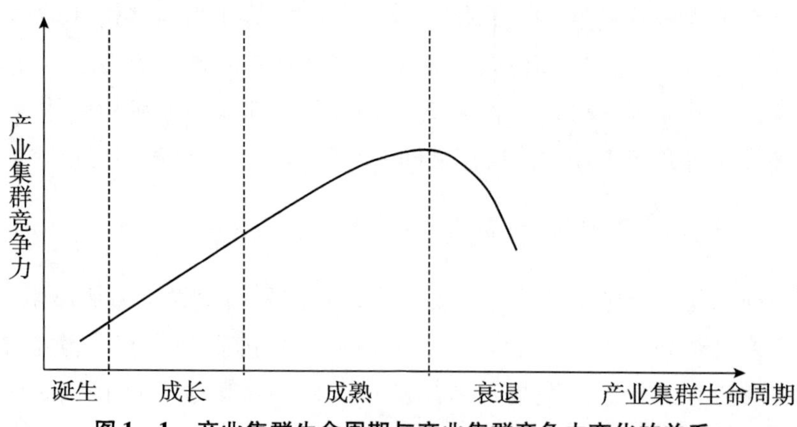

图1－1　产业集群生命周期与产业集群竞争力变化的关系

（三）物流产业集群分析

随着市场经济的发展，物流产业上升为引导生产、促进消费的先导行业。

物流产业是随着社会经济发展从社会经济活动中分离出来，融合运输、仓储、货代、信息等产业的复合型服务业，是支撑国民经济发展的基础性、战略性、先导性产业。随着物流产业结构的调整，物流产业集群成为重要的发展趋势。

物流产业集群是指在一定地理空间范围内，以各类物流园区、货运枢纽、物流信息平台等为依托，以服务的制造业、流通业等为目标，由纵横交错、相互关联的运输、仓储、装卸搬运、包装、流通加工、配送、信息服务等物流企业及其相关配套服务机构在空间上集聚发展的经济现象。一方面，物流产业集群依靠社会网络、物流网络及信息技术，以社会多样化物流需求为导向，对零散的物流资源进行整合，优化社会物流资源的配置，发挥最佳效用，实现最佳效率；另一方面，在特定的区域范围内，依靠当地区位优势或产业优势，提供不同物流功能的物流企业在该区域范围内形成物流链并相互共生，共享物流资源，获取规模效应和竞争优势。

二、增长极理论

增长极理论是由法国经济学家佩鲁提出的以中心城市为极点非均衡发展的理论。该理论认为市场经济运行过程中，不可能在一个统一的市场中使所有区域的经济普遍均衡增长，在某一时间一定地点所出现的经济活动中，随着对通信或运输需求的增长，在技术上紧密相关的经济活动和人文活动趋向于在给定地点集中，形成经济的、商业的、人文的地理集聚，从而产生增长极。极点地区强化之后，逐渐在市场张力的作用下，把资本、技术、人才诸要素向周边弱化区域扩张，影响和带动这些地点和地区的经济发展。

增长极理论包含两个明确的内涵，一是作为经济空间上的某种推动型产业，二是作为地理空间上的产生集聚的载体，即增长中心。增长极发展动力也倾向于经济活动的集聚，从某种意义上说，发展实质上是呈现极化状态的。

（一）增长极理论与物流园区

现代物流业发展到一定阶段，必然形成关联产业的聚集。物流园区作为经济活动的派生实体在空间分布上形成类似的“集聚—扩散”效应，增长极理论使得物流园区的空间网络体系布局有迹可循。物流园区要形成增长极，其产生的必要条件如下所示。

（1）“领头羊”的出现：即在一个物流园区内存在具有一些创新能力的物流企业群体和物流企业家群体作为“领头羊”，与之匹配的物流模式、物流技术等创新是推动物流园区发展的重要动力源泉。

（2）形成规模经济效应：即发育成为增长极的物流园区需具备相当的物流设施规模、物流技术、经营业务和人才存量，通过不断投资扩大经营规模，提高物流园区经营效率，降低经营成本，形成规模经济。

（3）适宜的外部环境：即适宜经济与技术创新发展的外部环境，既要有便捷的交通、良好的基础设施等“硬环境”，还需要政府提供高效的工商、税务、海关等服务环境，同时给予一定的土地、税收等经营优惠政策，以及鼓励物流业创新发展等“软环境”。

（二）增长极的作用机理

增长极效应实际是多种效应的复合体，它主要通过极化和扩散效应两种方式发挥作用，如图1－2、图1－3和图1－4所示。极化效应指由于增长极产业的发展，产生吸引力和向心力，促成劳动力、资本、技术等生产要素向增长极集聚。扩散效应指生产要素从增长极向周围腹地扩散，对其经济发展起到促进、带动作用。在增长极产生和发展过程中，极化效应与扩散效应共存，只不过在发展的初期阶段，极化效应占据主导地位，当增长极发展到一定程度后，实力和规模不断扩大，极化效应减弱，扩散效应逐渐增强。至于这两种效应的具体变化情况，不同的增长极可能存在差异，这与增长极及腹地的发展基础和后续发展情况密切相关，所以需要具体问题具体分析。

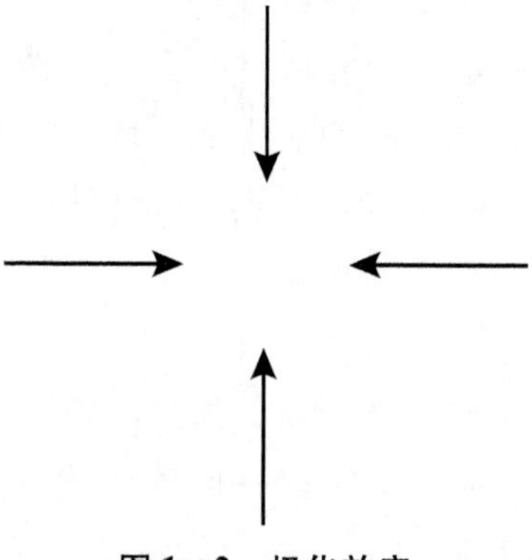

图1－2　极化效应

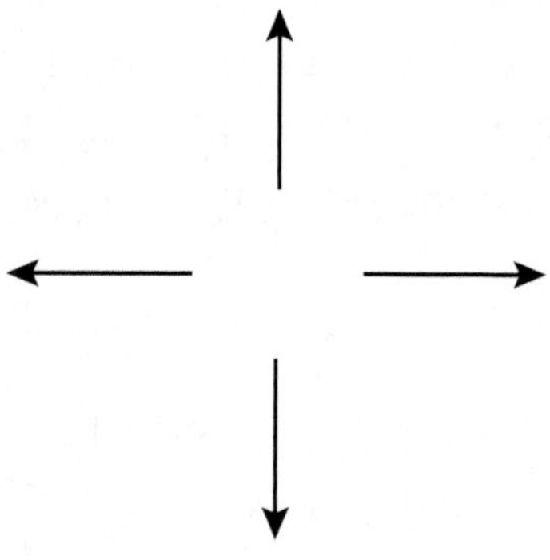

图1－3　扩散效应

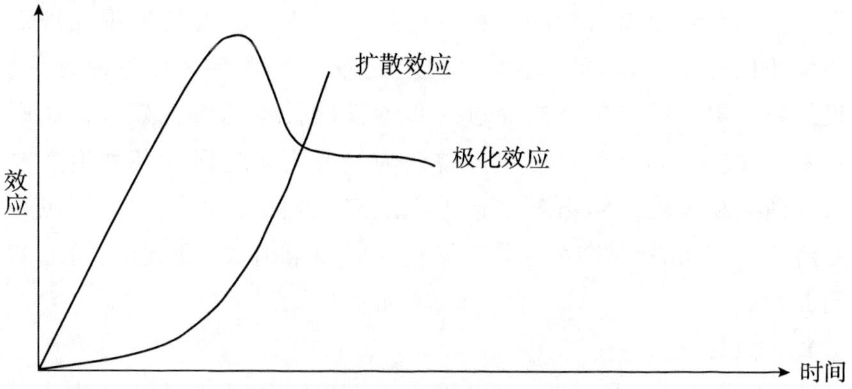

图 1－4　增长极极化效应与扩散效应变化

（三）增长极的效应

经济增长极作为一个区域的经济发展的新的经济力量，它自身不仅形成强大的规模经济，对其他经济也会产生支配效应、乘数效应、极化效应和扩散效应。这些效应的产生，充分显示了经济增长极的重大意义。

1. 支配效应

佩鲁认为，一个单位对另一个单位施加的不可逆转或部分不可逆转的影响就是支配效应。在现实的经济发展中，经济单位之间由于相互的不均影响而产生一种不对称关系，一些经济单位处于支配地位，而另一些经济单位则处于被支配地位。一般来说，增长极中的推动性单位都具有不同程度的支配效应，都能通过与其他经济单位间的商品供求关系及生产要素的相互流动对这些经济单位产生支配影响。这就是我们经常说的拉动作用。

2. 乘数效应

乘数效应主要指增长极中的推动性产业与其他产业间的联系，有的是前向联系，有的是后向联系，有的是旁侧联系。这些联系的作用是，增长极的经济力量促使其他相关产业的建立，从而在就业上、生产上和经济效益上，增长的数量表现出乘数效应。增长极的这种效应可有效地改变一个区域工业基础差、经济存量少的状况。

3. 极化效应和扩散效应

（1）极化效应。

极化效应又称回波效应，是指迅速增长的推动性产业吸引和拉动其他经济活动，不断趋向增长极的过程。在这一过程中，首先出现经济活动和经济要素的极化，其次形成地理空间上的极化，从而获得各种集聚经济，即规模经济。规模经济反过来又进一步增强增长极的极化效应，从而加速其增长速度和扩大其吸引范围。佩鲁认为，极化效应促成各种生产要素向增长极的回流和集聚，即出现发达地区越来越发达，不发达地区越来越落后，经济不平衡状态越来越突出，甚至形成一个国家内地理空间上的二元经济局面。

（2）扩散效应。

扩散效应是指增长极的推动力通过一系列联动机制不断向周围发散的过程。扩散效应的结果，是以收入增加的形式对周围地区产生较大的乘数作用。扩散效应促成各种生产要素从增长极向周围不发达地区扩散，即通过建立增长极带动周边落后地区经济迅速发展，从而逐步缩小与先进地区的差距。在发展的初级阶段，极化效应是主要的，当增长极发展到一定程度后，极化效应削弱，扩散效应加强。增长极效应是多种效应的复合体，如集聚效应和互利效应等。

如果增长极的扩散效应大于极化效应，就会带动周边地区经济共同发展。然而由于积累性因果循环的关系，极化效应往往大于扩散效应，导致增长极地区越来越发达，周边地区越来越落后，形成地理空间上的二元经济局面，使地区经济差距扩大，甚至形成独立于周边地区的“飞地”。

第四节　物流与枢纽经济

当前，在百年不遇的国际形势下，社会经济发展方式、布局结构和产业经济运行等均在发生深刻变革，这种变革的核心是区域经济发展中的产业技术、产业生态和产业发展模式等均处于深度的创新之中，尤其是互联网、大数据、云计算、物联网等技术在产业领域的应用，以及本身成为产业载体和内容，出现了区域经济发展的重大机遇。综合交通枢纽、国家物流枢纽，以及国家中心城市等，均不再是传统的交通、物流和枢纽的概念，而是与新的经济形势和发展机遇紧密关联的枢纽经济概念。

一、枢纽经济的内涵

枢纽经济（Hub economic）是一种以交通枢纽、信息服务平台等为载体，以聚流和辐射为特征，以科技制度创新为动力，以优化经济要素时空配置为手段，重塑产业空间分工体系，全面提升城市能级的经济发展新模式。交通枢纽是连接城市经济要素的纽带，是发展枢纽经济的重要载体。以交通枢纽为切入点发展枢纽经济，突破了传统的单纯强调城市交通运输组织功能的思维，开始向枢纽经济功能拓展转变，着力培育城市经济发展新动能，推动城市发展新旧模式转换，从而最终推动实现经济转型升级和可持续发展。枢纽经济以交通枢纽建设为切入点，以完善的现代综合交通运输体系为依托，以高效优质的枢纽经济服务平台建设为推手，以交通枢纽偏好型产业集聚为动能，着力提升产业集聚辐射能级，优化锚固城市空间格局，促进交通（物流）、产业和城市融合发展，推动“交产城”一体化发展，为城市经济提供新动能。

近年来，随着信息时代全面开启和交通与经济社会深度融合发展，交通枢纽的功能不断拓展和提升，临港经济、临空经济、临站经济等枢纽经济形态不断突破地域和产业限制，在城市发展中扮演越来越重要的角色。与此同时，传统枢纽场站与互联网组织平台跨界融合发展加快，“互联网 + 交通枢纽”逐步释放经济活力，并逐步形成线上线下一体化衔接的智慧型枢纽经济新形态。

二、枢纽经济的特征

枢纽经济是借助经济要素资源聚集平台（交通枢纽、物流平台、产业聚集、金融服务等）对人流、商流、信息流、资金流、物流（本书把这五种要素“流”统称为“经济流”，下同）等进行集聚、扩散、疏导等的规模化产业发展模式，具有高度的供应链、产业链、产业集群化组织特征。在互联网经济业态不断创新、综合运输和物流枢纽服务组织支撑下，以城市为载体的枢纽经济发展正呈现出全新的发展格局，通过聚集具有区域辐射能力的经济要素，主要是具有“流”的特征的经济要素，城市经济总量扩张、产业层次跃升、发展地位提升的路径正在发生改变。

（一）以经济中心城市为依托

中心城市具有经济要素的聚集性和承载性，尤其是人口的聚集，可以为产业发展、其他要素的聚集提供丰富的人力资源。经济流的聚集和承载方式与传统的更多依赖空间承载的模式相比，发生了较大变化。枢纽经济发展的首要特征就是经济流载体城市，这种城市本身存在较大的以人流和物流为主要服务对象的经济流。

传统的交通枢纽、区域中心城市，具备通过挖掘组织优势聚集经济流而发展枢纽经济的潜能，并可能因聚集、扩散能力逐步提升而成为经济枢纽，实现城市经济的规模扩张。经济流超越了地理区位、空间发展的界限，城市形成如电子商务、物流分拨中心、贸易结算中心、呼叫服务中心等产业性平台。城市主动寻求各种具备流的特征的经济要素，培育和促进其在城市集聚，并通过开展国际、国内服务而进行扩散。

（二）以服务业态聚集为基础

枢纽经济是在经济流聚集基础上形成和发展的，城市要聚集经济流，就需要寻求具有规模扩张能力的聚流手段和途径。在传统经济发展模式下，各种流是实体经济运行的体现和附属，是伴随实体经济运行而产生的；在互联网、物联网技术不断发展和供应链服务不断发育的背景下，各种流本身逐渐成为发展经济的资源和要素，并以云计算、大数据等的形态存在于以创新性聚流为目的的经济模式中，这种模式的突出特点是以流为手段的服务，新型服务业成为经济流聚集的重要依托。

以“流”为要素开展各种服务，既形成了新的服务业态，是现代服务业发展的鲜明特点，又依托创新服务而使流聚集成为可能。依托经济流的服务业，是对传统的服务于制造业、商贸业的物流、金融、信息等服务的全新改造，是基于互联网、物联网的新要素流动平台。

（三）以经济流集散为目标

经济流依托互联网、物联网等新型服务业的聚集和发展，为城市经济发展提供了新路径，日益受到城市的重视，以聚集经济流为目标实现枢纽经济发展，打造国际、国内经济枢纽，成为城市发展经济的战略方向。传统的枢纽经济是通过区位交通条件和产业要素优势的发挥而发展壮大的，随着以互联网、物联网为基础的现代产业组织形态、产业发展手段的出现，以及基于产业链、产业集群的电子商务等新业态的涌现，枢纽经济的发展内涵、模式和发展路径也随之发生了重大变化。

通过基础设施平台、区域服务平台和产业创新平台的打造，一些并不处于传统产业集聚发展形态优势区位的城市，如浙江义乌、山东临沂等通过经济流要素的聚集而迅速成长起来，依托服务区域和产业的各种经济流组织平台，形成了具有现代经济发展特征的枢纽经济模式，使城市在区域和产业链两端均具有很强的竞争力和发展潜力，以聚流为目的的发展模式，逐步为城市培育新动能中所接受和应用。

三、枢纽经济的培育路径

以经济流的集散为目标发展枢纽经济，不仅要有综合交通枢纽作为基础、现代物流服务平台作为保障、枢纽偏好型产业作为支撑，还要构建人居配套环境，成为城市区域经济增长极，促进新旧发展动能转换，培育新的经济增长点，为区域经济发展带来新的机遇。

（一）提升现代综合交通枢纽能级

以综合交通枢纽为载体，构建高效便捷、包容开放的现代综合交通运输体系是发展枢纽经济的基础条件。综合交通运输体系的包容性，体现在城市发展进程中由单一交通功能向多元城市功能的拓展和突破，由单纯的客、货流汇聚向人流、货流、商流、信息流、资金流等要素流集聚辐射的转变。强调综合交通运输体系的开放性，要求打破各自不同区域、不同归属和不同交通方式“一亩三分地”的思想禁锢，将城市交通枢纽纳入更宽广的纬度、更全局的视野统筹规划建设，从而最大范围和最大深度地发挥交通枢纽对经济要素资源的集聚和辐射。以郑州市为例，为了发展以临空经济为主要形态的枢纽经济，打造全国重要的航空港经济集聚区和中原经济区的核心增长极，市政府规划提出了建设国际、国内互联互通的综合交通运输体系，发展连接世界重要枢纽机场和主要经济体的航空物流通道，建设竞争力强的国际航空货运枢纽。

（二）构建多元化的现代物流服务平台

深入实施创新驱动战略，以综合交通枢纽为依托打造不同功能层次的创新服务平台是发展枢纽经济的重要推手。一是创新运输组织模式，整合区域客货运场站、运输车辆和信息资源，构建一体化、智能化运输组织平台；二是创新枢纽运营模式，强化交通枢纽物流、商贸、生产、金融等增值服务功能，着力打造集传统贸易、电商物流、生产加工、资金交割、城市服务于一体的现代综合服务平台；三是充分利用物联网、大数据、遥感等新一代信息技术，创建“互联网+”交通枢纽新模式，探索建立推动枢纽经济发展的智慧交通产业支撑服务平台；四是创新城市治理模式，完善智慧城市基础设施，推进城市精细化管理，夯实城市综合服务保障平台。目前，杭州、深圳等城市在“交通枢纽+信息平台”方面做出了有益探索。两市积极引入和打造“菜鸟网+四通一达”、传化公路港、国家物流信息平台、信用交通网、交通出行云等交通运输服务平台，依托实体交通枢纽的信息化智能化运行和信息枢纽的要素集聚，实现线上线下融合联动，为枢纽经济发展提供了新动力和重要支撑。

（三）培育构建枢纽偏好型产业体系

产业是经济之母。发展枢纽经济，关键在于打造枢纽偏好型产业体系。根据铁路、机场、海港等重要交通枢纽的技术经济特征，结合城市资源禀赋条件和发展目标导向，基于交通与产业的耦合关系甄别筛选出适合城市发展实际的产业目录，利用高质量、低成本的运输服务优势，吸引枢纽经济核心产业的龙头企业入驻，加快产业链条化和集聚化发展，打造交通枢纽偏好型产业集聚群。在培育路径和方式上，一是可以通过交通枢纽功能拓展和技术提升盘活存量，推动传统产业转型升级；二是可以依托交通枢纽集聚各种资源要素优势，注入增量，积极培育发展特色新兴产业。如，成都国际空港产业新城按照立足空港、结合自身、错位竞合的基本原则，着力打造临空型、智慧型和生态型三大新兴产业，重点统筹发展临空偏好性强、全球辐射广、生态涵养好的高科技及高附加值产业，积极融入全球产业分工体系。

（四）配套建设功能完备的人居社区

发展枢纽经济根本是靠人推动，在枢纽周边建设集居住、教育、医疗、商贸、游乐等功能于一体的配套社区为枢纽区及周边从业的人们居住，是枢纽经济发展的重要抓手，也是城市经济社会发展的主要载体。因此高标准建设智慧人性、生态宜居、活力自信的现代枢纽功能城镇区是城市发展枢纽经济的有效路径。建设现代枢纽功能城镇区，首先，要坚持以人为本的基本原则。充分考虑区域间、城市内人口流动的客观规律和现实需求，合理布局产业、休闲、娱乐、创新等城市功能空间，积极开展更好地服务人的各项经济社会活动。其次，强化交通与产业、城市的跨界融合，以交通支撑产业发展，以产业推进城市建设，以城市建设促进产业发展，把交通、产业、城市的发展有机结合起来，形成良性互动。最后，统筹协调好枢纽功能城镇区之间、城市与枢纽功能城镇区之间的关系。培育枢纽经济发展增长极，共同推动城市经济实现转型升级和跨越式发展。实践层面，目前南京市创造性提出打造临空枢纽经济区、高铁枢纽经济区和临港枢纽经济区三大枢纽功能城镇区，为发展枢纽经济作出了积极探索。从实施效果上看，三大城镇区之间互动性不足、融合度不高，在产业、政策协调和统一组织等方面仍需加强。

四、物流与枢纽经济的关系

物流是供应链的基本功能，是各种实体物品作为商品进入市场进行交换后实现时间和空间转移的基本活动，更是流动经济的重要组成。流动经济（flow - economic）是依托资源要素快速流通和汇聚的优势，提升流动范围和速度，增强流通活力和效率，形成对要素资源高效整合的经济体系。从本质上来看，流动经济将市场中的商流、物流、信息流和资金流等流通周转带来的价值和剩余价值放大，转换为城市经济增值的过程。所以对流动经济的挖掘，可以从市场消费体系、金融体系、物流体系、信息服务体系四个系统入手，扩展和创新“人财物信”四类资源要素在社会再生产中的服务类型，挖掘流动资源—流动状态—流动经济体系。

枢纽经济依托枢纽基础资源的聚流和辐射作用，吸引物资、资金、人才、技术和信息等要素流在枢纽周边汇流和扩散，进而形成多种资源协同互促的发展格局。从枢纽的类型来看，有交通枢纽、信息枢纽、资金枢纽、商贸枢纽、物流枢纽等多种资源形态，因而可发展的枢纽经济产业体系也呈现多元化。如交通枢纽的餐饮、住宿、娱乐和交通周转服务体系，信息枢纽的大数据产业和信息服务产业体系，资金枢纽的金融创新和资金供求服务体系，商贸枢纽的商品分拨、仓储加工和会议展销服务体系，物流枢纽的供应链服务、外包代理服务、运输集散和仓储中转等服务体系，都是通过枢纽功能的资源汇聚、整合、控制、调节等过程，实现资源—功能—经济的转换。

由上可知，物流与枢纽经济的关系体现在三个方面：一是物流活动离不开枢纽的支撑，枢纽功能的发挥在一定程度上取决于物流活动的频次与规模，两者互相促进；二是发展枢纽经济的过程中，需要聚集各类产业，形成要素流集散，在此过程中离不开物流活动对各类产业发展的支撑，特别是生产制造业和商贸流通业的发展更需要物流保障；三是物流业的发达程度或行业发展水平也将直接带动枢纽经济的发展，可以说枢纽经济发展的重要基石就是物流。

第五节　现代物流与双循环体系构建

一、“双循环”的内涵及其提出背景

（一）“双循环”的内涵

为积极应对国内外复杂严峻的发展形势，国家提出的“双循环”战略是指加快形成以国内大循环为主体、国内国际双循环相互促进的新发展格局。“双循环”战略内涵丰富，可从三个不同视角理解其深刻内涵。

1. 激活消费内需市场，提升“内循环”发展能级

国内大循环是指社会再生产全过程包括生产、分配、流通、消费各环节的循环往复。以国内大循环为主体是指社会经济增长主要依靠内需带动，对生产、分配、流通和消费循环具有较强的控制力。消费、投资和净出口是拉动经济增长的“三驾马车”。2020 年，我国国内生产总值达 1015986 亿元，稳居全球第二大经济体，且人均国民收入突破 1 万美元大关，已高于中等偏上

收入国家约 9000 美元的平均水平。从国际经验看，任何一个大国经济或大型经济体都是以国内需求、国内市场为主体的，外部需求和国际市场只是国内市场和国内需求的延伸和补充。中央提出以内循环为主，既是我国经济传统增长高质量转型发展的内在需求，也是应对国际严峻形势的正确选择。超大规模国内市场是“双循环”的重要载体，也是中国经济长期向好，应对内外部压力与挑战的最大优势和底气。

2. 更加开放发展，促进两个市场优势互补融合发展

世界经济发达体发展实践多次表明封闭导致落后。应充分发挥我国超大规模市场优势，进一步提升开放水平。通过融入国际循环促进国内循环，就要用好超大规模市场优势扩大进口，促进高质量使用外资，加强科技领域开放合作，提升国内供给质量，推动供需平衡畅通。一是，发挥全国自贸功能区平台和载体优势，实行负面清单，扩大对外行业准入，吸引国际优质企业进入国内市场，通过扩大开放提升国内行业的国际化竞争水平，带动国内企业的国际化发展，提升经营管理能力。二是，发挥亚投行、新开发银行等多边金融机构作用，加大对新兴市场国家的基础设施投资力度。增加信任，发挥比较优势，打造人类命运共同体，提升“一带一路”共建水平。三是，推动人民币国际化新发展，提升人民币在国内国际双循环中的使用效率，打造人民币资产金融中心。四是，我国是重要的大宗商品、能源等消费大国，但是定价权较弱，应加强国际化建设，特别是相关交易机制和制度建设，积极引入国际主要市场参与者，提升市场的国际影响力，服务好“双循环”战略。

3. 坚持高质量创新发展，技术创新推动供给侧结构性改革

加快传统经济发展模式转型升级发展，提升我国经济全球竞争力，实现高质量创新发展，关键在于通过技术创新深入推进供给侧结构性改革。

一是，全力以赴、技术创新解决“卡脖子”瓶颈问题。当前，我国经济正在融入全球产业链中高端，面临着其他先发优势国家的阻挠，必须依靠自力更生，必须依靠创新发展。依托双循环，尽快解决好半导体产业、芯片技术、精密数控机床等“卡脖子”、关键技术瓶颈，畅通双循环。

二是，认真做好技术创新“人才工程”。技术创新归根结底要靠人才，全国 2020 年毕业大学生约 870 万人，充分利用好、发挥好“高素质人才红利”“工程师红利”，将存量和新增的高素质劳动力转化成“数据经济劳动力”，发掘对数字经济和数字化转型作用巨大的创新人才，包括基础研究领域人才、实验室人才，或者技术市场化人才、技术创新企业家等。

三是，及时完善技术创新“资本工程”。资本是经济增长的主要因素，围绕技术创新完善投融资体系，通过“赛马机制”涌现优质创新技术和创新项目。根据技术创新的全生命周期，设计相应各主要阶段的完善的资本资金激励体系。加强底层技术的校企合作研究，鼓励大企业设立实验室，高薪聘用全球顶尖人才。解决风险投资、创投基金、产业基金等早期新技术的市场化融资问题，积极完善资本市场的股权激励制度，丰富对专业技术人才的激励工具等。

（二）提出背景

2020 年 5 月 14 日，中共中央政治局常务委员会召开会议，会议中提出，深化供给侧结构性改革，充分发挥我国超大规模市场优势和内需潜力，构建国内国际双循环相互促进的新发展格局。7 月 30 日，中共中央政治局召开会议，再次提出加快形成以国内大循环为主体、国内国际双循环相互促进的新发展格局。8 月 24 日，习近平总书记在经济社会领域专家座谈会上第一次将“加快形成以国内大循环为主体、国内国际双循环相互促进的新发展格局的理论”列入改革开放以来“不仅有力指导了我国经济发展实践，而且开拓了马克思主义政治经济学新境界”的系列理论之一。11 月 4 日，习近平总书记在第三届中国国际进口博览会开幕式上发表主旨演讲时指出，“我们提出构建以国内大循环为主体、国内国际双循环相互促进的新发展格局。这决不是封闭的国内循环，而是更加开放的国内国际双循环，不仅是中国自身发展需要，而且将更好造福各国人民。”

“双循环”发展是中央新提出的重要发展战略，充分体现了我国应对复杂严峻的国际形势，以及恢复国内经济、实现高质量发展的正确选择，将对我国未来一段时间乃至实现 2035 年目标都具有十分重要的战略指导意义。

二、现代物流业在构建双循环中的作用

（一）先导作用

物流业作为一头连接生产，一头连接消费的基础性、战略性和先导性产

业，是国民经济运行的重要保障和支撑。国内超过 14 亿人口的全球第一大规模市场的生产生活供应需要高效对接，我国生产的产品要快速高效地进入国内国际市场，迫切需要物流服务进行有机串接和高效协同。在国内国际两个市场需求形成双循环新发展格局下，物流业正构建对内对外双循环高效率低成本流通服务体系，在推动经济运行降本增效、推动双循环发展格局加快形成方面发挥着无可替代的先导作用。

（二）纽带作用

加快形成双循环新发展格局，关键是要打通生产、分配、流通、消费各个环节，形成服务国内、辐射国际的现代产业体系，实现产业链、供应链、价值链、创新链和服务链五链融合发展。产业链是基础，供应链则是促进产业要素聚集、产业链条延伸和产业集群形成的纽带，更是产品面向国内国际辐射的重要依托。打造高效的供应链系统，能够强化对产业链的控制力，进一步增强价值链创造力，有助于我国产业迈向全球价值链的中高端。在双循环新发展格局下，更应发挥现代物流在五链融合发展方面的纽带作用，推动内外双循环物流与供应链体系建设，扩大我国产品国内国际辐射能力，提升我国产业价值创造能力。

（三）动能作用

构建以国内大循环为主体、国内国际双循环相互促进的新发展格局，要求提高我国经济运行质量和效率，实现国内国际供需的精准、高效对接。物流在服务农业种植（养殖）、工业生产和消费市场中不断发展壮大，物流业逐步成为国民经济运行的重要产业门类。在现代物流产业扩张和服务体系不断完善下，物流与一、二、三产业融合发展水平不断提高，并深度嵌入产供销环节，成为国民经济高效运行的动能。适应双循环发展格局要求，更应构建高效率、低成本的国际物流与供应链服务体系和网络，嵌入我国优势生产制造业、国际贸易产业链与服务链，进一步打通经济运行“脉络”，营造有利于形成双循环发展格局的物流与供应链环境，支撑我国产业高质量规模扩张。

第二章 海港及其发展

海港作为国民经济的重要基础和枢纽，是水陆物流交会的重要节点，通过不断装卸输送各种物资产品，使生产者不断获取原料、消费者不断获取商品，形成了物流体系中重要的支撑。“港兴城兴，以港兴市”，海港对区域经济发展、城市化建设乃至整个国民经济的稳定繁荣所产生的影响已越来越多地被认同。随着全球经济一体化进程的加快和各类区域间自贸协定的签署，海港作为世界交通运输的枢纽和对外交流的窗口，在促进国际贸易和地区经济发展中的地位和作用越发明显。

第一节 海港与现代物流

海港在国际物流体系中扮演的角色已不再是货物水陆换装的一个节点，而是整个国际物流与供应链中不可缺少的重要一环。海港对形成物流枢纽和信息中心的影响将有别于其他游离性的产业服务，并将托运人、承运人、收货人、代理人、银行、保险、海关等汇聚成为一个现代服务生态圈。

在国际经济、贸易和运输尚未一体化的时代，生产和贸易被当作两个隔绝的因素，而运输则被分割成许多过程。因此，海港仅执行其传统的装船和卸船的功能，而游离于生产、贸易和运输之外。随着物流管理理论与实践的发展，从海洋运输走向综合物流，从现代科学技术发展到全球经济一体化进程加快，国际航运业在进入集装箱化时代后又向多式联运和现代物流方向发展。

随着物流管理技术水平的发展，以及货主对货物运输的安全、准时、经济性等服务质量要求的提高，国际班轮运输开始注意到海上运输及陆路物流系统各个环节的可靠性，班轮公司经营规模不断扩大，服务不断延伸，逐渐朝集团化、多元化经营的全球承运人方向发展，经济贸易与航运的发展使得海港日益成为全球运输体系中的神经中枢，其功能也逐渐从原来的海陆中转发展成为促进经济发展和服务于国际贸易的综合物流枢纽。

一、海港是联结生产和贸易的物流枢纽

海港是海运与陆运（含铁路和公路运输）的交会点，是交通枢纽，是最大的货物集散地，"集、疏、储、运、拆、并"等综合功能齐全。海港既可以在运输的航线上又可在港区及其所在城市与海港腹地进行平面扩展，及时进行货物的转运、加工和配送，使得生产与运输有机联系在一起，最有条件满足跨国公司对生产链和物流链无缝衔接的要求。因此，全球经济一体化发展使得海港在国际物流中的战略区位中心作用日益突出，尤其是我国主要海港既是国家实施沿海经济振兴和对外开放战略的重要支撑点和前沿，又是发展现代工业、促进国家经济与国际经济对接的重要枢纽点和连接点，也是参与国际物流的"桥头堡"。在国际物流管理中，海港以其自身的特点成为联结全球生产、贸易等活动的重要节点和综合物流中心。现代信息技术与自动化技术可为港口物流过程提供良好的控制与管理，使其更好地成为海向腹地与陆向腹地联系的纽带。

二、海港是整合优化全球资源的要素枢纽

时至今日，海港已不仅是传统意义上的水陆交通枢纽，更是支持世界经济、国际贸易发展的国际大流通体系的重要组成部分，成为连接全世界生产、交换、分配和消费的中心环节。要把两个国家之间有差异的生产要素以最有利的方式结合，海港就是最合乎逻辑的选择，世界主要海港基本上都是重要的工业基地。海港具有整合生产要素的功能，海港作为国内市场与国际市场的交会点以及国内经济与国际经济的接轨点，实现从传统物流到人流、商流、资金流、物流和信息流的要素枢纽。

三、海港是国际物流重要的信息枢纽

在海港地区落户的有货主、货运代理、船东、船舶代理、商品批发部、零售商、包装公司、陆运公司、海关、商品检验机构以及其他各有关机构。海港在提

供优质服务时，要及时与船东、货主、各种航运代理机构以及与海港航运相关的金融、保险、海关、检验等部门联系。所有的商流、物流、资金流和信息流都在海港汇集、流通，海港必须应用现代信息技术与自动化技术及时处理各种信息，因此海港就成为一个重要的信息中心，汇集了大量的货源信息、技术信息、服务信息。海港对供应链上的“流”进行良好管理和控制，有利于供应链的集成。

由此可见，在全球经济一体化浪潮中，海港已从纯粹的运输中心（运输—转运—储存），发展成为配送中心（运输—转运—储存—装拆箱—仓储管理—加工），再发展为如今的综合物流枢纽（运输—转运—储存—装拆箱—仓储管理—加工—信息处理）。海港正成为推动全球经贸发展的助推器，它对周围地区和腹地经济产生巨大的商业辐射功能，推动区域经济和贸易发展。国际贸易和综合运输链从原材料生产地开始，经过许多中间产品环节，到形成产品，一直到最终用户结束。货物沿着这条链运动时，不断地变化着自身的形态，要使这条链上的所有活动合理化、费用最省，就必须采用综合运输的管理方法。由于海港处于综合交通运输网络中最重要的节点，是制约现代物流发展的重要一环，对现代物流体系有着十分重要的影响和战略作用。

第二节　海港的代际发展

从世界港口演变的历程看，世界港口的发展经历了四代演变过程，业态逐步升级，功能日益完备。

一、港口的代际发展阶段

1992 年，联合国贸易发展委员会（UNCTAD）秘书处发表的《港口服务销售和第三代港口的挑战》一文将港口的发展分为三个阶段，分别是作为运输枢纽的第一代港口，作为装卸和服务的第二代港口，以及作为贸易和物流中心的第三代港口。1999 年，联合国贸易发展委员会（UNCTAD）《港口通讯》第 19 期《第四代港口》的文章认为，1990 年以后，在世界范围内已出现了超越第三代港口的新一代港口——第四代港口。文章主要观点是：第四代港口主要处理的是集装箱，其发展策略是港航联盟和港际联盟，其生产特性是整合性物流，其成败的关键是决策、管理、推广、服务等软因素。四代港口的发展历程及各阶段特征如下所示。

第一代港口的发展时期是20世纪60年代以前。当时的港口功能是海陆运输模式的转换点。所谓海陆运输模式的转换点，主要是指这一时期港口功能主要集中在货物装卸、储存和转运方面。20世纪60年代以前，世界经济正处于战后恢复阶段，社会生产力水平低下，同际贸易尚未形成规模。这就决定了国际运输，特别是海运业的发展缺少最根本的货运量支撑。海运业总体发展水平不高，港口建设自然也就缺少最直接的推动力。此时的港口大部分处于水陆交通枢纽地位，其功能主要集中于水陆换装作业，即提供货物的装卸、储存和转运。操作模式为人机结合，其中人力占相当大比例。这一时期的运输船舶主要是5000吨至2万吨级的杂货船。

第二代港口的发展时期是20世纪60—80年代。当时的港口功能是运输、工业和商业服务中心。港口逐渐具有部分流通（含客流、资金流、信息流、技术流等）功能、相关产业（主要是临港工商产业）功能和城市社区功能。20世纪60—80年代，世界经济进入以工业为主导的时代，西方工业化初具雏形，生产率的大幅提高使得商品贸易得到进一步发展，国际贸易量大幅增加，直接推动航运业发展，港口设施也随之得以完善。加之商品贸易追求利润最大化，为压缩运输成本（一些国家还有政府的引导作用），许多依赖海运的生产企业纷纷向港口靠拢，逐渐形成庞大的临港产业群。为适应新的经济发展模式，一些港口除传统的水陆换装功能外，逐渐增加许多支撑临港产业的新功能，并渐渐发展成为重要的城市依托港、水陆交通枢纽和传统运输方式的分运中心。这一时期出现大量的专业化散装船，比如30万吨级的油船、20万吨级的矿石船、8万吨级的散粮船等。

第三代港口的发展时期是20世纪80年代以后。此时的港口成为国际贸易的综合运输中心及物流平台，具有世界全程运输服务中心和国际商贸后勤基地功能。20世纪80年代以后，商业、服务业的进一步发展，信息技术的不断升级，经贸运输链一体化和电子数据交换以及无纸化贸易的发展，逐渐改变传统的贸易、运输在空间上各自独立的运作模式，使得国际贸易、国际运输紧密联系在一起。港口作为贸易、运输过程中的重要环节，也随之增添使货物增值的加工、包装、配送、信息处理等现代物流功能，并积极吸引金融、保险、信息、法律等现代服务业向港口聚集，逐渐发展成为集商业性、整合性资源配置于一身的综合运输中心及物流中心。这一时期开始，集装箱化运输、枢纽港、支线港等运输网络逐渐形成，与城市现代服务业相辅相成。

第四代港口开始于 20 世纪 90 年代，目前正处于发展阶段。港口功能是以全球海洋主航道为干线的班轮化运输，并逐渐向具有上下游业务关系的港航或港际联盟发展。20 世纪 90 年代以后，国际贸易、运输业进一步协调发展，现代物流体系更加完善，供应链管理趋于成熟。在这种物流体系下，港口从物流中心转变为供应链中的一个环节，将更具有竞争优势。紧密联系前后港口，形成港口联盟，并与上下游运输企业联合，使港口作业更快捷，并努力在全球范围内形成网络型运输体系，这是第四代港口发展的总体趋势。这一时期开始出现 1 万标准箱（TEU）以上的大型集装箱船，枢纽港、支线港等运输网络遍布全球，出现集装箱连锁码头。

世界不同代港口功能并存示意如图 2－1 所示。

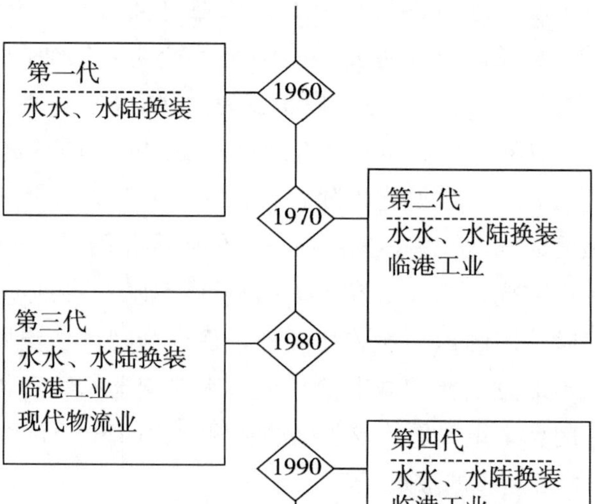

图 2－1　世界不同代港口功能并存示意

二、第五代子母港概念的提出

第五代子母港以大型海港为母港（中转港），以国际陆港、支线港和设在内陆的港区为子港，形成母港与各个子港共生共荣、联合经营、合作发展的子母港群，以网状的形式在间接经济腹地和直接经济腹地拓展业务，培育内陆地区外贸货源，为内陆地区提供像海港一样的港口服务，促进内陆城市建立国际陆港、发展临港产业区，带动内陆地区外向型经济良好发展。这使大型海港突破只在沿海区域发展的模式，业务延伸至内陆经济腹地，在内陆经济中心城市建立“港口连锁店”的创新思路。

大型海港在内陆城市建立内陆港区并辅以经营性分公司（见图 2－2），内陆城市成立国际陆港接纳和管理各个沿海港口的内陆港区，沿海港口与内陆城市合作共赢发展。内陆港区是沿海港口在内陆城市建设的货物装卸作业区，经营性分公司是为了便于海港在异地经营而设立的。目前还没有适合陆港和陆地国际运输的法规、惯例和管理制度，国际陆港在现阶段不能直接参与陆地国际运输，所以，现阶段沿海港口采用在内陆城市建立内陆港区的方法绕开制度的欠缺从事国际运输，是现实可行的主要方法。

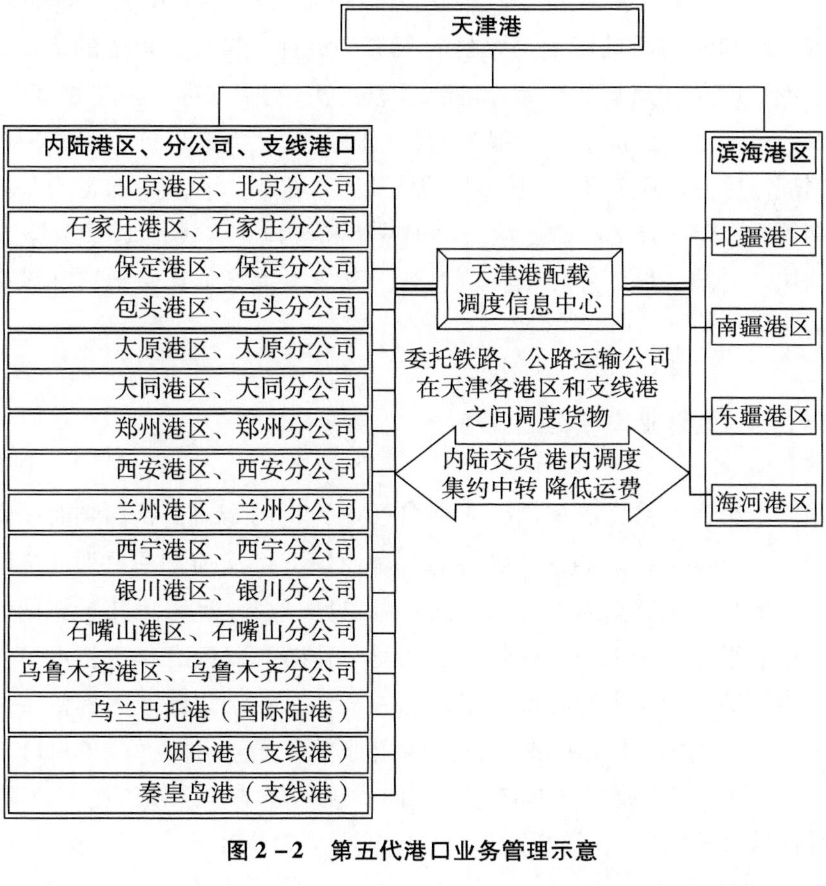

图 2－2　第五代港口业务管理示意

大型海港应该发挥集装箱运量大这个优势，在内陆城市成立分公司、建立内陆港区，使港口分支机构扩大到内陆城市（如港口在内陆设立连锁店）。其作用，一是将间接经济腹地转化为直接经济腹地；二是将内陆到港口之间的集装箱运输转变为港口内部、港区之间集装箱调度，拓展了货物来源、扩大了营业范围、提高了物流效率、增加了营业收入；三是为内陆地区进出口商提供像海港一样的国际物流服务，促进内陆外贸发展。

第三节 “港产城”发展理念

当城市的经济和社会活动积聚到一定程度时，就需要通过运输和交通与外部世界进行交往，建立广泛的关系。海洋运输的巨大能力及成本低廉等优势，是港口成为城市的经济和社会活动与外部联系的首选方式和重要节点。港口因生产和经营活动产生了大量的人员、物资、信息、资金的流动，直接产生了港口产业（海运、仓储、集疏运等），引发了依存产业（造船、贸易、钢铁、石化、电力、加工工业等）、派生产业（有关港口的金融、通信、保险、修理、旅游、服务等），从而形成集生产、经营、商贸、旅游、信息甚至服务网等功能于一体的特殊区域。由于城市和港口在人类活动中的紧密关系，依港建城、港城一体，互相依托、促进，形成了世界上许多港口和城市共同发展的现象。

一、港口产业集群理论

国际上第一个将集群理论引入港口产业分析的专家，是比利时安特卫普大学的 Haezendonck E. 教授。她将港口产业集群定义为：一系列从事与港口相关服务的相互独立企业，聚集在同一港口区域，并且采用几乎相同的竞争战略，以获得相对于集群外部的联合的竞争优势。我国有学者将港口产业集群定义为：港口产业集群是产业集群的一种，是在港口区域内提供一系列港口工业产业链增值及相关港口服务的企业的集合（顾亚竹，2008）。李南（2007）认为港口产业集群具有港口指向、规模经济、区域依托、阶段发展、国际导向等经济特征。

港口产业集群是产业集群研究的分支与延续，虽然国内外学者对产业集群现象进行了大量研究，其内涵与外延的界定也日渐成熟，但是学者们对于港口产业集群的研究到21世纪初才逐渐兴起，港口产业集群内涵的界定也尚未完善。港口产业集群内涵的研究发展大致经历了提出、成形和拓展三个阶段。

（一）港口产业集群理论研究的提出阶段

根据Bird（1971）的Anyport（“任意港”）模型，随着时间的演进，港口的发展可划分为三个阶段：形成、扩张和专业化阶段。在形成阶段，港口坐落于毗邻市中心的小码头。在扩张阶段，海洋科技不断更新，货物装卸能力显著提高。由形成到扩张阶段也是港口与城市核心之间空间关系改变的时期，在扩张阶段，港口码头的建设将远离核心商务区。在专业化阶段，货物装卸的专业化水平提高，船舶吨位不断提升，对货物装卸和储存的需求也不断扩大，导致了港口活动的聚集。港口发展的这三个阶段可以视作港口产业集群范畴形成的雏形。Debackere（德巴克）和Vermeulen（韦尔默朗）（1997）在研究中进一步指出，港口产业集群是一种隶属于不同部门的参与者形成的内部网络组织，这些参与者依托陆地与海岸带的工业和商业活动而建立起彼此之间的联系。

（二）港口产业集群理论研究的成形阶段

Haezendonck E. 教授认为港口产业集群中的参与者主要包括船务公司、领航与拖航服务、码头运营商、仓储、物流、制造业、中间商、货代公司、分销公司、港口劳工和疏港铁路。同时，她采用了波特的钻石模型，利用包括内部竞争、内部合作、集群内客户关系、相关支持产业及政府行为等14个指标，对港口产业集群的竞争力进行了分析。虽然其为港口产业集群的研究作出了开创性贡献，但是仍存在忽略了集群内企业的作用、没有在整体上分析集群竞争优势以及研究方法上的局限等问题。

（三）港口产业集群理论研究的拓展阶段

荷兰伊拉斯谟大学的DeLangen教授对港口产业集群的研究作出了突出贡献，其对于港口产业集群的定义较为宽泛。他认为，港口产业集群包括了所有的与港口船舶和货物相关的公共（私人）组织。货物装卸、运输、物流、制造业及贸易都包含在港口产业集群之中。Edgars Kasalis（埃德加·卡萨利斯）等（2011）在研究中指出，港口产业集群包含了所有与货物和船舶相关的经济活动，并特别指出，虽然大多数的货物都会进一步通过公路、铁路和内河航运等方式运往内陆地区，但是由于港口是运输链上的一环，运输活动也应视作港口产业集群的组成部分。

相对于国外学者对港口产业集群较为宽泛和一致的理解，我国学者出于不同的研究目的，对这一概念进行了不同界定。刘志强、宋炳良（2004）将港口产业集群定义为：大量在地理位置上集中的且相互关联的行业、企业、协会、研究机构和大学等，以特殊的经济区域（港口）为核心，提供整体的一站式的港口相关服务的产业群体。吕胜荣、袁艺（2006）进一步区分了港口产业集群与港口群的概念，提出港口群是自然资源存在并聚集的结果，而港口产业集群是人为地利用自然资源使其产业化的结果。于之兰（2012）扩大了港口产业集群的外延，将其定义为：以港口为核心，包含集群核心区、集群次核心区以及集群延伸区内的与港口有某种程度的关联性并存在集聚效应的所有产业的总和。

二、"港产城"一体化发展

作为运输体系中的一个重要环节，港口功能和作用随着不同的经济和社会发展阶段逐步扩展。第一代港口的功能局限于货物的装卸和简单堆存上，仅是货物海陆运输的交接地。而第二代港口的功能则有了明显扩展，除了装卸堆存，还发展了与运输有关的简单加工、贸易和服务。到了20世纪80年代末期，港口的发展进入第三阶段，港口在传统装卸堆存功能基础上开展货物中转服务，依托其与城市的关系发展有一定规模和深度的加工、贸易和相关服务，并借助现代科技开始涉足第三方物流和信息服务。港口城市的成长及港口带动作用的增强是港城（即港口与城市）发展的中心环节。港口城市的发展一般可以概括为三个阶段。

（一）初级阶段：运输中转功能

港城初始联系的发生源于港口的运输中转功能，这是港口最基本的功能。由这一基本功能诱发产生的港务部门和集散部门，称为港口直接产业。它是港城联系的最初媒介，也是港口城市兴起的根本原因。但仅是这两个部门，在空间上可以游离于城市区域。以这两个部门为城市经济活动主体的港口城市处于其发展的第一阶段——初级商港型经济发展阶段。在这一阶段，城市对港口有很强的依赖性，一旦由于某种原因使港口衰亡，那么，在没有其他特殊力量参与的情况下，城市作为“港口城市”的发展过程就会中断。

（二）中级阶段：临港产业集聚

在全球承运人和综合物流时代，港口功能日益多元化，与港口中转运输相关的海运代理、金融、保险等第三产业（即港口关联产业）成为港口经济必不可少的组成部分。当港口发展到能集聚国内外生产要素和联结国内外市场时，港口陆域便成为利用港口输入原材料、输出产品的临港大工业和出口加工业（合称为临港工业或港口依存产业）的优势区位。临港工业在港口陆域的集聚是港口城市发展的最强劲动力，也是港城关系的最重要媒体。港口工业的发展绝不仅是本身经济总量的增长，广泛的产业关联产生强大带动力，更重要的是促进城市规模的扩大和功能的多元化。如果临港工业能与城市以及区域的相关产业形成一种密切的传递、接收机制，则必将成为城市和区域经济增长的巨大推动力。在港口关联产业和港口依存产业发展成为港口城市主要经济部门的同时，港口与城市在空间形态上也相互连接融合，港口与城市开始走向一体化，进入发展的第二阶段——港口工业型经济发展阶段。在这个阶段，港口工业的形成标志着港口城市完成了从简单地服务于港口到积极地利用港口的转变，港口城市不再是被动地受港口驱动而发展，而是通过港城互动实现共同发展。

（三）高级阶段：“港产城”一体化发展

港口直接产业与港口关联产业的发展构成的良好城市基础设施条件产生了空间集聚引力，吸引与港口无直接关系的产业在港口城市的集聚。临港大工业的发展产生协作引力，也不断吸引前、后相关联产业在港口城市集聚。随着产业集聚带来的就业和消费的扩大，通过乘数效应促进了城市非经济基础部门的发展。在这一过程中，大力发展第三产业、建设商贸中心是发挥集聚效应的重要保证。同时，港口城市也是建设商贸中心的优势区位。这是因为商贸中心是物流、信息流的集结地，港口城市完全可以提供这种服务。随着不同产业在港口城市的集聚，港口城市的产业体系渐趋完善，进入多元化经济发展阶段。“港产城”一体化发展如图2－3所示。

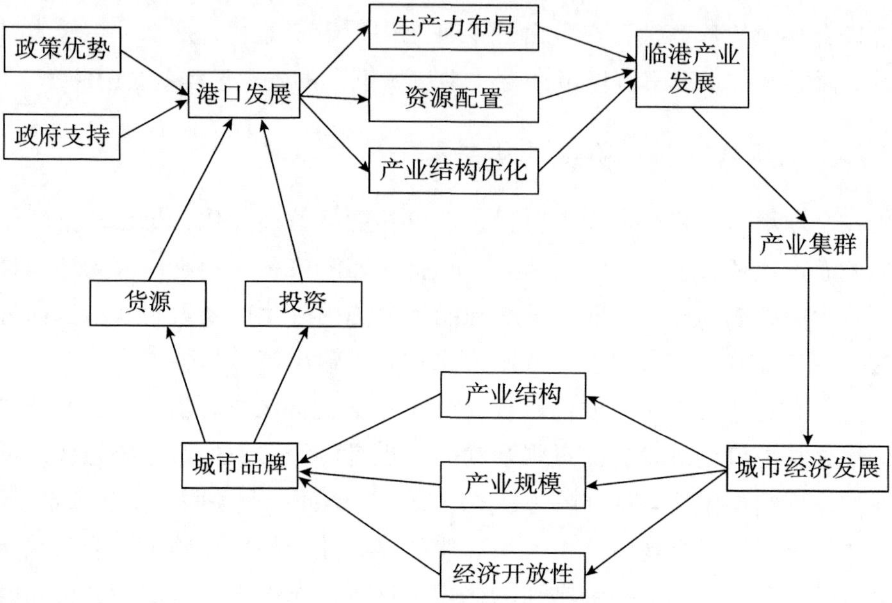

图2－3　“港产城”一体化发展

第三章　国际陆港的起源与发展

随着海港业务的不断发展，其对内陆地区的经济腹地辐射范围越来越广，同时港口间的激烈竞争也使海港业务逐渐向内陆地区延伸。另外，随着“一带一路”倡议的深入推进，内陆地区发展外向型经济的需求越来越迫切，原来通过铁路或公路运输，将货物运到港口再装船运输的发展模式，已经不能满足需求。特别是随着全球经济一体化进程加快和国家战略驱动下的内陆地区加快开发开放的步伐，内陆地区迫切需要向沿海地区的港口一样的物流操作平台。在以上沿海港口向内陆延伸和内陆地区内生发展需求的双重驱动下，陆港应运而生。近年来，随着中欧班列的蓬勃发展，国际陆港成为引领内陆地区开发开放的重要载体和平台。

第一节　陆港概念的由来

国际陆港的起源，不论从概念的提出还是实践项目的诞生均起源于陕西西安。关于陆港概念的提出，国内学界公认是西安学者席平研究员（中国物流学会特约研究员，编者注）最早于2000年在国内提出。国内第一个国际陆港项目，是2004年开工建设的西安国际港务区（即西安国际陆港）。

一、从无到有创建“陆港”概念

1990年3月，席平调到西北国棉五厂进出口部工作，发现广东省经济发展速度远远快于陕西省经济发展速度。这个现象引起了他的思考：陕西省为什么不能像广东省那样快速发展？

1996年6月，席平到深圳某港资企业从事床上用品业务，在深圳期间发现广东省经济发展速度快于陕西省经济发展速度主要有两个原因：一是文化背景，二是国际港口。广东省以重商文化为背景、拥有国际港口，所以经济发展速度快；陕西省以复古文化为背景、没有国际港口，所以经济发展速度慢。

由此引发了他的深入思考后并意识到：第一，陕西人从意识上重“古”不重“商”，这是文化基因问题，不易改变；第二，广东省拥有国际港口，从而拥有两个市场，一个是国内市场，另一个是国际市场，而陕西仅拥有一个国内市场，大市场大发展、小市场小发展，“沿海地区”的实质是“港口周边各地区”，陕西不可能建港口，因此陕西经济发展慢。

他发现问题并得出相关结论后，面临如何破局的思考而陷入僵局。一段时间，他甚至假想如果天上有一个神仙，能将西安市整体东移千里、搬到连云港，那么西安就成为一个国际港口城市，西安就会像广州或者天津一样发展成国际大都市，带动关中地区经济大发展，西安百姓的生活水平可以迅速提高……但，这个梦想是美好的，现实是不可能做到的。

2000 年 6 月，在西部大开发的背景下，加之席平长期从事国际贸易、国际运输、生产组织、报关报检等实践经验和在校所学国际贸易基础知识，使他突然悟到：不能将西安整体搬到连云港，但是可以将连云港港口的运行机制搬到西安；西安虽没有海洋不可以建设海港、跑大船，但是西安拥有铁路、公路运输线，可以开汽车、跑火车，汽车、火车也可以运输国际货物，汽车站、火车站也可以装卸储存国际货物；在西安货运火车站依照海港机制，建立陆地上的“国际通商口岸”——“国际陆港”。比如，西安出口货物到悉尼运营模式：装运港（西安陆港），中转港（上海港），目的港（悉尼港）。西安出口货物到莫斯科运营模式：装运港（西安陆港），中转港（阿拉山口陆港），目的港（莫斯科陆港），进口顺序倒置则可，陆港理念诞生。

2000 年 12 月，席平以陆港理念为基础，结合国际运输实际情况，查阅资料、认真研究，伏案 6 个月完成了《建立中国西部国际港口——西安国际陆港的设想》文章。2001 年 1 月 5 日，《三秦都市报》记者张井率先用整版以“打造西部的旱码头”为题，对“中国西部港口——西安陆港（XIAN PORT）”给予了详细介绍和宣传报道。

二、从理论到实践实现零的突破

上海市南京中路的七重天酒店上曾经悬挂着一幅标语“创新是一个民族进步的灵魂”，该标语告诉世人：上海推崇创新，并肩负民族复兴的使命。席平据此撰写了《在西安建立上海港务区，以此为基础建立西部地区的国际物流中心》，文章于2003年在“2003新亚欧大陆桥区域合作国际研讨会”上发表。该篇文章引起参会代表上海港务局驻郑州办事处主任秦志强的关注。他将自己的看法和该文章上呈上海港务局，上海港务局上呈上海市委、市政府，上海港务局责成上海港务局驻西安办事处主任张辉积极与西安市政府联系。

2003年11月25日，张辉以上海港务局驻西安办事处主任的名义致函西安市人民政府研究室（陇海兰新经济促进会秘书处），提出对该文的看法，摘要如下所示。

西安市人民政府研究室、陇海兰新经济促进会秘书处：

我办拜读了贵处《在西安建立上海港务区，以此为基础建立西部地区的国际物流中心》这篇研讨论文。这一课题也引起上海港务局（即现在的上海国际港务集团）领导的关注和回应。我们愿意为此而努力，促成这一研讨课题的早日实现。

2003年12月10日，中共西安市委办公厅《西安信息》第108期，刊登《在西安建立上海港务区的构想值得关注》一文；2004年1月6日，省委决策参考26期刊出《关于在西安建立上海港务区的构想和建议》；2004年1月15日，新华社陕西分社《陕西内参》2、3（合刊）刊登“在西安建立上海港务区的构想和建议”一文。

2004年3月28日，上海港务局领导带团专程前来西安商谈在西安建立上海港务区有关事宜。2004年4月5日，西安市人民政府与上海市人民政府在西安就双方合作建设西安国际港务区事项举行会谈，形成会议纪要。双方联合组建“西安国际港务区项目调研协调小组”，项目调研协调小组设在西安市商业贸易局。

“西安国际港务区项目调研协调小组”设在西安市商业贸易局流通处，流通处积极联系上海有关单位和协调西安市各个有关部门，深入灞桥区政府、西安浐河经济开发区，为西安国际港务区项目立项、规划建设和成立西安国际港务区管理委员会做了积极有效工作。在此基础上，西安市与上海国际港务集团签订了合作建立西安国际港务区项目的意向，并于2004年正式启动了西安国际港务区项目建设。

第二节　国际陆港的定义

一、“陆港”名称的规范

西安学者席平提出“陆港”的概念后，随着陆港在内陆地区的蓬勃发展，引发了国内诸多研究现代物流、交通运输或口岸经济的学者关注和持续深入研究。但是由于大家对“陆港”一词的来源和对其功能作用认知不一，特别是相关学者在查阅国外相关文献资料时，出现了不同的“直译”名称，一时间在学界、实践项目，乃至国家和地方文件中也出现了不同的称谓，比如“内陆港”“旱码头”“无水港”“干港”等。不同的称谓，对应的相关英文翻译也不尽相同，比如“内陆港”和“陆港”的英文翻译是否需要加上“In”译作“Inland Port”，这个细节问题甚至引起了时任中国交通运输协会秘书长索沪生女士到西安国际港务区调研时的关注。时至今日，仍然有“内陆港”和“无水港”等不少提法在文件中出现。

针对国内“陆港”称谓名称较多的现象，席平曾经指导学生撰文《陆港名称与定义的探讨》在行业内刊发表，系统解释了应该规范称谓“陆港”的几点理由。

一是，“陆港”的名称符合国际港口的起名顺序，在“陆港”之前已有“海港”和“空港”，叫“陆港”符合“陆、海、空”的逻辑序列，名称规范统一，“陆港”符合国际运输惯例操作的要求。

二是，内陆港的名称多加一个“内”字，有三点不妥，不妥之一是画蛇添足，陆港肯定是在陆地上，“陆港”名称已经将概念讲清，再加一个“内”字显得累赘，撰文原则是“可写可不写的，不写”，故不应该加“内”字；不妥之二是与海港、空港不统一，海港、空港在前，陆港在后，起名应跟随前者，故不应该加“内”字；不妥之三是混乱逻辑，若内陆港名称合理，则：海港应该称作“沿海港”或“岸边港”，空港应该称作“陆地空港”或“地上空港”。

此外，席平等人认为干港、无水港可理解为“没有水的港口”，按这个逻辑的话，那么空港、数码港、信息港、太空港和国际陆港等广义上的港口都可称为“无水港”，因此认为，这样名称内涵外延都不确切，太宽泛。

二、国际陆港的提出

经过以上对“陆港”名称的比较与探讨，可以认为港口种类较多，有狭义和广义的港口概念之分。狭义上的港口是在河、海等岸边设有码头，便于船只停泊、旅客上下和货物装卸的地方，比如渔港、油港、军港、商港等；广义上的港口，是物资流动过程中的集散处，比如，空港、铁路港、公路港和本文提到的陆港等。

国际港口是为适应国际贸易的需求，依照有关国际条约或法令对外开放的商港，是国际海上交通与内陆交通的枢纽，是陆地国际运输的节点。国际陆港的提法更加突出“陆港”在内陆区域经济发展中的“外向性”和“国际化”，即能提供便捷的通关和口岸服务。国际陆港的核心依托还需要国际陆路运输通道或通达国际的交通枢纽连接支撑。在实践中，陆港为了突出国际性的特点，可使用“国际陆港”的称谓，如“义乌国际陆港”“乌鲁木齐国际陆港”等。

三、国内外学者对陆港定义的研究

由于对陆港的认知和称谓不同，国内外学者围绕陆港的定义展开了诸多研究。笔者收集归纳如下所示。

（一）国内学者/机构的定义

定义一：内陆港（Inland Port）是直接与海港相连的内陆货运站。（刘瀛寰《内陆港选址风险评价模型研究》）

定义二：所谓无水港（Dry Port）是指在内陆地区建立的具有报关、报验、签发提单等港口服务功能的物流中心。（徐伟和陆梦《无水港在港口发展中的作用》）

定义三：陆港（Land Port）是依托铁路或公路等陆路交通，在内陆城市设立，提供货物集散、口岸服务的商贸物流枢纽。(《货物多式联运术语》JT/T 1092—2016)

定义四：国际陆港（Land Port）是设在内陆经济中心城市铁路、公路交会处，便于货物装卸、暂存的车站，依照有关国际运输法规、条约和惯例设立的对外开放的国际商港。(席平的定义，目前在百度百科中收录)

(二) 国外学者/机构的定义

定义五：无水港是远离港口的内陆集装箱设施，它为进出无水港的集装箱和货物提供集装箱装卸，短期储存和海关检查等服务。(美国集装箱协会)

定义六：内陆港（Inland Port）是位于内河的港口，不办理深水船舶交通，用“内陆港”指代内河港口，以区别于海港。[美国陆军工程兵团（US-ACE)]

定义七：内陆港是远离传统的海、陆、空边界的物理站点，它依靠规划多式联运设施和为供应链中的货物提供增值服务，来推动和促进国际贸易。(得克萨斯大学运输研究中心)

定义八：内陆港地处内陆，一般远离海港码头，它是内陆地区多式联运枢纽或各种运输方式（铁路、航空和公路）的交会点，分拨来自海港的商品。内陆港通常提供国际物流和配送服务，包括货运代理、代理报关报检、综合物流和信息系统服务。(查尔摩斯工学院学者 Roso)

(三) 本书的定义

笔者比较了国内外学者围绕“陆港”“内陆港”“无水港”等的定义，并结合对国际陆港的长期研究实践，提出了对“国际陆港”较为系统的定义：陆港（Land Port）或国际陆港是指依托铁路或公路等陆路交通枢纽，在内陆经济中心城市设立，具有现代物流、口岸服务和产业配套等功能，为内陆地区发展外向型经济提供便捷的货物集散、通关服务的商贸物流聚集区。

国际陆港有五大特点：一是，国际陆港设在国际运输通道的铁路、公路干线交会或枢纽附近；二是，国际陆港设在内陆经济中心城市；三是，国际陆港须有口岸功能，能提供便捷的通关服务；四是，国际陆港是沿海港口设立“内陆港区”的平台；五是，建立国际陆港是为了促进内陆地区外向型经济发展。

第三节　国际陆港的形成动因与演化机理

国际陆港是内陆地区社会经济和现代物流发展到一定阶段的产物，它的产生、形成、发展需要有其特定的环境和条件。国际陆港的形成及演化的本质是社会经济要素活动引致的物流要素运动在地域空间上的反映，在区域经济、产业结构、科学技术发展、发展政策以及竞争、协同等多方面作用下不断发展和变化。

一、国际陆港形成动因

（一）外部触发动力

1. 区域经济发展需求

内陆地区物流产业作为一种生产性服务产业，其规模发展必须借助于国际陆港这个载体，而国际陆港的发展又受到其所在区域物流市场需求水平的影响。物流市场需求是国际陆港产生的目的和根本动力，在国际陆港形成和发展过程中起着不可替代的作用。国际陆港受到区域物流需求规模和结构的影响，而区域物流需求是一种派生性的需求，其规模和水平受到很多因素的影响，如市场规模、产业经济发展水平、专业分工程度、运输条件、价格因素、技术因素等。同时，区域物流的快速发展反过来也能拉动地区经济增长，在区域经济结构调整、发展方式转变、流通效率提升等过程中起着重要支撑作用。两者之间呈现出一种很强的相关性，其中区域经济对区域物流需求影响主要体现在以下几个方面。

1）区域经济的发展总量决定着区域物流需求的规模

一般而言，区域经济总体规模总量越大，对区域物流产生的需求也越大，同时要求对物流基础设施与技术投入也越大，物流基础设施承载能力也越强。

2）区域经济的发展水平决定着区域物流需求水平

区域经济发展水平与区域物流需求水平呈现高度的一致性，一般而言，经济发展水平越高的地区，其对物流业的需求水平就越高，需要建立更加完善的物流基础网络、组织网络和信息网络。

3）区域经济结构决定区域物流需求结构

区域经济结构的构成，影响着区域物流节点的选址与布局、物流通道的建设、物流产业结构、物流运输方式的选择等，因而决定着区域物流整个结构形态。如以工业为主体的地区，区域物流的主要活动是以铁路和水运等大宗货物运输为主；以高新技术产业为主体的地区，其对运输时效性要求较高，航空与公路运输是其主要的运输方式；电子商务发达的地区，要求适应电商时代全面崛起，加快构建电子商务物流体系。

2. 社会专业化分工

随着物流市场多元化、个性化需求的产生和服务要求的提高，物流产业专业化分工进一步深化。国际陆港是适应物流产业专业化、社会分工细致化应运而生的一种经济现象，也是产业集聚发展的组织形式。国际陆港集聚了大量专业化分工与协作企业，如物流咨询公司、物流装备供应商、行业协会、中介机构、金融担保机构、保险公司、生活配套服务企业等。同时，由于国际陆港内存在众多物流企业及生产、生活企业，综合物流服务能力提升，物流运作成本下降，从而拉动制造企业、商贸企业的产业链的延伸和发展，进一步扩大物流市场需求规模。

3. 政府规划引导

在国际陆港的规划、建设和运营过程中，中央和地方政府起着重要的引导、扶持、监管等作用。我国物流产业尚处于起步发展阶段，物流基础设施及物流体系尚不健全。在物流市场发展过程中，政府的引导作用更为突出和明显。政府通过规划、资金、建设、管理、政策等有效的宏观调控，如经济产业结构调整、物流基础设施规划、物流行业准入制度、物流市场管理政策、用地政策、投资政策、税收政策、区域合作政策、技术政策、人才战略、资源整合、标准化政策等措施，影响物流基础设施的建设和运营。在国际陆港的发展过程中，政府政策影响贯穿始终，对国际陆港内企业的招商、运营、技术更新、配套设施建设等方面均有着重要的引导作用。

自 2009 年国务院发布了“十大产业振兴规划”将现代物流业作为唯一的服务业列入后，2011 年又颁布了物流“国九条”（《国务院办公厅关于促进物流业健康发展政策措施的意见》），国家相关部门出台促进现代物流业发展的系列政策和规划。《全国物流园区发展规划》《物流业发展中长期规划》等文件的出台，特别是2018年国家发展改革委、交通运输部发布的《国家物流枢纽布局和建设规划》在引导国际陆港科学规划和布局，推动国际陆港实现“通道+枢纽+网络化”发展发挥了重要的引导作用。

4. 科技进步

科学技术已成为当代经济发展的决定因素，其对区域经济发展产生了深远的影响，对促进区域产业结构合理化，提高宏观结构效益、区域资源综合利用率、生产设备技术水平，改善生产工艺等具有重要影响。科学技术的发展也带动了物流技术的进步。科学技术在国际陆港中的大规模应用，推进物流设施、设备、装置等技术与工艺的改进、应用和创新，提升了国际陆港运行效率和效益，推动着物流模式创新，已成为国际陆港演化的重要动力源之一。科技进步全面作用于国际陆港的各个层面，使得运输、仓储、装卸搬运、配送、信息处理、客户服务、管理决策等物流作业环节与管理方式发生了巨大变化，使得主体内部组成及主体之间的关系发生了改变，也使得国际陆港结构、功能、运行机制等更加复杂化。特别是“互联网+”时代的到来，物联网、大数据、云计算、人工智能、自动化等现代技术的广泛应用，有力推动国际陆港规模化、专业化发展，可以有效整合物流信息资源，加快物流系统内物流资源的深度融合与共享，实现平台之间物流资源的实时交换，全面提升物流资源利用效果。

5. 流通体制创新

国际陆港是物流化进程的高级阶段，物流化进程是一种市场经济形态，它的产生与发展需要一定的工业化进程与经济环境条件。在工业化初期，经济总体还是短缺经济，竞争只是买方竞争，此时生产规模的扩大、原材料的投入以及廉价劳动力供给是社会财富聚集的主要手段，社会处于“重生产、轻流通”的状态。随着工业化进程的加快，市场形态发生变化，已经发展到过剩时期，市场总体转变成卖方市场，市场竞争由生产领域转向流通领域，物流在国民经济中的地位得以凸显，现代化的物流设施、物流技术、物流管理有了生存的土壤，物流也成为企业缩减成本、提高竞争力的制胜法宝。在商品经济全球化的今天，国外大量采用国际陆港的物流组织形式，这正是经济发展处于不同阶段，不同类型物流形态与之相适应的客观经济规律表现。

近年来，国家加大了流通领域体制的改革，鼓励企业物流外包，促进物流专业化分工及主体多元化发展，然而物流领域体制不顺的问题依然存在。工业企业与流通企业“大而全”“小而全”的思维定式，导致企业自营物流比重过大，物流运作效率低下。此外，我国物流管理体制是按照行业来分设部门进行管理的，物流产业涉及商务、铁道、交通、民航、邮政、海关、质检等多个部门，横跨不同的行业和地区。目前物流行业中这种条块分割的管理体制，使得物流产业的管理权限被分割在若干个部门和地区，各部门和地区自成系统、自我管理，部门之间、地区之间的权利和责任相互重叠，造成管理部门繁多，各部门间协调性差，加大了物流整合难度。因此，按照市场经济规律，进行体制创新，将对促进物流资源整合、加快物流园区集约化发展产生积极影响。

6. 外来投资

物流基础设施的投资规模很大，尤其是大型国际陆港的投资规模更是巨大，这就决定了国际陆港发展的能力必然受制于资金的约束。因此，应大力吸引外来资本，支持物流基础设施建设，提高区域物流基础设施供给能力。政府在进行物流基础设施规划与建设的时候，应与区域经济发展和城市综合规划结合起来，综合考虑区域物流协调发展的需要，充分利用现有的设施、设备，合理规划国际陆港和配送中心以及相关道路等设施，政府应适当加大对道路、航道、交通枢纽、公共物流信息平台等物流设施建设的支持力度。此外，政府部门还应制定优惠的财政政策，吸引社会各界对国际陆港设施的投入，从而弥补建设资金的缺口，健全国际陆港网络体系。

7. 市场对外开放

物流市场是新兴的服务业市场，是一种复合型产业市场。区域物流产业的发展要求物流资源都进入市场，通过物流市场来优化资源配置、实现规模经济、提高物流效率、降低物流成本。加大区域物流市场的开放力度，是增强区域物流供需主体活力、优化区域物流资源配置的根本手段，能够吸引外来资本的投资，解决物流设施建设资金短缺问题，促进区域物流产业结构的优化。此外，在对外开放的大格局下，地方市场保护将会逐步消除，国际陆港市场化体系将进一步健全，一些先进的物流技术、资金、先进的管理理念和方法将被引进，这给国际陆港的发展创造了良好的环境，也能促进国际陆港与外界环境的物质、能量、技术、资金、人才、信息等方面的交流。

（二）内部激化动力

国际陆港的形成离不开物流市场的培育和物流企业集聚，反过来，国际陆港又可以大大提高物流企业运作效率、降低物流成本、提高服务水平，从而提高物流企业的核心竞争力，同时又可以为其他产业集群培育良好的外部环境。产业集聚又大大刺激物流有效需求、壮大物流需求市场。国际陆港形成的最本质原因是市场竞争与规模经济双重力量造成的集聚效应，物流企业在集聚效应的吸引下入驻国际陆港是国际陆港形成的内因。

国际陆港之所以能产生集聚发展的内生动力和规模效应，关键是集聚使得竞争与协同加强，非线性作用复杂化，同时也使系统内主体间通过超循环的自组织方式结合得更加紧密，使系统结构具有更大的丰富性和多样性，进而使得系统演化发展。国际陆港演化发展是在物流主体集聚动力传导过程中得以实现的，其具体传导机制如图 3－1 所示。

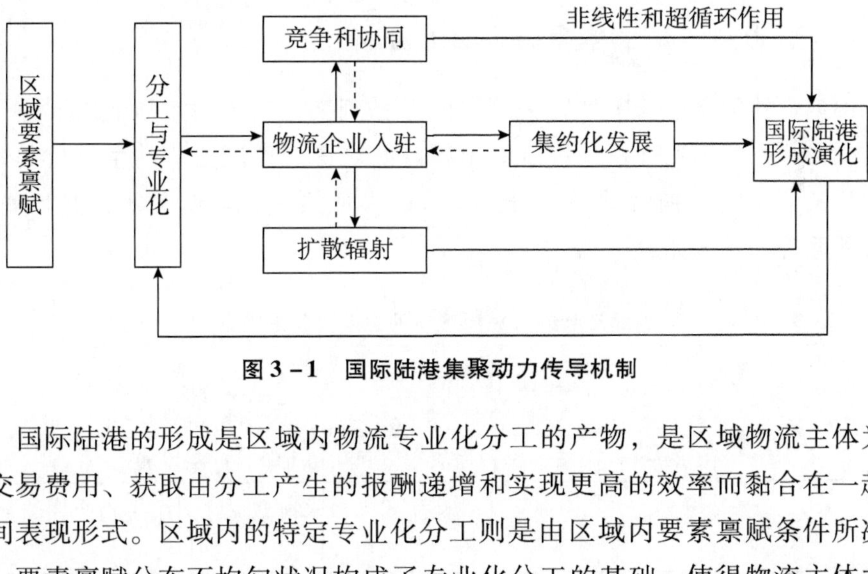

图 3－1　国际陆港集聚动力传导机制

国际陆港的形成是区域内物流专业化分工的产物，是区域物流主体为降低交易费用、获取由分工产生的报酬递增和实现更高的效率而黏合在一起的空间表现形式。区域内的特定专业化分工则是由区域内要素禀赋条件所决定的，要素禀赋分布不均匀状况构成了专业化分工的基础，使得物流主体之间发展不平衡；而专业化分工的发展和深化更加有力地推动了区域物流主体集聚的产生和发展。区域物流主体集聚使得物流主体交易范围、环节和数量逐渐增大，进而产生集聚效应，如分工效应、规模效应、外部效应和市场效应等，从而进一步增加了分工的自我繁殖和自我增强能力，使得区域物流主体之间的彼此联系和对外联系加剧，产生拉动作用，带动国际陆港专业化分工深化，使得为国际陆港提供专业化服务或业务处理的企业或组织机构大量集聚。

另外，物流主体集聚使得主体间竞争加剧，导致物流新理念、新装备、新技术、新方法的形成，造成国际陆港系统内部更强的非平衡与非线性，推动系统内新质的产生，最终促进系统动态有序；此外，物流主体为相互争取空间、时间或功能上的有利态势与资源优势，物流专业化分工进一步深化，物流主体之间协作和联系更加紧密，而物流主体之间的协同能不断建立有序性的关系，使主体集聚结合更加紧密，保证产生的新质稳定下来，并带动国际陆港在区域空间迁移、扩散，防止过度竞争导致的无序状态的产生。因此，物流专业化分工和物流企业集聚发展是国际陆港演化发展的本质特征，集聚也是国际陆港的组织形成和发展的根本动力。

二、国际陆港内部集聚演化机理

（一）内部集聚主体生态位关系分析

根据自然生态系统中生物种群之间关系归纳，结合国际陆港内部集聚主体的交换关系和影响分析，可以看出国际陆港内部集聚主体的生态位关系主要包括竞争关系、捕食关系、寄生关系、中性关系、合作关系、偏利关系、偏害关系等，具体如表 3－1 所示。

表 3－1　　　　国际陆港内部集聚主体的生态位关系类型

种间关系	企业		主要特征
	X	Y	
竞争关系	—	—	物流主体间互相竞争、抑制发展
捕食关系	+	—	物流主体 X 摄取物流主体 Y 中生物个体的全部或部分为食
寄生关系	+	—	两种物流主体生活在一起，对一种生物受益，而对另一种生物受害
中性关系	○	○	物流主体 X 和物流主体 Y 互不影响
合作关系	+	+	物流主体间相互有利、共生发展

续　表

种间关系	企业		主要特征
	X	Y	
偏利关系	+	○	两种物流主体生活在一起，对物流主体 X 有利，而对物流主体 Y 不获得利益
偏害关系	—	○	两种物流主体生活在一起，对物流主体 X 有害，而对物流主体 Y 不获得利益

表 3－1 中，X、Y 表示生态位部分重叠的两种物流主体种群，“＋”表示对物流主体的生长、壮大具有促进作用，“－”表示对物流主体的生长、壮大具有抑制作用，“○”表示两种物流主体之间没有相互影响关系。入驻国际陆港的微观主体通过集聚，实现交互、新陈代谢、创新与变革，进而不断适应外界环境的变化，实现共生发展。这些主体集聚演化表现出与生物体类似的共生进化机制。在自然生态系统中，共生进化（co－evolution）是通过环境中物种间的相互作用和相互影响实现的，即一物种通过自身进化来影响其他物种的进化，同时该物种又受到其他物种进化的影响而自身发生进化，最终导致整个生态系统共同生存、协同运化。根据生物体共生理论及国际陆港内部集主体生态位的主要关系，可将国际陆港内部主体之间常见集聚演化模式分为互惠共生、偏利共生和竞争共生三大类型。

（二）互惠共生集聚演化

国际陆港中微观主体的互惠共生表现在物流企业与制造企业、商贸企业等物流需求企业之间的物流战略合作，也包括物流联盟中各种物流企业之间的业务外包合作。如制造业、商业企业专注于自己的核心物流服务，而将其他功能性物流服务业务外包给物流企业，并且在物流业务合作发展过程中，制造企业、商业企业与物流企业之间逐渐建立起稳定的物流服务供应链关系，最终形成一种稳定的共生状态。

为了简化分析，假设国际陆港包含一个物流需求企业群和一个物流企业群，它们之间的物流供需服务刚好得到相互满足，在不考虑物流供给企业群、需求企业群内部之间竞争的情况下，以生物共生理论描述共生种群增长规律的逻辑斯谛模型为基础，依据 Lotka－Volterra 两种群互惠系统模型，构建基于时间和环境的服务数量/产品数量变化的物流主体互惠共生集聚演化模型：

$$\begin{cases}\dfrac{dN(t)}{dt}=r_1(t)\cdot N(t)\left[1-\dfrac{N(t)}{K_1(t)}+\alpha M(t)\right]\\[2ex]\dfrac{dM(t)}{dt}=r_2(t)\cdot M(t)\left[1-\dfrac{M(t)}{K_2(t)}+\beta N(t)\right]\end{cases}\tag{3-1}$$

其中，$r_1(t)$、$r_2(t)$ 分别表示物流企业群和物流需求企业群的产量自然增长率；$N(t)$、$M(t)$ 为物流企业群和物流需求企业群的产出水平，是时间 t 的函数（t 不仅包括通常意义上的含义，还包含由技术、信息、分工、要素和交易成本等影响产出的因素变化）；K_1、K_2 分别表示物流企业群和物流需求企业群可生产的产量或经营空间的限制，K_1 和 K_2 在不同阶段会发生变化，是关于时间 t 的函数；α、β 表示物流企业群和物流需求企业群的互利作用影响系数，且 $\alpha>0$，$\beta>0$，它们的值越大表示为对方提供市场的能力越大。

当物流企业群和物流需求企业群达到均衡的稳定状态时，应有：$\dfrac{dN(t)}{dt}=0$，$\dfrac{dM(t)}{dt}=0$，由此可得微分方程组：

$$\begin{cases}\dfrac{dN(t)}{dt}=r_1(t)\cdot N(t)\left[1-\dfrac{N(t)}{K_1(t)}+\alpha M(t)\right]=0\\[2ex]\dfrac{dM(t)}{dt}=r_2(t)\cdot M(t)\left[1-\dfrac{M(t)}{K_2(t)}+\beta N(t)\right]=0\end{cases}\tag{3-2}$$

求解微分方程组（3-2）的平衡点，得到系统的定态解有：$E_1(0,0)$，$E_2(0,K_2)$，$E_3(K_1,0)$，$E_4\left[\dfrac{K_1(1+\alpha K_2)}{1-\alpha\beta K_1K_2},\dfrac{K_2(1+\beta K_1)}{1-\alpha\beta K_1K_2}\right]$。由于物流企业群和物流需求企业群的产出都大于零，因此，$\alpha\beta<\dfrac{1}{K_1K_2}$ 是物流企业群和物流需求企业群互惠共生达到均衡状态应满足的条件。根据微分方程稳定判别方法，分析此共生体系统等倾线 $r_1(t)\cdot N(t)\left[1-\dfrac{N(t)}{K_1(t)}+\alpha M(t)\right]=0$ 和 $r_2(t)\cdot M(t)\left[1-\dfrac{M(t)}{K_2(t)}+\beta N(t)\right]=0$ 的相交情况及在等倾线上系统轨线的走向，可以判定，当 $\alpha\beta<\dfrac{1}{K_1K_2}$ 时，E_4 解为方程组的稳定解。此时物流企业群的产出水平为 $\dfrac{K_1(1+\alpha K_2)}{1-\alpha\beta K_1K_2}$，物流需求企业群的服务能力为 $\dfrac{K_2(1+\beta K_1)}{1-\alpha\beta K_1K_2}$。

进一步假定物流企业群对物流需求企业群的直接作用强度为 ε 和 χ，则 $\alpha = \frac{\varepsilon}{K_1}$，$\beta = \frac{\chi}{K_2}$，那么物流企业群和物流需求企业群的互惠共生条件为 $\varepsilon\chi < 1$，对称性和互惠作用系数大于零，则它们稳定共生的条件可进一步表示为：$0 < \varepsilon < 1$，$0 < \chi < 1$。

物流企业群与物流需求企业群的互惠共生关系，说明物流企业群的增长一方面由于自身数量的增加而消耗要素禀赋导致增长速度减慢，另一方面又由于物流需求企业群为其提供市场导致增长速度增加，同样物流需求企业群的增长也是如此。因此，在互惠共生条件下物流企业群和物流需求企业群的产出水平均大于共生前的产出水平，但互利作用大小主要取决于物流企业群和物流需求企业群的生产规模，生产规模较大的企业对生产规模较小的企业具有较强的互利作用。通过系统的稳定均衡状态分析，表明物流企业群和物流需求企业群在共生交互作用下，专注于自己的核心业务，建立起一种相互信赖、双方受益的共生稳定关系，能通过降低交易双方的交易费用、交易的不确定性和管理成本，提高生产效率，同时能扩大物流需求企业群的生产能力和物流企业群的服务能力，实现整体的帕累托优化（Paretooptimality），进而实现物流供需双方“共赢”的局面。

（三）偏利共生集聚演化

在国际陆港入驻企业中，还存在大型核心物流企业与周围依附物流企业的服务主体企业之间的偏利共生集聚关系。如大型国际陆港核心物流企业周围集聚了众多小型货运代理、仓储、运输、装卸搬运、信息中介等物流企业，这些依附物流企业因国际陆港核心业务发展而生存繁衍，而依附物流企业产出水平对于国际陆港产出的影响较小。以国际陆港和其周边集聚的小型依附物流企业来描述物流主体之间的偏利共生关系，它们的偏利共生集聚演化模型为

$$
\begin{cases}
\dfrac{\mathrm{d}W(t)}{\mathrm{d}t} = r_1(t) \cdot W(t)\left[1 - \dfrac{W(t)}{K_1(t)}\right] \\
\dfrac{\mathrm{d}P(t)}{\mathrm{d}t} = r_2(t) \cdot P(t)\left[1 - \dfrac{P(t)}{K_2(t)} + \gamma W(t)\right]
\end{cases}
\tag{3-3}
$$

式中：$r_1(t)$、$r_2(t)$ ——国际陆港核心物流企业和依附物流企业的产量自然增长率；

$W(t)$、$P(t)$ ——国际陆港核心物流企业和依附物流企业的产出水平，是时间 t 的函数；

K_1、K_2——国际陆港核心物流企业和依附物流企业经营空间的限制，K_1 和 K_2 是关于时间 t 的函数；

γ——国际陆港核心物流企业对依附物流企业的偏利作用系数，且 $\gamma>0$。

当国际陆港核心物流企业和依附物流企业达到均衡的稳定状态时，应有：$\frac{dW(t)}{dt}=0$，$\frac{dP(t)}{dt}=0$。同理，求解微分方程组（3-3）的平衡点，有定态解 E_1（0，0），E_2（0，K_2），E_3（K_1，0），$E_4=[K_1, K_2(1+\gamma K_1)]$。

因此，当共生体达到平衡点时，国际陆港核心物流企业产出水平为 K_1，依附物流企业的产出水平为 $K_2(1+\gamma K_1)$。由于国际陆港核心物流企业和依附物流企业产出水平为正，即 $W(t)>0$，$P(t)>0$，故当 $K_1>0$，$K_2(1+\gamma K_1)>0$ 时，表示国际陆港核心物流企业和依附物流企业共生。根据微分方程稳定点判别方法，该解也是共生体的渐进稳定解，即国际陆港核心物流企业和依附物流企业稳定共生条件为：$K_1>0$，$K_2(1+\gamma K_1)>0$，也就是说在点 $[K_1, K_2(1+\gamma K_1)]$ 达到共生均衡局面。从均衡结果可以看出，国际陆港核心物流企业和依附物流企业在相互作用过程中，依附物流企业承担的业务量会高于偏利共生前独立运作的业务量，即依附物流企业通过国际陆港核心物流企业稳定的物流服务需求、品牌效应、规模化运作、辐射能力等因素影响，增加依附物流企业业务承担的机会，提高依附物流企业产出水平，实现了帕累托改进和优化。

（四）竞争共生集聚演化

国际陆港入驻企业中，除了互惠共生和偏利共生，还存在物流供给主体间的竞争、物流需求主体间的竞争共生关系。考察两个占据相似生态位的物流供给主体为获得更多资源或市场占有率而相互竞争的情形，设有两个相互竞争的物流企业 1 和 2，它们在同一区域中利用相同资源提供相同的物流服务功能，则它们的集聚演化模型表述为

$$\begin{cases}\frac{d N_1(t)}{dt}=r_1(t)\cdot N_1(t)\left[1-\frac{N_1(t)}{K_1(t)}-\alpha N_2(t)\right]\\ \frac{d N_2(t)}{dt}=r_1(t)\cdot N_2(t)\left[1-\frac{N_2(t)}{K_2(t)}-\beta N_1(t)\right]\end{cases}\qquad(3-4)$$

式中：$N_1(t)$ 和 $N_2(t)$ ——入驻物流企业 1 和物流企业 2 的产出水平，它们是关于时间 t 的函数；

$r_1(t)$，$r_2(t)$ ——入驻物流企业 1 和物流企业 2 的产量自然增长率；

K_1、K_2——入驻物流企业 1 和物流企业 2 的业务空间限制，K_1 和 K_2 会随着物流企业自身资金、技术、创新、管理、网络等因素变化，是关于时间 t 的函数；

α 和 β——竞争抑制作用系数，它们都大于零，α 表示入驻物流企业 2 增加一单位产出对物流企业 1 增长所起的竞争抑制作用系数，β 反之。上述模型表明，物流企业 1 的增长，除了受到主体内部竞争的影响，即物流企业 1 本身每增加一单位产出的抑制作用$\left(\frac{1}{K_1}\right)$以外，还受到主体之间竞争的抑制影响，即物流企业 2 每增加一单位产出也对物流企业 1 的增长起抑制作用（α）；同样物流企业 2 的增长也受到本身的抑制作用$\left(\frac{1}{K_2}\right)$和来自物流企业 1 的抑制作用（$\beta$）。

显然，两个入驻物流企业之间的竞争达到平衡状态时的方程为：$\frac{\mathrm{d}N_1(t)}{\mathrm{d}t}=0$，$\frac{\mathrm{d}N_2(t)}{\mathrm{d}t}=0$。同理，求解此微分方程组的平衡点，得到定态解 E_1（0，0），E_2（0，K_2），E_3（K_1，0），$E_4\left[\frac{K_1\ (1-\alpha K_2)}{1-\alpha\beta K_1K_2},\ \frac{K_2\ (1-\beta K_1)}{1-\alpha\beta K_1K_2}\right]$。根据系统等倾线相交情况及等倾线系统轨线的走向分析，两个物流企业竞争的最终结果将取决于 K_1，K_2，α，β 四个值的相互关系。当 $\alpha<\frac{1}{K_2}$且 $\beta>\frac{1}{K_1}$时，E_3（K_1，0）是系统的稳定解，即物流企业 1 和物流企业 2 竞争，物流企业 1 取胜；当 $\alpha>\frac{1}{K_2}$，$\beta<\frac{1}{K_1}$时，E_2（0，K_2）是系统稳定解，即物流企业 2 取胜；当 $\alpha>\frac{1}{K_2}$，$\beta>\frac{1}{K_1}$时，两者处于不稳定的平衡，即两者都有可能取胜，谁取胜取决于两者的初始产量和其他因素；当 $\alpha<\frac{1}{K_2}$，$\beta<\frac{1}{K_1}$且 $\alpha\beta<\frac{1}{K_1K_2}$时，$E_4$是系统渐进稳定解，表明两个物流企业竞争的结果是双方稳定共生。

同理，当同一区域中存在 n 个竞争的入驻物流企业时，Lotka－Volterra 竞

争方程可以扩展为更具一般性的形式

$$\frac{\mathrm{d}N_i(t)}{\mathrm{d}t} = r_i(t) \cdot N_i(t)\left[1 - \frac{N_i(t)}{K_i(t)} - \sum_{\substack{j=1 \\ j\neq i}}^{n} a_{ij}N_j(t)\right] \tag{3-5}$$

式中：i 和 j——入驻物流企业编号，且 $i=1, 2, \cdots, n$；$j=1, 2, \cdots, n$；

a_{ij}——入驻物流企业 j 对物流企业 i 的抑制作用系数，其他变量含义同前。

该模型充分描述了区域中提供相同物流服务功能的 n 个企业之间的共生关系。

三、国际陆港整体形成与演化机理

（一）国际陆港演化成长方式

根据国际陆港演化发展的影响因素的不同作用，可将国际陆港演化成长模式分为地理禀赋型、主导产业依附型、资源共享型与政府主导型。

1. 地理禀赋型模式

地理禀赋型模式是指国际陆港基于区域内特有的自然资源、地理环境和区位优势，如公路、铁路、港口、机场等集聚而形成的物流产业集群区，一般来讲属于自下而上由于市场需求自发形成的。国际陆港的发展受制于区位、交通、运输、市场、产品需求、信息、人力资源等条件，区域特有的地理环境、资源禀赋、交通运输、基础设施、信息技术及市场需求成为国际陆港选址的主要因素，特别是方便的多式联运和集散条件，如公路、铁路、水路、航空等交通枢纽地区是天然的国际陆港形成的场所，能够吸引大量物流产业链相关企业及配套服务机构集聚在一起，经过发展壮大形成各具特色的货运枢纽型国际陆港。

在现实中，依赖各种交通枢纽形成的货运枢纽型国际陆港，在空间上形成较强的独占指向。例如，公路国际陆港要求靠近交通便捷的高速公路进出口且离城市较近，能有效满足干线货源转运和城市配送物流需求；铁路国际陆港要求设置于全国综合交通枢纽和市场需求旺盛地区，满足特快货物班列、跨局货物快运列车、跨局大宗货物直达货物班列、国际班列和多式联运需求；空港国际陆港依托航空港，以航空及机场地面配套物流设施为核心，以运输服务为手段，为多家航空公司、航空货运代理、综合物流企业提供公共物流设施、物流信息服务及综合物流服务；港口物流园依托港口、港口物流和港口城市物流产业的发展而产生，它既是港口城市物流产业集聚的派生产物，也是物流产业集群空间集聚的一种表现形式。

2. 主导产业依附型模式

主导产业依附型模式是指国际陆港基于接近客户的需求，为制造业、商贸业、运输业、现代农业、建筑业等产业提供服务，具有依附于所提供物流服务的主导产业并彼此紧密联系的特征，从而在一定范围内形成的物流产业集聚区，一般来讲是自下而上由于市场需求自发形成的。众多物流企业为了提高竞争优势，往往集聚在主导产业附近，为主导产业提供配套物流服务，满足其多样化、一体化的物流服务需求。

由于国际陆港与主导产业紧密结合，并围绕主导产业形成一种合作共生、联动发展模式，逐渐形成主导产业依附型国际陆港。一方面，主导产业对国际陆港有带动效应，因为国际陆港发展的本身就是以主导产业所释放的物流需求为导向，其物流活动与主导产业链中的制造业、商贸业等企业密切配合，为其提供物流和供应链解决方案及运作服务。另一方面，国际陆港对主导产业有支撑效应，因为国际陆港的发展可以有效促进主导产业专注于核心竞争力的培育，提升物流服务质量，降低物流成本，提高主导产业的产品竞争优势。

3. 资源共享型模式

资源共享型模式是若干物流企业围绕某一地区的公共设施或资源集聚形成的物流产业集聚区，一般来讲是自下而上由于市场需求自发形成的。资源共享型国际陆港模式具有整合资源优势：一是物流基础设施和设备资源共享优势；二是物流信息平台和交易市场共享优势；三是物流人才和技术创新共享优势；四是物流公共配套服务共享优势。

目前，我国物流企业普遍规模小、网点少、数量多、分布散，资源利用效率低下。这就决定了这类物流企业对于外部公共资源具有高度依赖性，物流企业通过国际陆港良好的物流设施平台，进行集聚发展，可以促进专业化分工与协作，降低由于分散布局所产生的高额交易成本，还能享受良好的物流配套服务以及技术创新溢出效应，推动物流企业专业化能力培育和服务的提升。

4. 政府主导型模式

政府主导型模式是指政府或主管部门从区域经济的角度出发，根据物流市场的发展趋势和国际陆港的发展规律，主动规划建设国际陆港，以整合各种分散的物流资源，形成区域物流发展的平台和空间载体，并借以理顺城市功能，提高城市经济的运行效率。这种国际陆港是以政府战略为导向，通过政府扶持、干预，给予政策优惠，发挥市场机制配置资源的作用，自上而下形成的。

目前，我国内陆地区建设运营的国际陆港主要为这种类型。据不完全统计，近年来政府主导型国际陆港占全国规划建设的国际陆港的一半左右，从近几年的情况来看，问题也是不可避免的。比如，国际陆港可行性研究和规划设计方案可操作性较差，建设用地长期不落实，基础设施建设资金难以落实，开发建设机构不完善，各种优惠政策不落实等。

这种类型的国际陆港在初期为物流企业提供了良好的入驻基础设施，但物流企业的最终集聚还要依赖于市场机制和空间机制。因此，政府在规划这类国际陆港的同时，还要加快国际陆港招商和业态培育，推动专业化分工和社会化协作，促进国际陆港内生动力和增长机制的形成。

（二）国际陆港逻辑斯谛生成与演化模型

国际陆港从形成到完善要经历形成、竞争、创新、成熟这几个阶段，从简单到复杂，从局部优化到整体优化的演化发展过程。可以采用逻辑斯谛模型，对国际陆港的成长演变曲线进行研究。逻辑斯谛模型又称为自限模型，是研究生态学的一个经典数学模型，它主要考虑自然环境下群体可能达到的最大总数 K。例如，一个种群或者生物链，一开始整个群体呈现增长率为 r 的增长，随着增长率的下降，群体生物总数达到极值 K，群体停止增长，随后进入整体的衰退阶段。

由于国际陆港是以适应性物流主体为中心和自组织者的典型耗散结构，其所在区域总体发展空间是有限的，因此，其发展既受到自身生长能力限制，又受到区域资源环境的制约，也就是说，国际陆港的发展不可能无限增长，其自组织演化是有限资源环境下的增长，与其他生命体的增长十分相似，都遵循逻辑斯谛发展这一普遍机制，即其增长趋势呈现由正反馈力和负反馈力综合作用而导致的非线性的逻辑斯谛曲线式增长，具体表现为一条稍微被拉平的S形曲线。逻辑斯谛曲线方程是生物学家P. F. Verhulst为研究人口增长过程而导出的，其也广泛适用于社会经济现象的研究。引入逻辑斯谛曲线方程，对国际陆港这一复杂系统的演化进行分析，其演化轨迹可用如下数学模型描述

$$\frac{\mathrm{d}X}{\mathrm{d}t} = rX(1 - \frac{X}{K}) \tag{3-6}$$

其中，$X = X(t)$ 是国际陆港在 t 时刻的发展综合指标，选取园区物流产值状态变量来进行代表性分析，而系统的发展定义为系统物流产值指标的增大，其是在一定的系统结构下实现的，通过系统与其环境的相互作用，不断交换物质、能量和信息，使系统的功能得到充分发挥，系统得以成长；$\frac{\mathrm{d}X}{\mathrm{d}t}$代表系统物流产值瞬时增长率；$r$ 代表不受外界环境限制的系统物流产值增长率，这主要取决于国际陆港有机利用各种资源的能力，如主体之间竞争合作情况和主体的创新能力，主体之间竞争合作的强度越高，主体创新能力越强，则 r 值越大，说明系统发展越快，从而推动系统向更高产值方向演化，反之则慢；K 表示国际陆港所处环境的负荷量，$\lim X_{\max} = K$，即在限制因子约束下系统最高的物流产值量，也就是国际陆港的承载能力，其值是由物流政策、物流基础设施、经济发展、技术条件、制度环境及市场需求等因素决定的。

由方程（3-6）可以看出，这个方程是国际陆港产值在任一时点上的增长速度，因此，这一方程又被称为系统发展速度模型。该方程包含动态因子 X，它随时间 t 推进而增加，代表系统演化的正反馈机制；同时包含减速因子 $\left(1 - \frac{X}{K}\right)$，其值随时间 t 推进而减小，代表系统演化的负反馈机制。因此，国际陆港发展机制实质是正反馈增长机制和负反馈平衡机制共同起作用的一种复合机制，其逻辑斯谛方程的形式是非线性的，可以将系统演化过程看作一种自组织过程。根据方程指标的经济意义，有 $r>0$，$K>0$。因为，如果 $r\leqslant 0$，或 $K\leqslant 0$，那么物流产值会随时间不断减少，或产值为负数，系统不复存在，假设条件不符合现实情况。因此，$r>0$，$K>0$，且当 $r>0$，有$\frac{\mathrm{d}X}{\mathrm{d}t}>0$，即系统发展速度为正。

对方程（3-6）求解，得到国际陆港产值状态演化方程

$$X = \frac{K}{1 + c \cdot e^{-rt}} \tag{3-7}$$

其中 $c = e^{-\tilde{c}}$，$\tilde{c}$ 为积分常数，由国际陆港发展的初始条件决定。设 $X(0)=a$，$0<a<K$，那么有

$$X = \frac{K}{1 + \left(\frac{K}{a} - 1\right)e^{-rt}} \tag{3-8}$$

方程（3－6）表示国际陆港产值在任一时刻的增长速度，方程（3－7）表示系统物流产值动态变化轨迹。对方程（3－6）求导，可以推出

$$\frac{\mathrm{d}^2 X}{\mathrm{d}t^2} = r^2 X\left(1 - \frac{X}{K}\right)\left(1 - \frac{2X}{K}\right) \tag{3-9}$$

方程（3－9）表示国际陆港产值在任一时刻的加速度，令$\frac{\mathrm{d}^2 X}{\mathrm{d}t^2}=0$，则可以求出国际陆港状态曲线演化的拐点，$X_1=0$，$X_2=\frac{k}{2}$和$X_3=K$，由于$0<X<K$，故拐点出现在$C_1=\frac{k}{2}$，并将该拐点物流产值代入方程（3－7），得

$$t_1 = \frac{\ln c}{r}$$

此时，国际陆港产值增长速度为$\left.\frac{\mathrm{d}X}{\mathrm{d}t}\right|_{t=t_1}=\frac{rk}{4}$。

对方程（3－9）继续求导，得

$$\frac{\mathrm{d}^3 X}{\mathrm{d}t^3} = r^3 X\left(1 - \frac{X}{K}\right)\left(1 - \frac{6X}{K} + \frac{6X^2}{K^2}\right) \tag{3-10}$$

利用其三阶导数等于零，可以得到另两个拐点$C_0=\frac{(3-\sqrt{3})K}{6}$和$C_2=\frac{(3+\sqrt{3})K}{6}$，进而代入国际陆港状态演化方程，得

$$t_0 = \frac{\ln c - \ln(2+\sqrt{3})}{r}, t_2 = \frac{\ln c + \ln(2+\sqrt{3})}{r} \tag{3-11}$$

此时，国际陆港产值增长速度为$\left.\frac{\mathrm{d}X}{\mathrm{d}t}\right|_{t=t_1}=\left.\frac{\mathrm{d}X}{\mathrm{d}t}\right|_{t=t_2}=\frac{rk}{6}$。

因而，在一个演化周期内，系统发展有三个拐点，即 C_0，C_1 和 C_2，且当 $t\to+\infty$ 时，有 $X\to K$ 和$\frac{\mathrm{d}X}{\mathrm{d}t}\to 0$。为了便于分析国际陆港产值及其发展速度的变化，给出 X 和$\frac{\mathrm{d}X}{\mathrm{d}t}$曲线图，具体如图 3－2 所示。

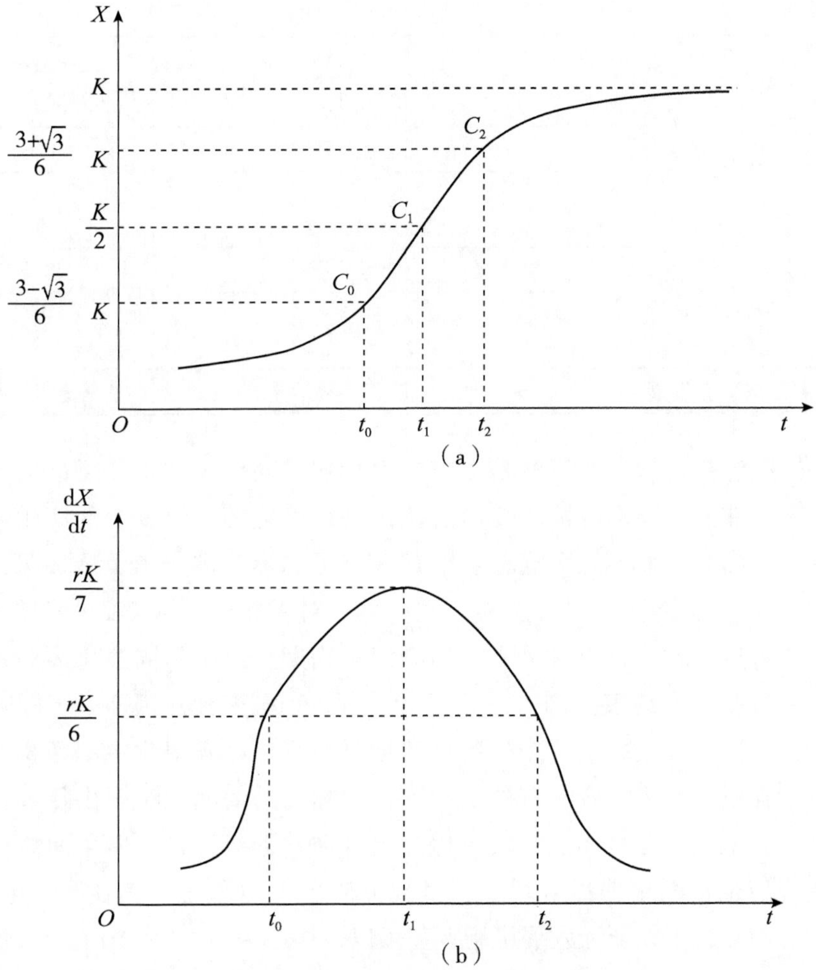

图 3－2　国际陆港发展曲线

根据国际陆港形成与发展曲线，可以得出国际陆港的总体演化特征，即呈现出前慢—中快—后慢的演化趋势，其具体演化特征如表 3－2 所示。

表 3－2　　　　　　　　国际陆港演化特征

国际陆港特征	X 产值规模变化	dX/dt 发展速度变化
形成	缓慢上升	上升
	$\frac{3-\sqrt{3}}{6}K$	$\frac{rK}{6}$

续 表

国际陆港特征	X 产值规模变化	$\mathrm{d}X/\mathrm{d}t$ 发展速度变化
快速成长	迅速上升	上升
	$\frac{K}{2}$	$\frac{rK}{6}$
减慢成长	继续上升	下降
	$\frac{3+\sqrt{3}}{6}K$	$\frac{rK}{6}$
衰退或更新发展	趋于平稳	趋于0

国际陆港演化状态变量就是在内外力量的共同作用和正负反馈机制的共同影响下，在演化周期内按照S形的轨迹进行演化的，但S形的演化曲线的具体形状受参数K和r的影响。参数K决定了国际陆港产值发展极限，对于相同的r值，K值越大，系统发展空间越大；对于相同的K值，r值越大，系统产值增长速度越快，更快进入下一个演化周期。由于不同演化周期系统成长能力和资源环境约束不同，因此K和r参数动态变化。因而，国际陆港的演化和发展比一般生态系统中生物量的增长要复杂，其演化机制和轨迹要相对复杂。在正负反馈复合机制的支配下，国际陆港的演化呈现出复杂多变的演化行为和轨迹，但总体上表现为螺旋上升演化趋势，是由多条曲线组合而成的复合型逻辑斯谛曲线式增长，呈现分时段、动态的、多参数演化特征。国际陆港的复合逻辑斯谛发展机制方程可以被描述为

$$\frac{\mathrm{d}X_i(T_i)}{\mathrm{d}T_i}=r_i(T_i)X_i(T_i)\left[1-\frac{X_i(T_i)}{K_i(T_i)}\right](i=1,2,\cdots) \tag{3-12}$$

式中：$X_i(T_i)$ ——第i个演化周期综合参数为T_i时国际陆港的物流产值；

$r_i(T_i)$ ——第i个演化周期综合参数为T_i时不受外界环境限制下国际陆港产值增长率；

$K_i(T_i)$ ——第i个演化周期综合参数为T_i时国际陆港产值增长的极限值。

对微分方程（3－12）求解，可得

$$X_i(T_i)=\frac{K_i(T_i)}{1+c\cdot exp(-r_iT_i)} \tag{3-13}$$

（三）国际陆港整体结构失稳机理

对于国际陆港来说，当其远离平衡态进入非线性区后，其内部不可逆流与不可逆力的存在使得系统的演化呈现一种不可逆过程。在系统演化中，力是产生流的原因，因此可以用国际陆港中的各种力对流进行函数描述，具体表示为

$$J = J(X_k)(k = 1,2,\cdots) \tag{3-14}$$

式中：J——物流词区中物质流、能量流和信息流；

X_k——国际陆港中各种类型的力，如社会经济发展、物流市场需求、物流对外开放、物流基础设施建设、物流技术变革、体制创新、物流协作、政府发展政策等形成的各种类型驱动力，市场过度竞争、物流体系不健全、规划和运行不协调、产业结构比例不尽合理、主体多样性及数量规模限制、物流外包意识不强、物流成本较高、区域内外形势影响等来自系统内外的多重阻力。

如果把平衡态作为参考态（系统内流和力处于零的状态），即$X_0 = 0$，$J(X_0) = 0$，进行 Taylor 展开，则有

$$J(X_k) = J(0) + \sum_k \left(\frac{\partial J}{\partial X_k}\right)_0 \cdot X_k + \frac{1}{2}\sum_k \left(\frac{\partial^2 J}{\partial X_k^2}\right)_0 \cdot X_k^2 + \cdots \tag{3-15}$$

当国际陆港内部扰动较弱，并且外界对系统的干扰不强时，即表示系统的力很弱时，国际陆港偏离平衡态很少，可将上式的高次幂忽略，则有

$$J(X_k) = \sum_k \left(\frac{\partial J}{\partial X_k}\right)_0 \cdot X_k(k = 1,2,\cdots) \tag{3-16}$$

此时，表明国际陆港进入非平衡态的线性区段。当国际陆港内部扰动加剧，而且来自系统外界的干扰足够大的时候，展开式包含了 X 的高次幂，则表明国际陆港处于非平衡态的非线性区段。把熵 S 和熵产生 P 按定态进行微扰展开并推导得到

$$\frac{\mathrm{d}P}{\mathrm{d}t} \cdot \left[\frac{1}{2}(\delta^2 S)\right] = \int \mathrm{d}v \cdot \left[\sum_k \delta J_k \delta X_k\right] = \delta_k P \tag{3-17}$$

式中：$\delta^2 S$——熵 S 的二次变分，即超熵，或表述为熵的熵，它是熵的不确定性的度量；

$\delta_k P$——超熵产生，表示超熵对时间的导数。

在远离平衡态的区域（即状态变量同平衡态的差别很大的非线性区域），普利高津等人证明，相对于定态的二阶偏差（称为超熵）总是负的。因而，

利用超熵产生对国际陆港进行定态点稳定性分析和判定提供了新思路，根据Lyapunov（李雅普诺夫）稳定性定理，在非平衡态的非线性区域，由于超熵值有三种可能性，即

当$\delta_k P<0$ 时，表明国际陆港处于不稳定状态；

当$\delta_k P>0$ 时，表明国际陆港处于稳定状态；

当$\delta_k P=0$ 时，表明国际陆港处于临界稳定状态。

通过上述分析可以看出，国际陆港状态是波动的，原因是其内部具有自组织机制，具备自稳定和自重组能力。国际陆港正是在自稳定和自重组过程的交替作用下，实现系统自组织演化的，国际陆港整体结构失稳分析如图3－3所示。

对于小幅的内外扰动，国际陆港内部主体的发展变化在某一平衡位置波动，形成一种动态平衡自稳定过程，而对于大幅的内外扰动，国际陆港则通过自重组过程形成的新范式，产生新的耗散结构。其中，自稳定过程是指通常系统的结构或状态对于各种干扰具有的保持或恢复的能力，在原有范式规定下的系统的活动能沿着某一轨道进行自组织演化，该过程体现了系统演化的渐进性，具有累积性和连续性特点，因此，在某一时期从整体上看系统是稳定的，其内部各主体关系保持相对不变或变化甚小，然而从局部看系统内部主体却经常出现波动。自重组过程是指在高于临界状态，系统失稳出现以后，通过自重组产生一种新的耗散结构，建立新的结构、功能和秩序，形成新的稳定模式，并继续向更高层次发展，该过程体现了国际陆港演化的非连续性。

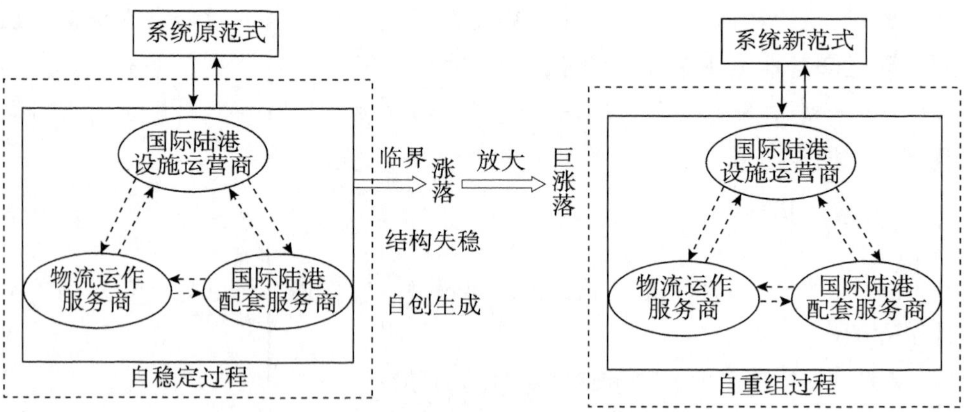

图3－3　国际陆港整体结构失稳分析

（四）国际陆港演化路径依赖与分岔

任何系统的演化发展都不是一帆风顺的，国际陆港的演化发展也不例外，其演化过程就是一个伴随多种涨落和多个分岔的过程。分岔是国际陆港不同状态之间的联系和转化，且其与系统突变密切相关。国际陆港在其持续发展中由于市场、技术、政策、制度等随机因素变化，系统“涨落”产生一种不连续的突然变化，从而出现突变、分岔，形成一个新的稳定的有序结构，即耗散结构发生分岔。分岔为国际陆港演化路径提供了多种选择，也为后续区域物流供需主体多样性发展、物流设施空间布局调整、货流集聚优化、物流分工与协作、物流产业链拓展等提供了一个新的发展空间。具体可以用非线性微分方程来描述国际陆港的突变和分岔演化过程

$$\frac{\partial X}{\partial t} = f(X, \lambda) \tag{3-18}$$

其中，状态参量 $X = (X_1, X_2, X_3, \cdots, X_n)$，$\lambda$ 为约束条件，表示系统受控程度及偏离均衡程度。国际陆港的演化分岔过程如图 3－4 所示。

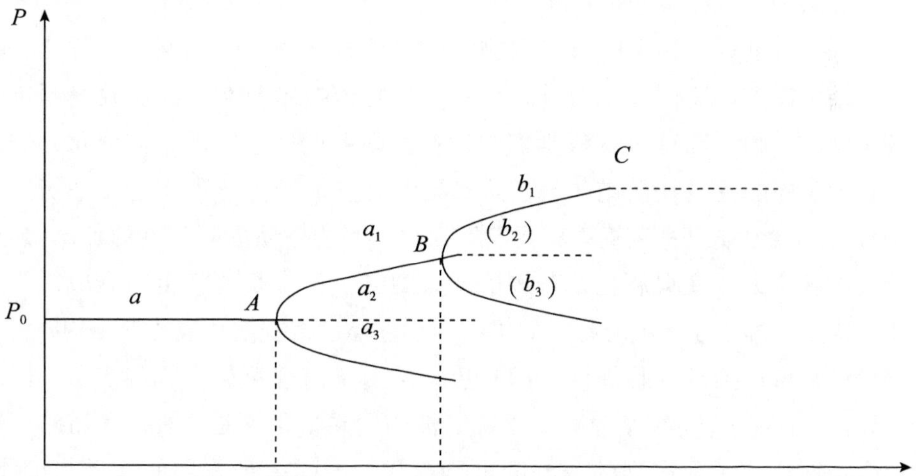

图 3－4　国际陆港的演化分岔过程

当 $\lambda < \lambda_1$ 时，系统的控制参量较小，国际陆港产生微涨落（如物流市场竞争加剧、发展战略不合理、物流主体不协调、管理体制不健全、经营业务与模式调整等）。虽然这种微涨落不断出现，但是系统不仅能够经受内部涨落

的袭扰而保持稳定性不变，而且还能对这些涨落进行同化和吸收，因此，国际陆港会自组织演变到接近平衡的非平衡定态（a 段）。此时，如果控制参量依然小于临界值，则系统继续处于热力学分支状态，即在线段 a 的延续a_2上，系统将进入熵增大的变化趋势中，系统必然混乱。

当 $\lambda > \lambda_1$时，即系统控制参量达到某一临界值，国际陆港内主体之间的相互关系、地位和协同方式发生了改变，其中的一些子系统开始变得不稳定，非线性机制放大微涨落为巨涨落，国际陆港结构就会失稳。在一定条件下，微涨落在系统内的非线性相互作用下迅速扩大、传递，从而在 A 点发生非平衡相变，产生自组织效应宏观上的“巨涨落”，同时系统自觉放大有利于自身发展的涨落，增强正反馈，减弱负反馈，进而引发国际陆港的突变，系统将出现分岔现象。在控制参量越过临界值时，非线性机制对涨落产生抑制作用，使系统稳定到新的结构分支上。系统经临界分岔点 A，从无序状态跃迁到稳定的分岔a_1和a_3上，即两个新的稳定分岔被中间的不稳定分岔所分开。此时，国际陆港从无序到有序的转变中会出现岔路，需要进行选择，其分岔的结果可能是系统新的进化，也可能是走向崩溃或退化。系统究竟向何方发展，将取决于两分岔中的微涨落增长状况。

在临界分岔点，如果能够采取物流资源整合、物流规划调整与优化、物流产业结构调整、物流基础设施建设投入、物流技术改革、物流政策制定等各种措施，对国际陆港进行科学宏观调控，则可促使系统的正向演化，进而形成新的有序的稳定耗散结构a_1，其实质上对应于系统方程在远离平衡区的一个分岔解。但如果物流管理和调控不到位，将会推动国际陆港的负向演化，系统无序度增大，变得恶化，若熵值增大到某一值，系统将走向衰减，乃至崩溃、瓦解，即表示为a_3分岔。如果国际陆港经过突变演化成耗散结构a_1，当系统控制参量达到某一临界值，即λ_2后，系统将出现第二个临界点 B，此时会有b_1、b_2、b_3三个分岔。这样，国际陆港的发展演化不是只有一条道路可选择，会遵循这种无限序列的分岔图进行演化，产生多种发展的途径和可能，因此存在多种选择，可能演化出更多新的稳定有序结构。

在未来的演化过程中，国际陆港会表现出一定的“路径依赖”的特征，即与当前区位条件、区域经济产业结构以及区域内港口、场站、公路、铁路等物流要素相关，因此，尽管每次分岔对路径的选择都具有一定的随机性，但是一旦作出选择，就成了确定的历史，制约着未来的发展方向。只要管理与调控得当，保持区域物流市场的充分开发，国际陆港就能通过物流技术、作业方法、管理模式、政策制度等变革和创新打破“路径依赖”，创造出多条演化路径，并不断进行路径选择，促进区域物流向更加有序的方向演化。

四、国际陆港演化生命周期及形态特征

（一）国际陆港演化生命周期过程

总体来看，国际陆港的整体演化发展具有类似生物种群进化的类似规律，可以用生物种群的形成、成长、成熟、衰退等过程进行描述。根据S形曲线的特征分析，可以看出国际陆港生态系统的发展过程同样存在着生命周期，国际陆港生命周期与竞争力变化的关系如图3－5所示。

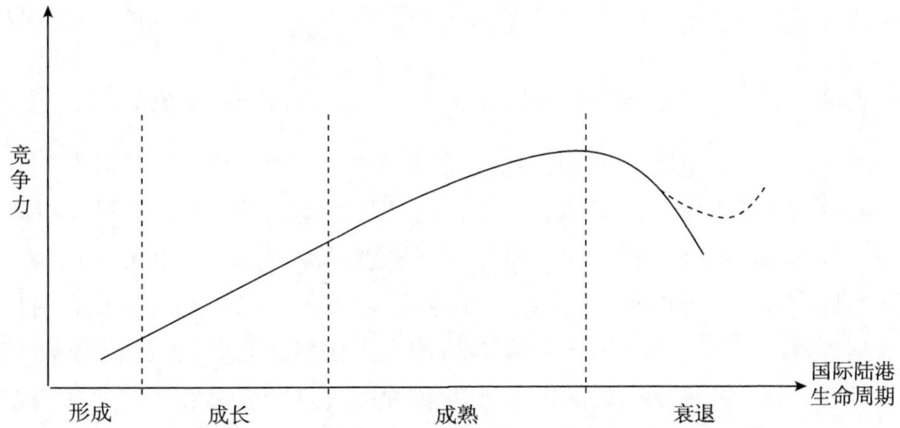

图3－5　国际陆港生命周期与竞争力变化的关系

1. 第一阶段：形成期

当$0<t<t_0$时，国际陆港入驻企业主体数量少，而且规模较小，资源对物流主体的发展限制极小，虽然系统总体发展速度缓慢，但系统发展速度逐步上升，且呈现加速发展态势，国际陆港的产值总体呈指数型增长。当发展速度达到$\frac{rK}{6}$时，系统发展加速度达到最大值，国际陆港的产值扩大到$\frac{3-\sqrt{3}}{6}K$，即达到了极限值的21.1%，此时国际陆港的演化出现拐点，代表国际陆港发

展的“起飞点”。

2. 第二阶段：成长期

当$t_0 < t < t_1$时，国际陆港入驻企业集聚程度进一步加强，吸引越来越多的物流主体迁入，物流主体数量及规模增加迅速，国际陆港的生命活力增强、发展空间大，国际陆港的发展速度递增，但加速度减小，国际陆港产值演化类似准线性增长。当国际陆港产值发展达到最大速度$\frac{rK}{2}$后，国际陆港产值规模达到$\frac{K}{2}$，即达到了极限值的50%。

3. 第三阶段：成熟期

当$t_1 < t < t_2$时，国际陆港入驻企业开始放缓发展步伐，增长的动力明显减弱，国际陆港成长速度与加速度递减，其原因是这个时候物流主体数目众多、规模较大、竞争加剧，但是资源、空间却达到一定限制，而系统产值演化仍为准线性增长。当国际陆港产值增长速度下降到$\frac{rK}{6}$时，加速度的负值的绝对值达到最大值，国际陆港产值规模达到$\frac{3+\sqrt{3}}{6}K$，即达到极限值的78.9%。在这一时期，国际陆港市场完善，物流需求旺盛，由规模化扩张进入集约化发展，此时国际陆港整体处于稳定状态，内外的扰动和涨落对国际陆港的影响较小。根据耗散结构的涨落回归原理（或称惯性原理）和吞并融合原理，国际陆港自身具有较强的抗干扰能力，国际陆港外界环境一般性干扰和内部的小涨落都对国际陆港整体演化发展不起什么大作用，至多只能使它暂时偏离这个状态，国际陆港系统能对外界环境各种涨落进行同化和吸收，从而维持系统稳定性。

4. 第四阶段：衰退期

当$t_2 < t < +\infty$时，国际陆港整体系统将步入衰退期，系统成长速度递减，但加速度递增，即国际陆港产值增长变得越来越艰难，越来越接近国际陆港产值的极限值，直至几乎完全停止，呈对数式发展。其原因是伴随物流市场需求日趋饱和，国际陆港供需不协调、内部产业结构不协调等问题随即出现，国际陆港受内外涨落因子干扰增加，系统变得不稳定，面临衰退风险。此时，政府应当通过加大产业发展投入与政策扶持力度，完善基础设施建设，优化区域环境，吸引更多产业入驻，刺激物流市场需求增长，同时优化调整物流

设施布局，促进国际陆港资源整合，推进现代物流技术应用，促进国际陆港集约化发展，进而通过国际陆港内部的非线性作用使系统内“小涨落”逐渐放大为巨涨落，促使国际陆港系统从当前状态跃迁到更加有序的状态，进入新一轮的演化周期。

（二）国际陆港总体演变形态特征

从历史发展的角度分析国际陆港的演变规律，其实质就是对国际陆港空间集聚演变规律的分析，主要包括国际陆港节点数量变化趋势和国际陆港空间网络发展水平变化趋势两个相互关联的内容。因集聚效应引起的国际陆港形成发展过程就是国际陆港节点优化和国际陆港空间网络发展的过程，对国际陆港的演变规律分析主要就是对国际陆港节点的数量变化规律及其物流空间网络发展水平的分析。

国际陆港空间网络演化大致可以分为五个阶段。

1. 物流节点碎片化分布阶段

起初由于某种历史原因，产生了城市，而物流是城市生产和运行的重要支撑保障体系，因此随着城市生产和消费物资交换的驱动，物流资源开始在城市内集聚。为了适应城市经济社会的发展，运输、仓储等单一的物流活动逐渐向多元化发展，各种类型的物流节点开始建设和运营。在这个阶段，物流资源、设施的分布呈现碎片化分布状态，缺乏有效的资源整合和专业化分工协作。

2. 国际陆港点状集聚阶段

随着物流专业化分工，一些物流相关主体在部分城市特定区域集聚和“扎堆”。此时，以集中物流企业、物流功能互补为主要用途的新型物流基础设施——国际陆港开始出现。国际陆港对于物流行业的协同运作，更好、更完整地发挥出物流行业的整体优势起到了积极作用。它一方面使物流企业的协作更加方便，另一方面也促使物流企业间的社会分工更加明确，专业化分工更加细化，进一步推动了物流业的社会化水平。国际陆港的形成是物流节点空间演化发展的初始阶段，其核心特征是国际陆港、物流中心、配送中心等物流节点单体建筑规模小，且无规律布局。此时区域经济、交通、科技等处于较低的水平，区域经济、商业、物流密度不高的物流节点的辐射服务范围较小，仅限于周边地区。

3. 国际陆港空间扩散迁徙阶段

伴随城镇的发展，城镇内部及城镇与外部之间物资资源交换频繁，因此在某些方向、某些重要城镇之间修筑了公路、铁路、内河航道等物流通道。物流通道路线将两端的城镇及中间若干城镇串联起来，通过点—点协同促使国际陆港在物流通道的线状区域进一步集聚发展，进而形成明显的线状发展特征。物流资源及其带动的相关产业沿着物流通道路线持续集聚，使得国际陆港点状集聚逐渐向国际陆港线状集聚转变。随着区域物流活动的增加，物流集聚节点逐渐演变成为物流线状集聚上的一部分，这是国际陆港节点网络快速发展时期。

4. 国际陆港“轴—辐”网络阶段

国际陆港“轴—辐”网络系统是在国际陆港线状集聚发展的基础上，由若干国际陆港点状集聚、国际陆港线状集聚和国际陆港带状集聚综合演化发展的结果。国际陆港“轴—辐”网络系统的形成，是随着物流主体在物流节点、物流通道、物流经济带周边不断集聚和扩散的过程中实现的，它通过点—点协同、线—线协同、点—线协同使得区域内国际陆港连接成为一体，保证区域内物流资源的高度集聚，促进区域国际陆港的专业化分工和有效协作，提升区域国际陆港网络的集聚、吸引和辐射效应，推动区域物流有序发展，因此它是国际陆港空间网络结构发展的成熟期。

5. 国际陆港“协同创新网络”进化阶段

国际陆港“协同创新网络”是指在国际陆港内部入驻的供需主体、配套服务组织、结构等主体在主动参与园区、城市及周边区域物流活动的过程中，通过有效整合社会物流资源、创新物流资源流动与配置而形成的一种高度协作、稳定的服务网络。它是国际陆港各行为主体之间在交换资源、传递资源活动过程中发生联系时建立的各种关系的总和，也是在一定的地域内以集群创新为功能指向、以横向互动和竞争协同为驱动力的国际陆港服务创新网络。国际陆港集群企业通过物流研发、技术、服务等方面的协作，在竞争和协同的驱动下，通过主体间在点—点协同、线—线协同、点—线协同、链—链协同基础之上形成的综合运作效应，使得区域内物流主体运动趋向于多方向性的扩散与辐射，从而向物流服务创新网络这一更高层次稳定结构演进。其显著特征就是行为主体在空间、行业和社会的接近性以及竞争协同和互动创新的有序性，它是国际陆港发展的高级阶段。

第四节　国际陆港的发展现状

自2000年国际陆港的概念提出，以及2004年中国第一个国际陆港项目在西安开工建设后，经过20多年的发展，全国已有各类型的国际陆港近200个。西安国际港务区项目的建设和投入运营，为城市国际化和内陆地区发展外向型经济提供了良好的示范作用，并得到了国家和国内各省市的极大关注，2007年石家庄内陆港投入运营之后，昆明、义乌、郑州、乌鲁木齐、成都、重庆、济南和侯马等城市纷纷建设陆港。近年来，特别是在“一带一路”倡议直接驱动下，国际陆港纷纷开通了中欧班列，形成蓬勃发展的态势。据中国开发区协会陆港分会不完全统计，截至2020年我国运营和在建陆港项目近200个。国际陆港的发展模式正在从省会城市向内陆地区的地级市发展，如陕西的榆林、安康，江苏徐州、河南商丘、青海格尔木等近几年纷纷依托铁路运输优势，建设区域陆港，主动融入国家开放大通道。

2011年6月17日，首届中国国际陆港研讨会在西安欧亚学院召开，第一个陆港研究机构——西安欧亚学院国际陆港研究所成立，陕西省委原秘书长王改民和西安市原市委书记崔林涛（时任陕西省人大常委会副主任）共同为研究所成立揭牌。

2014年5月16日，由中国港口协会、西安国际港务区管委会和西安外事学院三家单位共同发起成立的中国港口协会陆港分会在西安成立，分会秘书处设在西安外事学院。

2014年5月10日，习近平总书记在河南考察时，在郑州国际陆港嘱托“要建设成为连通境内外、辐射东中西的物流通道枢纽，为丝绸之路经济带多做贡献”。

2015年3月28日，经国务院授权，国家发展改革委、外交部、商务部联合发布了《推动共建丝绸之路经济带和21世纪海上丝绸之路的愿景与行动》，文件指出：“支持郑州、西安等内陆城市建设航空港、国际陆港，加强内陆口岸与沿海、沿边口岸通关合作，开展跨境贸易电子商务服务试点。”

2015年，西安外事学院“产教融合模式下的国际陆港物流人才培养体系探索与实践”教学成果荣获陕西省人民政府省级教学成果二等奖，同年建成全国第一个国际陆港物流综合仿真实验室，先后接待了韩国、日本、泰国和菲律宾等多个国家学者和物流考察团。

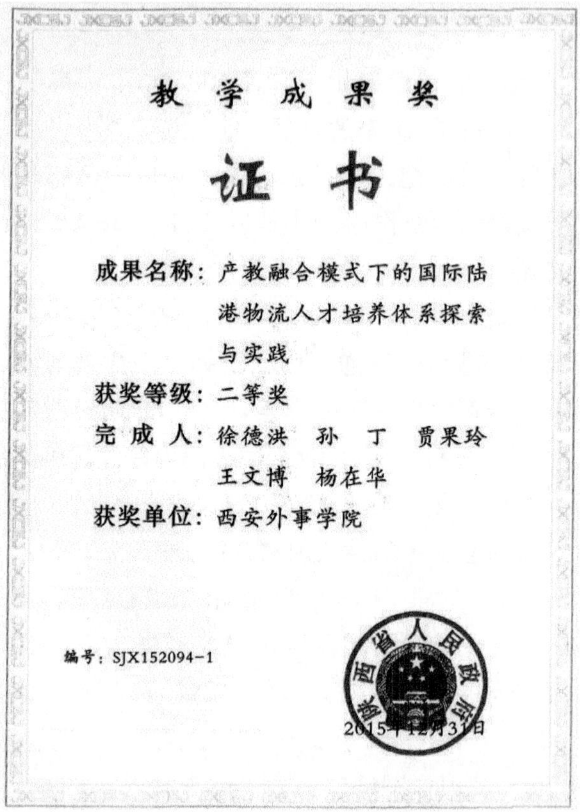

教学成果奖

证书

成果名称：产教融合模式下的国际陆港物流人才培养体系探索与实践

获奖等级：二等奖

完成人：徐德洪 孙 丁 贾果玲 王文博 杨在华

获奖单位：西安外事学院

编号：SJX152094-1

陕西省人民政府

2015年12月31日

图 3-6 陆港物流人才培养荣获 2015 年陕西省教学成果二等奖

2018 年 12 月，国家发展改革委、交通运输部印发了《国家物流枢纽布局和建设规划》，确立了陆港型、港口型、空港型、生产服务型、商贸服务型、陆上边境口岸型六大类物流枢纽，陆港型国家物流枢纽数量已达 41 个，超过港口型（30 个）和空港型（23 个）的国家物流枢纽数量，显示出国际陆港的蓬勃发展生机。国际陆港已经成为促进内陆地区经济开发开放，带动外向型经济发展的重要平台。

2019 年，西安、成都、兰州等城市陆港获批陆港型国家物流枢纽首批建设名单，同年，全国首批国家物流枢纽专题工作会议在成都召开，会议期间现场与会代表观摩考察了成都的国际陆港。

第五节　国际陆港发展模式与趋势

一、国际陆港的发展模式

笔者系统比较研究了国际陆港的设立条件、资源禀赋和发展特点，总结归纳出了国际陆港的发展主要有四种模式。

（一）海港延伸型——即墨国际陆港＋晋江陆港

这一类型的陆港在沿海地区设立，特别是毗邻某一海港作为母港，直接分流或承担依托海港的部分物流贸易功能，同时还依托良好的陆路交通优势和周边的产业资源禀赋。这类型的陆港代表是山东即墨国际陆港和福建晋江陆港，其中即墨国际陆港毗邻青岛港，晋江陆港毗邻泉州港。

即墨国际陆港总占地面积 60 平方千米，核心区规划面积 30 平方千米，位于即墨区西南部，毗邻青岛港，建设有青岛港即墨港区、城际轨道交通配套基地、汽车贸易城、跨境贸易电商产业园、济铁即墨综合物流园等。即墨国际陆港构筑海陆空铁“四位一体”多式联运国际物流枢纽，全力打造“陆上青岛港”。

晋江陆港项目地处泉州，毗邻泉州港，总规划面积 2500 亩，总投资 70 亿元。泉州是东南沿海制造业重镇，晋江陆地港依托产业集群做口岸服务，目前已吸引 100 多家企业进驻、2000 多家企业入港开展进出口业务。自运营以来，晋江陆港通过创新实行“直通关”等监管模式，实现沿海港口服务功能的后移，与外贸集装箱海港码头无缝衔接。经过短短几年发展，晋江陆地港汇集了国际陆港、保税物流、国际快件、跨境电商、国际邮件五大功能服务平台，具备了成熟的口岸运作模式。

（二）交通引领型——郑州国际陆港＋重庆国际陆港

这一类型的陆港依托内陆铁路枢纽或多式联运网络优势，加之地处内陆经济中心城市，周边有较大的腹地市场并配套有便捷的通关和口岸设施。具有代表性的是郑州国际陆港和重庆国际陆港，其中郑州国际陆港地处郑州，是我国东西和南北两条铁路干线的交会点，重庆国际陆港具有天然的铁路、公路和水运多式联运优势，近年来成为西部陆海新通道的策源地。

郑州国际陆港项目占地面积5.78平方千米，主体园区位于郑州市经开区华夏大道与经北四路交叉口。已投入使用多式联运集疏中心、郑欧班列综合服务中心、多式联运海关监管中心、郑欧进口商品展示体验中心、跨境电商仓储物流中心、亚欧国际冷链物流集疏中心、汽车整车进口口岸等。

重庆国际陆港是目前全球唯一的口岸、保税区、中心站、编组站、产业、人居融为一体的内陆铁路保税港区，为中欧班列、西部陆海新通道等四向通道源发地和起点站，国家服务贸易、交通强国双试点，两大国家多式联运示范工程所在地，直接辐射周边150千米内16个千亿元级产业园区，海外影响力覆盖全球主要经济体。

（三）区位带动型——西安国际陆港＋乌鲁木齐国际陆港

这一类型的陆港主要特点是地处特殊的地理区位，同时还依托铁路交通枢纽和便捷的通关、口岸服务功能。这类型的陆港代表性的是西安国际陆港和乌鲁木齐国际陆港，其中西安国际陆港地处我国地理几何中心，是丝绸之路经济带新起点；乌鲁木齐国际陆港地处乌鲁木齐，是“一带一路”建设的核心区，还是所有西向出疆的中欧班列“天然集结中心”。

西安国际陆港规划面积44.6平方千米，规划控制区面积120平方千米。园区依托西安综合保税区、西安铁路集装箱中心站、西安公路港三大支撑平台，将有效发挥西安在新亚欧大陆桥中心点的区位优势和辐射带动作用，为西北地区经济发展提供齐全高效的现代服务业配套，有效地提升陕西经济的外向度和承接东部产业转移的能力，成为西部地区沟通全国、联通世界的窗口和平台。西安国际陆港的产业发展定位确定为：“建设中国最大的国际陆港和黄河中上游地区最大的商贸物流集散中心，打造现代服务业城市”。

乌鲁木齐国际陆港规划建设面积67平方千米，位于国家级乌鲁木齐经济技术开发区，地处新疆最具发展实力的天山北坡经济带，是承东启西的重要核心节点，拥有中欧班列西通道最后一个编组站，是我国西出通道中距离中亚、西亚、欧洲最近的铁路枢纽，紧邻高铁站和国际机场，连霍高速、乌昌高速及兰新铁路贯区而过，形成立体化综合交通体系，连接东西、通达欧亚。根据初步规划，乌鲁木齐国际陆港主要由“四场站四中心四园区”组成。“四场站”包括乌鲁木齐西站（含八钢铁路场站）、乌鲁木齐北站、乌鲁木齐铁路集装箱中心站、国际机场，构成乌鲁木齐国际陆港硬件载体基础；“四中心”包括铁路口岸服务中心、多式联运中心、中欧班列集结中心、国际快件中心，构成乌鲁木齐国际陆港先导核心区以及重要功能平台；“四园区”包括综合保税区、北站商贸物流聚集区、国际纺织品服装商贸中心综合配套服务区、铁路口岸服务聚集区，构成乌鲁木齐国际陆港未来产业发展格局。

（四）市场驱动型——山东临沂国际陆港＋浙江义乌国际陆港

市场驱动型国际陆港毗邻大型商贸批发市场，周边有便利的铁路枢纽或发达的公路网络，同时因为商贸流通业发达，配套有高效通关和口岸服务设施。这一类型的枢纽代表性的是山东临沂国际陆港和浙江义乌国际陆港。其中山东临沂国际陆港毗邻临沂国际商城，浙江义乌国际陆港毗邻中外闻名的义乌小商品批发市场。

山东临沂国际陆港以朱保火车站为中心，划分物流功能区等 8 大功能区，发展智能仓储、智慧物流，打造“一带一路”中转物流节点、“一单到底”多式联运服务枢纽、大宗货物进出口集散平台。一期工程于 2020 年 5 月开工，片区以济铁物流园为核心，规划面积 26.6 平方千米，到 2025 年将建成集商贸物流、仓储分拨、公铁联运、保税物流中心、铁路口岸以及衔接产业发展、生活服务等功能于一体的现代物流产业集聚区。重点建设“现代物流园区”“现代商贸城”，打造全国最大的公路物流分拨中心、集散中心、接驳甩挂中心，重点打造齐鲁交通智慧物流产业园、顺和国际智慧物流园。

2013 年 5 月 1 日，联合国亚洲及太平洋经济社会委员会（简称亚太经社会，ESCAP）第 69 届年会在泰国曼谷召开，义乌被列入《政府间陆港协定》。

二、国际陆港的发展趋势

尽管国际陆港诞生到现在不到 20 年的发展历程，但在海港发展趋势的“引领”下，同时受信息技术、智能技术、产业生态和市场竞争及物流贸易发展的影响，国际陆港发展呈现出“四化”发展趋势，整体朝着智慧陆港方向发展。

（一）通关贸易服务便捷化

国际陆港产生的目标是要促进内陆地区享有和沿海地区同样便捷的物流贸易服务。随着物联网、人工智能、大数据、区块链的发展，国际陆港通过信息技术、智能技术与物流贸易服务业务的深度融合。促进陆港更好地融入全球贸易一体化的大格局中是国际陆港发展的必然趋势。一是基于通关一体化的信息平台，通过信息联通和数据共享，提高通关、退税和外汇结算等业务效率，使碎片化的业务组织系统化、高效化，实现信息便利化。二是创新服务理念与业务模式，将客户需求置于首位，降低业务时间成本，打造柔性化、品质化、个性化的服务体验，实现服务便利化。三是通过加强与政府、物流相关方的合作，寻求改进贸易便利化的机会。同时，利用数据构建信用体系，创新陆港金融服务，实现陆港金融便利化。

（二）物流协同供应链化

国际陆港作为内陆地区现代物流网络中的重要节点和综合交通运输体系的重要枢纽，对物流、商流、资金流、信息流和人流具有强大的集聚效应，是物流与供应链高效协同的关键环节。国际陆港充分利用处于物流与供应链中心的优势，强化与利益相关方的业务协作，在更高层面上整合与优化资源，推进跨行业、跨部门、跨区域的物流链高效协同，提高国际陆港全程物流服务核心竞争力。在物理层面，进一步完善铁路线、堆场、仓库、环保等基础设施、支持保障系统和陆港集疏运系统，建立便捷、安全、高效、可靠的国际陆港全程物流服务体系。在业务层面，围绕以国际陆港为核心枢纽的综合物流体系，加强国际陆港物流上下游资源整合与集成，促进国际陆港全程物流链服务相关方业务协同与高效衔接。在信息层面，打造互联互通的数字供应链服务平台，保障全程物流链开放、透明、高效，促进国际陆港服务链中的物流、信息流、资金流的高效运转，为港口物流上下游客户提供全方位价值链服务。

（三）运营服务场景化

随着现代科技快速发展，以及绿色环保、人文生态理念的逐步深入，国际陆港运营自动化、智能化成为必然趋势。作为内陆地区的贸易门户，国际陆港拥有深厚的数据积累、广阔的关系网络和巨大的物流价值。国际陆港在加快推进数字化发展的同时，积极推进陆港功能、技术和服务的创新，探索与扩大数据应用场景，增强港口发展新动能。一方面，国际陆港充分利用信息技术、AI 技术、自动控制技术及智能化机械设备等，推进实现陆港站台作业调度、平面运输及堆场作业等全过程自动化、智能化，提升作业运作能力。另一方面，通过大数据智能分析技术、移动互联网、云计算等手段应用，打通国际陆港物流与供应链的“信息孤岛”，整合国际陆港物流链信息资源，实现基于数据驱动的智能化运营服务，全面提升国际陆港运营效率与生产力水平。未来新建或改造升级的国际陆港将通过新一代信息技术和 AI 技术的集成应用，全面提高国际陆港作业生产力和运营效率，采用高度自动化系统，无人集卡车队系统也将投入试用，运营服务更加场景化。

（四）临港产业生态化

打造开放共享、互联互通的良好国际陆港产业生态圈是现代国际陆港发展的必由之路。国际陆港产业生态圈既涵盖国际陆港物流业务自身，也考虑国际陆港价值链的整体优化战略，突出资源的开放与共享，以最大化地提升资源利用率。强化生态圈战略意识，突出资源的开放与共享，以最大化地提升资源利用率重构国际陆港生态体系和业务流程。围绕国际陆港物流与供应链，积极打造开放协作、高度协调、互惠互利的生态圈体系。积极推进绿色陆港建设，深入推进港产城协同融合发展，改善国际陆港配套生活与人文环境，更好地融入所在的城市环境中。突出以人为本、生态绿色、环保节能、港城一体化和可持续发展，促进人文环境、城市发展与国际陆港发展战略的有机融合。

第六节　国际陆港与中欧班列

中欧班列是近年来，随着“一带一路”倡议深入推进实施蓬勃发展起来的一种国际物流新模式。早在 2011 年，国内最早开行的中欧班列——重庆渝新欧（重庆经新疆的阿拉山口开往德国的杜伊斯堡）就已诞生，但是中欧班列在“一带一路”倡议出台前，其实经营得甚是惨淡，2013 年全年只开了 80

列。纵观中欧班列的发展历程和起始点，可以发现两个规律：一是中欧班列的蓬勃发展与国家战略驱动下内陆地区发展外向型经济密切相关；二是所有的中欧班列始发（回程终点）都已升级为国际陆港。国际陆港为中欧班列的发展提供了重要的载体和平台，中欧班列的发展又为国际陆港的设施现代化和服务便捷化提出了更好的要求，由此可见国际陆港与中欧班列互相促进和影响，两者关系密不可分。

一、中欧班列及其发展历程

作为一种横跨欧亚大陆的国际货运列车，早在 20 世纪初西伯利亚铁路开通后不久，连接欧亚的铁路运输就已出现。当时中国境内的东清铁路曾是其运输网络的一部分，并带动了哈尔滨等沿线节点城市的建设和繁荣。第二次世界大战以后，利用西伯利亚铁路以及与其相连的欧洲各国铁路开展的欧亚大陆桥运输，一度成为亚洲与欧洲之间重要的国际运输通道之一，当时尤其受到日本企业的青睐。

20 世纪 90 年代初，中国的兰新铁路延伸至阿拉山口，与哈萨克斯坦铁路相连。这标志着新一条欧亚大陆桥的建成，此后自连云港港、青岛港或天津港开往中亚和欧洲的大陆桥运输开始运营。但之前的这些大陆桥运输大多是有货则开、无货则停、途中多次再编组的运输方式，无法满足货主企业的时效要求。中欧班列虽同是横跨欧亚大陆的国际列车，却有着不同以往的显著特征：直通、定班、定时的班列化运行。定时到发对于货主企业的国际供应链管理是何等重要，已不言而喻。加之中欧班列全部采用标准集装箱运输，实现了各国间海关检查检疫的协作机制，一票到底、中途免检，大大节省了运行的成本和时间。日行一班的高频度又满足了货主企业小批量、多频度的运输需求，有助于压缩库存投资。除了利用公共班列以外，大的货主或货代企业还可以根据自身货量和需要，申请开行专列，灵活性和机动性非运输量过于庞大的国际海运可比。这些特征使中欧班列有望成为欧亚大陆上国际运输的主要方式。

二、中欧班列的战略意义

中欧班列是往返于“一带一路”沿线各国的国际铁路联运列车。中欧班列的开行契合国家战略，既是“一带一路”倡议的受益者，也是积极践行者。作为国际物流贸易的新通道，这种新的运输方式运行时间短、安全稳定、绿色环保，缩短了中国与欧洲国家之间的运输时间，对中欧贸易发展起到了极大的推动作用。中欧班列的开行，促进了我国与沿线国家的经济合作和贸易往来，逐渐成为“一带一路”的亮点工程和抓手，具有极其重要的战略意义。

中欧班列是新冠肺炎疫情背景下重要的国际物流通道。受新冠肺炎疫情影响，国际海运和货运航班大幅减少，原本主要依托海运的大宗商品及依托空运的快件、跨境电商物品运输受到影响，中欧班列凭借其分段运输不涉及人员检疫、运载能力大、时效快、可有效承接空运转移货物的独特优势，犹如疫情下的“逆行者”一般推动着中国与世界防疫设施联通、经济贸易畅通、中外民心相通。疫情发生以来，我国通过中欧班列向西班牙、德国、法国、匈牙利、捷克、波兰等多个国家运送防疫物资，为加强国际疫情防控合作发挥了积极作用。在全球常态化疫情防控的背景下，中欧班列将继续发挥联系中国与世界的纽带作用，在世界互联互通、互帮互助的强大合力下，为“人类命运共同体”建设贡献重要力量。

三、国际陆港与中欧班列的作用

（一）共同构建了新的国际物流运输体系

国际运输体系除了要有稳定可靠的定期运输线路（line），还要有与其配套的国际运输节点（node）。作为国际货运班列，中欧班列的到发站必须具备口岸功能。报关报检、外汇结算、保税监管、货柜堆场等一样也不能少。于是开行中欧班列的各城市纷纷将到发站改造为国际陆港（或称国际铁路港）。为了可作为国际运单（B/L，Waybill）上的到发港，各国际陆港还竭力获取港口的国际和国内代码。围绕国际陆港，各地政府规划建设了包括综合保税区或保税物流中心（B型）在内的国际物流园区，引进各类物流公司，为货主企业提供各种国际物流服务。

（二）共同促进了内陆地区物流设施与服务功能的提升

20世纪60年代以来，中国的内陆地区经历了三线建设、西部大开发、中部振兴等各种发展战略的实施，但始终都未能从根本上缩小与沿海地区的差距。改革开放以来，沿海与内陆的差距并未得到明显改观，其主要原因之一就是在参与国际产业分工开展国际贸易上不同的国际物流禀赋。发达的海运航线和港口、成熟的海运规则、完整的物流协作体系、激烈竞争的海运市场、优惠的政策安排，都使沿海地区的国际物流成本变得十分低廉，服务质量也不断提高。而内陆地区除少数直航的空运外，没有直接联系海外的便捷通道，必须通过国内的公路、水路或铁路的支线运输与远洋航线相衔接，在成本上和时间上的劣势很难克服。

中欧班列与国际陆港的组合使得内陆城市在物流和通关服务方面实现了与沿海港口城市看齐的机会。内陆地区终于跟沿海地区一样，站在了自由贸易和全球产业分工协作的前沿，而不仅是掩在后者的影子里。自然禀赋造成的不利条件得以消弭，分享经济全球化红利的障碍得以克服。以国际陆港和中欧班列为核心，一个个物流集群正在悄然形成。重庆、成都、西安、郑州、武汉与国际陆港配套的综合保税区经核准升级为自贸试验区。可以说与沿海主要港口相比，这些国际陆港功能设施以及政策配套都鲜有逊色之处。现在中欧班列的一些国际陆港如郑州、成都、西安，几乎具备了作为国际港口的完整功能。

（三）助力内陆地区外向型经济发展

通过高频率的中欧班列和完备的国际陆港，这些内陆城市拥有了连接海外的便利大通道和口岸。现在，中欧班列和国际陆港的组合可以使内陆城市在国际物流上有了与沿海地区相类似的条件。尽管铁路班列与集装箱班轮在运力和运费上仍有着较大劣势，但铁路班列速度上的优势可使到欧洲主要城市的运输时间比海运节省一半以上。加之班次频度高的优点，中欧班列的运输服务有助于跨国企业降低流通环节总库存，提高市场响应速度。特别是对于那些全球供应链管理十分重要的产业（如汽车、电子电器等）以及跨境电商产业，中欧班列提供了一个匹配度较好的国际运输方式，而国际陆港提供了便捷的通关和口岸服务支撑。事实上，这两年越来越多的贸易导向型产业向内陆转移，跨境电商的物流基地向郑州、重庆、成都等自贸区内聚集，这些趋势都与中欧班列和国际陆港的发展不无关系。

第四章　国际陆港研究理论

陆港理论自诞生后，特别是随着陆港项目在全国各地的开工建设，这一新兴的物流贸易平台引发了国内学者的关注和研究，特别是西安以长安大学、西安邮电大学、西安外事学院，上海以上海海事大学，大连以大连海事大学等高校为代表的物流学者及部分物流或交通运输方向的博士研究生，纷纷以陆港为研究对象，形成了一系列较为系统的成果。笔者从 2007 年开始关注并研究陆港，现将多年来的部分理论研究成果分享如下，敬请各位读者批评指正。

第一节　国际陆港的发展机理

机理是事物运作的内在原理和规律。国际陆港的形成机理指国际陆港在形成和演化过程中的原理和规律。本章将国际陆港作用机理分为形成机理和演化机理。国际陆港的形成机理是国际陆港理论体系的重要组成部分。本章在阐述国际陆港发展现状的基础上，运用集成论、博弈论分析了国际陆港的形成动因，研究了国际陆港的形成途径，剖析了国际陆港内各主体的互动机理。

一、国际陆港的形成动因

国际陆港的形成、发展需要有其特定的环境和条件，深入研究国际陆港形成动因，具有十分重要的意义。综合国内外的理论和实践，本章认为国际陆港的形成动因主要在于两个方面。

（一）内陆地区外向型经济快速发展的需要

外向型经济是国际经济关系发展到一定阶段的产物。在商品经济条件下，国际分工与各国和地区经济的不平衡发展产生并加强了国际经济关系。一个国家或地区要改变经济现状，就必须进行国际间的交往，利用其他国家的优势来弥补自己的不足。国际经济关系的互融性和相互依赖性要求一个国家和地区必须实行外向型经济发展战略。1987 年世界银行对一些外向型经济和内向型经济的国家统计调查表明，外向型经济国家的国内生产总值增长率、实际国民生产总值人均增长率、制造业就业占就业人数百分比等指标都大大高于内向型经济的国家，发展外向型经济是当今世界经济发展的潮流。

外向型经济是我国保持经济快速发展的主要动力之一。40 多年的对外开放，使我国从沿海到沿江沿边，从东部到中西部，逐渐形成了全方位、多层次、宽领域的对外开放格局。40 多年的对外开放为我国经济社会发展注入了新的动力和活力，推动了社会主义市场经济体制的建立和完善，促进了中国与世界经济的共同发展。

1. 以内陆地区政府为主导促进国际陆港的形成，推动外向型经济发展

由于外向型经济对我国经济发展的重要作用，内陆地区政府为了加快经济的发展，纷纷采取各种措施促进外向型经济的发展。促进国际陆港的形成，就是其中的一项重要举措。

1）国际陆港的形成，有利于内陆地区更好地发展外向型经济

改革开放以来，虽然我国整体对外贸易发展迅速，但广大的内陆地区发展相对滞后。国际陆港的形成和运营，有助于内陆地区发展外向型经济。

首先，国际陆港的形成和运营，有利于构建适合外向型经济发展的物流体系，使外向型经济的发展得到强大的物流支撑。国际陆港的运营，可以形成港口（沿边口岸）—运输通道—国际陆港的国际进出口物流体系，提高货物进出口的物流效率。以西安为例，为了加快与世界接轨，突出西安国际化地位，发挥西安新亚欧大陆桥经济带中心城市的作用，不靠江、不靠海的西安市提出了一个大胆想法，在西安建设国际陆港——“西安国际港务区”。业务涵盖西安及西北地区物流业的口岸、货物集散中转、仓储配送、国际国内货运代理、物流信息管理、跨境电子商务等多个领域。

其次，国际陆港的运营，有利于降低企业发展对外贸易的物流成本，提高企业进出口物流的效率，为企业参与国际竞争，发展对外贸易创造良好的条件。

2）内陆地区政府主导国际陆港形成的利益博弈关系分析

在内陆地区政府主导下，要促成国际陆港的形成，涉及的利益相关方主

要有内陆地区政府、沿海港口和海关。其中内陆地区政府利益和沿海港口的利益博弈是关键。

（1）内陆地区政府的利益追求。

在内陆地区政府主导下的国际陆港形成过程中，内陆地区政府作为主要的方案设计和出资方，追求自身利益的最大化，其自身利益包括国际陆港形成后产生的直接收益和间接收益。直接收益主要指国际陆港投入运营后，经营进出口集装箱货物物流业务产生的盈利。间接收益既包括国际陆港投入运营后，提高了当地企业的进出口物流效率，降低了当地企业的进出口物流成本，增加了当地企业产品的国际竞争力；同时还包括国际陆港运营后，带来当地土地的升值，市场的繁荣和就业的增加等。内陆地区政府在决策是否投资建设国际陆港时，一般注重长期利益的获得。即使它预计到短期内投资的国际陆港不能盈利，只要从长远看能够盈利，内陆地区政府还是愿意投资的。

内陆地区政府为了使其规划的国际陆港具有较强的竞争力，一般都希望与附近的沿海大港建立紧密的合作关系，希望沿海港口给予国际陆港比较优惠的政策和便利的进出港条件。因为国际陆港是否具有较强的竞争力，是否对货主有较大的吸引力，既取决于国际陆港自身的软硬件环境和竞争力，也取决于货主需要最终进出口的沿海港口的竞争力，如图 4 – 1 所示。如果国际陆港选择的合作港为枢纽性的大港，其国际航线较多，航班密度最高、覆盖面广，则货主的海运成本将会比选择其他港口要低。以西安市政府主导筹建的西安国际港务区为例，在规划筹建期，为了增强西安国际港务区的竞争实力，首选的合作港为上海港。西安市政府希望与上海港合作，共同建设西安国际港务区，在西安市政府的努力下，2005 年 6 月，西安与上海港签订协议，合作建设西安国际港务区。协议约定，引进上海在港口方面先进的管理理念、技术、经验和人才，合作建设西安国际港务区，以共同发展西安地区的集装箱物流产业，实现港口功能内移，建设西安国际陆港。该港务区建成以后，将实现沿海港口在西安地区的功能延伸，使得西安国际港务区具备集装箱拆装箱、拼箱、堆存、监管、报关、订舱、运输以及保税物流功能，成为一个公共性的港区平台，为内陆地区的物流提供服务，并在此基础上设置和提升国际港务区服务功能，建设保税物流中心，成为西部地区物流集散和海铁联运的枢纽，这对于西安更好地发挥辐射带动作用、加快向国际化城市迈进的步伐都具有十分重大的意义。

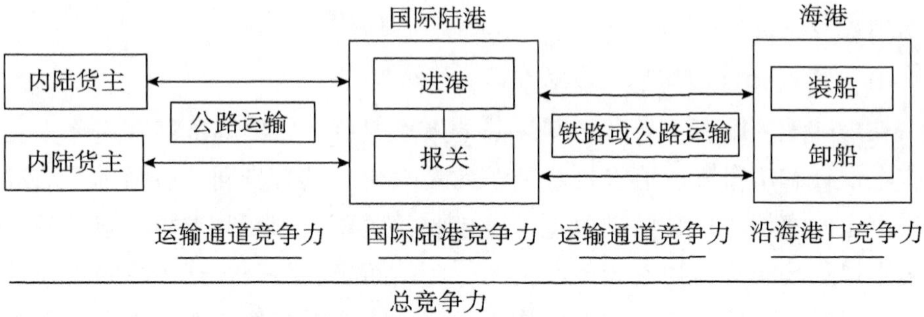

图 4－1　国际陆港竞争力总体框架

内陆地区政府在规划和筹建国际陆港的过程中，如果可以建立合作的沿海港口不止一个，内陆地区政府一般会考虑和多个港口建立合作关系，从而拓展国际陆港的生存空间，增加国际陆港的竞争力。例如西安国际港务区已与天津港签订了《建设内陆无水港合作意向书》，目前正在争取同青岛港、连云港港达成发展性合作协议。此外西安国际港务区与青岛港、天津港、连云港港和中国集装箱总公司分别签订了合作备忘录。这些举措都是为了完善以西安国际港务区为中心的内陆进出口物流体系，实现沿海多个港口功能在西安国际港务区的延伸，增加西安国际港务区的竞争力。

（2）沿海港口争夺货源的需求。

沿海港口是否愿意参与内陆地区政府主导的国际陆港的规划和筹建，关键在于国际陆港的建设能带来多大的集装箱吞吐量的增加。如果港口参与内陆地区国际陆港的筹建，增加的集装箱吞吐量能占到港口总集装箱处理量的一定比例，沿海港口将有一定的积极性。如果比例太小，沿海港口将会失去投资的兴趣。西安市与上海港的合作历程就验证了这一点。2005 年当西安市提出与上海港合作建设西安港务区，上海港非常重视，马上和西安市签订了合作建设西安国际港务区的协议书。后来上海港经过分析发现，经过西安出口到上海港的集装箱吞吐量占上海港的总集装箱吞吐量比例非常小，对上海港的作用非常小，因此合作的意愿马上下降。

（3）利益博弈分析。

在是否建设国际陆港的决策中，内陆地区政府和沿海港口存在着一定的利益博弈关系。如果内陆地区政府有意愿建设国际陆港，而得不到沿海港口的政策和其他方面支持，将会削弱国际陆港的竞争力，给国际陆港的经营前景带来较大的不确定性，这样会降低内陆地区政府建设国际陆港的积极性。如果能得到沿海港口的政策甚至资金方面的支持，内陆地区政府建设国际陆港的决心会更大，因此最终建成国际陆港的可能性会大大增加。而沿海港口是否愿意参与到国际陆港的规划，是否愿意提供一定的优惠政策和资金支持，共同促成国际陆港的形成，关键取决于国际陆港能提供的集装箱吞吐量的数量。例如西安市2005年准备启动西安国际港务区的建设，建设中国内陆第一国际陆港。但由于先期选择的合作伙伴上海港认为西安的年进出口集装箱量太小，因此放弃与西安国际港务区合作，致使西安市政府建设西安国际港务区的意愿减弱，西安国际港务区的规划与建设陷入暂时的停滞状态。

3）国际陆港形成的关键因素

内陆地区政府主导下的国际陆港形成过程中，以下因素非常重要。

（1）内陆地区经济规模和发展潜力。

内陆地区经济规模特别是外向型经济规模是国际陆港得以形成的关键。区域经济规模较大，对外贸易发达，意味着市场需求较大。较大的市场需求会吸引物流地产商在国际陆港进行物流地产的开发，吸引物流企业进行物流设施的建设，吸引制造企业在陆港建立物流配送中心，吸引商贸企业、批发零售企业设立采购中心等，使国际陆港产生巨大的集聚效应，从而促进国际陆港的形成。另外，地区经济发展的潜力也是一个非常重要的因素。地区经济发展潜力大，会使入驻的企业少考虑短期利益，而更多地考虑长期利益。

（2）负责筹建国际陆港的政府机构的行政等级。

以政府主导的国际陆港建设，政府的投入和协调能力是关键。而政府投入的多少和协调能力的大小，关键看负责筹建国际陆港的政府机构的行政等级。行政等级越高，享有的自主权越大，越能争取到更多的资金；行政等级越高，与沿海港口、海关、铁路部门的协调效果越好。以西安国际港务区为例，西安国际港务区项目2005年启动之初，负责西安国际港务区开发的是西安灞桥区下属的西安浐河经济开发区，与西安其他开发区相比，行政规格偏低，严重制约了西安国际港务区的发展。从2005年到2007年，西安国际港务区项目基本处于停滞状态，没有进行实质性建设。直到2008年，西安国际港务区管委会被西安市委、市政府确立为西安市政府派出机构，享有市级管理权限，使得西安国际港务区与西安市经济技术开发区、西安市高新技术开发区、曲江新区、浐灞新区和阎良国家航空高技术产业基地、西安国家民用航天产业基地拥有一样的行政级别和权限。西安国际港务区管委会行政规划升级后，西安国际港务区随后得到了快速发展。2008 年西安国际港务区管委会投资 6 亿元，全面启动西安国际港务区园区基础设施建设。同时在西安国际港务区管委会的积极争取下，由中铁联合国际集装箱有限公司投资 6.36 亿元，占地 2058 亩的西安铁路集装箱中心站于 2008 年 9 月开工建设，2010 年 7 月完工投入运营。在西安国际港务区管委会的努力下，在西安市、陕西省政府的支持下，2008 年 12 月，海关总署、财政部、税务总局、外汇局等四部委批准设立西安保税物流中心。2009 年 6 月，西北地区第一个保税物流中心西安保税物流中心项目开工建设，2010 年 4 月，西安保税物流中心通过海关总署等国家四部委的联合验收。2010 年 7 月，西安保税物流中心获国家批准运行。西安国际港务区的建设速度明显加快。由此可见，对于政府主导下的国际陆港建设，需要赋予建设管理机构较高的行政等级。

2. 以企业为主导促进国际陆港的形成，推动外向型经济发展

随着内陆地区经济的持续发展和沿海产业向内陆转移的加快，内陆地区的进出口业务逐渐增加，发展势头迅猛。国际陆港作为进出口物流体系中的重要节点，将会发挥越来越重要的作用，具有较好的投资前景。一些企业正是敏锐地觉察到投资建设国际陆港可能带来的投资回报，开始筹划和建设国际陆港。以侯马陆港为例，侯马陆港口岸由山西宝特国际物流有限公司投资建设，一期工程投资 1.26 亿元。新建万吨大列铁路专线三条，一次可装卸 5000 吨大列的站台 6 个，设计能力年吞吐量为 600 万吨，配套有海关、出入境检验检疫、银行、保险、船代等部门进驻的联检大楼和相应的服务中心。该口岸与全国五大海港口岸城市之一的青岛前湾集装箱码头建立了长期战略合作协议。口岸正式运行后，外贸企业进出口业务可在这里一次性完成报关、报检和原在青岛港口办理的所有手续，装箱后通过铁路直发青岛港上船。口岸最主要的功能是将沿海港口综合贸易服务延伸到了内陆，以“境内关外”运作模式与港口相连，形成以青岛、连云港港口为龙头，以侯马市为节点，以多种形式联系为特征的现代物流配送网络。晋南地区的数百家进出口企业，在园区内即可完成保税仓储、口岸、出口退税、进出口贸易、转口贸易，国际物流分拨与配送等多式联运一站式服务。通过实行“属地报关，口岸验放”，外贸企业进出口业务可在这里一次性完成报关、报检，做到物品抵港，一票通行。企业因此可以缩短通关时限、减少通关费用，同时可减少货损。

1）企业主导国际陆港形成的各方利益博弈关系分析

在企业的主导下，要建成国际陆港，涉及的利益相关方主要有投资企业、地方政府、铁路部门、沿海港口等。

（1）企业的利益追求。

企业是否投资建设国际陆港取决于企业对国际陆港的盈利预期。如果企业认为投资国际陆港能带来预期的回报，企业将会有较大的积极性。当然企业的投资回报，即包括投资国际陆港带来的直接收益，也包括由于开发国际陆港带来市场的繁荣而使得其持有陆港周边资产的盈利与增值。所以对于企业而言，即使其投资国际陆港带来的直接回报不高，但如果其他方面的回报较高，例如其持有的周边土地升值较大，企业还是会有投资意愿。

（2）沿海港口的利益追求。

沿海港口是否愿意参与内陆地区企业主导的国际陆港的规划和筹建，会考虑较多的因素。首先港口会考虑该地区国际贸易较为发达，陆港建成后是否会有较大的集装箱处理量，其次会考虑负责经营陆港的公司是否有雄厚的经济实力和丰富的运作经验，最后会考虑陆港的规划和建设能否得到当地政府的大力支持。

（3）当地政府的利益追求。

国际陆港对内陆地区发展外向型经济有一定的推动作用，能够增加税收，带来一定的就业机会。如果有企业愿意自主投资建设国际陆港，当地政府一般会积极支持。地方政府支持国际陆港建设的手段包括以较低的价格出让土地，将陆港建设规划列入政府规划，给予一定的资金和政策扶持。

2）国际陆港形成的关键因素

企业主导下的国际陆港形成过程中，以下关键因素非常重要。

（1）内陆地区国际贸易发展水平。

如果内陆地区国际贸易发展水平不高，就不能形成一定规模的集装箱适箱货源。这对经营的企业而言，沿海港口不会有太大的热情与之合作，铁路部门出于自身的利益考虑，不会给予铁路运输的便利。在这种情况下，即使有地方政府的支持，也会使陆港的经营陷入困境。

（2）企业自身的经济实力。

国际陆港在规划和筹建过程中，需要前期投入大量的资金。即使建成投入运营后，运营初期也会出现盈利能力不足，需要持续投入的问题。如果企业自身经济实力较强，能够进行不断的前期投入，就有可能度过困难期，最后迎来国际陆港的盈利期。相反如果企业自身实力不足，资金缺乏，不能进行持续投入，就会使国际陆港建设和初期运营存在较大的困难，影响国际陆港的发展前景。

（3）政府的支持力度。

国际陆港属于物流基础设施，一般投资回收期相对较长，且具有一定的公益性。如果地方政府本着其公益性基础设施的属性出发，对其建设和初期运营期间给予较大的支持，将有助于国际陆港形成较强的竞争力和生命力。如果地方政府支持力度有限，国际陆港将会面临一定的经营风险。

（二）沿海港口拓展内陆腹地的需要

随着我国公路网络的高速发展和铁路网络布局的加快，内陆公路铁路交通越来越发达，打破了各港固有的传统腹地，形成多个港口服务于同一腹地的现象，经营业务相同而腹地重叠交叉必然引起港口间的相互竞争。

随着沿海地区港口间的竞争加剧，如何争取到更广阔的经济腹地成为港口企业最关心的问题。近年来，许多港口企业纷纷在内陆地区独资或合资建设国际陆港（无水港），以此作为拓展内陆腹地货源的重要手段。天津港、宁波港、厦门港、大连港、营口港就是其中的典型代表。

1. 典型港口为拓展内陆腹地而推动国际陆港（无水港）形成的实践

1）天津港推动国际陆港（无水港）形成的实践

天津港是我国最大的人工深水港，位于海河入海口，是我国北方重要的对外贸易口岸。它是环渤海的港口中与华北、西北等内陆地区距离最短的港口，综合运输成本最低，也是连接东北亚与中西亚的纽带。然而，近几年来天津港面临的竞争也越来越激烈，其发展出现了一定的瓶颈。一是国内港口的竞争。仅环渤海地区，就分布有大连港、营口港、青岛港等一系列港口，正在兴建的曹妃甸港也在崛起。二是东北亚地区港口的竞争。东北亚地区分布着韩国、日本的众多国际大港，由于地理上的原因及其他诸多因素，天津港无法与韩国釜山港等国际港口争抢转口贸易。三是天津港不像青岛港、上海港、宁波港，这些港口所在的城市工业特别发达，直接经济腹地货源充足。天津重工业不太发达，光靠港城经济，港口发展不起来。所以天津港要想取得持续快速发展，必须扩大自己的经济腹地。而在内陆地区建设国际陆港

（无水港），是扩大经济腹地的最有效的途径。

因此，天津港多年来一直致力于推动内陆无水港的形成。2002 年，天津港与北京陆港国际物流有限公司等签订《北京朝阳口岸与天津海港口岸直通协议书》，朝阳口岸实现了与天津港的货物联运，将天津港的功能延伸到北京，朝阳陆港口岸成为天津港的第一个陆港。2006 年 10 月，天津港（集团）有限公司与河南公路港务局签署协议，合作建设内陆无水港——河南公路港。2006 年 12 月，天津港（集团）有限公司与石家庄内陆港有限公司签订协议，共同出资建设石家庄内陆港。2007 年 7 月，天津、北京等 12 个省市相关部门在天津滨海新区共同签署《北方地区大通关建设协作备忘录》和《建设内陆无水港合作意向书》，拟用 3 ~ 5 年时间，在内陆经济腹地中与天津有贸易往来的 14 个省会城市或主要的集装箱货源生成地普遍建立无水港，完善天津港与内陆运输通道，实现无水港、天津港与国际航运的贯通。内陆地区所有的进出口贸易均可在当地的无水港口实行报送、报验、签发提单等一站式服务。进口货物在天津港卸船后，也将直接运抵内陆无水港，在当地办理通关，从而实现天津港与内陆“无水港”的无缝对接。

在天津港的努力下，目前已建成包括北京平谷国际陆港在内的 16 个无水港，实现了天津口岸功能向腹地的延伸，进一步完善了港口功能，增强了天津港的经济腹地。目前，天津港 70% 以上的货物吞吐量和 50% 以上的口岸进出口货值来自天津以外各省区，天津港成功实现了“无水突围”。

2）宁波港推动国际陆港（无水港）形成的实践

宁波港地处我国大陆海岸线中部，南北和长江“T”形结构的交会点上，地理位置适中，是我国著名的深水良港。近几年来，宁波港发展非常迅速，2009 年集装箱吞吐量超过 1000 万标准箱，位居世界第八。根据宁波港的地理位置和目前的集装箱运输市场格局，宁波港集装箱运输市场腹地包括了浙江、上海、江苏、安徽、江西、湖北、湖南、四川、重庆等省市。其中江、浙、沪为直接经济腹地，其余省市为间接经济腹地。宁波港经济腹地的各省市大多经济发达，对外开放水平和经济外向度都比较高，这为宁波港发展外贸集装箱运输提供了充足的货源保障。虽然宁波港发展较快，但宁波港也面临着激烈的竞争，宁波港距上海港的海上距离只有 200 多海里，陆上距离随交通基础设施的不断完善进一步缩短，如杭州湾跨海大桥的建设。宁波港和上海港的陆向及海向腹地重叠的范围越来越大，面临着上海港的竞争也越来越激烈。同时上海港投入巨资建设洋山港深水码头，航道水深达到15米，能停靠第五、第六代集装箱船，也开始削弱了宁波港的深水港优势。另外，浙江本地的温州港等港口竞争力也在加强，使宁波港的直接腹地货源被部分分流。因此宁波港在大力开发航线的同时，也积极开发腹地，建设无水港就是一条重要举措。内陆无水港是通过内陆地区堆场的开发和建设，形成以宁波港为节点的内陆集装箱疏运网络体系，把口岸的一些功能向内陆堆场延伸。

宁波港为了提高港口的竞争力，积极和内陆合作建设内陆无水港，并且成效显著。自从2002年宁波港参与合资建设金华无水港以来，围绕宁波港建立的金华、义乌、绍兴、余姚及衢州等国际陆港（无水港）极大地推动了当地经济的发展，也为宁波港带来了大量的货源。在众多无水港的支持下，宁波港集装箱外运量占到浙江省集装箱外运总量的50%以上，宁波港区向外辐射力度不断加大，极大地增强了宁波港的竞争力。

2. 港口主导国际陆港（无水港）形成的利益博弈分析

在港口企业主导下，要促成国际陆港的形成，涉及的利益相关方主要有沿海港口、内陆地区政府和海关。其中沿海港口和内陆地区政府的利益博弈是关键。

1）沿海港口的利益追求

对沿海港口而言，促进国际陆港在内陆形成的原因很多，主要有两个方面：一是增加货源，提高港口总体经济效益；二是完善物流服务功能和网络，提高港口物流服务能力。

（1）增加货源，提高港口总体经济效益。

对特定港口而言，在内陆地区推动国际陆港的形成，能够增加港口的货源，带来经济效益的直接增加。同时，港口货源增加后，会吸引更多的船公司在港口开辟更多的航线、停泊更大吨位的船只，使港口对货主的吸引力进一步增加，从而能够吸引更多的货源。

鉴于这种情况，港口企业有较大的积极性进行投资，推动国际陆港的形成。对于港口而言，即使港口企业在国际陆港的投资会出现亏损，只要在港口端增加的利益大于在国际陆港的亏损，港口企业的总收益还是大于零，港口对于陆港的投资还是值得的。以新增一个集装箱为例，如果国际陆港处理一个集装箱平均亏损200元，而港口处理一个集装箱盈利500元，则港口企业总体的盈利还有300元。港口企业追求的是整个链条上的综合效益，而非某一环节的效益，只要投资能让总效益增加，港口企业的投资就是值得的。

同时，为了降低风险，以较小的投入获得较大的产出，港口企业一般采用合资的方式建设国际陆港。对于港口企业而言，以合资的方式投资国际陆港，如果国际陆港运营出现亏损，有其他企业能够共同承担承担在陆港这个环节上的亏损，而在港口端的利益则由港口企业独占；如果国际陆港出现盈利，港口企业即可分享在国际陆港这一环节上的盈利，也能独占在港口端的利益。因此从上面分析可以看出，合资建设国际陆港是港口企业非常适合的选择。

(2) 完善物流服务功能和网络，提高港口物流服务能力。

就服务功能而言，传统的港口只是物流链上的一个节点，主要提供港口货物的装卸、仓储和转运等物流服务。而现代港口为了增强竞争力，已开始向综合物流服务商转变，提供包括配送、货代、分拨、流通加工、信息服务等服务。国际陆港的建设，有利于沿海港口拓展内陆运输、配送、货代等物流服务功能，增强物流服务能力。就服务方式而言，传统港口只提供“港到港”或“线到线”的服务，是一种被动的服务，而现代港口开始寻求提供全程化、集装化、网络化和全球化的“门到门”服务，是一种主动服务。国际陆港的建设，有利于沿海港口拓展物流服务网络，增强物流网络控制力，为客户提供全程化、一体化的物流服务。

2) 内陆地区政府的利益追求

在沿海港口作为重要的投资主体或重要合资方的前提下，内陆地区政府建设国际陆港的经济压力会减轻，使国际陆港能够较快地建立起来。同时，由于沿海港口是国际陆港重要的投资主体，将会给国际陆港较多的优惠政策，为国际陆港提供高效的服务，增强国际陆港的竞争力，这也是内陆地区政府所希望的。对于这种方式而言，内陆地区政府能够以较少的投资换来较大的产出。

二、国际陆港的形成途径

国际陆港是具有国际和国内物流服务功能的综合物流节点，是物流功能集成的结果，体现了集成论的思想。通过对现有国际陆港形成进行分析，本章认为它主要有五种形成途径，即依托集装箱中转站形成，依托物流园区

（物流中心）形成，依托内陆口岸形成、依托专业市场或经济园区形成，依托交通枢纽形成。

（一）依托集装箱中转站形成

集装箱中转站是集装箱运输过程中的一个重要集散点，是集装箱港口在内陆地区的延伸。有了集装箱中转站，广大内陆地区的托运人不需单独将货物运往港口的码头堆场交货，而只要把集装箱货物交给附近的集装箱中转站，然后由中转站将众多托运人的集装箱货物集中起来，通过定期的专用列车或铁路班车，或集装箱专用卡车，以较大的运输批量有组织地运往集装箱码头堆场。反之，由港口进口的集装箱货物卸船后也可以疏运到分布在内陆腹地的中转站，实现内陆交货。

同时，在空箱的发放、储存、回收和拼箱运输中，中转站也发挥了重要作用。各集装箱运输承运人和集装箱租赁公司，可以像对待集装箱码头堆场一样，委托中转站作为集装箱代理人或者在中转站设立分支机构，完成集装箱的堆存、发放、回收、装箱、拆箱业务。这不仅减少了空箱在集疏运系统中以码头堆场为中心的调运，而且大大方便了用箱人的提、还箱。从集装箱联运全过程来看，从托运人提取空箱和托运货物到收货人收到货物和还回集装箱，集装箱中转站与集装箱运输系统中的其他各种环节组成一个有机的、高效率的整体，使集装箱运输“门到门”的多式联运优势得以充分发挥，并对保证港口畅通，减少集装箱在港停留数量和时间发挥重要作用。

1. 集装箱中转站的基本功能

根据集装箱中转站在集疏运系统中的地位和作用来看，集装箱中转站具备集装箱码头堆场和集装箱货运站的双重功能。它的基本功能包括以下几点。

（1）接受托运人托运的整箱货及其暂存、装车并集中组织向码头堆场的运输或集中组织港口码头向该站的疏运、暂存及交付。

（2）按运输经营人的指示，接收拼箱货，装箱或拆箱、发放。

（3）受各类箱主的委托承担集装箱代理人业务，对集装箱及集装箱设备的使用、租用、调运保管、回收、交接等行使管理权。

（4）集装箱的检验、修理、清洗等业务。

2. 通过功能拓展，部分集装箱中转站演化成国际陆港

虽然集装箱中转站在缓解港口的集疏运压力方面起到了重要作用，但内

陆的收发货人在办理货物通关方面仍然存在诸多不便。集装箱中转站分为集装箱公路中转站和铁路中转站。集装箱公路中转站没有通关功能，不能为收发货主办理通关手续，进出口货物必须在沿海办理通关手续，报关人员要多次往返内陆和港口，给内陆的收发货人造成了很大的时间和费用损失。而对集装箱铁路中转站而言，虽然有些中转站能够办理通关手续，但货物在沿海港口进出口时还需要办理二次通关手续，增加了货主的成本。

在现实利益的推动下，一些没有通关功能的集装箱中转站，开始寻求功能的拓展，集成“一关三检”等功能；一些原来具有通关功能的中转站，在海关的支持下，通过与沿海港口合作或沿边口岸合作，货物在中转站办理完报关等相关手续后，不需要在港口或沿边口岸办理二次通关手续，即可在港口直接装船，大大方便了内陆货主。经过功能的集成，中转站就演化成了具有集装箱集散、口岸监管等综合功能的国际陆港。

内蒙古包头无水港就是依托包头国际集装箱中转站建设而成。包头国际集装箱中转站是2003年利用世界银行贷款建设的中国国际集装箱多式联运系统内陆8个中转站之一，隶属于包头市国际集装箱运输有限责任公司。由于中国区域通关制度，货主出口货物时，即使包头国际集装箱中转站办理了货物报关手续，但在天津港仍需二次办理通关手续，给货主带来了很大的不便。2007年，天津港陆海物流公司与包头市国际集装箱运输有限公司签订合资协议，在包头国际集装箱中转站的基础上，建立包头无水港。天津海关、呼和浩特海关、天津港（集团）有限公司、包头市国际集装箱运输有限责任公司四方就包头无水港及口岸通关便捷通关业务达成协议，过境货物在包头内陆无水港申报后由内陆海关直接签章放行，企业无须到天津海关递单，将两次报关变为一次报关，从而进一步提高包头无水港的通关效率。包头无水港形成“一次报关、一次查验、一次放行”的物流运作模式，实现包头与天津港无缝对接。

根据集成论，国际陆港的这种形成途径实际上是一种功能的集成，是原有集装箱中转站功能与通关功能的集成，是集装箱中转站功能与港口功能的集成，是一种互补性的集成。通过功能集成而形成的国际陆港，其作用远远大于集装箱中转站原有的作用，成为物流功能更为全面，作用更大的内陆物流节点，能够为客户提供一体化的物流服务，使客户在国际陆港就能办理与国际物流有关的一切手续。

（二）依托物流园区（或物流中心）形成

物流园区（logistics park）是指在物流作业集中的地区，将多种物流设施和不同类型的物流企业在空间上集中布局的场所，也是一个有一定规模的和具有多种服务功能的物流企业的集结点。物流中心是指处于枢纽或重要地位的、具有较完整物流环节，并能将物流集散、信息和控制等功能实现一体化运作的物流据点。

1. 物流园区的基本功能

物流园区的功能指的是构成物流园区的各个子系统所具有的基本能力，这些能力通过有效整合而构成物流园区的总功能。现有物流园区（或物流中心）的基本功能包括运输、储存、装卸搬运、包装、流通加工、物流信息处理等。

2. 通过功能拓展，部分物流园区演化成国际陆港

部分位于内陆国际贸易较为发达地区的物流园区，其提供的运输、储存、包装等基础物流功能已不能满足进出口企业的需求。进出口企业希望能够通过物流园区快速通关；能够在物流园区进行保税仓储，降低税收成本；希望物流园区能够提供国际货代服务，方便货物的进出口。在进出口企业的现实需求的推动下，部分物流园区开始拓展自己的物流服务功能，吸引海关、检验检疫部门等机构进驻，使物流园区逐渐演变成为具有“一关三检”、保税仓储、出口监管、集装箱业务、国际货代功能的国际陆港，如图 4 – 2 所示。拓展的功能如下所示。

（1）海关服务。监管进出境运输工具、货物、邮寄物品及其他物品；征收关税和其他税费；查缉走私；编制海关统计。

（2）商品检验、卫生检疫和动植物检疫。进出口商品检验是国家通过进出口商品检验机构，对进出口货物进行检查并发给检验证书的行政管理活动。卫生检疫是国家通过国境卫生检疫机关和进口食品卫生监督检验机关，对入出境人员和交通工具实施传染病检疫、监测和卫生监督的行政管理活动。动植物检疫是国家通过动植物检疫机关，对进入我国国境和过境的动植物、动植物产品及其运载工具等实施检疫的行政管理活动。

（3）保税仓储。保税仓库是保税制度中应用广泛的一种形式，是指经海关核准的专门存放保税货物的专用仓库。

（4）出口监管。出口监管仓库是指经海关批准设立，对已办结海关出口手续的货物进行储存、保税物流配送、提供流通性增值服务的海关专用监管仓库。

（5）集装箱业务。集装箱的仓储、运输、装卸、搬运、拆装箱、修箱、洗箱、消毒、熏蒸、冷藏箱、空箱管理等业务。

（6）国际货运代理。在国内及国际市场承揽运输业务，受货主及船公司委托代办接货、发运、签发提单，租赁及管理集装箱，代办报关及多式联运业务。

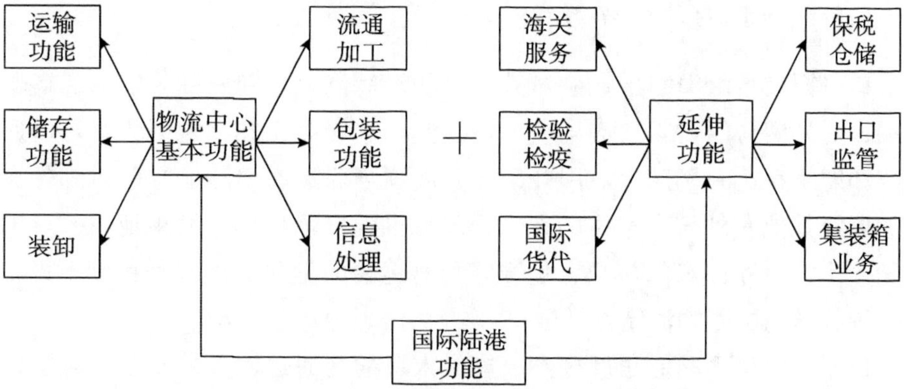

图4－2　物流园区的基本功能和延伸功能

沈阳陆港就是依托中储沈阳物流中心形成的。中储沈阳物流中心位于沈阳市浑南高新技术开发区，距离市区2千米。周边有大二环、沈丹公路、沈营公路及沈阳—本溪、沈阳—大连和绕城高速公路，距桃仙机场10千米，交通十分便利，具有开展现代物流业务的绝对区域优势。中储沈阳物流中心拥有齐全的物流设施设备和专业运输车队，具有大中型库房16栋，新型分拨中心4栋，共10万平方米，露天货场10万平方米，铁路专用线5条，集装箱堆场近3万平方米，各种起重设备33台。营口港务集团与中储沈阳分公司合作，在中储沈阳物流中心内建设有沈阳陆港。营口港将其港口功能从鲅鱼圈口岸前移至沈阳陆港，使得沈阳陆港集港口功能、口岸功能、物流功能于一体。沈阳及周边城市的客户不用到营口港码头就可以在沈阳陆港直接办理港口作业计划、签订作业合同和办理进出口货物的通关手续，船务公司及其代理也可以在这里为其货物签发提单，实现陆港与海港及口岸各项业务的无缝对接，并依托物流中心其他物流功能的有效整合，形成“一站式”综合物流配套服务能力。

根据集成论，国际陆港的这种形成途径同样是一种功能的集成，是原有物流园区功能与通关功能、保税物流功能的集成，是国内物流服务功能与国际物流服务功能的集成，是一种互补性的集成。通过功能集成而形成的国际陆港，能够在整合物流园区原有功能的基础上，通过集成新增功能，成为具有集装箱集散、仓储、报关报检、货代等综合功能的内陆型物流节点，实现沿海港口功能在内陆的延伸。

（三）依托内陆口岸形成

口岸原是指由国家指定的对外通商的沿海港口。随着陆、空交通运输的发展，对外贸易的货物、进出境人员及其行李物品，邮件包裹等，可以通过铁路和航空直达一国腹地。因此，在开展国际联运、国际航空邮包邮件交换业务以及其他有外贸、边贸的地方，国家也设置了口岸。简单地说，口岸是由国家指定对外往来的门户，是国际货物运输的枢纽。从某种程度上说，它是一种特殊的国际物流结点。

口岸可以从不同的角度分类，按出入境的交通运输方式划分，可将口岸分为港口口岸、陆运口岸和航空口岸。其中陆运口岸又分为边境口岸和内陆口岸。

1. 内陆口岸的基本功能

（1）边防检查。边防检查是国家通过设在对外开放口岸的边防检查机构，依法对入出境人员、交通运输工具及携带、载运的行李物品、货物等实施检查、监督的行政管理活动。主管机关是公安部边防局。

（2）海关服务。监管进出境运输工具、货物、邮寄物品及其他物品；征收关税和其他税费；查缉走私；编制海关统计。

（3）商品检验、卫生检疫和动植物检疫。

2. 通过功能拓展，部分内陆口岸演化成国际陆港

传统的陆运口岸作为国际物流的通过型节点，功能相对单一，主要为货主提供通关性服务。部分进出口量较大的内陆口岸，为了向进出口商提供一体化的物流服务，壮大区域物流产业，以此带动区域经济的发展，纷纷进行仓储功能、货代等物流功能的拓展，经过功能拓展的陆运口岸就逐渐演化成国际陆港。内陆口岸的基本功能和延伸功能如图 4－3 所示。

（1）仓储业务：公司提供进出口货物仓储、集装箱整箱及拼箱货物的堆存、装箱、拆箱、储存等服务。

（2）货运代理业务：为客户提供海运货物的订舱，配载，拼、装箱发运，转关运输，提供国内陆路长、短途运输的门到门服务。

（3）货物集配业务：为企业提供货物到港运输、货物分拨和配送服务。

（4）保税仓储和出口监管服务。

（5）流通加工。

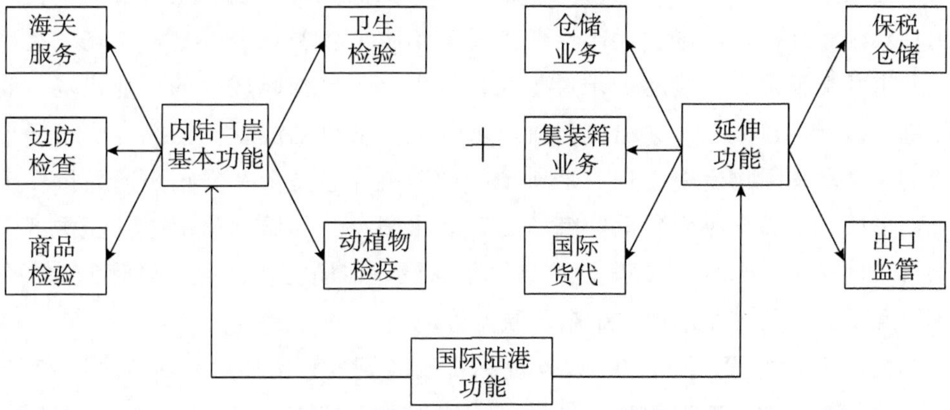

图 4－3　内陆口岸的基本功能和延伸功能

北京朝阳陆港就是在原朝阳口岸的基础上，进行功能扩展而形成的。朝阳口岸原为北京市一个普通的陆运口岸，2002 年 10 月，经北京、天津两地口岸管理办公室、海关、检验检疫及口岸经营主体共同研究协商，北京市人民政府口岸办公室、北京海关、北京出入境检验检疫局、北京陆港国际物流有限公司与天津市对口单位共同签订了《北京朝阳口岸与天津海港口岸直通协议书》，根据直通协议，朝阳口岸作为北京市政府批准的唯一的海运内陆口岸，实现港口功能一体化之后，到北京的进口集装箱货物可采用海关跨关区运输方式，将货物转至北京办理海关和检验检疫手续；出口货物在北京一次报关、一次报检，原则上在天津港不查验，直接集港、装船，货物装船后，所有信息反馈到朝阳口岸，可在北京办理出口退税。直通协议使得天津港的港口功能真正延伸到了北京，北京朝阳陆港也成为真正的内陆港口。

国际陆港的这种形成途径是原有口岸功能与物流功能的集成。通过功能集成而形成的国际陆港，除了具有典型的报关、报检等口岸功能，还具有集装箱集散、仓储、配送等多种物流功能，成为一个综合性的内陆物流节点。

（四）依托专业市场或经济园区形成

专业市场作为一种市场业态，历史非常悠久。在西方，13 世纪就开始出现小麦市场。在我国，早在唐代就有专业市场的记载。中华人民共和国成立后，由于国家对私营工商业进行改造，使包括专业市场在内的商品市场被取消了。改革开放后，专业市场开始逐步发展起来，成为中国经济发展的一个新的增长点。目前，全国已初步形成了以小商品批发市场、建筑装饰材料市场、农副产品批发市场、生产资料市场等为主的各类综合性专业市场。大型专业市场交易量大，货运需求量也大，特别是一些影响较大的专业市场，商品进出口量也较大，对进出口物流需求很大。部分陆港就是依托专业市场形成的。义乌国际物流中心是一个典型的内陆港，它是依托义乌小商品批发市场而形成的。义乌小商品批发市场（又名中国小商品城）坐落于浙江中部义乌市，创建于 1982 年，是我国较早创办的专业市场之一，商品辐射 210 多个国家和地区，行销东南亚、中东、欧美等地。

面对全球贸易一体化和义乌小商品批发市场日益增加的进出口物流需求，义乌国际物流中心应运而生。义乌国际物流中心按照“口岸”功能规划与建设，国际物流中心内设了海关监管点、检验检疫现场办公室等机构，以及配套船务、船代、货代、外代、报检、报关等服务单位，并设有集装箱空箱、重箱、冷藏箱堆场和外贸仓库。义乌国际物流中心的建成，为外贸企业降低了总体成本，提高了竞争力，也降低了在贸易活动上的投资成本。

经济园区是指在特定空间范围内，以产业群等集聚方式汇聚大量企业，吸纳各种要素投入，从而形成园区内经济增长乘数效益的经济组织。经济园区的种类很多，它包括经济技术开发区、高新技术开发区、特色工业园区、农业科技示范园区、科学城、科学园、创业园、免税区、保税区、出口加工区等。大型经济园区集聚了大量的企业，贸易活动发达，商品进出口量大，进出口物流业务量大。部分国际陆港就是依托经济园区形成的。经济园区庞大的进出口物流业务量能够为国际陆港的生存提供支撑。

鹰潭（贵溪）铜拆解加工园区“无水港”就是依托鹰潭（贵溪）铜拆解加工园区形成的，主要为该园区提供物流服务。鹰潭市位于江西省东北部，信江中下游，经济规模不大。但鹰潭铜产业发达，鹰潭（贵溪）铜产业循环经济基地拆解加工区是内陆地区唯一通过国家验收批准的拆解加工区，也是江西省唯一废弃机电产品集中拆解利用加工区。因此，依托鹰潭（贵溪）铜拆解加工园区建立了鹰潭（贵溪）铜拆解加工园区“无水港”。鹰潭“无水港”主要为鹰潭铜产业循环基地拆解加工区企业提供便捷、通畅的现代综合物流服务，对鹰潭市铜产业循环经济基地建设、打造世界铜都具有重大而深远的影响。

（五）依托交通枢纽形成

交通枢纽是在两条或者两条以上运输线路的交会、衔接处形成的，具有运输组织、中转、装卸、仓储、信息服务已经其他服务功能的综合性设施。交通枢纽是国家或地区交通运输系统的重要组成部分，是交通运输网络的中心或节点。其中，服务于一种交通运输方式的枢纽称为单式交通枢纽，如单一的公路枢纽、铁路枢纽、航空枢纽等；服务于两种或两种以上交通运输方式的枢纽称为复式交通枢纽，也称为综合交通枢纽。

交通枢纽具有完善的交通基础设施，方便货物进行快速集散，具有开展国际陆港运营良好的交通条件。特别是一些规模较大的铁路枢纽，具有开展集装箱多式联运的条件。许多陆港（无水港）就是依托铁路枢纽形成的，它能够充分利用铁路运输的成本优势，通过开展海铁联运，提高陆港的综合竞争力，增强对货主的吸引力。

长春内陆港就是依托铁路枢纽形成的。长春内陆港是在长春铁路货运站的基础上，经过功能延伸而形成的。长春铁路货运站是沈阳铁路局下属的二等站，是国家级的陆运口岸，有正线1条、站线27条、专用线48条。该站具备进出口报关和检验检疫能力，是原铁道部确定的大型集装箱办理站和全国53个集装箱接点站，占吉林省进出口货物通关总量的2/3，可以直接办理进出口商品通关、转关手续。2007年长春市政府、大连市政府、沈阳铁路局和大连港集团四方签署协议，在长春铁路货运站的基础上，进行设施的扩建和功能的延伸，建设长春内陆港。长春内陆港是以承接大连港区功能和政策为目的，国际、国内集装箱兼容，保税物流中心和口岸功能于一体的内陆港区。两地海关、港口共享一个平台，真正实现“一次报关、一次查验、一次放行”的一站式联合办公。长春内陆港具备港口除装卸船以外的所有功能，将提供租船、订舱、签发提运单、拆装箱等海港特有的专业化服务，实现海港功能的延伸，确保陆港与海港间运输链的高密度、高效率，以及相对较低的运输成本。

正在建设的西安国际港务区也是依托交通枢纽建立的国际陆港，它主要依托西安铁路集装箱中心站、西安新筑铁路综合物流中心及周边便利的铁路、公路运输网络，以与沿海港口合作为基础，在内陆形成海陆联运的集聚地和结合点。它是沿海国际港口多种港务功能在西安的延伸，是沿海国际港口在西安的集中服务区，也是国际物流与国内物流的结合部。不仅具有普通物流园区的基本功能，还具有保税、仓储、海关、边检、商检、检疫、结汇银行、保险公司、船务市场及船运代理等国际港口所具有的多种功能。

三、国际陆港内各主体的互动机理

（一）国际陆港内部企业之间的互动机理

陆港内提供物流服务的企业很多，有提供一体化物流服务的集成性物流商，也有提供运输服务、仓储服务、货代服务、报关服务的功能性物流商。这些企业间既有处于合作关系的，也有处于竞争关系的。合作性互动是以彼此信任为基础，此类互动会形成共同利益，减少企业间的交易成本，发挥协同效应。而对于竞争性互动，如果是良性竞争，将有利于企业整体竞争力的提高；如果是恶性竞争，将给企业和陆港带来不利的影响。本章将这些企业之间的互动形式分为垂直互动和水平互动。

1. 垂直互动

垂直互动体现在功能性物流商与集成性物流商，集成性物流商与客户企业，功能性物流商与客户企业之间的互动关系（见图 4－4）。在陆港内，由于国际和国内物流服务的复杂性，大多数集成性物流商在承揽客户企业的进出口物流服务和国内物流服务后，会将业务部分外包给功能性物流商，有时功能性物流商甚至会把转包到的业务再分包给运输车队。它们之间这种垂直互动关系建立的好坏直接决定了协作的效率高低，进而决定了集成性物流商的竞争能力。众多集成性物流商的竞争能力直接影响着整个陆港的竞争能力。另一方面，集成性物流商在为客户企业提供国际和国内物流服务的过程中，能否凭借自己的成本、质量和速度方面的优势赢得客户的满意，也是十分关键的。因为陆港的生存基础就在于入驻陆港的物流企业是否能够吸引到足够的客户群。

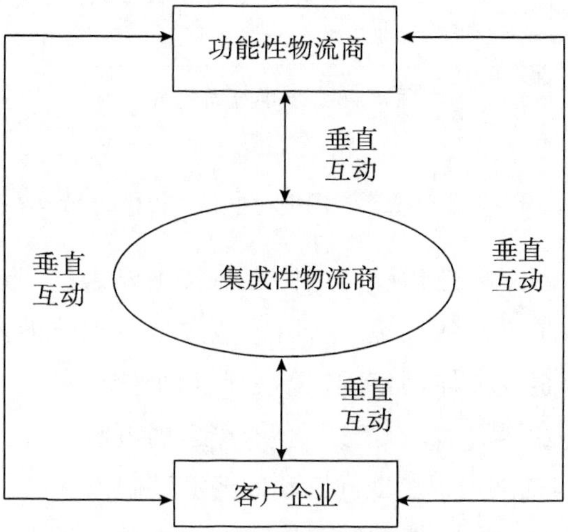

图 4－4　垂直互动关系

2. 水平互动

水平互动一般发生在具有互补关系和竞争关系的企业之间。在陆港内，企业具有互补关系主要指它们提供的服务具有互补性。例如，提供运输服务的企业和提供仓储服务的企业，它们的水平互动主要表现为合作，可以结成伙伴关系，面对共同的客户。水平互动关系如图 4－5 所示。

在陆港内，水平互动也发生在具有竞争关系的企业之间。因为陆港是一个物流企业和其他服务类企业的集聚地。在陆港内，提供某项物流服务的企业有时不止一家，它们面对共同的客户市场，且彼此相距很近，竞争在所难免。竞争本身是一个互动过程，物流企业在竞争中可以认识到竞争对手在某些方面的优势，学习和借鉴竞争对手好的服务理念和服务模式。从某种意义上讲，竞争是一个学习竞争对手优点的过程，也是不断改进和服务创新的过程。如果物流企业能够将竞争转化为服务改善和业务创新的动力，企业就能够不断地发掘潜在的市场机会，使自身提供的服务具有个性化，使竞争对手难以模仿和替代。在这样的竞争氛围中，水平互动不仅有利于企业自身的发展，而且也有利于陆港内企业整体竞争力的提升。但是，如果物流企业之间的竞争演变为价格战等恶性竞争，就会对陆港的经营带来沉重的打击。

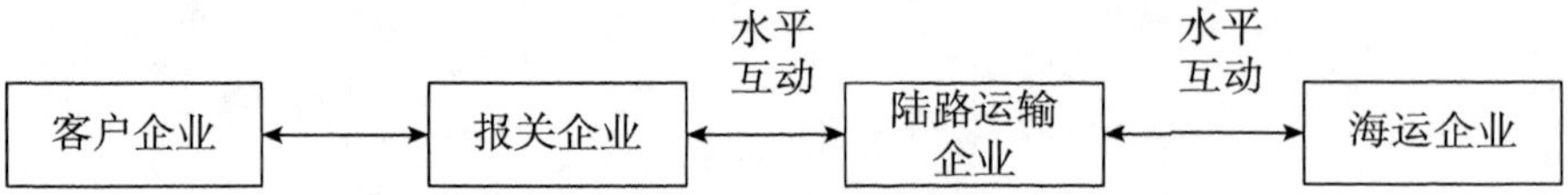

图 4－5　水平互动关系

（二）地方政府部门与陆港内部企业之间的互动机理

地方政府作为国际陆港建设的主体之一，主要通过修建道路等基础设施为陆港的发展创造了良好的环境。所以，地方政府与陆港内部企业之间的互动是针对陆港内部企业整体而言的，不是针对个体而言的。当然这也是地方政府推动地方经济发展活动，实现其经济职能的需要。

1. 地方政府与陆港内部企业间互动的经济基础

地方政府作为建设国际陆港的主体之一，推动陆港发展具有明显的自身利益和动机。一方面，地方政府会追求自身经济利益的最大化；另一方面，地方政府也追求政治利益的最大化。而经济利益和政治利益的最大化都要通过陆港内部企业的发展而实现。而企业在入驻陆港的初期，也需要得到地方政府的各种优惠政策，降低自己的投资成本，减小自己的投资风险。因此，在陆港中，地方政府与陆港内部企业之间存在利益的交集，这是地方政府与陆港内部企业能够愿意互动的内在机理。地方政府的经济利益与政治需求都需要借助于陆港内部企业的发展而实现，陆港内部企业的发展需要借助政府的直接投入和政策优惠。

因此，本文从以下两个方面揭示地方政府与陆港内部企业之间的互动关系。

1）地方政府的发展需求与陆港发展

目前，地方政府的发展需求主要包括 GDP 的增长、地方就业水平的提高、财政收入的增加、环境保护、地方公共产品供给增加、经济与社会协调发展、社会和谐稳定等。陆港发展与地方政府的发展诉求是大体吻合的。首先，陆港的发展带动了区域物流业的发展，促进了区域外向型经济的发展，也带动关联产业的发展，增加了地方的 GDP。其次，陆港的发展能够提供了大量的就业岗位。再次，陆港的发展必然带来企业收入与地方政府税收收入的同步增长。地方政府鼓励和扶持陆港的发展，同时也是在为自己培植税源。最后，陆港的发展促进了物流业的集聚发展，对改善城市交通，减少环境污染具有重要作用。因此，建设陆港是内陆地方政府实现区域发展目标的一条重要途径。

2）地方政府的政治激励与陆港发展

在我国目前的政治体制下，地方政府既要面对上级政府的考核和约束，也要面对选民的考核和约束。由于文化传统等诸多因素的影响，我国选民的参政议政的能力和意识非常淡薄，来自选民的考核和约束比较薄弱，在这种情况下上级政府对下级政府的考核和奖惩构成了政治激励的核心。由于经济指标便于量化和比较，因此成为评价地方政府政绩的主要依据。一般而言，地方政府官员的升迁与当地经济发展水平成正比。由于陆港对区域经济的推动作用，地方政府官员从自身利益出发，具有强烈的动机推动陆港的发展。

2. 地方政府与陆港内部企业间的互动方式

随着中国市场经济体系改革的深化，政府对企业的直接干预越来越少，主要通过对企业所在“软硬环境”的建设而间接地作用于企业。因此，地方政府与陆港内部企业之间的互动大多是间接的，也有直接的。本章将地方政府与陆港内部企业之间的互动方式概括为直接互动和间接互动。

1）间接互动

在陆港内，地方政府主要建设包括道路、水电、管网等基础设施，主要是提供公共产品，为企业发展营造良好的环境，做企业不愿意做或没有能力做的事情。地方政府的这些工作不是针对某个具体企业，而是针对陆港内的所有企业，是为了陆港整体的发展。

2）直接互动

地方政府与陆港内部企业的直接互动体现在税收关系和直接经济扶持。在陆港发展初期，陆港内部企业的盈利能力不高，需要一个发展的过程，这一时期地方政府通过减免税减少企业税收的负担，增加企业的自身积累，增强企业的发展后劲。短期内政府的税收收入较少，一旦企业发展壮大，将为地方政府提供越来越多的税收。直接经济扶持主要指政府投入资金直接参与陆港的建设，或者给陆港内部的企业直接经济补偿。

第二节　国际陆港的代码设计

在承担带动区域经济发展重任的同时，国际陆港迫切需要在融入全球贸易运输体系、实现通关便利化以及提升管理信息化方面发挥自身独特的作用。另外，在长期的发展实践过程中和相关国际（家）组织的推动下，海港和空港都形成了特有的编码体系，每一个海港和空港都有唯一的编码对应，因此陆港也应像海港、空港一样拥有自己的唯一“身份编码”，如果没有统一的代码标准，难以融入全球贸易运输体系，陆港的功能和发展将受到极大的制约。

一、项目必要性和可行性

当前陆港的发展规模和数量已经达到了相当的量级，成为带动内陆区域经济乃至外向型经济发展的重要平台。另外，国际陆港的发展迫切地需要融入全球贸易运输体系，发挥与海港和空港同等重要的作用。在全球贸易运输体系中，特别是在国际贸易术语和 EDI 系统中，每个海港和空港都有全球唯一的代码，极大地方便了海港和空港作为全球贸易中的起始港、目的港或中转港作用的发挥。因此，国际陆港代码的编制显得尤为重要，在当前国际陆港的发展趋势下，本项目的实施显得尤为必要和紧迫。

（一）项目必要性

1. 融入全球贸易运输体系的必然要求

当前，国际国内产业分工深刻调整，我国东部沿海地区产业向中西部地区转移步伐加快，伴随着新一轮西部大开发、中部崛起战略、西部陆海新通道等战略的实施，中西部地区迫切希望抓住机会，充分利用国际国内两个市场发展外向型经济。国际陆港应运而生，在运输体系和国际贸易中扮演越来越重要的角色。国际陆港取得国家代码，解决身份标识问题，才能成为国际运输的“始发港/中转港/目的港”，成为国际货运提单签发港口，充分发挥内陆港的真正功能和作用。

2. 有利于统一身份标识规范管理

鉴于我国交通基础设施建设飞速发展，以陆路交通枢纽为依托的国际陆港近些年发展迅速，并带动了当地物流与贸易的发展，已成长为交通运输行业的新兴业态。因此，赋予一个代码作为身份标识十分必要，以便与沿海港口业务联系和信息系统的开发应用。编制中国国际陆港代码体系可以改变国际陆港没有身份标识的无序状态，进而建立国际陆港统计制度，客观、真实、全面反映中国内陆港发展，有利于国际陆港的统一管理、信息规范与共享。

3. 与世界代码体系接轨的需要

比较而言，世界发展比较成熟的内陆港如美国的达拉斯内陆港都建立了本国口岸代码体系，这也是与世界接轨的客观需要。

（二）项目可行性

1. 现有港口代码体系提供技术参考

现行的《中国港口代码》自 2015 年 7 月 31 日实施以来，在规范港口信息、促进国际贸易等方面发挥了重要作用，在行业内取得了一定的认可。该标准的编制原则、方法、程序为中国内陆港代码体系的编制提供了借鉴与技术基础。

2. 陆港与沿海港口权属状态提供借鉴

作为联系内陆腹地和海洋运输（国际航空运输）的一个天然界面的港口广义上按所在位置可划分为海港、内河港和内陆港。国际陆港作为海港向内陆的延伸，基本具备了海港的功能属性即物流服务功能、信息服务功能、商业功能、产业功能。海港和陆港应该是平行关系，所以在技术上可以采取相同或者类似的方法来编制内陆港代码。然而，《中华人民共和国港口法》第三条规定：港口是指具有船舶进出、停泊、靠泊，旅客上下，货物装卸、驳运、储存等功能，具有相应的码头设施，由一定范围的水域和陆域组成的区域。陆港是沿海港口腹地的延伸，应该予以考虑。

3. 部分陆港已经申请了国际/国内代码

目前，在全国众多陆港中，已有西安、义乌和晋江三个国际陆港申请了国际代码，其中西安国际陆港还申请了国内代码，成为全国唯一拥有国际国内双代码的国际陆港。一方面，作为内陆中心城市，西安国际陆港首先成功地解决了两种以上运输方式结合的系列问题，从而形成了各种运输方式无缝连接的物理平台。如通过铁路和海港实现物理连接；通过西安公路港项目的策划实施，成功解决了公路运输与海港物理连接、公路运输与铁路运输物理连接的问题；通过对西安咸阳空港的使用和园区内窑村机场的使用，成功解决了空港深度利用的问题，从而形成了各种运输方式无缝连接的物理平台，实现了内陆地区多式联运方式的有效探索。另一方面，西安国际陆港凭借互联网技术和信息化手段，使海关查验、边境检查、出入境检验检疫、结汇银行、船运代理、沿海港口、铁路港、公路港、国际贸易信息和现代物流信息服务等构成了西安国际陆港的配套服务信息化系统，并将此系统纳入全国乃至世界物联网中，特别是在公路物流领域，为建立全国公路物流信息中枢、形成全国公路信息网平台作出积极探索。

4. 诸多科研院所的成果支撑

当前，国际陆港发展方兴未艾，许多高等院校、研究机构的专家学者正在积极研究探索陆港发展模式。2018 年，交通运输部水运科学院和西安外事学院、邯郸国际陆港共同起草的《陆港基础设施标准》通过交通运输部正式发布。作为国内陆港理论的重要研究基地，西安外事学院近年来已经有 30 多项陆港方面的研究成果。此外，西安市质量与标准化研究院在编制物品代码标准方面积累了丰富的经验，可以组织有关机构和相关专家、学者进行这方面的研究和探讨。

二、世界海港和空港代码编码借鉴

世界上现存的港口代码体系有多种编制形式和规则，不尽相同，尚未形成一套根据现实变化和需要统一的、严谨的、完善的港口代码编制标准。目前世界公认的有 UNECE（联合国欧洲经济委员会，简称欧洲经委会）根据 ISO 3166 - 1 国际标准文件修改形成的贸易与运输代码体系 UN/LOCODE（United Nations Code For Trade And Transport Locations，联合国贸易与运输地点代码），以及美国为保证国土安全和边境安全所编制的运输节点代码体系 GBP。

UNECE 是联合国的 5 个区域委员会之一。欧洲经委会是来自北美洲、西欧、中欧和东欧的国家以及中亚各国聚会的论坛，共同探讨如何强化经济合作手段。UNECE 根据 ISO 3166 - 1 文件修改编制贸易与运输代码体系。其中，国际标准化组织（International Organization for Standardization，ISO），成立于

1946 年，是一个全球性的非政府组织，ISO 负责除电工、电子领域和军工、石油、船舶制造外的很多重要领域的标准化活动，现有 117 个成员，包括 117 个国家和地区。ISO 的宗旨是在世界上促进标准化及其相关活动的发展，以便商品和服务的国际交换，在智力、科学、技术和经济领域开展合作。国际标准化组织的 ISO 3166－1 国际标准是 ISO 3166 的第一部分，包含 ISO 标准国家代码，1974 年首次出版。每个国际普遍公认的国家或地区都有三种代码，即二位字母代码、三位字母代码，以及联合国统计局所建立的三位数字代码。目前有 247 个国际公认的国家和地区被列入“ISO 3166－1”代码表。

CBP（U. S. Customers and Border Protection，美国海关和边防局）的前身是 1789 年 7 月 31 日成立的美国海关管理局（Customs Administration），2006 年 1 月 17 日将航空和海事纳入管理范围，是美国国土安全部最大和最复杂的组成部分，目的在于让恐怖分子及其武器远离美国。CBP 除了确保和促进贸易、旅游，还执行数以百计的美国法规，包括移民和毒品的法律。除了美国本地人和拥有绿卡的人以外，凡进入美国边境的人员都必须填写 I－94 表格给 CBP 审阅。

（一）国际海/空港编码体系

1. UN/LOCODE 的编码规则

1）代码格式

UN/LOCODE 的代码格式由前两位字母、后三位字母和地点全称组成。例如，AU ABX Albury、BR BF5 Botafogo、BR QCJ Botucatu 等。其中，前两位为国家名称代码，后三位为地点名称代码。在前两个字母和后三个字母之间有一个字符的空格，该空格可以省略。

2）三位字母代码

三个字母单独使用时可以代表一个地点，通常是 IATA（International Air Transport Association，国际航空运输协会）使用的机场代码或者 IATA 采用的地点代码。但即使 UN/LOCODE 与 IATA 所使用的机场或地点代码三个字母相同，也不能混用，两者代表的地点并不相同。例如，在 IATA 代码体系中，PAR 代表法国巴黎，而在 UN/LOCODE 中 FR PAR 才是法国巴黎，在 UN/LOCODE 中 GB PAR 则是指英国帕克（Par，United Kingdom）。

3）地点全称表述规范

世界上有多种以罗马字母组合形成的语言，由于拼写发音不同，为避免误会，不同语言使用的26个字母必须以英语字母为替代。例如，Göteborg应该记录为Goteborg，而不是Goeteborg、Gothenburg、Gotembourg等。有些地名由于音译的不统一，则在代码说明中备注。例如，Peking = Beijing（北京），Leningrad = St Petersburg（俄罗斯圣彼得堡），Munich = München（德国慕尼黑）。

若命名一个陌生地点，为了让人快速记住或熟知该地点，则与熟悉的相关地点名称相连。例如：Bandung，Java指印度尼西亚的西部城市万隆市，因为地处闻名世界的爪哇岛，用陌生的地点名和熟悉的地点名联系在一起，易于记忆和区分。

当不同的机场、场站、码头等位于同一城市时，则在这些地点前面加上城市名称或在其后面加上"/城市名称"。例如，GB LHR London – Heathrow Apt（英国伦敦希思罗机场）或GB LHR Heathrow Apt/London。

4）地点类型标识

UN/LOCODE代码体系还用数字"0、1、2、3、4、5、6、7"和字母"B"对不同地点类型进行标示（具体含义详见表4－1）。例如，"BR QCJ Botucatu"的地点类型标识符号为"－－－4－－－－"。如果一个地点包含了以上几种功能，则同时用几个代表数字反映。例如，"AU ABX Albury"同时拥有铁路场站、公路场站和机场，则其类型标识为"－234－－－－"。

表4－1　数字和对应含义及代码位置

功能符号	含义	表示形式
0	待定	0－－－－－－－
1	水运港口	1－－－－－－－
2	铁路场站	－2－－－－－－
3	公路场站	－－3－－－－－
4	机场	－－－4－－－－
5	转运邮局	－－－－5－－－
[6]	备用于多式联运	－－－－－6－－
[7]	备用于固定的运输地点（如石油钻井平台）	－－－－－－7－
B	跨境、跨界	－－－－－－－B

2. CBP 代码编制规则

CBP 编制的港口代码由四位数字组成。前两位数字代表美国的各个州，后两位数字则代表港口（包括机场等）。全表将美国州分为东北地区、纽约地区、中北地区、中南地区、西南地区和太平洋地区，具体示例详见表 4－2。

表 4－2　　CBP 六大区域港口代码举例

1. 东北地区		4. 西南地区	
地区代码	港口代码	地区代码	港口代码
0101	Portland，Maine	1401	Norfolk－Newport News，Virginia
0102	Bangor，Maine	1404	Richmond－Petersburg，Virginia
1301	Annapolis，Maryland	1409	Charleston，West Virginia
1302	Cambridge，Maryland	1410	Front Royal，Virginia
2. 纽约地区		5. 中南地区	
1001	New York，New York	1901	Mobile，Alabama
1002	Abbany，New York	1902	Gulfport，Mississippi
4601	NewYork/Newark Area，New Jersy	1903	Pascagoula，Mississippi
4602	Perth Amboy，New Jersey	1904	Birmingham，Alabama
3. 中北地区		6. 太平洋地区	
3301	Raymond，Montana	2101	Port Arthur，Texas
3302	Eastport，Idaho	2102	Sabine，Texas
3303	Salt Lake City，Utah	2103	Orange，Texas
3304	Great Falls，Montana	2104	Beaumont，Texas

（二）国际海港/空港编码体系的特点

综合分析 UN/LOCODE 和 CBP 代码体系可以看出，目前世界港口代码体系的共同特点主要体现为以下几点。

1. 以交通枢纽为编码对象

世界港口代码体系通常都将铁路场站、公路场站、机场、水运港口纳入同一代码体系，并以综合交通枢纽为主要编码对象，而不仅仅考虑水运港口等单一运输节点。其关键原因在于：各种运输方式之间的紧密联系对世界贸易有着重要影响，纳入同一个代码体系有利于国际贸易货物的空间地点转移。

2. 运输地点编码对国家安全有重要影响

完善的运输地点代码体系不仅可以促进经济贸易发展，更重要的是涉及国家安全和边境安全等。发达国家和经济组织对完善运输地点编码工作都非常重视，甚至配合出台相关法律措施，以确保世界贸易和国家安全的健康发展。

3. 公海的离岸设施和浮港未纳入代码体系

国际港口代码体系均以国家或地区名称来编制代码，一定程度上忽略了国际公海地区的大型离岸设备和浮港。例如，在国际海域和沿岸地区作业的海洋钻井平台等大型海上设备未纳入国际港口代码体系中。浮港主要是指移动或建在国际水域，从事远洋捕捞生产、国际经济贸易、国际文化交流和国际军事合作的港口，距离主要的腹地陆地较远，难以根据地理名称代码纳入港口代码。

4. 少数腹地港口未以地名编制港口代码

国外少数港口以公司名、人名或者活动组织等名称的代码来编制港口代码。

（三）对编制国际陆港代码的借鉴意义

1. 将铁路、公路场站和港口统一编码

将多种运输方式节点同时编入代码体系有利于国际贸易货物的流通和跟踪，同时方便国家安全管理部门对运输货物的跟踪等。

2. 按不同的行政区划分别赋码

在编码过程中可以将中国分区，例如划分为华北、华东、华南等沿海地区，以及内陆中北部地区和中南部地区等，也可以结合现有行政区划进行编码。首先对区域编号分类，然后再对区内港口进行编号，从而形成一套完整的港口代码体系。也可以直接结合国家行政区划代码进行编码。

3. 采用英文大写字母和数字编码

由于有限位的数字组合难以完整准确表示一个地点，因此可以考虑将英文字母与数字结合编码，用字母代表区域，而数字则用于表示具体地点和相应类型。

三、国内现有三个陆港代码案例分析

（一）西安国际陆港代码

19 世纪铁路的诞生改变了世界，将工业革命的火种传遍世界，开创了全球化的进程。今天，虽然有了航空和远洋运输，铁路仍然是全球经济的重要组成部分。

欧亚大陆占了全球总人口、经济总量和贸易额的 2/3 左右。从中国通往欧洲的国际货运班列，连通了欧亚大陆，为沿路的国家和地区带来了新的发展机遇。2018 年，中欧班列“长安号”开行达到 1235 列，实现了重载率、货运量、实载开行量三项指标全中国第一，为欧亚大陆经贸往来打造了重要通道。

2008 年，西安国际港务区成立，为西安“造港开埠”破解了“内陆开放”的大命题。2010 年 4 月 20 日，西安保税物流中心正式通过中华人民共和国海关总署等四部委联合验收，同年 7 月 1 日，西安铁路集装箱中心站竣工开通。2013 年 11 月 28 日，首列“长安号”国际货运班列开行。2014 年 12 月 19 日，西安港国际代码（CNXAG）、国内代码（61900100）正式启用。2015 年 3 月 28 日，《推动共建丝绸之路经济带和 21 世纪海上丝绸之路的愿景与行动》明确提出，支持西安建设国际陆港。

西安港让西安加速融入全球经济，让西安重新辐射丝绸之路，进入“国际大都市”的行列。

今天的西安国际港务区，是陕西省、西安市打造内陆改革开放新高地而设立的经济先导区，是陕西省、西安市践行国家“一带一路”倡议、发展三个经济和建设对外开放大通道打造的重要平台和核心抓手，是陕西自贸区的核心板块。

在口岸体系建设方面，西安港作为目前全国唯一获得国际国内双代码的内陆港口，已进入了全球航运体系。西安国际港务区先后获批一类铁路口岸、二类公路口岸、进境粮食指定口岸、进口肉类指定口岸、整车进口口岸。

粮食口岸和肉类口岸先后从哈萨克斯坦、加拿大和美国进口小麦、绿豆、肉类品，探索出了美国长滩港启航、青岛港中转、西安港清关的海铁联运、冷链运输、肉类口岸新模式，适合内陆地区的港口口岸体系已基本形成。

平台体系建设方面，占地面积 4.67 平方千米的西安综合保税区运行良好，成为东南沿海产业转移投资的热土，占地面积 2058 亩①的铁路集装箱中心站 2018 年吞吐量超过百万吨，集装箱吞吐量达到 26.6 万标箱（即标准箱），其中中欧班列 10.1 万标箱。省部共建占地面积 2400 亩的铁路综合物流中心已全部建成。

2014 年 3 月 19 日，海关总署批复西安可开展跨境电子商务业务，2018 年正式成为跨境电商综合示范区，跨境出口 206 万单，进口 8.6 万单，在全国海关统一版系统使用中单量排名第一。

通关体系建设方面，海关等监管体系全面进驻西安港，单一窗口全面推广，青岛港、连云港港、天津港、哈铁等在西安港设立办事处，签署了《青岛·西安关、检、港推动“一带一路”物流供应链一体化备忘录》，通关一体化得到了全面实施。

在通道建设方面，西安国际港务区向西通过陆铁联运，开行西安至哈萨克斯坦、汉堡、阿拉木图、莫斯科、华沙等 11 条主干线，覆盖了中亚和欧洲 44 个国家和地区，向东、向南通过海铁联运常态化开行了西安至天津、青岛、上海、宁波、深圳等国际班列，辐射日韩、东南亚。与此同时，还开拓了西安至阿拉山口、霍尔果斯、二连浩特、满洲里等口岸的陆路通道，通过卡行天下、圆通等区域物流配送网络，实现了西安港高效分散与配送。

西安国际港务区已初步形成了陆海内外联动、东西双向互济的全网物流体系，为西安、陕西乃至西部地区开放型经济的发展提供通达国内外、覆盖全流程的物流解决方案。

美国学者帕拉格·康纳预言，未来基础设施最便利、供应链网络最发达的全球地理节点，将吸引全球的资金、资源、人才、技术。

西安国际港务区正处于这样的地理节点，商贸物流、电子商务、新金融、临港产业蓬勃发展。2018 年园区电子商务交易额突破 2000 亿元，聚集了全省 70% 的新金融产业，吸引东南沿海科技型加工企业落户，仅 2018 年就引进了深圳中联盛等 49 家科技型加工企业入驻园区发展。

港口代码，是港口在从事贸易运输活动中，重要的身份识别标识，每个港口都拥有独一无二的代码，既相当于港口的“身份证”，也是港口的“邮政编码”。

---

① 1 亩≈666.7 平方米。

为此，西安国际港务区2013年启动了“西安港”国家代码和国际代码的申报，目前均已获得认可并正式启用。“西安港”的国家代码为61900100，其中“61”为陕西的行政区划代码，“9”代表“内陆港”，“001”为港口在这一范围内的序号，“00”为港口的业务拓展码；国际代码为“CNXAG”，其中前两个字符表示所在国家，后三个字符代表“西安港”名称。“西安港”成为我国首个获得这两个代码的内陆型港口。

“西安港”将内陆地区与沿海地区通过多式联运无缝对接，是沟通内陆与“一带一路”的交通枢纽，是西安区位优势和交通枢纽优势的集中体现，依托“西安港”构建丝绸之路经济带商贸物流中心，是实现贸易畅通的重要路径。“西安港”纳入国际贸易与运输体系，成为国际多式联运提单的签发港，将极大地推动沿海地区与内陆地区基础设施的互联互通，为构建以西安为中心的“丝绸之路经济带”综合立体交通体系奠定基础，使“一带一路”倡议无缝对接。

（二）义乌国际陆港代码

义乌国际陆港（Port of Yiwu，港口代码：CNYIU）也叫义乌内陆口岸场站、义乌港，是浙江省重点工程，是义乌“大通关”建设的重要基础设施，对完善国际商贸名城功能具有重要意义。

2013年5月1日，在泰国曼谷召开的联合国亚洲及太平洋经济社会委员会（ESCAP）第69届年会上，以决议形式正式通过了《政府间陆港协定》（以下简称《协定》）。会上，义乌作为浙江省唯一、我国首批陆港城市，被列入了《协定》。这意味着，义乌已成为国际级陆港城市。未来，义乌将在亚太地区享受更优惠、更便捷的通关政策，特别是泛亚铁路、泛亚公路方面的相关优惠政策，义乌的国际影响力及在国际贸易中的地位将会得到进一步提升。

（三）晋江国际陆港代码

2019年，晋江陆地港（即晋江陆港）获联合国批准国际代码“CNJJD”。国际代码的获批标志着晋江陆地港真正拥有了参与国际贸易的身份证，正式进入国际贸易与运输体系，升级为国际港口，成为国际运输的“始发港/目的港”，货物将按提单从境外指运至晋江陆地港，在晋江陆地港直接完成申报动作，不仅减少了以往国际贸易中的诸多环节，帮助企业实实在在降本增效，还有利于航运保险、金融代理等高端服务业在福建聚集发展，提升福建的现代服务业水平。

国际代码由联合国贸易便利化与电子业务中心（UN/CEFACT）审批，该中心是联合国经济及社会理事会下属的一个政府间机构，负责简化和协调世界各国在行政、商业、运输业等方面的程序和惯例，通过标准化消除贸易障碍和简化贸易手续，促进国际商品贸易和服务贸易发展，为全球商务快速增长作出贡献。晋江陆地港获批的国际代码为“CNJJD”，其中前两个字符“CN”表示所在国家为“中国”，后三个字符“JJD”代表“晋江陆地港”名称。

晋江陆地港自 2012 年 3 月正式运营以来，通过创新实行“直通关”等监管模式，实现沿海港口服务功能的后移，与外贸集装箱海港码头无缝衔接。经过短短几年快速发展，晋江陆地港汇集了国际陆港、保税物流、国际快件、跨境电商、国际邮件五大功能服务平台，口岸运作模式成熟，2017 年晋江陆地港获海关总署正式批复关区代码 3726。晋江陆地港成为支持福建外经贸发展方式转型升级的重要口岸之一。此次获批国际代码更是有利于进一步发挥晋江陆地港国际陆港的作用，进而更好地助力福建外向型、开放型经济做大做强。

（四）国内三个陆港代码案例研究结论

通过对以上国内三个陆港代码案例研究，得出以下结论。

（1）国内陆港亟须有代码身份才能更好地融入全球贸易运输体系，成为国际贸易合同中的“起运地和目的地”。

（2）国内的三个陆港代码编码标准不统一，特别是三个陆港尽管都申请了国际代码，但这三个代码的编码无规律可循，不利于实践中的应用推广。（详见表 4－3）

表 4－3　　国内三个陆港代码实例简析

序号	陆港名称	国际代码	国内代码	编码规则
1	西安陆港	CNXAG	61900100	国际代码“CNXAG”，前两个字符表示所在国家，后三个字符代表“西安港”名称；国内代码中“61”为陕西的行政区划代码，“9”代表“内陆港”，“001”为港口在这一范围内的序号，“00”为港口的业务拓展码

续　表

序号	陆港名称	国际代码	国内代码	编码规则
2	义乌陆港	CNYIU	无	“CN”表示“中国”，后三个字符“YIU”代表“义乌港”
3	晋江陆港	CNJJD	无	“CN”表示“中国”，后三个字符“JJD”代表“晋江陆地港”

（3）三个案例中，只有西安陆港申请了国内代码，其余两个和国内其他陆港尚没有申请，表明该领域的编码尚处于基本空白阶段，亟须设计科学规范的陆港国内代码。

（4）正是因为三个陆港代码案例使用的代码没有形成统一的编码机制，且国内有 100 多个陆港尚未申请，因此本项目的研究具有十分重要的现实意义和价值。

四、国际陆港编码体系设计

（一）陆港代码编码原则

中国国际陆港代码体系是否科学与合理直接关系到内陆港能否取得参与国际贸易的资质，内陆代码体系是否规范和标准影响和决定着内陆港未来的发展。2002 年施行的交通行业标准《中国港口代码》，并未将我国的内陆港纳入港口代码体系当中。然而，随着内陆港作用的不断凸显以及地位的加强，内陆港的发展受到了港口代码的制约，内陆港面向现代化管理方向发展的同时，急需拥有自身的统一港口的代码标准。对国际陆港港口代码进行编制，作用意义重大。它不仅使得国际陆港港口取得和沿海港口以及内河港口同等的地位，而且它还可以通过计算机完成我国港航企业的生产调度、计划统计、数据通信、信息处理等大量烦琐复杂的工作，能很大程度地提高工作效率和质量。

本报告的编制在征求多方意见后，力图遵循科学性、系统性、稳定性、可扩展性等基本原则，以确保代码的唯一性、合理性和综合实用性。

1. 科学性原则

国际陆港港口代码编制所遵循的科学性原则，主要是指信息分类的客观依据，国际陆港港口代码体系的编制主要是根据港口的地理基础属性进行分类。但是随着计算机技术的发展，港口代码体系的编制除了要遵循基础地理信息最稳定的本质、属性特征，还应以适合现代计算机和数据库技术应用和管理为目标，兼顾各信息实体在专业意义上的区别与联系进行分类，国际陆港港口代码要有利于计算机的检索和信息的归类。

在一个国际陆港港口代码体系中所有代码的编制原则与标准必须是统一的，一个港口代码只能代表一个港口，不允许有相同的港口代码存在。国际陆港港口代码标准采用国家标准 GB 2260—89《中华人民共和国行政区划代码》中的城市码，作为国际陆港港口代码中的一个分段码（县级以上行政区划码），既可以表明国际陆港港口的地理位置和行政归属，又便于某些必要的按行政区划的统计处理。

2. 系统性原则

系统性是指将选定的国际陆港港口的基础地理信息的属性和特征按一定顺序排列，予以系统化，从而形成一个系统的分类体系。

国际陆港港口标准代码由三段八位数字构成，市级行政区划代码采用的是 GB/T 2260—89 中城市（自治区、直辖市）的代码，国际陆港港口按 GB/T 2260—89 中行政区划编码顺序排序，这样就形成了国际陆港港口代码的垂直体系。国际陆港港口代码体系中分类的详细程度直接关系到横向体系，目前内陆港主要是以铁路、公路为依托载体的，国际陆港港口代码如若将铁路、公路进行细分，将完全形成一个横向的代码体系。

3. 稳定性原则

稳定性是指国际陆港港口代码体系一旦编制好，只要国际陆港港口基本属性和基础地理属性没有发生变化就应保持不变。比如，当某一个内陆港由于人工运河的开凿或者其他的原因而成为内河港口，这样国际陆港港口的基本属性特征就发生了改变，或者是由于我国某些市级的行政区划发生改变，国际陆港港口的基础地理属性发生改变，国际陆港港口的编码就需要进行变更。但是一般的原则还是要保持国际陆港港口代码的稳定。另外，即使某些内陆港由于基本功能缺失后，不再属于内陆港的范畴，由于要保存历史记录以及数据查询的需要，应该较长期地保留它的港口代码。

为了保持国际陆港港口代码体系的稳定性，国际陆港港口代码体系没有采用表征港口属性的动态参数，比如吞吐量、库存容量等，而是采用表示港口静态属性的参数组成的复合数字码，即是有省级行政区（第 1—4 位数字）、通道依托属性（第 5—7 位数字）和序列码（第 8 位数字）。国际陆港港口代码编制的同时应考虑人们的传统习惯，尽量采用了长期沿用的科学合理的分类与名称，尽可能与现行相关的国家标准、专业标准协调一致。

4. 可扩展性原则

可扩展性是指代码体系的建立应能够适应经济发展的需要，以便保证出现新的概念时，不至于打乱已建立的代码体系。即指每一分类不仅要涵盖面宽广，具有较强的概括性，能容纳现有的全部国际陆港港口的信息，而且在代码体系中为新出现的新型港口对象预留足够的空间，预留信息的伸缩延伸余地有利于国际陆港港口代码体系的逐步扩充和不断完善。

国际陆港港口代码体系中的序列码（第 8 位数字）采用是 1 位数字，为同一城市的国际陆港港口的代码预留了足够的空间，为国际陆港港口取得国际陆港港口资质奠定基础。国际陆港港口代码在编制的时候，代码之间应该留有间隔，以便今后在补港的时候能够有空间填补。

（二）陆港国内代码体系设计

基于上述编码原则，参考目前国内唯一拥有国内代码的西安国际陆港国内代码基本规律，结合 2019 年 9 月民政部发布的中华人民共和国县以上行政区划代码和中华人民共和国国家标准《中华人民共和国铁路线路名称代码》（GB/T 25344—2010）设计中国陆港代码编码体系如下所示。

1. 代码结构组成

参考西安国际陆港国内代码，陆港国内代码共设计 8 位代码，分别由陆港所在行政区划 + 依托的铁路运输干线 + 序列号三部分构成。

2. 行政区划代码选用

为了直观体现陆港所在区位，本编码体系设计时采用 2019 年 11 月由民政部发布的《全国县以上行政区划代码》。陆港所在行政区划由 4 位代码构成，其中前 2 位为省级行政区划代码、后 2 位为城市（下设区县的地级城市）代码（全国行政区划代码城市代码为 6 位，后两位均为 00，不取）。例如，6101 表示所对应的陆港位于陕西省西安市。行政区划的选用有别于西安国际陆港的国内码设计，西安国际陆港采用的国内码只体现陆港所在省级行政区划信息，但本设计体现到了市级行政区划信息，与国家发展改革委和交通运输部发布的全国41个陆港型国家物流枢纽名称体现的披露城市层级信息一致，且也符合海港的代码城市层级信息。

3. 铁路干线代码

陆港主要依托的铁路干线代码由3位数构成，如003代表陇海线（全国铁路线代码国家标准为4位，第一位统一为0，不取）。

特别说明：如某一城市有多条铁路干线穿过，选择其中最主要的干线或国际通道干线代码，如广州市有广深、京广、广茂、广佛肇等多条铁路线，其中京广线最具有代表性，因此选择001为陆港干线依托代码。

4. 序列号代码

由最后1位代码构成，表明在同一城市可能依托同一铁路或公路干线设立多个陆港，为未来发展预留空间，且同一城市最多可为9个陆港赋码，能够充分满足实际发展需求。

示例：遵循以上编码体系设计标准，西安国际陆港的国内代码可设计为

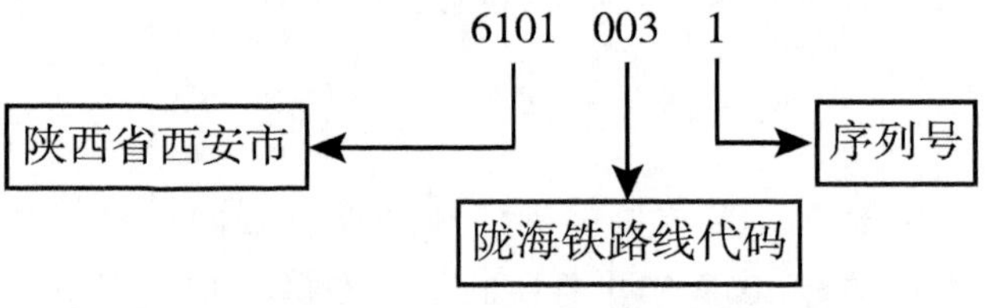

徐州陆港的国内代码为32030031（3203表示江苏徐州，003表示陇海线，1表示徐州建设的第一个陆港）。山西侯马陆港代码为14100351（1410表示山西临汾，035表示侯月铁路线，1表示临汾建设的第一个陆港）。

通过本项目研究成果编制的中国陆港代码编码体系可直接看出陆港所在地和主要依托的铁路干线及其在城市陆港中的序列号（建设时序），具有直观规范且明了的特点。

（三）陆港国际代码体系设计

参考前述三个陆港国际代码的编制规律，结合国际陆港的自身特点和国际性属性，研究形成陆港国际代码体系如下所示。

1. 国际代码结构

陆港国际代码由国别代码、属性代码、城市代码三部分构成。参考三个实例，陆港的国际代码统一为5位数。

2. 三种代码构成

陆港国际代码前2位为国别代码，用CN代表中国；第3位为属性代码，用L代表陆港；城市代码用陆港所在地城市拼音的首字母表示，如“西安陆港”用“XA”表示。

3. 特殊情况说明

国内有的城市名不止2个字，有的是三个字，如哈尔滨，有的是4个字，如乌鲁木齐等。这些城市统一取其城市名的首尾字拼音字母大写表示，如“哈尔滨陆港”用“HB”表示，“乌鲁木齐”用“WQ”表示。

示例：

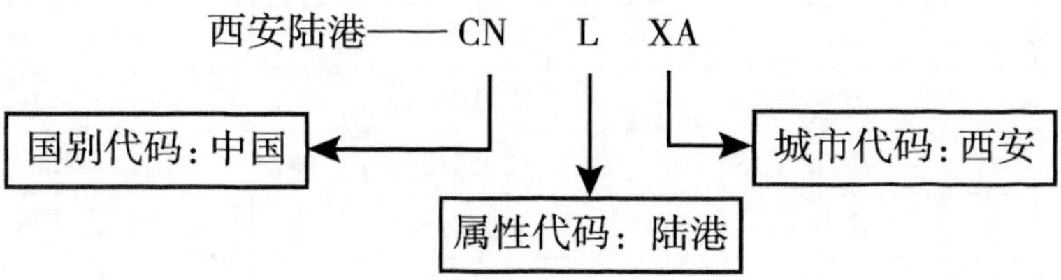

乌鲁木齐陆港的国际代码为CNLWQ，哈尔滨陆港的国际代码为CNLHB。

（四）陆港型国家物流枢纽代码

为了进一步推进陆港的代码编制，本项目特结合国家发展改革委和交通运输部联合发布的《国家物流枢纽布局和建设规划》，选取列入陆港型国家物流枢纽的41个陆港进行了编码设计，形成了完整的国内和国际代码体系，填补了国内陆港编码领域的空白，为下一阶段申报陆港代码的国家标准奠定了基础。

表4－4　　全国陆港型国家物流枢纽代码

序号	陆港名称	国内代码	国际代码
1	西安	61010031	CNLXA
2	郑州	41010011	CNLZZ
3	成都	51010851	CNLCD
4	重庆	50000011	CNLCQ
5	徐州	32030021	CNLXZ

续 表

序号	陆港名称	国内代码	国际代码
6	合肥	34010021	CNLHF
7	石家庄	13010011	CNLSZ
8	太原	14013031	CNLTY
9	呼和浩特	15010281	CNLHT
10	沈阳	21010071	CNLSY
11	长春	22010071	CNLCC
12	哈尔滨	23010071	CNLHB
13	南京	32010021	CNLNJ
14	济南	37010021	CNLJN
15	兰州	62010031	CNLLZ
16	贵阳	52018121	CNLGY
17	南昌	36010051	CNLNC
18	武汉	42010011	CNLWH
19	南宁	45010041	CNLNN
20	乌鲁木齐	65010861	CNLWQ
21	昆明	53010851	CNLKM
22	杭州	33010081	CNLHZ
23	长沙	43010011	CNLCS
24	拉萨	54019071	CNLLS
25	延安	—	CNLYA
26	遵义	52038121	CNLZY
27	库尔勒	65280861	CNLKL
28	哈密	65050861	CNLHM
29	乌兰察布	15090281	CNLWB
30	酒泉	62091011	CNLJQ
31	格尔木	63289051	CNLGM
32	临汾	14100331	CNLLF
33	大同	23060331	CNLDT
34	保定	13060011	CNLBD

续　表

序号	陆港名称	国内代码	国际代码
35	佳木斯	23080111	CNLJS
36	鹰潭	36066211	CNLYT
37	潍坊	37075011	CNLWF
38	安阳	41050011	CNLAY
39	衡阳	43040011	CNLHY
40	遂宁	510908161	CNLSN
41	柳州	45020041	CNLLZ

五、国际陆港代码作用展望

（一）打造陆港代码“西安智造”

西安是诸多标志性陆港项目（成果）的诞生地，包括陆港学说的提出地（2000 年，席平）、全国第一个陆港项目的实施地（2004 年，西安国际陆港务区）、全国陆港行业协会（2014 年，中国港口协会陆港分会）的成立地，全国第一个陆港物流实验室（2014 年，西安外事学院）建设地，全国第一个“一带一路”国际陆港国际科技合作基地（2018 年，西安外事学院）等，因此西安是名正言顺的陆港策源地。

中欧班列长安号开行至今已近 6 年，目的地从中亚地区延伸到欧洲腹地，贸易货物品种从单一变得丰富：德国厨具、比利时汽车、东南亚小吃、西安产液晶显示屏、泾阳茯茶、石油探井设备……品类繁多的生活生产用品通过中欧班列实现了快速运输。陕西乃至周边城市的群众也因此能够买全球、卖全球、享全球。2018 年全年，“长安号”国际货运班列共开行 1235 列，且重载率、货运量和实际开行量均位居全国第一。2019 年上半年，中欧班列长安号共开行 846 列，是去年同期的 1.55 倍，6 月单月开行 223 列，居历史新高，创造了实载开行量、重载率、运送货物总数、单月开行量等多个全国第一，西安已经成为全国开行中欧班列的城市中线路密、效率高的城市之一，不仅为西安主动融入“一带一路”建设作出了卓越贡献，也为助力陕西发展“三个经济”提供了“金牌动力”。

综上所述，由西安市质量与标准化研究院牵头组织编制陆港代码充分体现了陆港代码“西安智造”，符合西安作为全国陆港研究基地和诸多陆港项目策源地的行业地位。

（二）统一国际陆港代码编码标准

关于陆港的代码，不仅已有前述西安、义乌和晋江三地陆港已经申请，但仅从自身使用的角度考虑，没有站在全行业发展和统一标准的角度系统设计。

陆港理论的首创者席平针对陆港的国际代码也曾有过研究。他设计的中国陆港国际代码采用6位拉丁字母字符代码，其中：前2位字母代表国别，第3位字母“O”代表陆港，后3位字母是陆港名称拉丁字母的缩写。说明如下：海港字符代码是5位，为了将陆港与海港区别开来，陆港字符代码在国别后加字母“O”，组成6位字符代码。选择字母“O”作为区别符号，一是在拉丁字母或中文拼音中，以字母“O”作为第一个字母的单词（或拼音）少、城市名更少，二是字母“O”形状特殊，便于区别。

席平的这一研究成果没有得到业界的认可，主要原因在于这套代码设计体系缺乏科学性，也不符合三个已经申请了陆港国际代码的实例标准。其中用字母“O”表示陆港，没有体现国际性，6位代码与三个实例均申请的5位不符。因此本项目的研究解决了席平等人设计的代码缺陷，又有效地与三个实例衔接，遵循了物品编码中的规则，统一了陆港代码的编码标准，设计的陆港国际和国内代码编码体系更具有科学性。下一阶段，建议西安市质量与标准化研究院积极申报国家标准，及时向全行业推广使用。

（三）提升陆港对经济腹地的影响

陆港的建设具有一定的经济辐射功能，内陆地区具有良好的土地、资源、人力等优势以及内陆港的软硬件环境支撑。内陆港取得港口代码体系的资质后，可以和沿海港口一样将自身的作业区延伸到其他城市，为自己争取充足的货源。随着国家战略转移和产业转移，内陆地区的经济实力增强，有充足的货源。目前，沿海港口为了争取经济腹地的货源，已经将自己港区的作业区延伸到内陆地区。内陆港在取得港口代码体系后，取得与沿海港口同样的资质，可以将自己的作业区延伸至内陆地区的经济腹地。而内陆港相对于沿海港而言，距离比较近，货物进出口运输的费用比较低。所以内陆港在取得中国港口代码体系后，可以与沿海港口展开竞争，争取腹地的货源。内陆港要想取得快速发展，货源是重要的保证。内陆港在有充足的货源的前提下，极大的货物吞吐量将会吸引到更多的企业入驻内陆港，尤其是一些大型的物流企业的入驻。随着内陆港港口的集疏运体系不断完善，大型的物流企业做物流规划的时候就不再会绕过内陆港，而将办事机构入驻港区。陆港对地区的经济辐射作用，有利于带动内陆地区外贸加工业和现代物流产业的发展，促进贸易量的提高，带动地区集装箱生成量，更好地推动区域经济的发展。陆港巨大的吞吐量必然会吸引更多的国际、国内进出口企业与金融服务机构的聚集。

内陆港取得港口代码体系，最大的受益者就是地方政府。地方政府可以从进出口商获得税和费，从物流企业获得税和费，增加地方就业机会。地方政府掌控相关政策，有能力、有权力协调相关部门之间的关系。内陆港可实现与沿海港口集装箱装卸作业、集装箱的临时储存堆放、装卸搬运、拆箱和拼箱、订舱和报关等功能，内陆港地处内陆区域货物充足，有利于集中办理外贸集装箱国际多式联运业务，发展内陆地区国际集装箱运输市场，形成规模经济，进而带动内陆地区经济的发展，加速内陆地区经济贸易全球一体化进程。

（四）提高陆港通关便利化效率

目前，在陆港的运营城市中，陆港通关模式主要是采取区域通关模式，它主要是指对于出口集装箱货物，货主或其代理人可以向陆港海关报关，陆港海关签章放行后，将信息传递给口岸海关，当货物运到沿海港口时，经口岸海关核对后即可装船出口，不需办理其他通关审核手续。内陆地区货主企业在内陆港办理通关手续时，具有较高的时间自由度，可以根据需要调整其办单通关的时间节点，以保证与沿海港口的船运单同步，从而使货物无须在港口等待，实现客户、海关、港口、船舶的无缝衔接。对于进口集装箱货物，货主或其代理人办理中转或转关业务时，陆港海关和口岸海关要协调沟通，简化通关手续，改变传统的企业要同时向两地海关申报的做法。在货物抵港前，货主或其代理人向内陆港海关申请办理中转或转关手续，由内陆港海关通过海关系统将相关信息传递给口岸海关，货物到港后就无须向口岸海关报关，而是运至内陆港后再开展通关手续，从而实现内陆货物运输全程只需要

“一次申报、一次查验、一次放行”。

虽然陆港此种区域的通关模式比较便捷，但是这类通关模式存在很大的不足之处就是，并不是对所有进出口企业都适用，海关仅对 A 类及以上企业经审批才可以享受，而对于 B 类及以下大多数进出口企业而言，这种便利的通关模式受惠面非常有限。目前，我国海关对外贸企业的管理共设为 AA、A、B、C、D 五个类别，按照海关总署的要求，由于内陆港实施了区域通关，只能为监管条件为 A 类以上的企业提供服务。这样必然会限制内陆港出口货物量，海关的监管条件就成为内陆港业务量提升的瓶颈。建立中国内陆港代码体系之后，内陆港企业可以实现口岸清关的通关模式，口岸清关的通关模式对企业的要求没有限制，可以直接在港区实现放行。比如货物在内陆港报关出口，经航空出口到国外，集装箱通关卡口之后就可以直接放行。另外，内陆港取得国家代码后，对货物的进出口监管力度将会将强，再通过区域通关的模式经海港出口到国外，对企业资质的要求就可以不必要求那么严格。内陆港自身加强对港区报关的货物的监管，向海关争取对企业资质的放宽。这样必然会有许多资质一般的企业涌入内陆港区，有利于货物量的增加。

（五）提升陆港管理信息化水平

内陆港作为整个运输链中大量货物的集结点，汇聚着内陆运输、水路运输等大量的货物，港口已经成为一个重要的信息中心，汇集了大量的货源信息、技术信息、服务信息。虽然我国内陆港部分作业操作都实现了信息化操作，但是内陆港与沿海港信息化的联系共享极度缺乏，主要的原因还是港口间的信息共享都是统一的接口。陆港取得港口代码后就可以实现港口 EDI，与沿海港口一样实现统一接口。港口 EDI 在港口国际集装箱运输中的应用已经有十几年的历史了，交通运输部也曾开展了国际集装箱运输 EDI“四点一线”项目。目前，港口物流业的发展和港口信息技术的应用，已经无法脱离大量 EDI 的支撑。

陆港 EDI 的建立有利于陆港多式联运和通关信息的服务功能。通过内陆海关、口岸海关、口岸检验检疫、船公司、铁路、内河水运、公路运输等多式联运主要参与方的电子数据交换（EDI），能够实现多式联运管理功能、电子通关功能、货物运输全过程的动态跟踪和查询功能，可以在很大程度上提升陆港的服务效率。

第三节　国际陆港选址与功能规划

在国际陆港的规划、建设和运营中，国际陆港的选址问题是一个具有重要影响的基础性、关键性问题。掌握国际陆港选址与空间布局内在规律和科学规划方法，对国际陆港的良好运营，城市物流体系的合理运作，区域经济发展都有着重要的理论指导作用和现实指导意义。

一、国际陆港的选址

国际陆港的选址就是要在宏观的空间范围内确定国际陆港的具体位置。在整个国际物流体系中，国际陆港具有重要的枢纽地位，起着承上启下、中转运输的作用。国际陆港选址的合理性在很大程度上决定了整个国际物流体系整体效益的好坏，有利于降低投资的风险和物流成本、保护自然环境、缓解城市交通压力，提高物流服务水平和促进地区经济的发展。在市场经济条件下，国际陆港的区位选择与布局一方面应从满足进出口企业发展的需要出发，尽量靠近市场，缩短运输距离，降低运费及经营成本，并创造实现迅速供货的各种条件；另一方面还需要兼顾社会、环境等方面的要求，注意避免带来过大的城市交通压力，减轻物流活动对城市环境的负面影响，促进城市用地结构调整。

（一）选址的基本原则

国际陆港的建设是一项规模大、投资额高、涉及面广的系统工程，而且一旦建成就很难再改变，所以，在规划设计时，必须遵循以下一些原则。

1. 系统性原则

国际陆港的层次、数量、布局是与生产力布局、消费布局等密切相关的，互相交织且互相促进的。设定一个非常合理的国际陆港布局，必须统筹兼顾，全面安排，既要做微观考虑，又要做宏观考虑。

2. 效益原则

国际陆港的选址，需要考虑综合成本。既包括建设时的建设成本，也包括后期的运营成本。国际陆港的选址定在城市外围，近郊或远郊，其建设成本和后期的运营成本是各不相同的。国际陆港的选址要在满足其他功能要求的基础上，追求总成本的最小化。在激烈的市场竞争中，物流服务的准点及时和缺货率低等方面的要求越来越高。在满足服务高质量的同时，又必须考虑物流成本。特别是建造国际陆港耗资巨大，必须对建设项目进行可行性研究，并做多个方案的技术、经济指标比较，以适求最大的企业效益和社会效益。

3. 竞争性原则

物流活动是服务性、竞争性非常强的活动，如果不考虑市场机制，而单纯从路线最短、成本最低、速度最快等角度考虑问题，一旦布局完成，便会导致垄断的形成和服务质量的下降，甚至由于服务性不够而在竞争中失败。因此，国际陆港的布局应体现多家竞争的特性。

4. 合理化原则

考虑运费和运距、运量的关系，合理选择新建国际陆港的地理位置，使运输配送费用最低。提供一个最佳的物流运输路线和平面布置，缩短搬运距离，避免不合理搬运。

5. 柔性原则

在国际陆港规划时，应在详细分析现状及对未来变化作出预期判断的基础上进行，而且要有相当的柔性，要留有余地，以充分考虑扩建的需要。此外，无论是建筑物、信息系统的设计，还是机械设备的选择，都要考虑到较强的应变能力，以适应物流量的扩大、经营范围的拓展。

同时，国际陆港的选址还要考虑以下两个问题。

问题 1：选址是否毗邻铁路或公路枢纽？

国际陆港作为国际物流体系中一个非常重要的节点，众多的物流企业将会聚集到园区内，势必会带来大量的货物集散和中转，因此其发展建设应充分考虑周边的交通环境。国际陆港在选址时最好位于城市交通主干道和外部交通衔接良好的地带，主要考虑与城市铁路或公路运输方式相连并尽量靠近货物转运枢纽。例如，最好靠近铁路转运枢纽或周围有高速公路网的地方，这样就能够充分利用通达的交通网络，缩短运输距离，有效实现货物的空间转移。

问题 2：货源的组织与流向如何？

国际陆港的选址规划必须考虑到城市的经济布局、产业布局和选址区与城市规划功能分区，尽可能使国际陆港的位置靠近主要货源产生地，要考虑到区域范围内集装箱的流量和流向，以满足运输需求。

（二）国际陆港选址模型分析

近年来，随着选址理论的发展，出现了很多选址的方法，部分学者利用这些选址方法构建了一些选址模型，对国际陆港及类似物流设施的选址进行了研究。归结起来主要有三种方法：连续型选址模型、离散型选址模型以及综合因素评价法。

1. 连续型选址模型

连续型选址模型认为物流中心的地点可以在平面上取任意点，代表性的方法是重心法。该方法不限于对特定的备选点的选择，灵活性较大，特别是在单个物流中心选址的应用中，已得到多数人的接受和认可。但是，由于这个地址可能位于河流、建筑物或其他无法实现的地点，实际上找到的最优地点可能很难实现。同时，该模型还假设货物供应地和需求地事先确定，这与国际陆港的选址实际不符。在国际陆港的选址过程中，由于不同的候选点其辐射范围是不同的，因此客户的数量也是变化的，这就给用连续型选址模型进行国际陆港的选址带来了很大的难度。因此连续型选址模型不太适合国际陆港的选址研究。

2. 离散型选址模型

离散型选址模型认为国际陆港的备选地点是有限的几个场所，最合适的地址只能按照预定的目标从有限个可行点中选取。但现有学者对国际陆港（无水港）的选址研究实际上是一种空间布局研究，不是具体位置点的确定研究。例如，邹宏伟对于东北地区内陆港的选址研究，主要是对东北地区适合建设内陆港的城市进行聚类分析。张兆民构建的模糊 C－均值聚类选址模型，也是一种聚类分析模型。方琴构建了基于流量法的无水港选址模型，但在该模型中，她认为所有无水港候选点都能将业务辐射到整个贵州省，没有考虑无水港候选点辐射范围的有限性。实际上，如果充分考虑到国际陆港的辐射范围这个限定条件，离散性选址模型对于国际陆港的选址还是比较合适的。

3. 综合因素评价法

综合因素评价法需要综合考虑选址对象的各种影响因素，根据选址原则和相关经验确定评价指标，针对备选方案按照指标重要性的不同程度进行评价、打分，从而找出最优的选址方案。评分者需要运用相关的知识和经验，综合考虑环境、交通、经济、城市布局规划等一系列影响因素，给出客观、公正的评价。常用的评价方法有专家调查法、层次分析法、模糊综合评判法等。例如杨睿利用 AHP—F 隶属度合成综合评判法进行候选陆港的选址。综合因素评价法的优点在于分析问题比较全面，能够考虑到各种因素，但由于主观性比较高，对评分者的知识水平和对问题的熟悉程度有较高的要求，且定性分析的要求较高，因此分析结果的可靠性存在一定的问题。

由于国际陆港的建设地点一般要求位于高速公路出入口、铁路沿线等交通便利地带，且不能位于城市的中心地带，同时还要考虑土地的可得性和未来发展的需求，因此一个城市适合建设国际陆港的位置是有限的，即国际陆港的候选建设点是离散和有限的。由于综合因素评价法主观性较强，分析结果的可靠性存在一定问题，所以相比较而言，离散型选址模型对于国际陆港的选址还是比较合适的。由于现有国际陆港离散型选址模型存在诸多缺陷，一是很少有学者从成本的角度出发构建国际陆港离散型选址模型；二是没有考虑到国际陆港的辐射范围。所以本文从成本的角度出发，构建了基于辐射面积的国际陆港选址模型。

（三）陆港成本收益选址模型

1. 国际陆港选址优化目标

对于国际陆港的选址问题，既要保证总成本较小，也要使总收益较大，因此是一个双目标决策问题。总成本包括两个方面，一是国际陆港的建设和运营成本；二是货主的综合运输成本，综合运输成本既包括货主将货物从起运地运输到国际陆港的运输成本，也包括货物经国际陆港处理后，从国际陆港运往沿海港口的运输成本，综合运输成本较小，国际陆港才能吸引到足够多的货主。而对于总收入而言，国际陆港的总收入取决于国际陆港辐射范围内货主的货运总量，因此国际陆港选址时还要考虑周围有较大的货运量。

2. 问题描述

由于中国多数国际陆港是出口转运性国际陆港，本章以出口转运性国际陆港为研究对象。假设某地区要建设国际陆港，有 i 个国际陆港候选点，设每个候选点的辐射范围为 D_i（每个候选点的辐射范围是不同的）。国际陆港的选址就是从 i 个候选点中选择总成本较小，总收入较大的那个点。

3. 模型假设

（1）国际陆港的影响和辐射区域是有限的，只有处在该辐射区域内的进出口客户才会进入国际陆港处理。

（2）集装箱公路运输费率一定，陆港、铁路货运站、港口每个集装箱的处理费用一定。

（3）按照国际陆港布局的经济性和环境合理性，国际陆港不能距离城市中心区太近。

（4）选址的目标区域是离散的。

（5）在公路运输中，用两点间的直线距离近似代替两点间的运输距离。

4. 符号介绍

f_i——建设第 i 个国际陆港的总成本；

g_i——第 i 个国际陆港的总收入；

m_i——第 i 个国际陆港辐射范围内的货主总数量；

（s_j，t_j）——第 i 个国际陆港辐射范围内的第 j 个货主的坐标（$j=1$，2，…，m_i）；

（x_i，y_i）——第 i 个国际陆港候选点的坐标；

（a_p，b_p）——与国际陆港 i 有合作关系的第 p 个沿海港口的坐标（$p=1$，2，…，l）；

k_j——第 j 个货主的集装箱货物通过公路运输到国际陆港的运输费率；

w_j——第 j 个货主的集装箱货物的集装箱量；

k_p——集装箱货物从国际陆港 i 到第 p 个港口的运输费率；

w_p——从国际陆港 i 到第 p 个港口的集装箱量；

c_i——第 i 个国际陆港候选点的单位集装箱量的建设费率；

g_i——第 i 个国际陆港候选点的单位集装箱量的管理费率；

Q_i——第 i 个国际陆港候选点辐射范围内的货主集装箱总量；

b——国际陆港 i 处理单个集装箱获得的收入；

λ_1，λ_2 为权重系数，λ_1 为成本权重系数，λ_2 为收入权重系数。

5. 模型建立

以国际陆港总成本较小，总收入较大为目标建立国际陆港选址模型。总成本包括国际陆港的建设和运营成本，货主的综合运输成本。其中国际陆港的建设和运营成本为（c_i+g_i）Q_i；货主的综合运输成本既包括货主将货物从起运地运输到国际陆港的运输成本 $\sum_{j=1}^{m_i} k_j w_j \sqrt{(s_j - x_i)^2 + (t_j - y_i)^2}$，也包括货主的货物从国际陆港运往沿海港口的运输成本 $\sum_{p=1}^{l} k_p w_p \sqrt{(x_i - a_p)^2 + (y_i - b_p)^2}$，因此综合运输成本为 $\sum_{j=1}^{m_i} k_j w_j \sqrt{(s_j - x_i)^2 + (t_j - y_i)^2} + \sum_{p=1}^{l} k_p w_p \sqrt{(x_i - a_p)^2 + (y_i - b_p)^2}$。

总收入为国际陆港处理集装箱货物的收入，记为 bQ_i。

因此国际陆港选址的双目标决策模型为：

$$\min f_i = \min\left\{\begin{array}{l}(c_i + g_i)Q_i + \sum_{j=1}^{m_i} k_j w_j \sqrt{(s_j - x_i)^2 + (t_j - y_i)^2} + \\ \sum_{p=1}^{l} k_p w_p \sqrt{(x_i - a_p)^2 + (y_i - b_p)^2}\end{array}\right\}$$

$$\max g_i = bQ_i$$

$$\text{s. t.}\begin{cases}\sum_{j=1}^{m} w_j = \sum_{p=1}^{l} w_p \\ Q_i = \sum_{j=1}^{m} w_j\end{cases}$$

由于双目标决策模型计算起来比较复杂，本章把它转化为单目标决策模型。

$$\min F_i = \lambda_1\left[\begin{array}{l}(c_i + g_i)Q_i + \sum_{j=1}^{m_i} k_j w_j \sqrt{(s_j - x_i)^2 + (t_j - y_i)^2} + \\ \sum_{p=1}^{l} k_p w_p \sqrt{(x_i - a_p)^2 + (y_i - b_p)^2}\end{array}\right] - \lambda_2 bQ_i$$

$$\text{s. t.}\begin{cases}\sum_{j=1}^{m} w_j = \sum_{p=1}^{l} w_p \\ Q_i = \sum_{j=1}^{m} w_j \\ \lambda_1 + \lambda_2 = 1\end{cases}$$

6. 模型求解过程

（1）在需要建设国际陆港的区域，根据国际陆港的选址原则和实际情况，运用定性和定量相结合的方法，先初步选择 i 个国际陆港的候选点。

（2）对第 i 个国际陆港的候选点，运用辐射面积计算模型，计算其辐射面积，确定其辐射范围。进而确定辐射范围内各货主的坐标和货运量。

（3）计算第 i 个国际陆港的候选点的总成本和总收入。

（4）确定成本权重系数 λ_1 和收入权重系数 λ_2。一般取 $\lambda_1=0.5$，$\lambda_2=0.5$。

（5）利用 matlab 对优化模型求解，选出国际陆港的最佳候选点。

（四）陆港辐射影响计算模型

1. 国际陆港辐射面积计算模型建立的目标

国际陆港具有一定的影响范围和辐射面积。通过构建辐射面积计算模型，计算出国际陆港的辐射面积，从而为通过国际陆港选址模型进行选址提供支持。同时国际陆港辐射面积的大小也是决定国际陆港建设规模和功能的重要依据。国际陆港辐射面积是指存在着这样一个区域，该区域的货主选择国际陆港办理进出口物流业务时，其总成本最小。

2. 问题描述

由于受周边铁路货运站和其他陆港的竞争，国际陆港辐射面积局限在一定的区域内。在国际陆港附近需要进行货物出口的货主 j 可以有三条路线进行选择。路线一是将货物运往国际陆港，经国际陆港处理后，运往最终目的地。路线二是直接通过公路运输运往沿海港口 p（$p=1, 2, \cdots, l$），然后运往最终目的地。路线三是将货物运往附近的铁路货运站 q（$q=1, 2, \cdots, n$），经铁路货运站处理后，运往最终目的地。如果某区域的货主经过路线一的总成本最小，则称该货主被陆港所辐射，所有被国际陆港辐射的货主构成的区域的面积成为国际陆港的辐射面积。

3. 模型假设

（1）集装箱公路运输费率一定。

（2）陆港、铁路货运站、港口每个集装箱的处理费用一定。

（3）在公路运输中，用两点间的直线距离近似代替两点间的运输距离。

4. 符号介绍

F——国际陆港的辐射面积；

k'_p——集装箱公路运输费率；

(x, y)——货主 j 的坐标；

(a_p，b_p）——与国际陆港有合作关系的第 p 个沿海港口的坐标（$p=1$，2，…，l）；

(u_q，v_q）——第 q 个铁路货运站或者其他陆港的坐标（$q=1$，2，…，n）；

C_j——国际陆港收取的单位集装箱处理费用；

C_q——国际陆港周边的第 q 个铁路货运站或其他陆港收取的单位集装箱处理费用（$q=1$，2，…，n）；

T_j——单位集装箱货物从国际陆港运往沿海港口的运输费用；

T_q——单位集装箱货物从第 q 个铁路货运站或其他陆港运往相应的沿海港口的运输费用（$q=1$，2，…，n）；

D_j——经过国际陆港中转的单位集装箱货物在沿海港口被收取的装卸搬运费用等中转费用；

D_p——没有经过中转，直接从内陆运往第 p 个港口时单位集装箱货物在沿海港口 p 被收取的装卸搬运等中转费用（$p=1$，2，…，l）；

D'_q——经过第 q 个铁路货运站或其他陆港中转的单位集装箱货物在沿海港口被收取的装卸搬运费用等中转费用（$q=1$，2，…，n）；

M_j——经过国际陆港中转的单位集装箱从沿海港口海运到最终目的地的运费；

M_p——货主 j 的单位集装箱货物从沿海港口 p 海运到最终目的地的运费（$p=1$，2，…，l）；

M'_q——经过第 q 个铁路货运站或其他陆港中转的单位集装箱货物从沿海港口海运到最终目的地的运费（$q=1$，2，…，n）；

r——正方形的边长，其大小可以用来控制精确度。

5. 模型建立

首先计算货主沿上述三条路线进行货物出口的总成本。把货主 j 经路线一的总成本记为 f_j，经路线二的总成本记为 y_p，经路线三的总成本记为 b_q，则

$$f_j = k'_p \sqrt{x^2+y^2} + C_j + T_j + D_j + M_j$$

$$y_p = k'_p \sqrt{(x-a_p)^2+(y-b_p)^2} + D_p + M_p \quad (p=1，2，\cdots，l)$$

$$b_q = k'_p \sqrt{(x-u_q)^2+(y-v_q)^2} + C_q + T_q + D'_q + M'_q \quad (q=1，2，\cdots，n)$$

若货主 j 经路线一的总成本最小，即 $f_j \leqslant \min(y_k, b_q)$，$k=1$，2，…$l$；$q=1$，2，…，$n$，则该货主所在区域属于国际陆港的辐射区域，即 $S_j=1$，否则

$S_j = 0$，用数学公式表示为：

$$S_j = \begin{cases} 1 & f_j \leqslant \min\ (y_k,\ b_q),\ k = 1,\ 2,\ \cdots,\ l;\ q = 1,\ 2,\ \cdots,\ n \\ 0 & \text{其他} \end{cases}$$

下面计算国际陆港的辐射面积，为方便计算，以国际陆港为中心，对国际陆港附近区域用以 r 为边长的正方形进行离散化处理，将国际陆港附近区域划分为很多个正方形区域，每个正方形区域内的货主近似位于正方形的中心。对每个正方形区域内的货主通过计算 f_j，y_p，b_q，进而计算其 S_j。最后可得国际陆港的辐射面积为 $F = r^2 \sum S_j$，当 $r \to 0$ 时，离散程度足够小，可以保证离散化的国际陆港面积值趋于国际陆港的实际辐射面积。

6. 模型求解过程

（1）假设 A 点是国际陆港所在地，设 A 为坐标原点，用边长为 r 的经纬线对 A 点附近区域进行处理，可以得到离散的小正方形，每个正方形的坐标用该正方形的中心点代替。

（2）如果货主 j 从某小正方形的中心点出发，经过 A 地国际陆港处理后到达最终目的地的成本比走其他路线更小，即 f_j 最小，则该小正方形属于国际陆港 A 的辐射区域。

（3）搜索出所有 $S_j = 1$ 的小正方形区域（货主以这些小正方形的中心为起点，经过 A 地国际陆港中转后到达最终目的地的总成本最小），所有 $S_j = 1$ 的小正方形的面积和就是 A 地国际陆港的辐射面积。

二、国际陆港的规划

国际陆港的功能规划属于布局规划的微观层面，功能规划直接关系到陆港运营状况。本章对国际陆港的基本功能和延伸功能进行了分析，对国际陆港的主要业务模式进行了探讨，并对不同类型的国际陆港的功能定位进行了研究。

（一）国际陆港的功能分析

功能，指事物或方法所发挥的有利的作用。定位，指确定某个特定事物所在的领域、所处的地位、所发挥的功能等。国际陆港的功能定位即根据市场需求，确定其主要服务对象和提供何种物流服务功能要素的过程。功能定位是国际陆港规划和建设中需要考虑的首要问题，决定着国际陆港的发展方向，并进一步影响到其他工作，如业务模式等的确定。从一定程度上，功能定位直接关系到国际陆港的发展前景。

不同位置、不同大小和不同业务的国际陆港，其功能可能是不一样的。所有国际陆港都应具备的功能，本章称为基本功能，它是一个节点称为国际陆港所必备的条件。有些功能不是国际陆港必须有的，但对某些陆港而言，拥有这些功能对于提高其服务链条，完善其服务水平，拓展其服务领域是非常关键的，本章称为国际陆港的延伸功能。不同陆港的延伸功能是不一样的，有些陆港没有延伸功能，有些陆港具备部分延伸功能，还有部分陆港具有所有的延伸功能。

1. 国际陆港的基本功能

国际陆港的基本功能是指所有国际陆港都具有的功能，是一个物流节点称为国际陆港必须具备的功能。

1）集装箱业务功能

国际陆港是国际、国内集装箱运输的在内陆的重要节点。它提供的进出口集装箱整箱交接、保管、堆存、中转拆装箱、理货、拼箱等服务功能是其基本的功能。国际陆港通过提供集装箱服务，将分散的小批量货流集中，形成大批量货物，然后通过铁路或公路将货物运到港口、空港或沿边口岸。借助陆港形成了内陆集装箱运输高效的货流组织体系，是对传统的散货内陆运输网络体系的一种改善。因为它形成了一个包括港口（空港或沿边口岸）、国际陆港在内的新型内陆运输体系。

首先，国际陆港作为集装箱货物的集散点，起到了连接内陆地区与海港、空港或沿边口岸的纽带作用。国际陆港可以迅速集中和疏运进出口的货物，并为集装箱运输提供稳定可靠的货源，提高了内陆散货的集装箱化水平。其次，国际陆港的集装箱业务功能提高了集装箱的运输效率，加快了集装箱的中转。通过国际陆港，可对发往内陆地区的集装箱进行有效跟踪和管理，有利于缓解集装箱运输中“空箱”利用效率不高的问题，缩短了集装箱在港口和内陆货主之间的中转周期，提高了运输的效率。最后，国际陆港的集装箱业务功能促进集装箱运输多式联运的发展，降低了运输过程中的成本。集装箱运输的最大优势在于实现了远程的门到门服务，陆港发展不充分的必然结果是内陆的集装箱货源以散货的形式运抵港口，然后在港口拆装箱，它一方面增加了港口的压力，另一方面又使集装箱的潜在优势难以发展。国际陆港使得货主在内陆进行拆装箱，并使一票到底的多式联运成为可能，货主没有必要在内陆和港口城市之间来回奔波，从而降低了整个运输的经济成本和社会成本。

2）通关功能

国际陆港内进驻海关和检验检疫等监管机构，提供报关和检验检疫等通关服务，是国际陆港与普通集装箱内陆站、物流中心的最大区别。

根据《中华人民共和国海关法》第 8 条的规定，进出境运输工具、货物、物品，必须通过设立海关的地点进境或者出境。因此，通关是国际物流的必要环节。海关监管的基本制度，就是通过申报、查验、征税、放行四个基本环节，依照国家规定的政策法令、规章制度，对进出境货物、运输工具执行实际监督管理。海关监管是一项国家职能，其目的和作用在于保证一切进出境活动符合国家政策和法律的规范，维护国家主权和利益。

进出口商品检验检疫是指在国际贸易活动中对买卖双方成交的商品由商品检验检疫机构对商品的质量、数量、重量、包装、安全、卫生以及装运条件等进行检验，并对涉及人、动物、植物的传染病、病虫害、疫情等进行检疫的工作。检验检疫的工作成果主要表现为商品检验检疫机构出具的各种证书、证明，一般称为商验证书或检验证书。检验检疫工作的作用通过检验证书的实际效能体现出来，在国际贸易活动中进出口商品的检验检疫主要表现为经济效用。

3）货运代理功能

国际货运代理协会联合会对货运代理的定义是：根据客户的指示，为客户的利益而揽取货物的人，其本人并非承运人。货代也可以是这些条件，从事与运送合同有关的活动，如储货、报关、验收、收款。

随着国际货代业务的发展，国际货代的功能也越来越广，国际货代不仅为发货人、承运人服务，也开始为海关等其他部门服务。

国际陆港或其进驻的国际货运代理企业，受货主及船公司委托代办接货、发运、签发提单，租赁及管理集装箱，代办报关及多式联运业务；不论对于进出口货物的收、发货人，还是对于承运人和港口、机场、车站、仓库经营人都有重要的桥梁和纽带作用。不仅可以促进国际贸易和国际运输事业发展，对于本国国民经济发展和世界经济的全球化都有重要的推动作用。

4）物流功能

运输衔接功能。国际陆港是国际、国内物流的重要节点，是内陆进出口货物和国内货物的重要集散地，应该具有进行中转转换的重要功能。根据国际陆港自身所处的交通位置，能够成为陆陆换装的中转站，或者陆空衔接的中心，最终实现陆港的运输连接功能。

综合仓储功能。国际陆港作为服务于国际物流和国内物流的综合性物流节点，仓储功能是其提供基本的服务功能。仓库的传统功能主要是提供仓储服务，调节商品的生产与消费、进货与销售之间的时间差。随着现代物流业的不断发展，仓库的这种功能已经不能满足物流发展的需要，仓库必须提供其他的增值服务，才能够保持其竞争能力，例如产品包装和简单的流通加工。因此国际陆港内的仓库经营人还要按照客户对商品品种、规格、品种搭配、数量、时间、送货地点等的各项要求，将配送好的商品送交给收货人，从而实现仓储服务的增值，这也正是由传统的仓储向现代物流的转变。

配送功能。国际陆港作为物流的集散中心，需要具有一定的配送功能，以拓展其提供国际和国内物流服务的能力。配送功能是现代物流服务延伸化的体现，是现代物流的一个重要特征。配送几乎包括了所有的物流功能要素，是现代物流在一定范围内的缩影。配送功能强调的是“配”（流通加工、分拣）与“送”的组合，故既不同于传统物流（运输、仓储），也不同于单一的运输功能。有的配送还兼任了分销商的角色，使物流与商流融合。

因此在国际陆港内应具有一批综合性的公共应急物资配送中心、专业配送中心、企业配送中心，能够为客户提供原材料购销、储运、加工、配送等一体化的物流与供应链服务，满足客户的需求。

2. 国际陆港的延伸功能

国际陆港的延伸功能是在国际陆港基本功能的基础上扩展出来的，它不是国际陆港的必备功能。某些规模较大的国际陆港，为了适应经济发展的需求，为了更好地发挥自身的优势，纷纷在基本功能的基础上进行功能扩展，追求服务的多元化和综合化。

1）保税物流功能

对于某些规模较大的国际陆港，为了提升服务对外贸易的能力，纷纷开始申请国际陆港保税物流的功能，以提升国际陆港的竞争力和吸引力。国际陆港的保税物流功能通常以建设下面三种设施体现。

（1）保税仓库。

所谓保税仓库，是指经海关批准设立的专门存放保税货物及其他未办结海关手续货物的仓库。随着国际贸易的迅速发展，世界各国进出口额不断增长。很多采取来料加工、补偿贸易、转口贸易等灵活贸易方式的货物，它们在进口时需要征收关税，复出口时还需再申请退税，手续复杂，耗时耗力，也不利于对外贸易的开展。实行保税仓库制度既方便进出口，又能使未完税货物仍在海关有效的监管之下。这种受海关监督管理，专门存放按海关法令规定和经海关核准暂缓缴纳关税的进出口货物的场所，通称保税仓库。

在国际陆港内设立保税仓库，具有多方面的好处。

有利于促进内陆地区对外贸易。国际贸易的过程一般较国内贸易长，从刚开始的询价到最后的货物交付需要较长的时间。为了缩短贸易时间，降低国际市场价格波动的风险，可以先将进口货物运抵内陆口岸，预先存入保税仓库，一旦合同签订可以及时履约。也可先将货物存入保税仓库，待市场时机成熟时再进入市场。

有利于内陆地区发展多种贸易方式。利用保税仓库的暂缓缴纳关税等一些优惠条件，发展多种贸易方式，如来料加工；有利于扩大出口，增加外汇收入；还可利用价格变化中的差价，开展转口贸易。

有利于内陆地区加强海关监管。随着贸易方式的多样化，海关征税难度不断增加，保税仓库设立后，海关工作人员可以借助仓库管理人员的力量进行协同管理，海关主要是制定各种管理制度，对保税仓库出入的货物实行核销监督管理。增强了海关监管力度，同时简化了手续。

有利于促进内陆地区其他业务的发展。从事外贸的企业利用保税仓库，可以充分发挥仓库的效能，开展一系列的相关业务，如报关、装卸、运输，允许的加工、整理、修补、中转、保险、商品养护等，使外贸仓储逐渐发展成为综合性、多功能的商品流通中心，带动其他业务的发展。

（2）出口监管仓库。

出口监管仓库，是指经海关批准设立，对已办结海关出口手续的货物进行储存、保税物流配送、提供流通性增值服务的海关专用监管仓库。国内出口企业出口货物进入出口监管仓库，视同实际出口，海关可立即向出口企业签发出口报关单退税证明联，入仓出口货物即可及时办理出口退税手续。出口监管仓库对出口企业降低流动资金占压、缩短出口商品周转时间、及时得到国家税收扶持都具有重要作用。

（3）保税物流中心。

保税物流中心是在海关监管下设立，且由一家或多家物流企业经营保税货物仓储、转运、简单加工、配送、检测维修和报关，并为用户提供辐射国内外的多功能、一体化的综合性服务的保税场所。

建立保税物流中心，主要以保税仓库和出口监管仓库的基本功能为基础，打破两仓界限，集成、拓展两仓功能，并根据现代物流的发展需要赋予若干新功能，使其能够为用户提供辐射国内外的多功能、一体化综合物流服务的仓库（中心）。这样可以吸引更多的跨国公司将其高端产业链转移到中国，并利用其技术、资本、管理经验促进中国加工贸易转型升级。保税物流中心既可存放出口货物又可存放进口货物；可以开展分类、分装、组配、检测、挑选、贴标签、刷唛头等增值服务；可以对进出口商品进行简单混合包装，集中配货集运；可以开展信息处理和商品展示等业务；另外，还可以开展转口业务。

企业从保税物流中心获得的利益主要源于其特殊的政策和灵活的机制，如关税的减免，海关手续的简化，基础设施的完备及其便捷的服务，以及独特的商务环境等。保税物流中心给客户带来三个方面的利益。一是财务利益。保税物流中心可使企业减少营运资金占用。保税物流中心的保税政策，减少了区内企业的营运资金占用。非保税物流中心货物进入保税物流中心及时获取出口退税，减少企业的营运资金占用，加速了资金流转。二是经营便利。保税物流中心在经营环境上的自由和宽松及管理上的简便高效，与完备的基础设施相配合，为区内企业带来区外企业所难以获得的经营便利和其他商业利益。三是商业机会。企业可以利用保税物流中心做出多种灵活的营销安排，如根据市场情况，相机销售；提供流通性简单加工和增值的服务；利用园区的展销设施，广泛接触潜在买主，提供样品，实现直接销售，获取更多的订单等。

2）大数据服务功能

部分规模较大的国际陆港，可以通过构建物流信息平台拓展信息服务的功能。通过物流信息平台为参与者各方提供一种信息沟通的平台，建立一套完整的共用数据采集、分析、处理系统。支持企业对物流信息的需求，对网上报关的需求，对在线交易的需求，支持政府相关部门对物流信息需求；对不同的用户提供相应的大数据需求服务等。

3）供应链金融服务功能

国际陆港内企业的发展离不开金融部门的支持。因此，通过吸引金融机构入驻陆港，为陆港内企业提供供应链金融服务支持，能够为企业的健康快速发展提供保证。

由于物流活动的风险性，特别是国际物流活动涉及面广，风险性较大，需要办理各种保险。通过吸引保险机构入驻陆港，为企业提供货运保险、财产保险等各种符合国际惯例的保险服务。

另外，国际陆港内也可开展一些物流金融服务创新，如仓单质押业务。仓单，是指保管人签发的用以证明仓储合同存在和仓储物已经由保管人接收，以及保管人保证据以返还仓储物的一种单据。仓单质押是以仓单为标的物而成立的一种质权。仓单质押业务的核心在于企业以在库动产（包括原材料、产成品等）作为质押物向银行申请贷款，物流企业经银行审核授权后，以第三方的身份承担监管责任，受银行委托提供代理监管服务，对质押物进行库存监管。质押物的存放地点可以是仓单出具方的仓库，也可以是具有一定仓储能力和仓储管理经验、良好行业信誉的第三方或出质人自办仓库，但后者须由仓单出具方派人监管并承担监管责任。物流企业以第三方担保人的方式开展的仓单质押业务，只要在实施过程中注意风险的控制，就能和银行、货主企业实现“三方共赢”，具有较高的市场前景。

4）集装箱等设备维修维护功能

集装箱作为货物运输的一种标准化容器，要在一些跨国航线乃至全世界领域内重复周转使用。中转站经船公司集装箱管理中心认可并签订协议后，即可作为船公司及其代理人调度、交接、集中、保管和堆存空集装箱的场所，并且有 EDI 系统负责集装箱的动态跟踪，还可按规定的标准、工艺对集装箱进行定期检验、修理或整新，以及清洁、维护等作业。

5）其他服务功能

其他服务功能包括提供各种配套服务，例如教育、培训、车辆维修、酒店服务等。

（二）不同类型国际陆港的功能定位

根据不同的划分方式，可以将国际陆港划分为不同的类型。典型的划分是根据市场需求和根据距离划分。

1. 根据市场需求划分

区域市场需求的不同，国际陆港的功能定位也不同。根据区域市场进出口需求强度的不同，本章将国际陆港划分为进口配送性国际陆港、出口转运性国际陆港和进出口综合性国际陆港。

1）进口配送性国际陆港

对于消费能力强，市场需求大，而本地出口量相对较小的地区，其国际陆港适于建设成进口配送性的。其业务流程如图 4－6 所示，进口集装箱卸船后，直接通过公路或铁路运输运往国际陆港，在国际陆港完成进口报关，再运往内陆货主。美国的 Virginia Inland Port（弗吉尼亚州内陆港）是典型的进口配送性国际陆港。部分进口集装箱经 Hampton Roads（港口汉普顿罗德）卸船后，通过铁路运输到达弗吉尼亚州内陆港，在内陆港报关处理后再运输到 Ohio Valley（俄亥俄山谷）和 Pittsburgh（匹兹堡）附近区域。

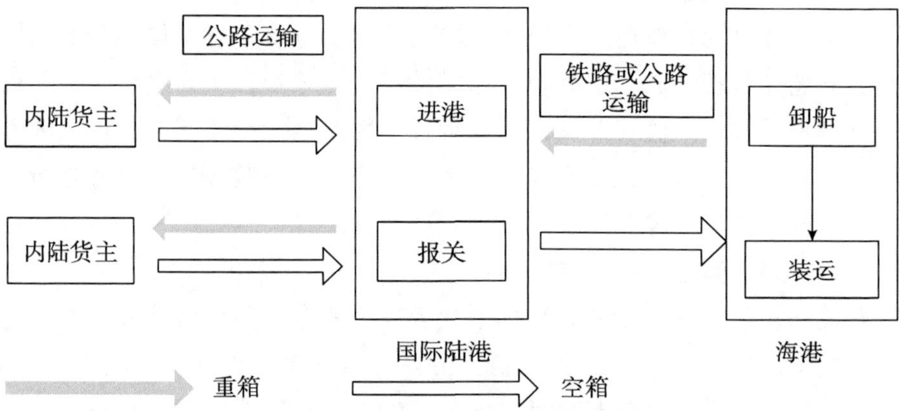

图 4－6　进口配送性国际陆港业务流程

建设进口配送性国际陆港，对内陆城市而言，有利于降低进口货物的物流成本，缩短进口货物的进口时间。对与国际陆港结成联盟的沿海港口而言，有利于增强其快速疏港能力，扩大经济腹地。除了当地市场需求，国际陆港运营成功的另一关键因素在于要和沿海的港口有便利的铁路运输通道，通过海铁联运，进口货物直达陆港，这样和传统的公路运输疏港方式相比具有一定的成本优势。

进口配送性国际陆港提供的主要服务功能为以下几点。

（1）保税仓储物流功能。受海关监督管理，专门存放按海关法令规定和经海关核准暂缓缴纳关税的进出口货物的场所，通称保税仓库。根据保税制度，进境存入保税仓库的货物可暂时免纳进口税款，免领进口许可证件（能制造化学武器的和易制毒化学品除外）。这类货物如在规定的期限内复运出境，经海关批准核销；如果转为内销，进入国内市场，则必须事先提供进口许可证和有关证件，正式向海关办理进口手续并缴纳关税，货物才能出库。

（2）集装箱拆箱、交付和箱务管理功能。进口集装箱报关后，如果是拼箱货，则进行集装箱的拆箱和配装业务。如果是整箱货则直接交付货主，同时也提供集装箱的空箱管理业务。

（3）配送业务。集装箱通过铁路或公路运输到达陆港报关后，从陆港将集装箱整箱或经过拆箱、配装后配送到最终客户。

（4）简单流通加工功能。保税仓储货物在保税仓库内可以进行包装、分级分类、加刷唛码、分拆、拼装等简单加工，不得进行实质性加工。

2）出口转运性国际陆港

对于以发展出口贸易为主，商品出口量大，而本地市场容量有限，进口量相对较小的地区，其国际陆港适于建设成出口转运性的。其业务流程如图 4 – 7 所示。货主将货物运往附近的国际陆港，在陆港办理完出口手续后，直接通过公路或铁路运输运往沿海港口，在港口验放后直接装船运往海外。石家庄内陆港即为典型的出口转运性国际陆港，石家庄附近的出口集装箱到达石家庄内陆港经过报关报检后，可通过公路运输或铁路运输到达天津新港，在天津新港经过办理验放手续后直接装船运往国外目的地。

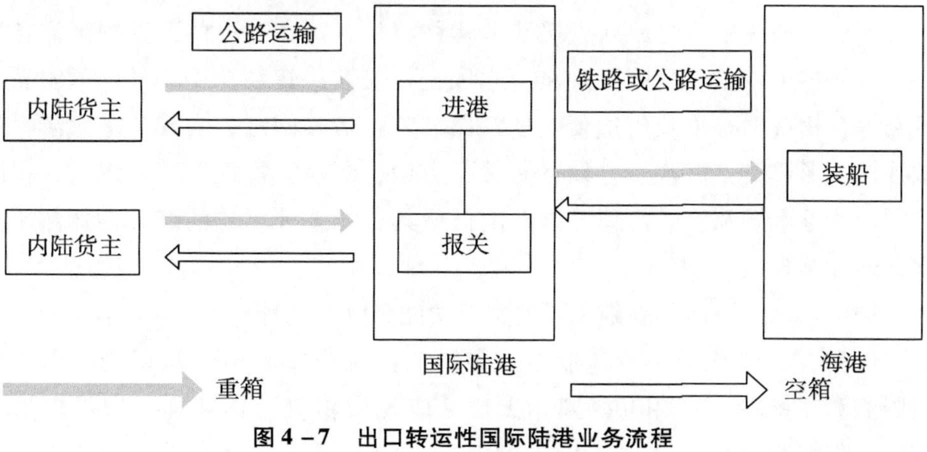

图 4 –7　出口转运性国际陆港业务流程

建设出口转运性国际陆港，对内陆城市而言，有利于建立通畅的出口货物物流通道，降低出口货物物流成本。对沿海港口而言，有利于增强其快速集港能力，增加港口的货物吞吐量。

出口转运性国际陆港提供的主要服务功能有以下几点。

（1）出口监管仓库仓储业务。有些出口监管仓库经海关批准，货物入仓即可享受退税政策。出口监管仓库除能进行仓储服务外，经主管海关同意，可以在仓库内进行品质检验、分级分类、分拣分装、加刷唛码、刷贴标志、打膜、改换包装等流通性增值服务。

（2）集货和长途运输业务。提供拼箱货和集装箱从货主所在地到国际陆港的集货服务。同时提供货物报关后从陆港到沿海港口的公路或铁路长途运输服务。

（3）普通仓储服务。提供出口货物的仓储、拼装箱服务。

（4）集装箱管理服务。提供集装箱提箱、还箱、清洗、维修及熏蒸等服务。

（5）国际货运代理。受货主及船公司委托代办接货、发运、签发提单，代办报关及多式联运业务。

3）进出口综合性国际陆港

对于进出口贸易都较为发达的地区，适于建设成进出口综合性国际陆港。其业务流程如图 4 - 8 所示。进口集装箱卸船后，直接通过公路或铁路运输运往国际陆港，在国际陆港完成进口报关，然后运往内陆货主；出口货物运往附近的国际陆港，在陆港办理完出口手续后，直接通过公路或铁路运输运往沿海港口，通过港口验放后直接装船运往海外。正在建设的西安国际港务区是典型的进出口综合性国际陆港，它依托西安铁路集装箱中心站、西安新筑铁路综合物流中心以及周边便利的铁路、公路运输网络，实现与沿海港口有效连接，形成具有保税、仓储、海关、边检、商检、检疫、结汇银行、保险公司、船务市场及船运代理等国际港口所具有的多种功能的综合性物流服务聚集地和结合点。

进出口综合性国际陆港主要的服务功能有以下几种。

（1）保税物流中心物流服务。传统的保税仓库和出口监管仓库由于政策限制和功能单一，相互隔离，无法适应现代物流运作和加工贸易发展的需求。保税物流中心融合了两者的功能，它是经海关批准设立，专门经营

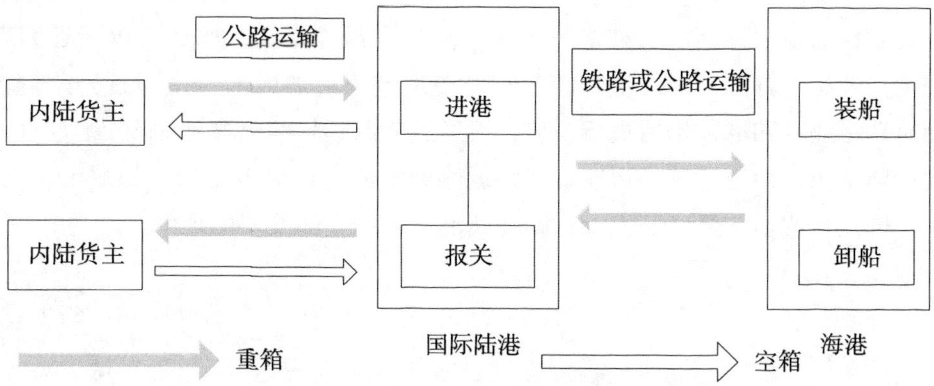

图 4－8　进出口综合性国际陆港业务流程

进出口货物以及其他未办结海关手续货物保税储存、流通性简单加工、分拣配送、转口、转运、报关等国际物流服务业务的保税场所。由此可见，保税物流中心除可以给企业提供退税保税外，还可以开展以加工贸易为主的物流服务。

（2）仓储物流服务。为货主和收货人提供货物的运输、配送和普通仓库的仓储服务。

（3）国际货运代理。受货主、收货人及船公司委托代办接货、拼箱、发运、签发提单，到货、拆箱、分发业务；代办进出口报关及多式联运业务。

（4）包装和流通加工。依托仓储等设施为货主提供适运性或适销性包装、流通加工等服务。

（5）信息服务。为陆港内的物流企业和货主等提供货源、运力信息，为交易各方提供公共服务平台。

当前，由于国际陆港对于内陆地区开展国际贸易，推动区域经济发展具有重要意义，很多地方政府开始推动陆港的建设。但是对于不同的区域而言，如何根据自身的经济发展特点，以及进出口贸易发展程度，建设符合地方经济发展需求的国际陆港，是一个非常关键的问题。

2. 根据距离划分

根据陆港的离沿海或沿边口岸的距离，本章将其分为远距离陆港、中距离陆港和近距离陆港。不同类型的陆港由于其特征不同，其功能定位也有所不同。

1）远距离陆港

相比其他两种类型的陆港，远距离陆港是最先发展起来的。由于远距离陆港一般有铁路线与沿海港口相连，在该陆港附近的内陆货主通过公路运输将货物运输到陆港，然后进行换装，再通过铁路运输将货物运输到沿海港口，比内陆货主直接通过公路运输将货物运输到沿海港口成本更低，如图4－9所示。因此从成本的角度而言，远距离陆港有其产生和发展的理由。

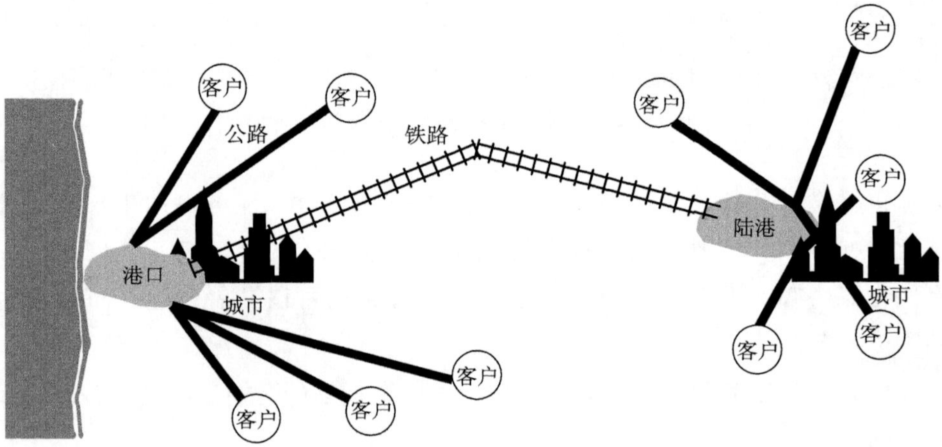

图4－9　远距离陆港

远距离陆港的运营对不同的利益主体而言，其益处是不一样的。对与之相邻的沿海港口而言，如果该陆港所辐射的区域进出口贸易较为发达，通过该陆港处理进出口货物能够达到一定的数量，与陆港合作可以对该港口的吞吐量产生一定的影响，那么这些港口将会重视与陆港的协作，会主动参加陆港的投资建设，反之亦然。对铁路运输部门而言，如果该陆港处理的集装箱量较大，那么它们愿意在陆港所在地投资建设集装箱中心站等铁路设施，并使之联入整体铁路运输体系中去。如果它们预计该陆港处理的集装箱量较少，这样建设集装箱中心站的投资回收期将加长，即使建设集装箱中心站并使之联入铁路运输体制中，由于箱量的不足，将会降低整个体系的运行效率。对内陆货主而言，如果远距离陆港所提供的运输、仓储、清关等服务比直接委托代理公司到沿海报关更加便利，成本更低，将会增加它们把业务移到陆港进行办理的积极性。

非洲坦桑尼亚的依林加港，以前是一个传统的多式联运的终端，1999

年随着海关、检验检疫等政府部门的入驻，成为无水港。依林加港附近的货要通过沿海港口达累斯萨拉姆港进出口，可以在依林加港完成所有的清关文件和收发货。除此之外，依林加港还为卢旺达等地提供集装箱的出口清关和进口提货服务。以前托运人不得不在大约800千米远的达累斯萨拉姆港直接从事海关和港口清关，而现在可在依林加港办理通关手续，非常方便。

作为远距离陆港，其重要功能是担当进出口货物的集散点。这就要求以陆港为中心的一定半径范围的国际贸易相对发达，国际货物运输量较大。因此，大多数国际陆港都毗邻经济开发区、商品集散中心等工商业和贸易发达地区，目的是能够有较多的货源作为支撑。

由于离沿海港口较远，为了使国际陆港具有一定的成本优势，必须拥有与沿海港口的铁路运输线，建立多式联运换装站，发挥铁路运输长距离的成本优势。同时由于国际贸易大多对装船时间有很严格的规定，一旦超过了合同规定的装船时间，将会给货主造成严重的损失，因此陆港与沿海港口间通过铁路运输的时效性必须得到保证。例如，大多远距离陆港和海港间开有集装箱“五定”班列。

同时，由于远距离陆港一般位于内陆的经济中心和交通枢纽，是开展内陆物流的理想区域，因此远距离陆港内可以开展国内物流业务，实现国内物流与国际物流的业务互补。

因此，远距离陆港应该定位于服务国际物流、国内物流的综合性物流节点。

2）中距离陆港

远距离陆港追求公铁换装带来的成本节约，因此拥有铁路线连接到相应的港口是其具有竞争优势的主要方面。而中距离陆港由于离海港较近，铁路运输并不具备很大的成本优势，相反，公路运输在运输的时效性和灵活性上优于铁路运输，所以，中距离陆港并不一定需要拥有与海港相连的铁路运输线路，更重要的是当地拥有较大规模的进出口量和适箱货源，如图4－10所示。

中距离陆港和远距离陆港较为相似，一般定位于服务国际物流和国内物流的综合性物流节点，为当地的进出口企业提供国际物流服务，给国内贸易企业提供货物的集散、运输、仓储等物流服务。

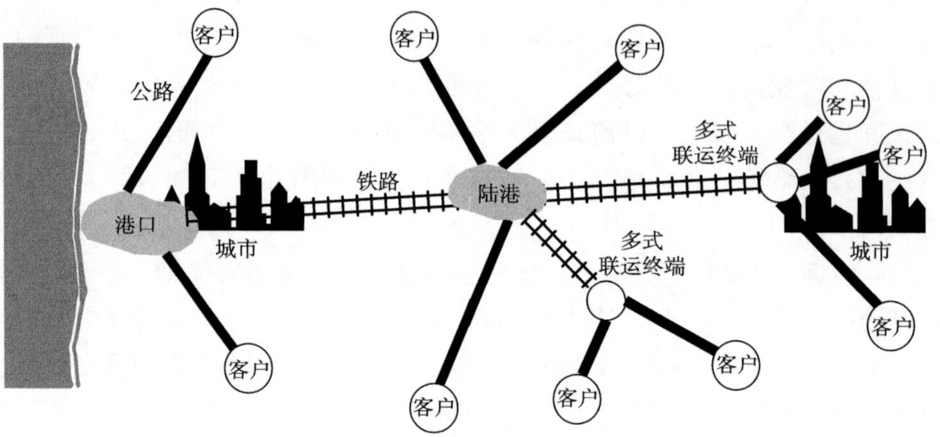

图 4-10 中距离陆港

金华无水港是中距离陆港的一个典型案例。金华无水港是由金三角开发区管委会、金华市中宇货联运有限公司和宁波港务局三家单位出资组建的，占地总面积 200 亩，总投资 4000 万元。随着甬金高速公路的开通，从金华无水港到宁波北仑港仅 300 千米左右，海关直通式监管点在这里提供当场报关、签发提单、一票全程服务，使出口货物直接在金华无水港办理完所用的出口手续，然后在宁波港直接装船。

3）近距离陆港

随着货运量的不断增长和港区土地的有限性，很多港口在发展过程中面临着港区空间范围不足和集疏港能力的紧张等问题。同时，由于中国绝大多数港口都是以公路运输集疏港为主，造成了港口及其周边地区交通阻塞严重，港城空气污染加剧，从而带来了一系列的环境和交通问题。因此，可以在港城的边缘或市郊的位置，建立“近距离陆港”，内陆货物先运输到陆港，在陆港完成通关的所有手续，然后再由陆港提供到港口的直达铁路运输，把货物直接送到岸边装船。当然，这对铁路服务的可靠性提出了更高的要求，必须有短距离的专用列车作为保障，如图 4-11 所示。

因此，近距离陆港的定位是相邻港口的货物集疏地，是港口功能的补充和完善，是国际物流与国内物流的衔接地。

大连陆港物流基地是近距离陆港的一个典型案例。大连陆港物流基地坐落在甘井子区，地处大连市城乡接合部，沈大高速公路、201 国道、202 国

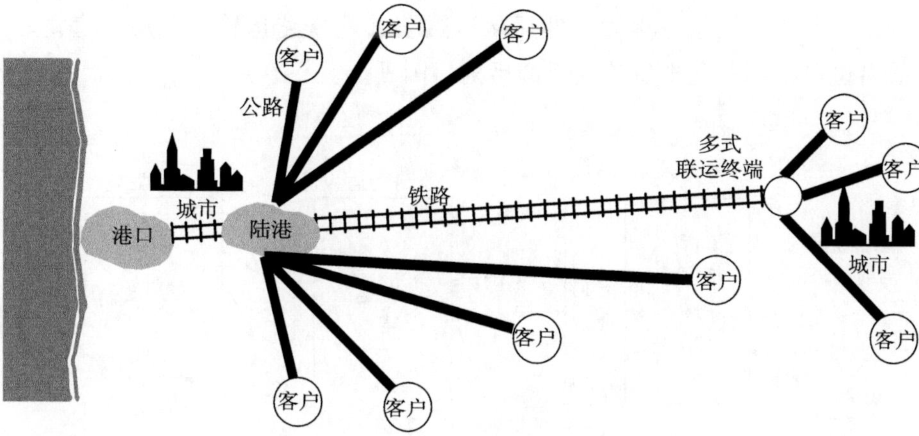

图 4－11　近距离陆港

道、振兴路和连接市区的华北路、东北路等道路在此交会，到大窑湾集装箱码头的道路距离是 20 千米；到大连湾滚装船码头的道路距离是 4.5 千米，是大连市的主要陆路交通枢纽。大连陆港物流基地依托大连港老港区和大窑湾新港区，辐射东北及东四盟等广大腹地。目标是通过陆路运输与沈阳、长春、哈尔滨等物流基地连成网络，形成以大连口岸为进、出口的“大陆桥”。作为建设东北亚国际航运中心的功能补充和延伸，大连陆港物流基地将成为这一战略的重要组成部分，在向客户提供“港”到“港”的运输服务的基础上，进一步提供“门”到“门”的物流服务。

（三）国际陆港的主要业务运作模式

不同的国际陆港由于所处的市场环境和区域位置不同，其主要的业务模式也有所不同，但总体而言，主要有出口物流、进口物流、内贸物流和城市物流四种业务模式。

1. 出口物流

随着我国国际贸易的发展和出口的强劲，我国的出口物流量不断增加。因此我国大多数国际陆港主要处理出口物流业务。国际陆港出口物流流程如图 4－12 所示。对于整箱货，客户首先将货物装箱后运输到国际陆港，非保税货物进入普通仓储物流区，进行储存、报关和查验，然后通过公路或铁路运输到相应的海港、空港或沿边口岸，办理相关的验放手续后出口国外。如果是申请出口退税的货物，客户将货物运到国际陆港后，进入保税物流中心，办理出口退税和报关等手续，然后再通过公路或铁路运输到相应的海港、空港或沿边口岸，办理出口验放手续后出口国外。

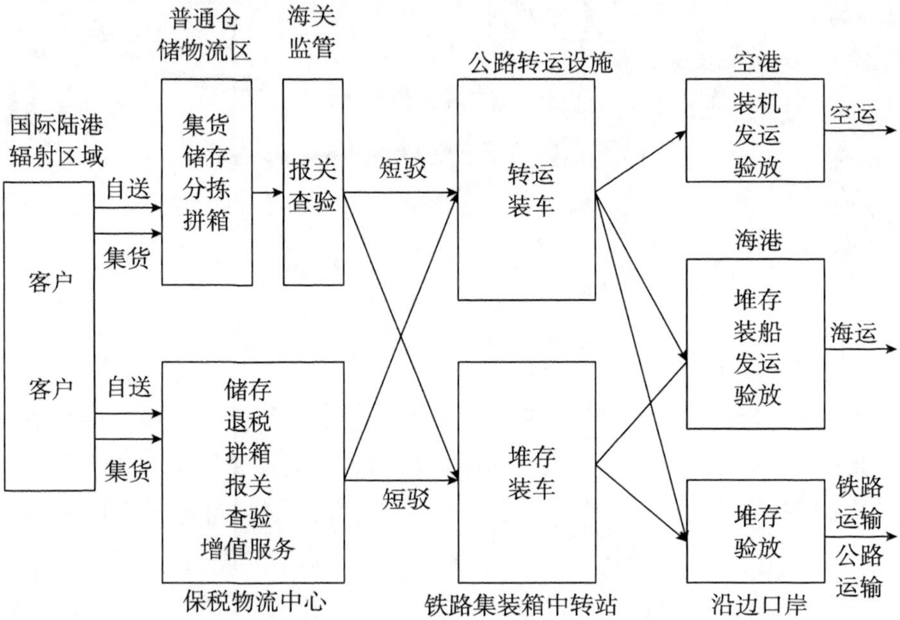

图 4－12　国际陆港出口物流流程

现在随着海铁联运的发展，以及海港和陆港的运作实践，海港和陆港的联动机制越来越成熟。但是对于国际陆港而言，如果只建立与海港的协同运作机制，不建立与附近空港以及沿边口岸的协同运作机制，国际陆港的综合性物流节点效应就得不到很好的发挥。因此在内陆地区建立以陆港为核心，形成与海港、空港、沿边口岸的联动，充分发挥陆港的综合转运功能，将会极大地促进陆港的发展。

2. 进口物流

随着我国沿海地区向内陆的产业转移，内陆地区的产业发展将会不断加快，由此会带来内陆地区进出口量的逐渐提升。在此背景下，内陆地区的进口量会不断提高，进口物流业务也会随之攀升。国际陆港进口物流流程如图4－13所示。

3. 内贸物流

国际陆港作为综合性的物流集散中心，除了国际物流业务，国内业务也

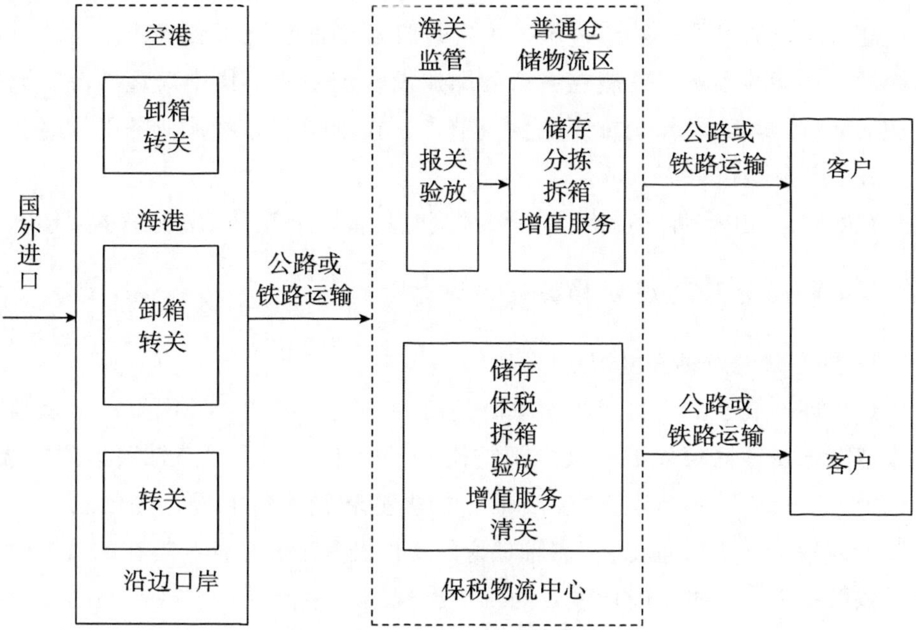

图 4－13　国际陆港进口物流流程

是很重要的一部分。国际陆港作为一个区域性的物流节点，其内贸物流流程如图 4－14 所示。

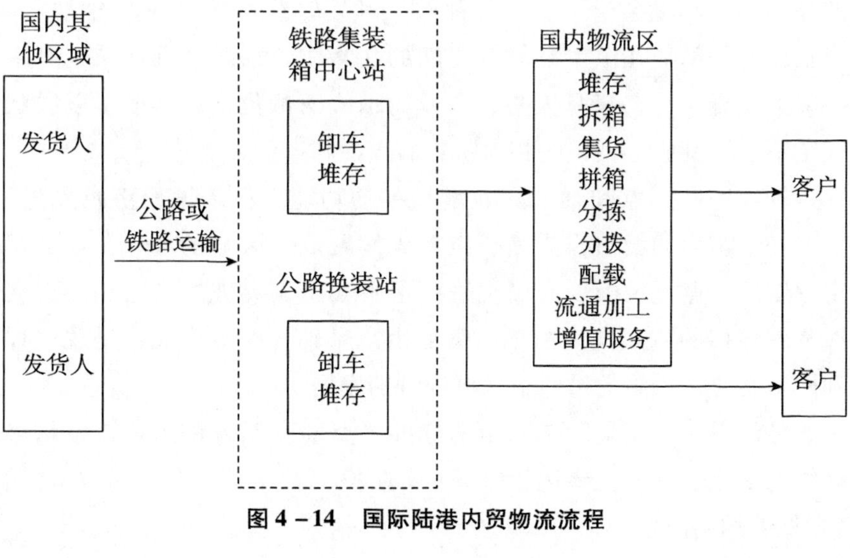

图 4－14　国际陆港内贸物流流程

4. 城市物流

随着城市的发展，城市进出的物资量日益增加，为了缓解物流活动对城市交通、环境的影响，一般在城市外围建设物流中心，集中处理城市物流的集散活动。国际陆港作为重要的物流节点，在承担国际物流业务的同时，也可开展一部分城市物流业务。

在实践运作中综合型的陆港一般都同时具备以上几种物流运作模式。

（四）国际陆港规划相关理论方法

1. 国际陆港点轴开发规划

点轴理论最早由波兰经济学家萨伦巴和马利士提出。我国经济地理学家陆大道院士在《区域发展及其空间结构》一书中阐述了“点轴渐进式扩散”“点轴”空间结构的形成、“发展轴”的类型和结构等问题，并创立了“点轴”开发理论（点轴理论）。点轴理论是增长极理论的延伸，当在区域内增长极的数量不止一个时，增长极之间就会出现用于生产要素交换需要的相互联结的交通、通信干线和能源、水源通道，这些基础设施就形成了轴。

“点轴”系统中的“点”是指各级中心地，是各级区域的集聚点，也是带动各级区域发展的中心城镇。“轴”是指在一定方向上联结若干不同级别中心城镇而形成的相对密集的人口和产业带，由于轴线及其附近地区已经具有较强的经济实力和发展潜力，也可称作“开发轴线”或“发展轴线”。也就是说，轴线不是单纯几个中心城镇之间的联络线。轴对附近区域也有很强的经济吸引力和凝聚力，于是人口、产业向轴线两侧集聚，形成了以线状基础设施联结不同级别中心城镇的相对密集的人口和产业带。

在点轴理论中，点和轴都具有增长极的功能。在区域经济发展过程中，具有一定经济实力的城市作为增长点首先发展成为区域的增长极。当其发展到一定程度后，点增长极以向周围进行水平式聚点突破的方式和沿着交通运输干线梯度转移的方式向外扩散，从而由点带轴、由轴带面，呈现一种立体结构和网格态势，最终促进整个区域经济的发展。

借鉴分形思想，从空间结构角度分析“点轴”系统的形成，是从整数维到分数维的演化过程，主要包括以下四个阶段。

1）低度均衡阶段

低度均衡阶段，“点轴”形成前的地表呈现均质空间，社会经济客体虽说呈“有序”状态分布，但却是无组织状态，这种空间状态效率极低，如图4－15所示。此阶段点列呈均匀分布（没有等级差异），故其空间分布维数应是整数维。对图4－15（a）进行网格化处理，改变网格尺寸，则有$N(\varepsilon)\propto\left(\frac{1}{\varepsilon}\right)^2$，这里$N(\varepsilon)$为被占据的网格数。根据Hausdorff维数公式

$$d=\lim_{\varepsilon\to 0}\left[\log N(\varepsilon)/\log\left(\frac{1}{\varepsilon}\right)\right]$$

可知，其空间分布维数为$d=2$的欧式维。

2）动态增长阶段

动态增长阶段，点、轴同时开始形成，区域局部开始有组织状态，区域资源开发和经济进入动态增长时期，如图4－15（b）所示。区域空间中发育两点（A、B）、一轴，这是分形“点轴”系统的初始元，其拓扑维数可近似地表示为$d=1$，这仍是一个整数维的空间形态。

3）不规则阶段

不规则阶段，主要的“点轴”系统框架已经形成，社会经济演变迅速，空间结构变动幅度大，如图4－15（c）所示。系统的维数由$d=1$逐渐升高，整数维的特征逐步丧失，空间形态开始出现不规则性。

4）有组织状态

“点轴”空间结构系统形成，区域进入全面有组织状态。从宏观角度考察，空间结构重新恢复到“均衡”阶段，如图4－15（d）所示。系统要素看似破碎无规则，但实际上则隐含着深刻的秩序，即自相似性，这是一种分数维的结构。

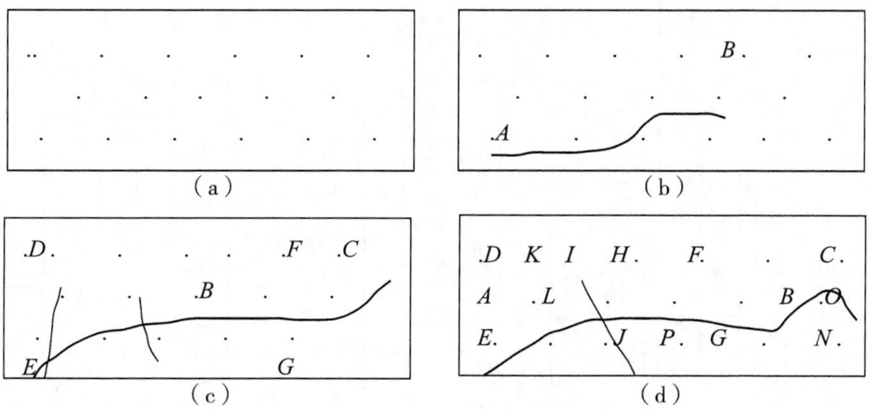

图4－15　“点轴”空间结构系统形成过程

点轴理论对国际陆港空间结构规划有如下两点启示。其一，国际陆港空间结构网络的形成符合点轴理论揭示的规律。在农业社会中，物流最初的分布也呈低效、原始的均质分布状态。当经济系统中的集聚节点和轴出现之后，物流活动高度依赖交通运输轴线交会的节点布局，这些节点就形成了国际陆港活动的集聚点，交通运输轴线沿线地带也具有区位优势，可以在交通运输轴线沿线有选择地发展国际陆港活动集聚点。其二，国际陆港空间结构规划与布局，应与国家宏观经济结构的战略布局相一致。我国改革开放后，在全国范围内确定了若干重点发展区域和轴线地带，物流发展重点自然也落在这些区域和轴线地带中的重点城市。随着我国经济持续发展，经济开发渐次向低级别的发展中心和轴线拓展延伸，物流发展的空间布局也符合经济发展的规律，体现出相应的层次结构。

2. 国际陆港项目生命周期管理

结合国际陆港的特点、工程项目规划设计及交付运营流程，可将国际陆港的全生命周期分为规划、设计、建设、运营、转型升级或衰退消亡五个阶段，如图 4－16 所示。

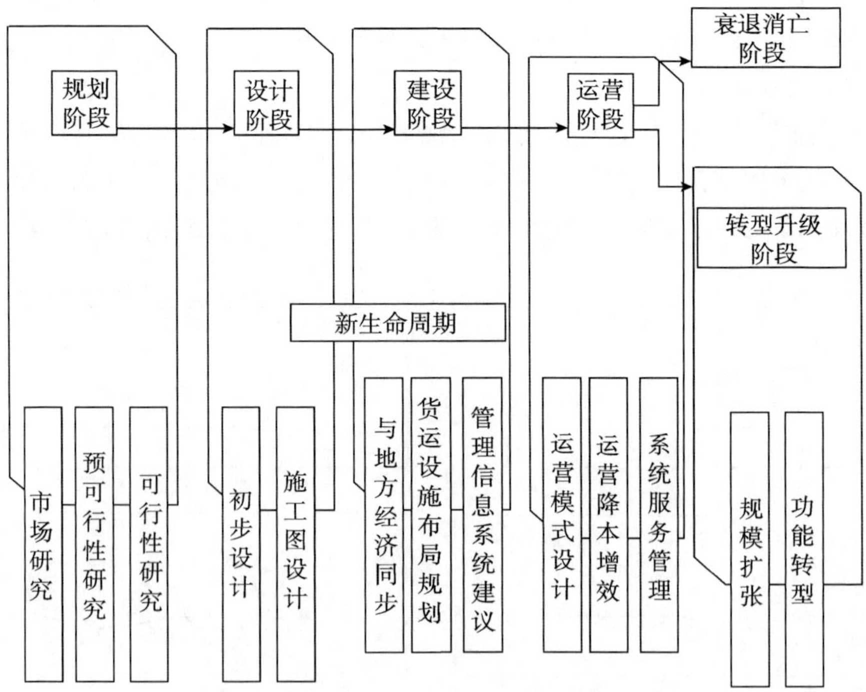

图 4－16 国际陆港全生命周期过程

1）国际陆港规划阶段

项目的规划阶段是国际陆港建设的基础，主要分为拟建项目的市场研究、预可行性研究和可行性研究，通过各方论证与研究完成项目立项前的各类论证工作。

（1）市场调查分析。

拟建国际陆港市场调查分析的主要目的是在国际陆港开发前对物流市场需求进行充分调查，确定国际陆港的潜在市场需求规模、内容以及潜在客户类型及各项要求，并基于物流市场需求对国际陆港的发展战略、市场定位和功能进行判断，准确测算国际陆港建设的市场基础，确定项目建设的可行性。

①市场环境分析。对国际陆港所在地区社会经济发展环境、城镇化发展环境、城市产业发展环境、区域交通环境、区域物流环境、发展规划与政策条件以及项目建设的影响因素进行分析，明确国际陆港的建设背景与社会条件。对整个区域内的物流业发展情况进行了解，分析拟建项目周边物流产业发展基础、资源分布状况、与其他国际陆港的市场竞合关系、各产业的物流市场需求、社会物流量大小以及主要分布并进行初步预测。通过对发展环境与产业的分析，初步确定国际陆港的定位和重点行业，并对周边的潜在客户进一步展开调研。

②目标客户及其需求确定。在对国际陆港建设背景以及所在区域的整体环境进行分析后，确定服务主要面向的行业和客户群，通过走访周边潜在客户，对拟建国际陆港周边的市场情况进一步了解。针对所有潜在客户均要进行详细调查，明确每个客户经营的主要货物品类、各品类货物货运量、货物来源与去向，以及货物需要在国际陆港进行的仓储、装卸、加工等各项作业，即确定客户对国际陆港的总体需求，为国际陆港战略定位、功能选择以及设施布置提供根据。

③功能设置。根据对国际陆港的建设背景和区域内的经济、物流、交通、重点产业的发展情况的研判，结合各级规划和政策，确定拟建国际陆港在区域内的战略定位和市场定位以及未来的发展方向和目标。以走访客户得到的客户需求统计结果为依托，充分考虑国际陆港未来的发展空间，对货运量进行分析预测，合理设计国际陆港需要具备的各项功能。

（2）预可行性研究主要内容。

预可行性研究也称初步可行性研究，是在投资机会研究的基础上，对项目方案进行的进一步技术经济论证，对项目是否可行进行初步判断。预可行性研究主要通过项目建议书的形式展示，并用于对项目进行立项审批。在拟建项目市场研究的基础上，根据已经确定的行业定位、客户市场调查结果以及设计的功能，将目标客户的需求转化为国际陆港的平面布局与主要设施的建设，分析并依据匡算结果设计融资方案和财务评价，并对规划方案进行社会经济效益的初步评价判断。

①观察测量与用地初判。对国际陆港拟建设的几个布局位置的实际地块情况进行考察，对每个拟建设地点的地形地貌进行实地勘探测量，确定拟选址地点的地理条件能够达到国际陆港的建设标准。

②国际陆港选址。通过拟建设项目研究中对市场需求的分布与预测结果，结合既有基础设施条件对国际陆港的位置与建设规模进行判定。综合考虑拟建设的国际陆港用地的性质、相关规划与政策、内外交通情况、既有设施设备等因素对国际陆港进行选址。

③国际陆港功能分区与空间布局。在选址的基础上，需要结合已有的功能设置情况，对国际陆港范围内用地进行功能区划分，并确定不同功能区主要服务的潜在市场需求，以此估算每个功能区规模，使市场需求与国际陆港的用地规划相衔接，空间拓展与区域经济、产业发展紧密关联。同时，协调国际陆港内部各功能区之间的相互位置关系，确定各功能区以及中心内道路、铁路装卸线、货场、线路等主要设施的平面布局，使国际陆港中各项作业之间关系合理，各项作业流线顺畅，尽量避免相互干扰。

④设施布置的初步建议。结合客户对不同功能的具体要求以及各类货物品类的运量，对物流功能区以及生产生活配套设备设施进行初步规划。

⑤国际陆港信息化建设。在充分利用既有信息系统的基础上，根据国际陆港的定位和主要功能对信息系统的目标和功能进行设计，并初步确定需要对接的相关单位和企业，并对国际陆港的信息系统与政府、物流企业等外界信息系统信息对接的主要内容进行初步判断。

⑥运营模式分析。国际陆港的运营模式对于招商引资有很大影响，在需求分析中，要注重客户与国际陆港未来的经营者对不同运营模式的要求，结合对国际陆港建设的实际条件分析，提出后期运营模式的初步设想与建议，并为后期招商引资以及融资方案等环节提供一定的借鉴与参考。

⑦经济可行性研究。经济可行性研究包括对拟建设的国际陆港的投资匡

算、融资方案设计以及对项目规划方案的财务评价和社会经济效益评价。

建设国际陆港是一项投资比较大的经济行为，必须进行科学分析论证，要合理考虑投资计划，应从发展的角度来确定国际陆港的投资规模是否合理。例如，要根据物流企业经营的销售额发展指标研究与之相适应的建设投资规模究竟应多大。同时，还要测算国际陆港启动后的维持费用究竟需要多少，这个费用占整个物流成本的百分比多大，对企业经营和效益带来的影响如何？企业是否能够长期承受？

因为国际陆港是一种服务性中心，判断其投资的经济合理性，也可运用比较分析方法，采用比较效益原则，即把建立国际陆港的投资费用与提供满足用户需求的经常性物流费用之和同各个用户实行物流自给服务时经常性费用的物流之和进行比较，只有前者小于后者时才是经济合理的，若等于或大于都是不合理的。用公式表示为：

$$C + V < \sum_{i=1}^{m} (C_i + V_i)$$

式中：C——建设国际陆港的投资费用；

V——国际陆港的经常性物流费用；

C_i——用户实行物流自给服务时用于物流设施的投资费用；

V_i——用户实行自给服务时的经常性物流费用；

i——用户的数量 $i=(1, 2, \cdots, m)$。

总之，国际陆港建设项目的立项，是生产企业、连锁商业企业、物流企业等经营战略决策的重要组成部分。基于投资估算的结果，对项目融资方案进行初步设计，对资本金和债务资金需要的数额与来源进行设想。在投融资估算的基础上，计算内部收益率、财务净现值，确定投资回收期等指标，并对国际陆港的社会效益进行初步评价。

（3）可行性研究主要内容。

可行性研究是以预测为前提，以投资效果为目的，从技术上、经济上、管理上进行全面综合分析研究的方法。可行性研究的基本任务，是对新建或改建项目的主要问题，从技术经济角度进行全面分析研究，并对其投产后的经济效果进行预测，在既定的范围内进行方案论证的选择，以便最合理地利用资源，达到预定的社会效益和经济效益。结合前期对选址地点的建议，由具有相关资质的设计院等单位对拟选址地区开展初测，圈定项目建设范围。

重点完成国际陆港的招商工作，与拟建项目市场研究阶段的目标客户落实合作意向，签署相关协议，并了解客户的定制化要求。通过确定具体客户，在可行性研究阶段对可能出现的情况与问题进行全面预判，对客户需求进行全面把握，依据客户需求确定国际陆港的设计方案，可以避免建设完成的国际陆港不能满足客户的需求，影响国际陆港的招商工作和客户的使用。在后续的功能设置以及功能区布局中要将客户的物流需求在设计中充分反映，依托客户的要求进行功能设置和功能区划分与布局，并根据客户的需要提供符合其使用要求的设施设备，进行功能区设计。

结合客户需求，综合考虑国际陆港物流服务能力和服务质量，从技术、经济、环保、节能、土地利用等方面进行全面深入论证，对建设方案、建设规模、主要技术标准等进行比较分析，确定运营模式，提出推荐意见，进行国际陆港的功能设计，提出主要工程数量、主要设备和材料概数、拆迁概数、用地概数和补偿方案，施工组织方案，建设工期和投资估算、融资方案设计以及施工组织方案等，充分论证建设项目的必要性与可行性，为项目投资决策提供可靠的科学依据。

2）国际陆港设计阶段

（1）初步设计主要内容。

根据上一阶段所确定的国际陆港规模，结合经济结构确定拟建国际陆港的功能，在该阶段确定各个功能区的面积大小，土地利用和基本布局形式。

在确定国际陆港功能的基础上，根据作业顺畅、交通干扰少的原则布置国际陆港的各个功能区，确定其相互之间的位置关系，进行道路的规划和其他附属设施的规划，其结果就是形成国际陆港的基本平面布置图。在此基础上进行国际陆港的详细设计、设备选型、物流信息系统的设计等。

对于完成的初步设计方案，要组织专家进行讨论和评价，并根据专家的意见进行修改、完善和补充，保证设计方案科学合理、先进可行。

国际陆港初步设计的基本步骤如图 4－17 所示。

国际陆港的初步设计程序实际上是一个逻辑分析的反复过程，从初步的概略性规划逐步演变成完整的设计方案。在此过程中，对初步资料进行分析试算，初步得到概略性的设计和布置方案，再经过对设备的选用，逐步修正原来的设计与布置，从而得到较为明确的设计内容和方案，当进行到详细设计时，通过详细信息的输入，反复修正设计方案，最终形成较为科学合理的

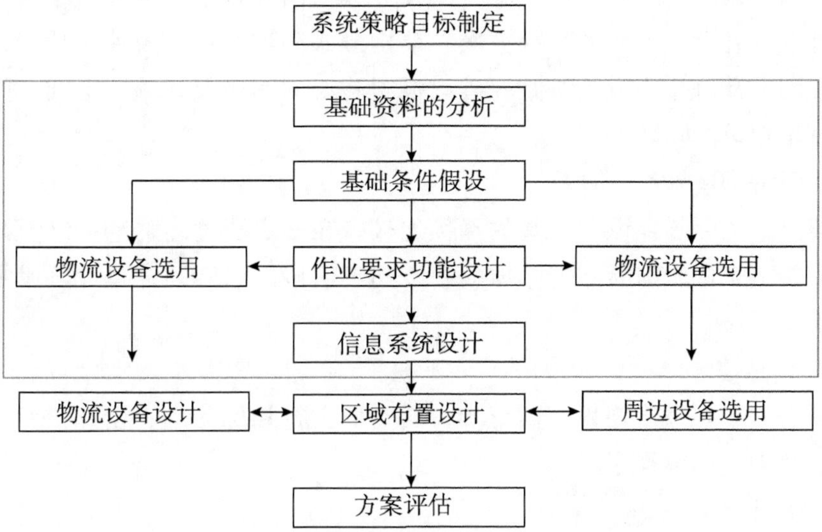

图 4－17　国际陆港初步设计的基本步骤

设计方案。

（2）施工图设计主要内容。

施工图设计是国际陆港设计阶段的另一阶段，在施工图设计过程中，各专业对工程的实施进行具体的量化，确定出总平面施工图、建筑施工图、结构施工图、设备基础详图、工艺管道详细布置施工图、施工图的概预算等。通常情况下，施工图参照以下设计流程进行：调整、深化设计方案，建筑专业提平、立、剖条件图，设备专业提设备资料，建筑专业提大样图，设备专业提土建资料，各专业作图，各专业进行综合协调，最后进行审核、会签、文整与交付。

施工图设计阶段主要任务有：技术上满足批准的初步设计（大项目为扩初设计）确定的原则和规范要求，施工准备上满足材料设备的采购和非标设备的订货加工，施工上满足施工要求，造价控制上要求施工图预算不超概算。为了避免国际陆港施工阶段不必要的修改、设计变更而造成的工程造价增加，施工图设计工作应做细、做深入。施工图设计阶段的造价控制充分体现了事前控制的思想，能提高设计质量，加快进度，促进施工质量的提高，高质高效地建设好工程。

施工图设计阶段是实现技术与经济对立统一的过程，在经历国际陆港规划阶段以及初步设计阶段后，施工图设计成了国际陆港建设的重中之重，初步设计基本确定了工程的规模方案、结构形式和建筑标准及使用功能，再经过施工图设计对初步设计进行完善。根据施工图明确具体施工形式，能够更加合理地建设国际陆港。

3）国际陆港建设阶段

通过对国际陆港设计方案的择优比较，在确定了国际陆港最终设计方案之后，接下来进入国际陆港具体的筹资建设阶段。国际陆港建设阶段主要内容如下。

（1）报建。

项目方案要报建规划部门审批，同时要进行招标代理、设计招标、勘察招标、监理招标等程序。

（2）土地确权。

购买或租用国际陆港占地，确定土地使用权合法有效。

（3）方案审核。

国际陆港项目建设方案要送主管部门审批，在此之前，该方案要经环保、规划、消防部门审核。

（4）建筑招标。

方案和施工图审查批准之后，要发布招标公告并在各地招标办的主持下开标，与中标单位签订施工合同。取得开工许可证后方可开始施工。

（5）竣工验收。

在质量监理人员的监督下完成施工，组织有关部门进行竣工验收之后，进入试运行阶段，即对国际陆港的各种设施设备进行符合作业要求的调试，以达到最优的运行状态。

目前，国外国际陆港普遍采用政府规划、协会统筹、企业运营的模式，以达到国际陆港和客户之间的双赢。结合目前供给侧结构性改革以及物流行业转型发展趋势，国内国际陆港可采取多种策略相互结合的方式，使得土地开发、施工建设和运营管理相关单位产权明晰，职责明确。

4）国际陆港运营阶段

（1）市场培育期。

国际陆港形成初期，由于入驻的物流企业数量较少，且规模较小，竞争程度低，具有较强的盈利能力，因而形成集聚“核”不断吸引物流产业链上下游企业向该地理范围“扎堆”发展。随着各种类型的物流企业及配套企业加速集聚，国际陆港产业链专业化分工，产生了在原来资源分离状态下难以获得的“集聚规模经济”和“集聚范围经济”，同时加速国际陆港入驻企业之间的分工与协作、交流与沟通，促进交易成本的下降，进而进一步加速国际陆港的集聚发展，促进了国际陆港的纵向分工和横向联系，进而促进国际陆港的形成及其竞争能力的提升。

（2）快速成长期。

国际陆港的雏形形成以后，在集聚“核”和边际递增效应的吸引下，更多的物流产业链相关企业及配套服务企业、组织机构加入，加速国际陆港产业链分工的精细化；即国际陆港内部的各类企业、组织机构等按照自身的核心竞争能力的塑造要求，有效挖掘利用企业内部资源和发展潜力，同时广泛整合企业外部的资源，将非核心物流业务进行剥离或者分包。随着国际陆港内部各类企业、组织数量的增加，国际陆港集群的整体规模持续壮大，集群的外部经济性会不断增强，但边际递增效应逐渐减弱，此时国际陆港演进的自增强机制开始发挥重要作用。

具体而言，国际陆港的自增强机制可分为一般自增强机制与特定自增强机制。一般自增强机制包括围绕物流产业价值链的专业化分工及企业之间的合作，而特定自增强机制则更多体现为后者，包括信息的共享、知识的外溢、相互学习、协同创新等，一般自增强机制可以通过特定自增强机制表现出来。国际陆港的自增强机制增加了物流产业链上下游企业及配套服务组织、机构之间的信任，拓展了物流产业链的纵向分工和横向联系，产生规模报酬递增、交易效率提高和技术创新等效应和优势，促进国际陆港社会关系网络的形成，从而进一步突破原有物流业务范围、集聚空间范围的限制，吸引物流企业、中介组织、孵化平台、科研机构、政府部门等不断加入，丰富国际陆港业态的多样性，逐渐形成更大范围的社会协作网络。这种稳定网络关系的建立，有利于人才、技术、资本、信息、知识等要素的流动，反过来又进一步推动国际陆港物流链、产业链、价值链分工的深化，为集群创新创造良好的环境。

（3）市场繁荣期。

国际陆港进入成熟期后，随着物流产业链各种类型主体的集聚规模的扩大，使得物流市场的竞争更加激烈，产生集聚不经济效应。由于国际陆港内部分工协作不可能无限制地发展下去，此时如果国际陆港的创新优势不能维持下去，集群的集聚不经济效应将会继续发挥离心力的作用。随着物流产品或服务的同质化及物流企业核心竞争力的趋同，物流企业之间的竞争变得越来越激烈，物流企业的边际成本上升、边际收益减少，开始呈现“锁定效应”。

“锁定效应”本质上是国际陆港在其生命周期演进过程中产生的一种“路径依赖”现象，包括技术性锁定效应、功能性锁定效应、认知性锁定效应、制度和政策性锁定效应等。总体而言，形成“锁定”的原因通常有高转换成本、规模刚性、功能与认知趋同、技术的强联系、信息闭塞、行政性制约等因素，使得集群内部企业不愿意突破锁定效应的限制。“锁定效应”导致国际陆港整体锁定、学习和创新能力不足、转换成本增加、企业交易的无效率、集群的确定性风险、应对市场环境变化的能力弱化等负面作用。当国际陆港不能根据物流市场需求及时进行调整、创新和转型升级时，国际陆港就不能突破路径依赖、创造出新的发展路径，结果是很可能为市场所抛弃，发展停滞甚至衰落；长期锁定在低效状态。

5）转型升级阶段或衰退消亡阶段

国际陆港转型升级或衰退消亡阶段指的是由于物流量的提升和技术的进步，物流行业整体的进一步转型升级和创新发展，国际陆港已难以满足腹地的产业服务以及消费流通需要，国际陆港急需规模扩张或功能转型，进入转型升级阶段；或随着产业分工转移、运输网络基础设施建设更新，致使综合运输的集聚走向发生改变，原有国际陆港在整体物流网络上的地位下降，面临区域物流市场需求不足或被其他国际陆港分流货源，导致原有国际陆港运营困难，国际陆港进入衰退消亡阶段。经历转型升级阶段后，原有国际陆港将进入新的生命周期。

3. 国际陆港 MSFLB 规划方法

国际陆港的建设是一项复杂而长期的工程，投资大、回收周期长。因此，国际陆港的规划工作是非常重要的，需要科学的规划方法指导。作为世界一流的物流咨询和研究机构，德国弗劳恩霍夫物流研究院（Fraunhofer IML，简称德国物流研究院）在众多国际性的国际陆港规划项目实践中总结出了基于需求驱动、竞争驱动和最佳实践驱动的 MSFLB 国际陆港规划方法论。

MSFLB 规划方法论要通过五个步骤来实施，也称“五部曲”。MSFLB 是这五个步骤英文首字母的简称，它们分别是：市场分析、战略定位、功能设计、布局设计和商业计划。

1）市场分析

为确定国际陆港近期和长期的建设规模及发展目标，首先要深入了解国际陆港周边地区的经济发展状况、市场需求、基础设施、服务竞争等情况，对国际陆港辐射地区的宏观经济、产业和微观环境情况进行全面调查和研究，从而对国际陆港的发展有一个科学的规划。市场分析主要包括资料的收集和调研、资料的分析。一般采用 SCP 模型进行定性分析，采用 REA 模型进行定量分析。

2）战略定位

在完成翔实的定性和定量市场分析研究之后，规划者必须对国际陆港整体优势、劣势机会、威胁进行分析（即 SWOT 分析）。这些分析主要是帮助国际陆港的规划者明晰内外部环境，提出发展国际陆港的使命、愿景目标和制胜策略，从而进行准确战略定位，帮助其实现战略目标。

3）功能设计

国际陆港的功能设计主要采用自上而下的方法，即在确定国际陆港的规划原则以后，对物流功能规划所涉及的核心因素进行列举和分析，然后通过收集整理一系列国内外先进的国际陆港案例，总结出对拟建国际陆港最适合的经验。随后，整个国际陆港将被划分为几个大功能区域，规划者再从国际最佳实践经验，以及市场调查得到的实际需求两个方面入手，为每个功能区域命名，分配相应的面积，引入相关的设施、设备和 IT 系统。功能规划的最后一步是对国际陆港的核心流程进行定义和描述。

4）布局设计

国际陆港的设施规划与布局设计是指根据国际陆港的战略定位和经营目标，在已确认的空间场所和功能设计范围内，按照从货物的进入、组装、加工到货物运出的全过程，力争将人员、设备和物料所需要的空间做最适当的分配和最有效的组合，以获得最大的经济效益。

5）商业计划

商业计划主要是让国际陆港投资者和经营管理者按照公司体制设计业务模式和管理模式，主要包括国际陆港管理公司的组织架构和职责、国际陆港业务模式、收益预测、客户分析、国际陆港销售策略、市场推广策略、投资收益等财务概要分析。

MSFLB 五步骤图例如图 4－18 所示。

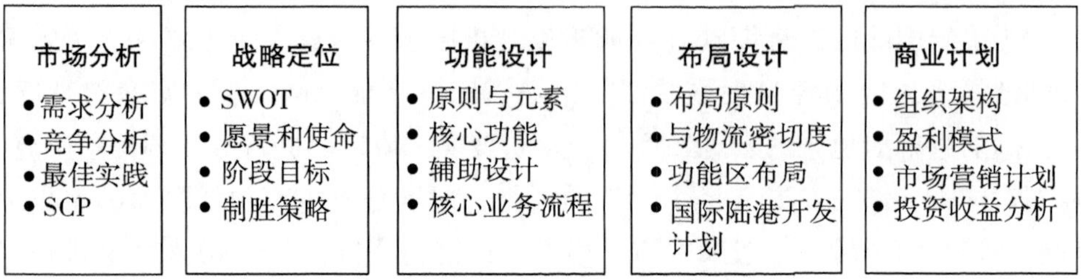

图 4－18　MSFLB 五步骤图例

4. 国际陆港设施系统布置设计方法

20 世纪 60 年代，美国学者 Riehard Muther 在融合系统工程概念和系统分析方法的基础上，提出了极具代表性的系统布置设计（SLP）方法，这一方法的出现，使得布置设计问题从定性分析阶段发展到了定量分析阶段，该方法给出了布置设计问题的通用方法，条理性很强的系统化的布置设计程序极具实践性。自 SLP 方法出现以来，其不但在各种制造厂的设备布置中成效显著，也越来越多地被应用到一些新的领域，例如医院工作区布置、企业办公室布置、国际陆港布置等服务性行业的布置设计领域。我国于 20 世纪 80 年代引入这一布置技术，它至今仍是一种较为流行的布置设计方法，获得了很多应用。

在国际陆港内部功能区规划中，系统布置设计方法是一种以大量的图表分析为手段、以物流费用最小为目标，条理性很强，将物流关系分析与非物流关系分析相结合求得合理布局的技术。它使功能区规划与设计由定性阶段发展到定量阶段，并且广泛应用于包括物流设施在内的各种生产系统与服务系统中。

1）SLP 方法的原理

SLP 方法是一种综合了大量的工厂设施布局设计经验，对各作业单元间物流信息和非物流信息相互关系进行分析为主要目的的设施布局规划方法。运用 SLP 方法进行国际陆港内部功能区布置。首先，需要分析各个作业单元之间的相互关系，即物流和非物流关系，并通过综合打分计算得出各作业单元间的综合关系分析表；其次，根据综合关系分析表中各作业单元模块间的相互关联程度，确定它们之间的距离，并以此安排各作业模块的具体位置；再次，绘制各个作业单元之间的位置相关图，再将各作业单元的可用面积、实际面积与位置相关图结合，得到面积相关图；最后，对面积相关图进行修正和调整，得到多个可行的候选方案，再对各个候选方案进行费用、技术等综合评价，确定最优的布置方案。

SLP 方法包括 P、Q、R、S、T 五个基本要素，其具体含义如下。

P 指产品或材料或服务，是指待布置工厂将生产的商品、原材料或者加工的零部件和成品等；Q 指数量或产量，是指生产、供应或者使用的商品量或者服务的工作量；R 指生产路线或工艺过程，这一要素是工艺过程设计的成果，可用工艺路线图、工艺过程图、设备等表示；S 指辅助服务部门，在实施系统布置工作以前，必须就生产系统的组成情况有一个总体的规划，可以大体上分为生产车间、职能管理部门、辅助生产部门、生活服务部门和仓储部门等；T 指时间或时间安排，指在什么时候，用多长时间生产出产品，包括各工艺的操作时间、更换批量的次数。对上述五个要素进行分析是设施布局设计工作的前提和基础。

2）SLP 方法的步骤

第一步：确定布局所需要的基本要素。广泛收集资料，确定国际陆港功能区布置规划的五个基本要素，即 P（物流对象）、Q（物流量）、R（物流作业路线）、S（辅助服务部门）、T（物流作业技术水平）。

第二步：物流关系与非物流关系分析。对于以物流作业为主的国际陆港，物流关系分析是各功能区之间相关性分析中最主要的方面；对于物流量不大或者辅助服务的部门，非物流关系分析是各功能区之间相关性分析的重要方面；如果介于上述两种情况，那么就要综合分析各功能区之间的物流关系与非物流关系，得到综合关系分析表。

第三步：绘制作业单元位置相关图。根据综合相互关系分析表，结合每组作业单元之间相互联系程度的高低，判断每两个作业单元的相对距离，得出其相对位置的关系。这个阶段没有考虑到各个作业单元具体的实际占地面积，因此所得到的只是各个作业单元的相对位置，即所谓的单元位置相关图。

第四步：绘制作业单元面积相关图。首先计算作业单元实际面积，在计算过程中，要考虑到与各作业单元相对应的作业人数、设施设备、物流通道及辅助装置等相关因素，且最后计算得到的理论面积应符合规划的可用面积。然后根据计算得到的作业单元面积数据，将其表现在作业单元位置相关图上，便得到所需的作业单元面积相关图。

第五步：修正。以上所得到的作业单元面积相关图仅仅是一个初始的布局图，要得到最优的结果，还需要结合其他相关因素进行评价、调整与修正。这个阶段需要考虑的主要因素有物料的搬运方式、转运操作方式、货物储存周期等，另外，成本、品质安全、人力资源等实际限制条件也应该在影响因素考虑的范围之内。在综合了各种调整因素和实际限制条件的各种影响因素后，对作业单元面积相关图进行调整，便会得到多个候选方案。

第六步：方案评价与择优选择。根据以上所得的数个候选方案，结合实际情况，进行实施技术、运行费用等因素的分析，对各候选方案作出比较评价，选择最优的设计方案，进而得到最终的布局方案。

SLP 方法的实施步骤如图 4 －19 所示。

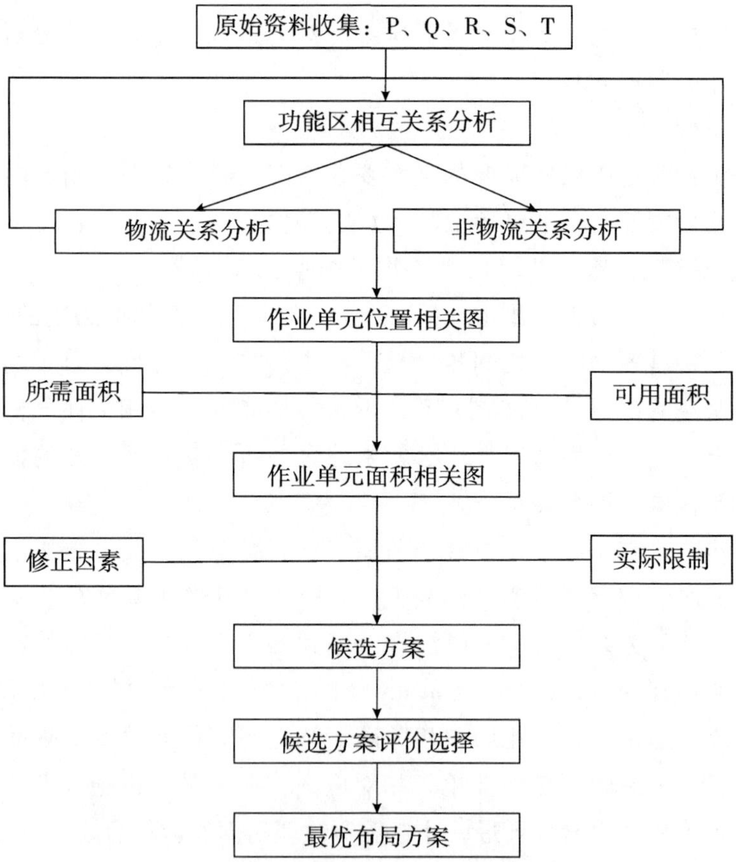

图 4 －19　SLP 方法的实施步骤

3）SLP 方法的改进与优化

传统系统布置设计方法容易受到设计人员主观因素的影响，为了降低该方法对设计人员的依赖，以及降低布局过程中手工调整的工作量，可构建平面布局求解数学模型，并与 SLP 方法相结合，在采用 SLP 方法进行功能区相关性分析之后，以构建数学模型的方式，描述布局规划目标及相关约束，通过求解该模型或通过仿真完成国际陆港内部功能区的平面布局规划优化。

5. 国际陆港生态圈构建理论

国际陆港规划应该突出以国际陆港为核心的生态圈建设和打造，国际陆港生态圈是组织生态学系统理论应用的具体体现。根据组织生态学的基本理论，组织生态系统主要由组织群落与环境因子两部分组成。组织群落由组织个体、组织种群、组织群落三部分组成，环境因子由政治、经济、社会、自然资源、科技、文化等生态因子部分组成。

国际陆港主要入驻的是物流企业，但还包括政府机构、培训机构、金融机构、交通机构与科研咨询机构等，从整体上构成了完整的生态系统，称为“国际陆港生态圈”。结合国际陆港的具体情况，国际陆港生态圈结构整体上分为三层，如图 4－20 所示。第一层为中心层，包括整体物流业的运营链的企业以及存在竞争合作关系的企业；第二层为辅助层，为物流运营链的辅助服务体系，包括政府部门、贸易机构、咨询机构、金融机构等服务机构；第三层为延展层，主要为外部松散的环境因素，从宏观上影响国际陆港的发展与运营。

国际陆港生态圈主要以物流企业为中心，辅助层主要为中心层提供网络资源和基础设施，延展层能够起到完善辅助层的作用，直接或间接地影响中心层的行为方式。

（五）国际陆港网络空间布局规划

1. 国际陆港网络空间布局规划的内涵

1）国际陆港网络空间布局规划的含义

一般而言，物流节点网络空间布局规划就是针对物流节点的特点，以及物流节点所处具体环境的特点，探讨物流节点网络空间布局的内在规律，对物流节点在空间的位置进行有计划性的总体优化安排和部署。物流节点网络空间布局的直接目的是确定不同等级物流节点的区位特性，协调各级物流节

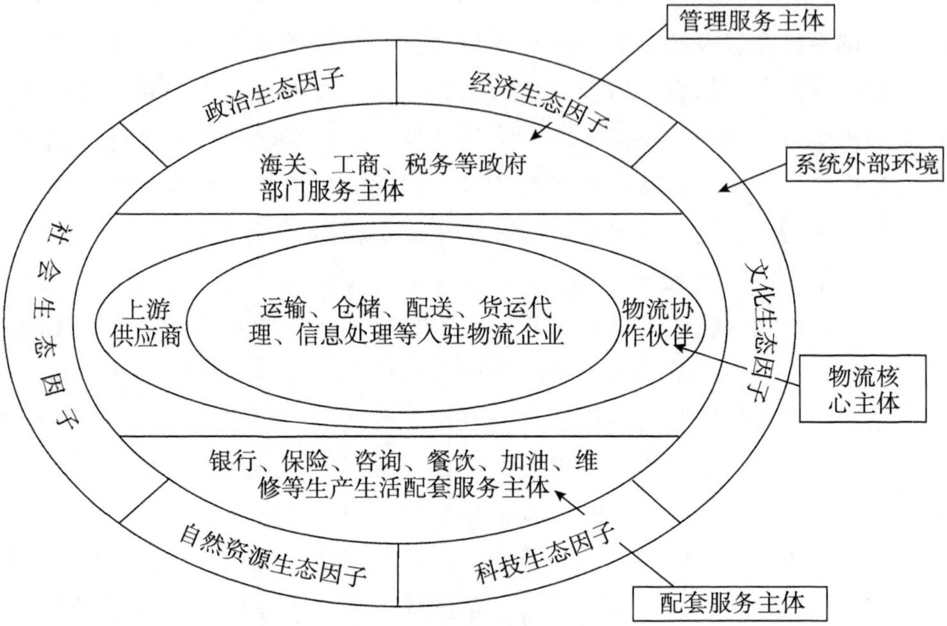

图 4－20　国际陆港生态圈结构

点在空间上的合理分布，实现物流节点资源在空间的优化配置，其最终目的是通过物流节点布局的优化，提高物流节点网络系统的运行效率，降低物流运作成本，缓解来自环境污染、能源消耗等方面的压力，进而为其依托载体的可持续发展提供必要的基础性保障条件。

国际陆港作为一类大型物流节点设施，其网络空间布局要根据公路、铁路、水路等综合交通路网条件、市场需求条件、政策环境条件等因素，对国际陆港的空间位置进行科学安排。国际陆港网络空间布局规划旨在通过国际陆港网络节点空间分布的优化和单点内部布局的优化降低国际陆港网络化运行成本，提高运行效率，进而有效实现经济效益和社会效益的有机统一。

2）国际陆港网络空间布局规划的层次性

经济学关于空间理论研究与实践，可以分为微观区位理论和宏观区域理论两个范畴。微观区位理论研究微观经济单体和个体基于区位影响和决定因素产生的空间偏好与选址决策，也称为选址理论；而宏观区域理论旨在研究在一定区域内，微观集合和空间分布的决定和发展规律，也称为生产布局理论。

根据上述理论，广义上国际陆港网络空间布局规划可以分为宏观空间布局战略规划、中观选址分析策略规划和微观平面设计规划三个层次的内容。

国际陆港宏观空间布局战略规划主要研究国际陆港的一般空间结构、国际陆港层次类别与区域的空间适应性的问题，主要是在掌握国际陆港空间布局规律的基础上，在宏观区域范围内确定国际陆港层次和与其所依托的较小区域之间的关系，即研究国际陆港在物流网络上的层次位置关系，以及宏观范围内各个区域所具有的不同层次的国际陆港条件。

国际陆港中观选址分析策略规划主要研究在城市范围内国际陆港系统布局结构、国际陆港的空间位置特征和国际陆港的理想位置选择问题。

国际陆港微观平面设计规划也称为国际陆港平面布置，是指对布局确定的国际陆港的具体功能、作业流程和生产工艺、相关的硬件设施设备选型与配置的内容的设计过程。

在上述三个层次布局规划中，宏观空间布局战略规划对中观选址分析策略规划和微观平面设计规划具有重要的指导作用，对国际陆港的建设、运营和管理起着宏观约束作用，是国际陆港网络空间布局规划中的首要和前期工作，一般属于长期规划；中观选址分析策略规划受到宏观空间布局战略规划的制约，需要在宏观空间布局战略规划确定的层次等级范围指导下进行有关的分析规划工作，一般属于中长期规划；微观平面设计规划应在上述两个层次规划方案确定后进行，其规划设计工作受上两个层次规划结论的约束，一般属于中短期规划。就各层布局规划的核心内容而言，宏观空间布局战略规划重在国际陆港分布地区的选择，中观选址分析策略规划重在国际陆港分布地点的选择，微观平面设计规划重在国际陆港各生产要素在选定的地点内进行空间组合安排。

综上，广义上国际陆港网络空间布局规划可以分为宏观、中观、微观三个层次，其地位和关系如图 4 – 21 所示。狭义上国际陆港网络空间布局规划大多关注国际陆港的整体数量，空间规模及其分布城市，而不对具体国际陆港的微观设施选址和内部系统布置设计进行研究。

3）国际陆港网络空间布局规划原则

（1）市场导向性原则。

现代物流从根本上是一种服务型的经济，其规划布局必须与市场需求分布协调一致。国际陆港宏观空间布局战略规划中空间载体的选择、服务范围

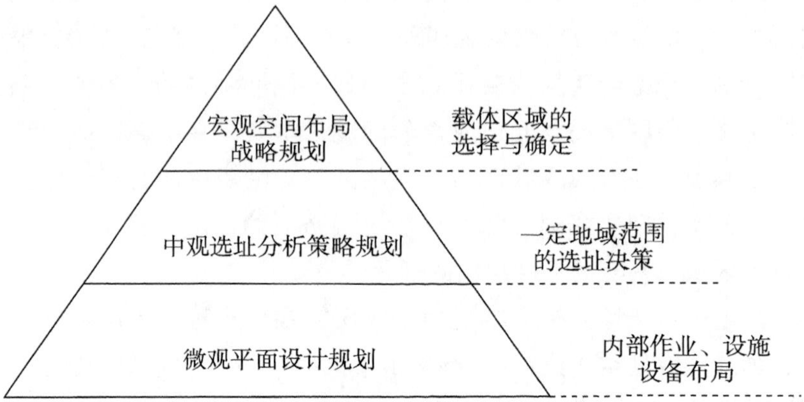

图 4－21　国际陆港网络空间布局规划层次分布

的确定、功能定位等均需充分考虑市场发育情况以及当地的经济社会发展情况，其规划布局要覆盖全国重要经济城市和骨干市场。

（2）区位导向性原则。

现代物流节点从一般意义上讲是各种运输方式的集合和交界处，各种运输方式的通达程度决定了现代物流节点能否顺利有效地开展经营。国际陆港的规划布局要优先选取交通区位条件良好、各种运输方式集结和汇集的空间载体，从而发挥国际陆港在我国社会物流体系中重要的骨干和协调作用。

（3）社会导向性原则。

国际陆港规划建设除考虑经济效益外，也应承担一定的社会责任。既要满足发达地区旺盛的物流需求，提高运输效率和质量，又要重视对经济欠发达地区的带动和促进作用，从而促进我国区域经济的协调发展，推动构建和谐社会。如东部发达地区，物流市场需求旺盛，需要建设高等级的大型国际陆港以满足大批量货物流转的需要。而对于欠发达地区，可以考虑在核心交通枢纽城市建设较高等级的国际陆港，满足区域经济社会发展的需要。

（4）实践导向性原则。

各种交通运输方式具有自身的复杂性和特殊性，在管理体制、运输组织方式、成本核算等诸多方面均有其不同的特性，因而其国际陆港网络空间布局规划必须充分考虑各种运输方式自身的特性，在严格坚持科学理论研究的基础上联系各交通方式经营和发展的实际情况，做到理论与实际的完美结合。

（5）和谐导向性原则。

国际陆港的建设规划必然加剧既有国际陆港的竞争，适当竞争有利于园区充分发掘既有资源潜力，大力拓展现代物流业务，但在竞争的同时，国际陆港的建设规划还需要考虑与当地既有物流规划、既有运输方式等进行积极合作，从而降低投资成本、快速发展市场，实现与其他物流节点和各类运输方式的合理有效分工，实现和谐发展，有效降低社会物流成本。

2. 国际陆港网络空间布局规划模型体系构建

1）既有物流节点空间布局方法分析

（1）聚类分析法。

聚类分析，也称群分析或点群分析，它是研究多要素事物分类问题的数量方法。其基本原理是，根据样本自身的属性，用数学方法按照某些相似性或差异性指标，定量地确定样本之间的亲疏关系，并按这种亲疏关系程度对样本进行聚类。目前常用的有系统聚类法、动态聚类法和模糊聚类法。

系统聚类法。系统聚类法的基本思路是：先将规划区域内各备选载体城市各自看成一类，记为第1类，第2类，……，第 n 类，每一类研究对象均用一组指标 $\{X_k\}$ 表示其特征（$k=1, 2, \cdots, n$），然后根据各城市间的相似度，将这 n 类中最相似的两个类合并成一个新类，这样得到 $n-1$ 类，再在这 $n-1$ 类中找出最相似的两类合并，得到 $n-2$ 类，如此下去直至将所有的备选载体城市对象归并成一个大类为止。

动态聚类法。数学中常用的迭代思想在聚类分析中的应用称为动态聚类法，也称逐步调整法。其基本思路是：先给备选载体城市集一个初始的大致分类（需事前进行研究），然后按照某种原则进行修改，直至认为分类较为合理为止。其步骤如图4－22所示（图中每一部分均有很多解法）。

模糊聚类法。模糊聚类法是利用模糊数学的语言和方法描述和解决现实中界限不一定很清楚的事物分类问题的一种方法。一般先根据实际问题选择具有明确意义和较强的分辨力、代表性的统计指标，然后进行数据标准化，根据实现情况按一个准则或某一种方法确定事物相似程度，最后进行分类。

（2）模糊区间层次综合评价模型。

模糊区间层次综合评价模型的基本思路是：首先对备选载体城市进行物流发展综合指数的计算，然后采用统计学分析方法对其进行层次分类，从而得到备选载体城市的宏观布局方案。其基本步骤主要包括以下几个方面。

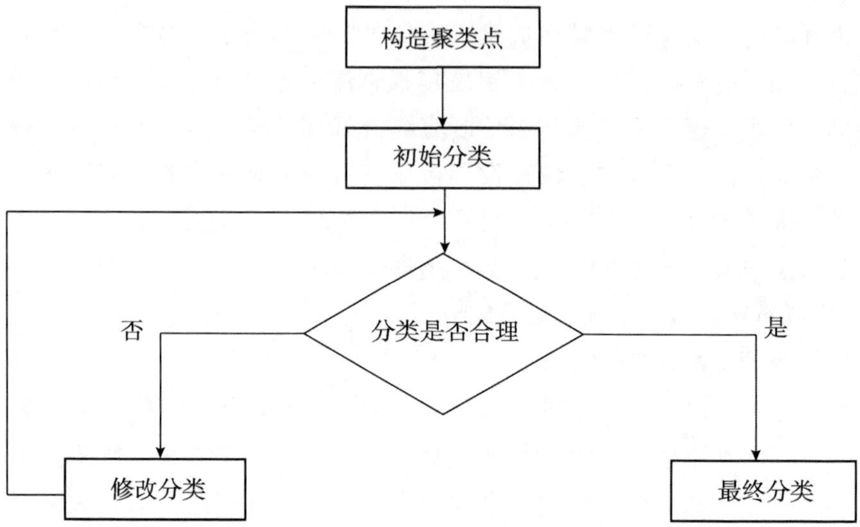

图 4－22　动态聚类流程

构建综合评价指标体系。根据影响物流发展的主要因素，如各地统计年鉴进行数据指标的初步筛选，然后采用一定方法进行数据指标的优化，从而得到综合评价的指标体系。

计算备选载体城市物流发展综合指数。采用主成分分析、DEA 模型、模糊综合评价模型等对备选载体城市进行物流发展综合指数的计算。

对备选载体城市进行层次分类。采用适当的方法对物流发展综合指数进行阈值的确定，从而对备选载体城市进行层次分类，得到规划布局结果。

（3）经济系统梯度分析法。

以区域经济发展梯度为主要依据，并结合区域、城市交通地位来分析，确定各载体服务地区的国际陆港的系统梯度，是最简单直接的国际陆港节点布局梯度分析方法。

2）国际陆港宏观空间布局规划的方法体系

通过对既有研究方法的分析可以看出，模糊聚类法能够较好地研究不同空间载体间的内部规律，并能进行层次类别分析，且一些学者应用其在进行国际陆港载体城市的选择时取得了非常好的效果，但研究内容涉及研究对象多且影响因素复杂多样，较难取得较好效果的聚类；模糊区间层次综合评价模型能够分析事物间的不确定性关系，能够很好地反映理论和实践经验，但计算中由于涉及因素多，隶属度的确定难度较大；经济系统梯度分析法主要基于定性分析，人为影响因素大，虽然操作简便但科学性略显不足。

考虑以上因素，选择利用模糊优选模型进行国际陆港网络空间布局规划的研究，其方法体系如图 4－23 所示。

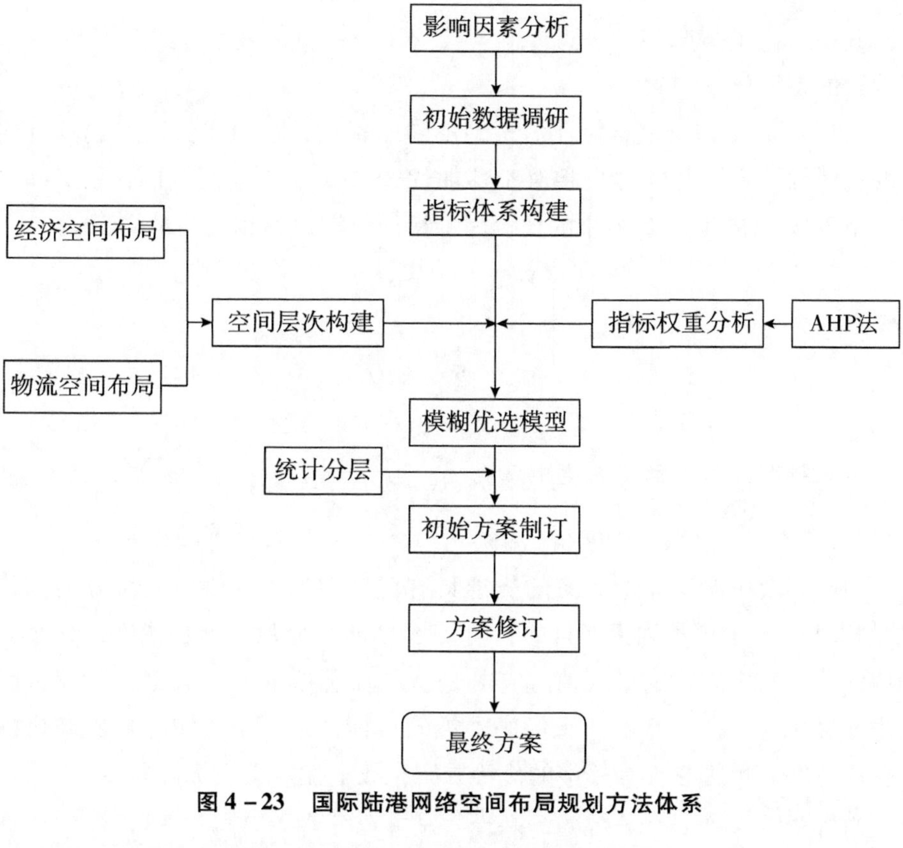

图 4－23　国际陆港网络空间布局规划方法体系

3）国际陆港宏观空间布局规划方法的基本原理

模糊优选法的基本思想是将各评价原则间的重要性比较和不同受评价目标之间就同一评价因素的优越性比较采用模糊标度进行衡量，通过模糊优选法计算出各受评价目标的相对优属度，并将各受评价目标按优属度进行排序，从而体现出各受评价目标的相对优劣性。

设系统有 N 个待优选的方案组成系统的优选方案集，又有 m 个因素（或指标）组成对优选对象进行评判的系统的因素集，则有系统因素特征值矩阵为：

$$X_{m\times n}=\begin{pmatrix}x_{11} & \cdots & x_{1n}\\ \vdots & & \vdots\\ x_{m1} & \cdots & x_{mn}\end{pmatrix}=(x_{ij})_{m\times n}$$

对于第 j 个方案可用向量x_j，表示 m 个评价因素特征值

$$x_j=(x_{1j},\ x_{2j},\ \cdots,\ x_{mj})^{\mathrm{T}}\ (j=1,\ 2,\ \cdots,\ n)$$

其中，x_{ij}（$i=1,\ 2,\ \cdots,\ m;\ j=1,\ 2,\ \cdots,\ n$），表示方案 j 对于第 i 个评判因素的特征值。

为消除 m 个评价因素特征值量纲不同的影响，且由于方案优选具有比较上的相对性，方案的优劣是相对于参加优选的 n 个方案而言的，由 Zadeh 公式将矩阵 $\boldsymbol{X}$ 规格化，将 $\boldsymbol{X}$ 中的评价因素特征值转化为相应的隶属度r_{ij}。

$$\boldsymbol{R}_{m\times n}=\begin{pmatrix}x_{11} & \cdots & x_{1n}\\ \vdots & & \vdots\\ x_{m1} & \cdots & x_{mn}\end{pmatrix}=(r_{ij})_{m\times n}$$

$$\boldsymbol{r}_j=(r_{1j},\ r_{2j},\ \cdots,\ r_{mj})^{\mathrm{T}},\ (j=1,\ 2,\ \cdots,\ n)$$

设系统有评判因素优属度矩阵$\boldsymbol{R}_{m\times n}$。若$\boldsymbol{g}_j=(g_1,\ g_2,\ \cdots g_m)^{\mathrm{T}}$，其中，

$\boldsymbol{g}_j=\bigvee\limits_{j=1}^{n} r_{ij}=r_{i1}\vee r_{i2}\vee\cdots\vee r_{in}$（$i=1,\ 2,\ \cdots,\ m$）为系统的优等方案。

由于系统中全体 n 个方案的优选具有比较上的相对性，系统方案的优选又是相对于 m 个评价因素而言的，向量 $\boldsymbol{g}$ 的 m 个分量是参加优选的各个方案相应评价因素隶属度的最大值。它既是从参加优选的 n 个方案实际评价因素的隶属度中产生，又有着理想优序决策的目标，是一个现实与理想结合的假象优序方案，可把它作为标准的优等方案，故上述定义为优等方案。

若$\boldsymbol{b}_i=(b_1,\ b_2,\ \cdots,\ b_m)^{\mathrm{T}}$，其中$\boldsymbol{b}_i=r_{i1}\wedge r_{i2}\wedge\cdots\wedge r_{in}(i=1,\ 2,\ \cdots,\ m)$，则称$\boldsymbol{b}_i$为系统的劣等方案。系统中的每个方案分别以一定的隶属度隶属于优等方案与劣等方案，可用下列模糊矩阵表示

$$\boldsymbol{U}_{2\times n}=\begin{pmatrix}u_{11} & u_{12} & u_{13}\cdots u_{1n}\\ u_{21} & u_{22} & u_{23}\cdots u_{2n}\end{pmatrix}$$

满足约束条件

$$0\leqslant u_{kj}\leqslant 1\ (k=1,\ 2;\ j=1,\ 2,\ \cdots,\ n)$$

$$\sum_{k=1}^{2} u_{kj}=1(j=1,2,\cdots,n),\sum_{j=1}^{n} u_{kj}>0(k=1,2)$$

其中u_{kj}，表示第j个方案隶属于优等方案（当$k=1$）或劣等方案（当$k=2$）的隶属度。

在对系统n个方案优选时，每个评价因素所起的作用一般来说是不一样的，或主或次，或重或轻，必须考虑不同的权重。设其权向量为

$$\boldsymbol{w}=(w_1,\ w_2,\ \cdots,\ w_m)^{\mathrm{T}}$$

满足$\sum_{i=1}^{m} w_i = 1$，w_i为第i个评价因素的权重$i=$（1，2，…，m）。

由模糊矩阵可见，第j个方案以隶属度u_{1j}隶属于优等方案，同时又以隶属度u_{2j}隶属于劣等方案。但由于u_{1j}，u_{2j}均在［0，1］取值，故有无穷多个模糊矩阵，需要根据一定的优化准则来求解最优矩阵，从而确定出第j（$j=1,\ 2,\ \cdots,\ n$）个方案从属于系统优等方案隶属度的最优值，然后根据最大隶属原则得出几个方案的优选结果。为此，必须再引进一个概念。

设$\| w\cdot(r_i-g)\| = \left\{\sum_{k=1}^{m}[w_{kj}\cdot(r_{kj}-g_{kj})]^p\right\}^{\frac{1}{p}}(j=1,2,\cdots,n)$，$p\geqslant 1$，为第$j$个方案的广义优距离，它表示考虑评价因素权重后第$j$个方案与优等方案的差异程度。特别当$p=2$时，称为广义欧氏优距离（下同）。

设$\| w\cdot(r_i-b)\| = \left\{\sum_{k=1}^{m}[w_{kj}\cdot(r_{kj}-b_{kj})]^p\right\}^{\frac{1}{p}}(j=1,2,\cdots,n)$，$p\geqslant 1$，为第$j$个方案的广义劣距离，它表示考虑评价因素权重后第$j$个方案与劣等方案的差异程度。

考虑到第j个方案分别以u_{1j}、u_{2j}隶属于优等方案和劣等方案，那么有：$D(r_i,\ b)=u_{1j}\cdot\| w\cdot(r_i-g)\|$为第$j$个方案的权广义优距离，$D(r_i,\ b)=u_{2j}\cdot\| w\cdot(r_i-g)\|$为第$j$个方案的权广义劣距离。

现在的问题是要求出第j个方案（$j=1,\ 2,\ \cdots,\ n$）从属于优等方案的隶属度u_{1j}；为此提出如下优化原则：全体n个参加优选的方案，对系统的优等方案与劣等方案的“权广义距离”的平方和最小，即n个方案的“权广义优距离平方与权广义劣距离平方之和最小”。根据这一优化准则，构造目标函数

$$\begin{aligned}F(u_{1j}) &= \sum_{i=1}^{n}[D^2(r_i,g)+D^2(r_i,b)]\\ &= \sum_{i=1}^{n}[u_{1j}^2\cdot\| w\cdot(r_i-g)\|^2+(1-u_{1j})^2\ \| w\cdot(r_i-b)\|^2]\end{aligned}$$

$$F(u_{1j}^*) = \min_{u_{1j}\in[0,1]} \{F(u_{1j})\}$$

令$\dfrac{\mathrm{d}F(u_{1j})}{\mathrm{d}\,u_{1j}}=0$，得

$$u_{1j}^2 \cdot \| w\cdot(r_i-g) \|^2 + (1-u_{1j})^2 \| w\cdot(r_i-b) \|^2 = 0$$

解得

$$u_{1j}^* = \frac{1}{1+\dfrac{\| w\cdot(r_i-g) \|^2}{\| w\cdot(r_i-b) \|^2}}$$

可以解得u_{1j}的最优值计算模型为

$$u_{1j}^* = \frac{1}{1+\left\{\dfrac{\sum\limits_{k=1}^{m}[w_{kj}\cdot(r_{kj}-g_k)]^2}{\sum\limits_{k=1}^{m}[w_{kj}\cdot(r_{kj}-b_k)]^2}\right\}}(j=1,2,\cdots,n)(\text{取 } p=2)$$

3. 国际陆港网络空间布局规划指标体系设计

1）指标体系设计的基本原则

国际陆港网络空间布局规划问题的影响因素众多，在进行指标体系的构建时必须充分考虑各种因素的影响，然后选出影响较大的因素和条件进行分析。在构建评价指标体系时应遵循以下原则。

（1）广泛代表性。应包含影响国际陆港网络空间布局的主要经济技术因素。

（2）形态简洁性。应使用简明的表达方式，不宜种类过多，不宜采用复杂的形式。

（3）综合可比性。有关指标应便于进行静态和动态分析，便于进行横向和纵向比较。

（4）数据可得性。指标选择要尽量与统计部门一致，以保证数据的可得性。

2）指标体系的初步筛选与构建

考虑到各因素对国际陆港网络空间布局规划指标体系的影响程度和数据的可得性，在大量调查及与相关专家访谈和咨询的基础上，初步筛选影响国际陆港网络空间布局规划的相关指标，主要包括市场需求环境、交通发展实力、地区交通衔接情况、区位政策及条件四大类指标及 16 项具体指

标，如图4－24所示。

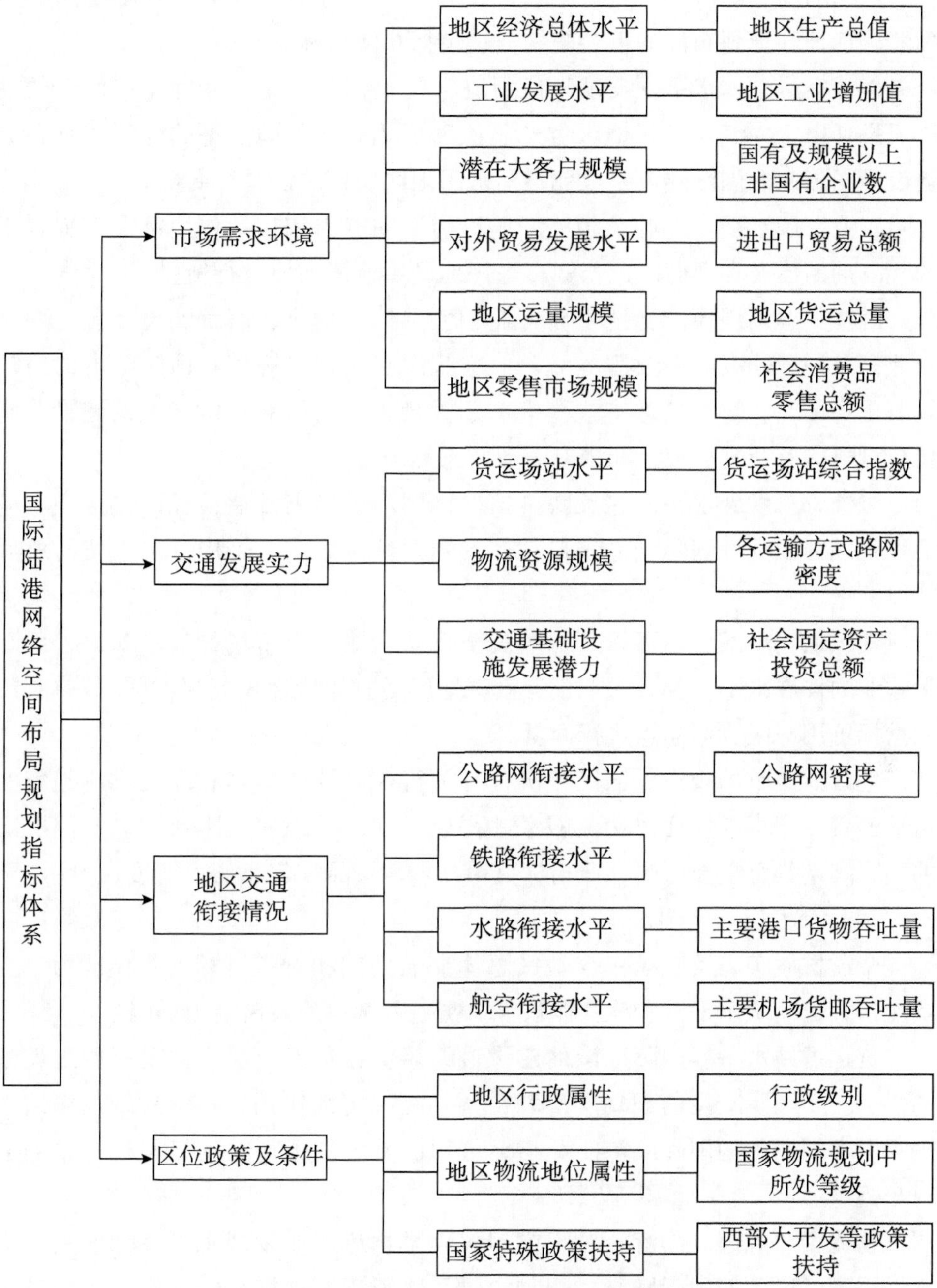

图4－24　国际陆港网络空间布局规划指标体系

（1）市场需求环境。

国际陆港是经济发展到一定阶段的产物，良好的市场需求环境是影响国际陆港选址和规划布局的重要依据。它包括6项指标。

地区经济总体水平。反映地区所有常住单位在一定时期内生产活动的最终成果，由于物流需求与地区生产总值密切相关，不同水平的地区适宜布局建设不同层次的国际陆港。故此指标采用地区生产总值进行衡量。

工业发展水平。工业及相关产业对物流的需求和拉动作用巨大，有利于国际陆港的建设和运营。此指标可采用地区工业增加值进行衡量。

潜在大客户规模。当地主导行业、大型生产企业、商贸流通企业、物流企业等是国际陆港的主要服务对象，这些潜在大客户规模对国际陆港的经营具有重要影响，较大的客户规模有利于大规模、高质量国际陆港的建设。此指标可取国有及规模以上非国有企业数进行衡量。

对外贸易发展水平。它反映了该地区国际贸易的发展情况，这是决定地区可否成为区域性国际陆港布局载体的主要标准之一，可用进出口贸易总额加以衡量。

地区运量规模。它可以从一个侧面反映运输物流市场的需求状况，反映运输业的发展水平，拥有大规模运量的地区适宜布置建设高层次的国际陆港，此指标可用地区货运总量进行衡量。

地区零售市场规模。国民经济各有关行业向社会集团和居民供应销售的生活消费品，均需要通过物流服务才得以实现，其规模大小对建设不同层次的国际陆港具有重要影响，此指标可用社会消费品零售总额来衡量。

（2）交通发展实力。

交通发展实力反映了一个地区总体交通基础和物流资源的规模能力，主要包括货运场站水平、物流资源规模、交通基础设施发展潜力等因素。

货运场站水平。国际陆港的建设最终落实在货运枢纽中，现有货运场站的水平对于国际陆港的规划层次和类型具有决定性作用，不同的货运场站水平吸引不同层次的国际陆港。此指标可用区域内货运场站的级别及数量的加权来衡量。

物流资源规模。物流资源规模的大小是物流产业发展水平高低的一个决定性因素，影响着国际陆港的规划定位。物流资源规模大的地区适宜建设高级别的国际陆港，物流资源规模小的地区适宜建设低级别的国际陆港。此项指标可用地区路网密度、货运量加以衡量。

交通基础设施发展潜力。国际陆港需要以交通基础设施作为支撑，交通基础设施的发展潜力对于国际陆港的建设运营有重要影响，而交通基础设施建设主要来源于社会投资，故此项指标可用社会固定资产投资总额来衡量。

（3）地区交通衔接情况。

物流基础设施尤其是交通运输设施对地区物流发展具有重要的支持作用，交通运输设施条件决定的地区交通区位优势是影响国际陆港空间布局的重要因素，地区交通衔接情况的不同对于建设不同层次类别的国际陆港具有重要影响。它可由以下 4 项指标来体现。

公路网衔接水平。各级国际陆港均需要较好的公路运输网络衔接条件，公路网密度可以较好地表征地区的公路网衔接水平。除了公路网衔接水平以外，路网衔接的质量水平也是体现地区交通区位条件的一个重要方面，高级的国际陆港需要高质量的交通通道为大规模的货物运转提供保证。

铁路衔接水平。良好的铁路发展条件是规划建设国际陆港的必要基础性条件。铁路通道、路网密度、发运能力、园区专用线数量及衔接便利程度是衡量国际陆港铁路衔接水平的重要指标。

水路衔接水平。水路通道尤其是海上水路通道的密集程度是反映国际物流发展水平的一个重要标志。由于水运货物（尤其是港口货物）的集疏运输和换装等技术作业需要较高的物流服务设施作为支撑，对建设高层次国际陆港具有较大需求。此指标可用港口货物吞吐量来衡量。

航空衔接水平。航空衔接水平主要由机场货邮吞吐量来表示。

（4）区位政策及条件。

国际陆港的宏观布局层次类别的划分，除了与地区经济发展水平和交通运输条件密切相关，还与地区属性和享有的政策优势有关。它包括以下 3 项指标。

地区行政属性。用地区行政级别表示，在对地级市进行分析时，对直辖市、副省级城市、一般开放城市、部分省会城市、沿边城市、地级城市、地区级城市等取一定的系数。

地区物流地位属性。国际陆港的规划应该尽量实现与既有物流节点布局规划相结合，以实现社会物流资源的整合优化配置，获取更多的政策支持。

国家特殊政策扶持。主要是指所研究的载体地区是否有老少边穷地区，在其他条件具备的情况下，考虑到国际陆港等基层设施建设对区域产业经济的引领和拉动作用，可优先在这类地区规划布局国际陆港。

4. 国际陆港网络空间布局规划指标选择优化

由于不同指标间可能存在较大相关性，导致指标间差异性不大，影响方案分析，故而需要对评价指标进行进一步优化分析。指标体系的优化一般可采用两种方法，其一为因子分析法，其二为相关性和空间差异度分析法，以下将对这两种方法进行比较筛选。

1）因子分析法

因子分析法能够较好地揭示不同指标间的相互关系，具有较强的解释性，其分析一般主要有因子载荷矩阵 $\boldsymbol{L}$ 的估计求解和因子旋转两大步骤。

（1）因子载荷矩阵 $\boldsymbol{L}$ 的估计求解。

设样本标准化矩阵后的相关矩阵 $\boldsymbol{R}$ 的特征值依次为 $\lambda_1 \geqslant \lambda_2 \geqslant \cdots \geqslant \lambda_p \geqslant 0$，相应的正交单位特征向量为 $\boldsymbol{U}_1$，$\boldsymbol{U}_2$，…，$\boldsymbol{U}_p$。选取相对较小的主成分个数 m，并使得累计贡献率达到一个较高的百分比，以保证原始指标数据信息量不丢失，则 $\boldsymbol{R}$ 可作如下的近似解。

$$\boldsymbol{R} = \lambda_1 \boldsymbol{U}_1 \boldsymbol{U}_1^{\mathrm{T}} + \cdots + \lambda_m \boldsymbol{U}_m \boldsymbol{U}_m^{\mathrm{T}} + \lambda_{m+1} \boldsymbol{U}_{m+1} U_{m+1}^{\mathrm{T}} + \cdots + \lambda_p \boldsymbol{U}_p \boldsymbol{U}_p^{\mathrm{T}}$$

$$\approx \lambda_1 \boldsymbol{U}_1 \boldsymbol{U}_1^{\mathrm{T}} + \cdots + \lambda_m \boldsymbol{U}_m \boldsymbol{U}_m^{\mathrm{T}} + \widehat{\boldsymbol{D}} = \widehat{\boldsymbol{L}}\widehat{\boldsymbol{L}}^{\mathrm{T}} + \widehat{\boldsymbol{D}}$$

为表示简便，因子载荷估计矩阵 $\widehat{\boldsymbol{L}}$ 也表示为 $\boldsymbol{L}$，这样上式可以表示为：

$$\boldsymbol{R} = \boldsymbol{L}\boldsymbol{L}^{\mathrm{T}} + \widehat{\boldsymbol{D}}$$

其中，$\boldsymbol{L} = (\sqrt{\lambda_1}\boldsymbol{U}_1, \sqrt{\lambda_2}\boldsymbol{U}_2, \cdots, \sqrt{\lambda_m}\boldsymbol{U}_m) = (l_{ij})_{p\times m}$，$\widehat{\boldsymbol{D}} = \mathrm{diag}(\widehat{\sigma}_1^2, \cdots, \widehat{\sigma}_p^2)$，$\widehat{\sigma}_i^2 = r_{ij} - \sum\limits_{j=1}^{m} l_{ij}^{j}$，$i = 1, 2, \cdots, p$。这里的 $\boldsymbol{L}$ 和 $\widehat{\boldsymbol{D}}$ 就是因子模型的一个解。因子载荷矩阵 $\boldsymbol{L}$ 的第 k 列与 $\boldsymbol{R}$ 的第 k 个主成分的系数仅相差一个很小的倍数 $\sqrt{\lambda_k}$（$k = 1, 2, \cdots, m$），因此这个解就成为主成分解。

①计算 $\boldsymbol{R}$ 的特征值和特征向量。根据特征方程 $|\lambda \boldsymbol{L} - \boldsymbol{R}| = 0$，求出特征值 λ_i（$i = 1, 2, \cdots, p$），并按大小顺序排列（$\lambda_1 \geqslant \lambda_2 \geqslant \cdots \geqslant \lambda_p \geqslant 0$）；对应于特征值 λ_i 的特征向量 $\boldsymbol{U}_i$（$i = 1, 2, \cdots, p$）

$$\boldsymbol{U} = (\boldsymbol{U}_1, \boldsymbol{U}_2, \cdots, \boldsymbol{U}_p)\begin{pmatrix} u_{11} & \cdots & u_{1p} \\ \vdots & & \vdots \\ u_{p1} & \cdots & u_{pp} \end{pmatrix}$$

②依次计算各特征值的方差贡献率及累计贡献率。主成分F_k的方差贡献率为：

$$D_k = \lambda_k / \sum_{i=1}^{p} (1,2,\cdots,p)$$

累计贡献率为：

$$D_{Tm} = \sum_{i=1}^{m} \lambda_k / \sum_{i=1}^{p} \lambda_i$$

一般累计贡献率计算到其累计值达到85%以上的λ_1，λ_2，…，λ_m，所对应的前m（$m \leqslant p$）个主成分即可。

③建立因子载荷矩阵$\boldsymbol{L}$。根据前述结果，计算而得因子载荷矩阵

$$\boldsymbol{L} = (\boldsymbol{L}_1, \boldsymbol{L}_2, \cdots, \boldsymbol{L}_m) = \begin{pmatrix} l_{11} & \cdots & l_{1m} \\ \vdots & & \vdots \\ l_{p1} & \cdots & l_{pm} \end{pmatrix}$$

其中，$\boldsymbol{L}_k = \sqrt{\lambda_k}\boldsymbol{U}_k$（$k = 1, 2, \cdots, m$）。

（2）因子旋转。

因子分析的目的是对由不同指标组成的因子间的关系进行解释，根据因子载荷矩阵可以对各影响国际陆港网络空间布局层次分类的评价指标与因子的关系进行分析。对指标因子的关系分析通常需要一定的专业知识和经验，要对每个公因子给出具有实际意义的一个名称，它可以用来反映在预测每个可观测的原始指标变量时这个公因子的重要性，也就是各有关指标对应于这个因子的载荷。因子的解释一般带有一定的主观性，如果因子载荷矩阵中的一些指标元素对几个公因子的载荷值很接近，则分析人员的主观性很容易构成对因子分析的最终解释。为了减少这种主观性，便于对因子进行归类解释，一般需要进行因子旋转。

公因子是否易于解释，很大程度上取决于因子载荷矩阵$\boldsymbol{L}$的指标元素结构。由前可知，$\boldsymbol{L}$是从相关矩阵$\boldsymbol{R}$出发求得的，因此$\boldsymbol{L}$的所有元素均在-1和$+1$之间。如果因子载荷矩阵$\boldsymbol{L}$的所有元素都接近0或± 1，则模型的公因子就容易解释。这时可将原始指标变量x_1，x_2，…，x_p分成m个部分，第1部分对应第1个公因子f_1，第m部分对应第m个公因子f_m。反之，如果因子载荷矩阵$\boldsymbol{L}$的多数元素居中，不大不小，则将对模型的公因子难以作出解释，此时必须进行因子旋转，使得旋转之后的因子载荷矩阵$\boldsymbol{L}$在每一列上元素的绝

对值尽量地拉开大小距离，也即尽可能地使其中的一些指标元素接近于0，另一些元素接近于±1。

对前面得出的因子载荷矩阵 $\boldsymbol{L}$ 实行方差最大旋转，从而构造正交因子载荷矩阵。

①因子载荷矩阵 $\boldsymbol{L}$ 的规格化。考虑到各个指标变量 X 由于共同度之间的差异所造成的不平衡，需要对因子载荷矩阵 $\boldsymbol{L}$ 进行规格化处理。其方法是首先对 $\boldsymbol{L}$ 按行计算共同度 $\sum_{j=1}^{m} j_{ij}^2, (i = 1, 2, \cdots, p)$；其次是规格化，就是对 $\boldsymbol{L}$ 中每行的元素除以每行的共同度平方根，即

$$\boldsymbol{L}_h = \begin{pmatrix} \frac{l_{11}}{h_1} & \cdots & \frac{l_{1m}}{h_1} \\ \vdots & & \vdots \\ \frac{l_{p1}}{h_m} & \cdots & \frac{l_{pm}}{h_m} \end{pmatrix}$$

②对$\boldsymbol{L}_h$进行方差最大正交旋转。由线性代数可知，两个正交变换对应坐标系的一次旋转。正交变换即用一个正交矩阵右乘 $\boldsymbol{L}$，$\boldsymbol{B} = \boldsymbol{L}_h \boldsymbol{T}_{kj}$。因此，在对$\boldsymbol{L}_h$进行方差最大正交旋转时，首先需要构造正交矩阵$\boldsymbol{T}_{kj}$。

$$\boldsymbol{T}_{kj} = \begin{pmatrix} 1 & \cdots & 0 & 0 & 0 & \cdots & 0 & 0 & 0 & \cdots & 0 \\ \vdots & \ddots & \vdots & \vdots & \vdots & & \vdots & \vdots & \vdots & & \vdots \\ 0 & \cdots & 1 & 0 & 0 & \cdots & 0 & 0 & 0 & \cdots & 0 \\ 0 & \cdots & 0 & \cos\varphi_{kj} & 0 & \cdots & 0 & -\sin\varphi_{kj} & 0 & \cdots & 0 \\ 0 & \cdots & 0 & 0 & 1 & \cdots & 0 & 0 & 0 & \cdots & 0 \\ \vdots & & \vdots & \vdots & \vdots & \ddots & \vdots & \vdots & \vdots & & \vdots \\ 0 & \cdots & 0 & 0 & 0 & \cdots & 1 & 0 & 0 & \cdots & 0 \\ 0 & \cdots & 0 & \sin\varphi_{kj} & 0 & \cdots & 0 & \cos\varphi_{kj} & 0 & \cdots & 0 \\ 0 & \cdots & 0 & 0 & 0 & \cdots & 0 & 0 & 1 & \cdots & 0 \\ \vdots & & \vdots & \vdots & \vdots & & \vdots & \vdots & \vdots & \ddots & \vdots \\ 0 & \cdots & 0 & 0 & 0 & \cdots & 0 & 0 & 0 & \cdots & 1 \end{pmatrix}$$

矩阵中没有标明的元素均为0；根据正交旋转角度φ_{kj}确定 $\cos\varphi_{kj}$和 $\sin\varphi_{kj}$ 的值，正交旋转角度φ_{kj}的计算过程如下。

$$\tan 4\varphi_{kj} = \frac{D - 2AB/p}{C - (A^2 - B^2)/p}$$

$$u_i = (l_{ik}/h_i)^2 - (l_{ij}/h_i)^2$$

$$v_i = 2(l_{ik}/h_i)(l_{ij}/h_i)$$

$$A = \sum_{i=1}^{p} u_i;B = \sum_{i=1}^{p} u_i;C = \sum_{i=1}^{p}(u_i^2 - v_i^2);D = 2\sum_{i=1}^{p} u_i v_i$$

根据分式的分子和分母取值的正负号来确定角的取值范围，如表4－5所示。

表4－5　　　　　　　　正交旋转角取值范围一览

分子取值符号	分母取值符号	φ_{kj}取值范围
+	+	0～π/8
+	－	π/8～π/4
－	－	－π/4～－π/8
－	+	－π/8～0

根据求得的正交矩阵进行因子载荷矩阵旋转。$\boldsymbol{L}_h$经过$\boldsymbol{T}_{kj}$旋转后，矩阵$\boldsymbol{B}=\boldsymbol{L}_h\boldsymbol{T}_{kj}$，其元素

$$b_{ik} = l_{ik}\cos\varphi + l_{ik}\sin\varphi\ (i = 1,2,\cdots,p)$$

$$b_{ik} = - l_{ik}\sin\varphi + l_{ik}\cos\varphi\ (i = 1,2,\cdots,p)$$

$$b_{ik} = l_{ik}(l \neq k,j)$$

m个因子，每次取两个全部配对进行旋转，共需旋转$C_m^2=m\ (m-1)\ /2$次。至此，因子载荷矩阵旋转进行了一个循环。如果循环完毕得出的因子载荷矩阵还没有达到目的，则可以继续进行第二轮C_m^2次配对旋转。记第一轮旋转完毕的因子载荷矩阵为$\boldsymbol{B}_{(1)}$，则

$$\boldsymbol{B}_{(1)} = \boldsymbol{l}_h\boldsymbol{T}_{12}\boldsymbol{T}_{13}\cdots\boldsymbol{T}_{kj}\cdots\boldsymbol{T}_{(m-1)m} = \boldsymbol{l}_h\prod_{k=1}^{m-1}\prod_{j=k+1}^{m}\boldsymbol{T}_{kj} = \boldsymbol{L}\,C_1$$

$$\boldsymbol{B}_{(2)} = \boldsymbol{B}_{(1)}\,\boldsymbol{l}_h\prod_{k=1}^{m-1}\prod_{j=k+1}^{m}\boldsymbol{T}_{kj} = \boldsymbol{B}_{(1)}\,C_2 = \boldsymbol{L}\,C_1\,C_2$$

在实际应用中，经过若干次旋转之后，若相对方差改变不大，则停止旋转，最后旋转后的正交因子载荷矩阵为$\boldsymbol{B}_{(y)}=l_h\prod_{i=1}^{y}C_i$。

2）相关性和空间差异度分析法

（1）指标相关性分析。

为了消除指标间高度相关而带来的指标信息重叠问题，可以采用相关分

析方法分析指标间的相关性。相关系数 r 表示指标 i 和指标 j 线性关系的密切程度，r_{ij}越接近 1，指标 i 和 j 的独立性越差，可以考虑剔除指标 i 或 j。

相关系数矩阵的计算方法为：

$$\boldsymbol{R}=\begin{pmatrix} r_{11} & \cdots & r_{1m} \\ \vdots & & \vdots \\ r_{m1} & \cdots & r_{mn} \end{pmatrix}$$

其中，

$$r_{ij}=\frac{\sum_{k=1}^{n}(x_{ki}-\bar{x}_i)}{\sqrt{\sum_{k=1}^{n}(x_{ki}-\bar{x}_i)^2\sum_{k=1}^{n}(x_{ki}-\bar{x}_j)^2}}(i,j=1,2,\cdots,m)$$

（2）计算差异系数。

评价指标体系所选的指标要求在各指标间保证较低的相关性的同时，也要求各指标间保证较好的分辨性，从而使各评价对象在该指标下的数值具有较好的分离效果。因此，引入差异系数 CV，用其刻画一组指标在空间上的相对波动程度。空间差异度较大的指标具有较强的分辨能力，需要保留；空间差异度较小的指标，分辨意义较差，应予以剔除。公式为：

$$CV_j=\frac{S_j}{\bar{x}_j}$$

其中，

$$\bar{x}_j=\frac{1}{m}\sum_{i=1}^{m}x_{ij}$$

$$S_j=\sqrt{\frac{\sum_{i=1}^{m}(x_{ij}-\bar{x}_j)}{m}}$$

式中：j——第 j 个指标；

i——第 i 个评价对象；

m——选取的评价对象。

5. 国际陆港网络空间层次结构设计

国际陆港网络空间层次的划分主要是指对其网络空间载体层次的划分，由于国际陆港网络空间的层次类别具有向下兼容性，即具备建设上层国际陆港的地区也往往兼具建设下层国际陆港所需的相关条件，因此分析国际陆港网络空间层次类别主要是指载体城市所能建设的最高级别的国际陆港的种类情况。根据国际陆港的主要类型、辐射范围及其对空间载体的要求，可将国际陆港网络空间层次分为如下三个层次类别。

1）全国性国际陆港

全国性国际陆港在现代国际陆港网络空间层次体系中处于最高层次，其辐射范围覆盖全国大部分地区，主要发挥货物在全国范围内的中转集散功能，其规模一般比较大，具有较为强大的物流组织与管理能力，完善的综合物流服务能力，包括运输、仓储、堆存、多式联运、信息服务、流通加工、物流咨询以及物流金融等一体化物流服务内容。全国性国际陆港一般设置于全国重要的货物集散城市和交通枢纽城市，如国际性大都市、区域经济中心城市、港口城市和口岸城市等，借助其作为空间载体实现国际陆港在全国范围内的骨干和枢纽作用。

2）区域性国际陆港

区域性国际陆港在现代国际陆港网络空间层次体系中处于中间层次，是全国国际陆港体系在一定区域范围内的重要支撑和有益补充，弥补全国性国际陆港在区域内辐射范围的空缺。区域性国际陆港建设规模视其辐射腹地范围的不同而设置适当建设规模，是区域范围内重要的货物集散中心，具有适度规模的运输、仓储、多式联运、信息服务等物流功能，一般设置于一定经济区域内重要的中心城市，且要求具有较好的交通区位条件和市场需求规模，起到连接上下层以及区域周边国际陆港的衔接作用。

3）城市国际陆港

城市国际陆港在现代国际陆港网络空间层次体系中处于最低层次，主要发挥城市国际陆港衔接终端市场和客户的作用，延长现代物流服务的物流链条，其形态一般以中小型物流基地为主，且一般接近于消费集中地，能够提供简单的仓储和配送功能以及一定程度的流通加工能力，其建设规模一般较小，通常位于接近市区或者大型生产制造厂附近，为一种补充性质的国际陆港。

通过不同层次、不同功能的国际陆港载体城市的共同配合、相互补充，共同构成布局合理、功能完善的国际陆港网络空间层次体系，进而形成物畅其流、快捷准时、经济合理、功能完善、用户满意的社会化、专业化现代物流服务体系。

（六）国际陆港规划存在的问题及对策

1. 国际陆港规划存在的问题

由于我国国际陆港发展起步较晚，可以借鉴的成功经验和模式较少，同时理论研究也不足。一些国际陆港的规划不科学，国际陆港建成后其经营举步维艰。目前，国内国际陆港的规划建设主要存在以下问题。

1）国际陆港规划缺乏系统性统筹

首先，是规划本身的问题，包括承担规划机构的资格、制定规划的方法、规划使用的数据、计划中的园区模式等不明确；其次，是规划和规划之间的统筹和协调问题，各省市的规划中存在着省市县的协调问题，存在着各自为政的现象，省市县的规划有的是同步进行的，有的省市却是县的规划在先、省的规划在后，至于经济区域范围内的省市国际陆港就更加难以统筹，因此，省内国际陆港之间，国际陆港和物流中心之间，以及相邻省市国际陆港之间的覆盖半径和区域效应等协调问题在相关的规划中都没有系统考虑。

2）缺乏科学的国际陆港市场需求调查分析

很多国际陆港项目的需求调查不详细，需求掌握不准确、不全面，造成物流基地市场定位模糊。从一些国际陆港的可研报告中可以看出，一些国际陆港市场需求调查思路混乱，需求调查工作流于形式，调查对象选择缺乏科学依据，调查深度不够，难以掌握物流需求及供给的类型与规模。很多国际陆港规划在建设地点和功能定位等重大内容上仅凭几个宏观的货运总量、年货运周转量、几条道路或道路规划、几个人的主观判断就确定了。由于对当地经济发展水平和物流需求缺乏正确评估，导致一些国际陆港的数量和规模不相匹配。

3）国际陆港规划定位不明确

有些国际陆港规划前由于没有做充分的市场调研，导致国际陆港建成后服务对象不明确，因而国际陆港的功能定位模糊不清，规划中没有很好地分析如何挖掘国际陆港所具备的潜力，不能明确客观地评估它的前景，限制或夸大了国际陆港的发展进程。一些由政府主导规划建设的国际陆港由于规划前期没做充分的市场调研，战略定位不清晰，没有明确的客户需求，并未与上一层次规划和周边经济联系区域进行衔接，因而不能克服原有体制的弊病，不能适应物流市场需求规律，其发展现状也不尽如人意，甚至给当地政府造成了沉重的财政负担。

4）国际陆港规划决策不严谨

国际陆港的规划建设是一项重大的物流基础设施投资项目，需要几千万元、上亿元乃至数十亿元的投资，占用大片的规划用地，甚至耕地。针对国际陆港的投资建设，大多停留在定性分析的基础上，甚至一些地方的国际陆港布局规划中，仍然沿袭计划经济时期由政府主管领导“拍脑袋”决策的做法，凭主观判断进行布局，随意确定经济中心城市范围内的国际陆港的数量、规模、选址和建设的时序，缺乏与需求的配合以及与物流企业和企业物流发展的衔接，使得各种规划结论缺乏说服力。对国际陆港的布局规划方案没有进行相应的评价，使得一些国际陆港在开发建设后，存在资源严重浪费的问题。同时，国际陆港建设存在着“重投入轻产出，重规模轻运营，重设施开发轻市场运作”等问题。

5）国际陆港规划存在重复建设和“圈地”隐患

对国际陆港的规划目前仍旧存在各自为政、条块分割和行业分割的现象，因而各地规划建设的国际陆港存在着层次不清的问题，国际陆港之间不能产生联动效应，导致在同一经济区域范围内国际陆港基础设施重复交叉投资建设，出现低水平的恶性竞争的局面。甚至部分国际陆港的规划是纯粹的地方政府行为，出于政府“形象工程”的目的。

部分园区规划面积超过该区域的物流服务实际需求，或者土地资源开发不充分，没有完全用于物流服务。开发商以国际陆港开发建设名义获得大规模土地之后，通过土地增值获得收益，而忽略了国际陆港的建设以及后期的运营发展，并未充分利用土地规模，“圈地”获利现象使得土地资源浪费。

2. 国际陆港规划存在问题的原因分析

1）物流规划理论研究的滞后以及方法论的缺乏

我国现代物流业刚刚起步，物流理论特别是国际陆港规划建设方面的研究还处于起步阶段，研究成果相对较少，方法论也较为缺乏，可提供借鉴的成果和经验也相对较少。到目前为止，我国尚未建立物流产业的行业规范，物流成本也没有统一的统计指标体系和统一的统计方法，国际陆港规划中许多定性指标的“量化”也就成为规划工作的一大难题和瓶颈。在我国目前的国际陆港规划建设中，定性地强调物流规划要受区域经济、交通运输网络、货运量、相关政策影响，缺乏数学模型和相应算法等定量化的深入分析方法，对于一个具体的国际陆港规划可操作性差，很难解决实际问题。在我国国际陆港布局规划中，国际陆港的用地普遍出现了规模偏大、贪大求洋的局面，其根本原因在于对确定规模的各种影响因素缺乏全面分析，缺乏确定规模的标准等科学方法论的指导，在确定国际陆港的建设数量和建设地点时存在利益平衡布局问题。相关行业或政府部门为了获得投资拉动效应，增加就业岗位投资建设大规模专门化物流基础设施，一些地区对规划后的国际陆港不能从整体利益的战略高度出发，争先上马建设规划各个服务功能区，这在一定程度上造成了国际陆港建设数量、选址和建设序列的失控。

2）缺乏规划所需的基础数据

我国在物流方面的统计方法存在许多不足之处，导致许多统计数据有较大偏差。另外，由于现代物流还未被广泛认识，物流方面的相关指标体系还未能建立，使得在国际陆港规划中很难获得物流相关指标体系的历年统计数据。因此，即便有了理论方法指导，甚至有了评价指标体系，也有可能会因缺乏系统和准确的数据而无法开展。为此，需要加快明晰现代物流的边界和范畴，健全现代物流业的统计体系，完善相关基础调查工作和统计报表制度。

3）现有体制和政府的管制还存在弊端

计划经济遗留下来的影响使得国际陆港规划中或多或少地带有政治色彩，存在很多的政府干预。我国经济领域中，部门分割、行业分割和地区分割以及地区间市场封锁的问题，阻碍着国际陆港的系统规划和建设工作。在对一些经济中心城市的调研中发现，我国许多经济中心城市在制定发展规划时，公路部门在规划建设自己的各级交通枢纽和物流节点，铁路部门在规划建设自己的各级货运站，航空部门也在规划建设自己的航空物流节点等，而很少有统筹几个方面的综合规划部门。

3. 国际陆港规划的对策

国际陆港的发展建设具有较强的社会性质，国际陆港业务的开展，涉及社会的方方面面。因此，国际陆港的规划建设必然是一项相当复杂的社会性系统工程，不仅需要政府、企业和社会的广泛支持，也需要有较高的理论、技术和管理作为前提。为了更好地合理规划，使规划工作起到应有的效用，在具体的国际陆港规划中应抓住以下问题。

1）充分发挥政府在国际陆港规划、建设和运营中的作用

国际陆港的布局、建设直接关系到其效率、效益的发挥，因此，政府及

有关主管部门，应当站在部门、行业协作的高度，做好社会国际陆港的宏观规划与协调工作。政府在国际陆港的建设和运营中起着十分重要的作用，这些作用可以归纳如下。

（1）总体规划和协调的作用。

由于土地属于国有，国际陆港的选址必须符合城市的规划，否则便会造成新的混乱。日本由于国土狭小，大城市集中，人口密度大，政府的规划力度较强，而对于国土面积广阔的美国，政府的作用就小得多。

（2）政策支持的作用。

国际陆港是投资大、利润低的工程，投资回收期较长。政府应看到发展国际陆港所产生的社会效益而不是经济效益，看重的是物流的快速化、集约化给社会经济带来的便利，看重的是减少空载、减轻污染、缓解交通堵塞，看重的是增加就业，减少社会压力。因此，国际陆港在规划时，政府职能绝不仅仅是简单的批地，还应该提供税收、融资和人才引进等多方面的配套政策及相关资源支持。

（3）制定和执行标准。

实现物流设备的标准化、通用化、国际化，便于货物的换载和装卸保管工具的使用，使单证及数据的交换和计算机语言相统一。

（4）研究、制定国际陆港和物流产业的发展战略。

政府应站在区域整体层面，统筹和规划区域国际陆港和物流产业宏观发展战略。

此外，在物流规划的全过程中，政府应按照专家的建议行事，听从多方面的建议，而不能盲目地将领导的主观感觉强加于科学之上，进行过多管制。同时，在规划中政府必须给予足够的支持，特别在调研的过程中对资料的收集应该得到政府的支持。

2）加快形成统一技术标准体系，使国际陆港规划工作规范化

目前国家标准化管理委员会已经制定《国际陆港分类与规划基本要求》《物流中心作业通用规范》《国际陆港服务规范及评估指标》《通用仓库及库区规划设计参数》等标准，但有关国际陆港规划与建设方面的技术规范尚未出台。政府主管部门应该联合目前国内物流方面的专家进行研讨，早日制定出一套符合国际陆港规划方面的成套技术标准与规范体系。

此外，由于一个国际陆港的筹划、规划、建设及运营是一个复杂的过

程，需要众多的专业组织和人才共同完成，因此相关政府部门、行业组织、规划设计院、相关高等院校和投资方应合力推动国际陆港规划工作的规范化，努力提高国际陆港规划的水平，保障国际陆港规划与建设质量和运行效益。

3）充分重视项目规划前期的研究和分析，并落到实处

国际陆港规划前期，应该充分调查和分析物流参与各方的需求，从帮助企业降低成本、提高效率，并进而提高区域经济整体效率的角度进行国际陆港的规划和建设，避免单纯地为物流而物流、为政绩而物流或为形象而物流。在了解客户需求的基础上，进行准确的功能定位和目标服务客户锁定，做到有的放矢。

具体而言，第一，国际陆港规划单位应该详细分析中心拟覆盖、服务的区域，研究相邻国际陆港或基地、中心等类似设施的目标定位、功能等情况，分析与之相比的优劣势，初步确定目标客户；第二，进行详尽的市场调研，研究覆盖范围内市场具体需求，确定市场容量；第三，规划者在充分了解市场的基础上确定合理的商业模式，并进行严格的投资分析测算，制订具体的投资回收期及盈利计划。

4）科学选址，避免规划中“求大求全”和“政绩工程”

无论是制造业企业、商贸类企业，还是物流服务和运输类企业都将“优越的地理位置”作为是否入驻国际陆港的重要考虑因素。同时，制造业、商贸和物流服务类企业都一致认为区域经济的欠发达所导致的业务量较少是影响物流行业快速发展的重要因素。物流服务企业对于这一点体会尤其深刻，超过 1/3 的物流企业认为业务量不足是影响其发展的重要因素之一。

由此可见，国际陆港的选址绝不是选择一个靠近机场、港口或高速公路的地段那么简单，综合考虑周边货物的集散情况是国际陆港建设成败的关键。通常是自发形成的批发中心、集散中心、货运站等非常红火，而很多经由政府规划的国际陆港却总是清净甚至萧条，这足以说明上述问题。

国际陆港建设的一个很重要的目的就是提供社会化的物流服务功能，国际陆港在规划时就应靠近其将提供仓储或转运等服务的货源，没有货源的国际陆港将是无源的死水。国际陆港规划时，有关单位只有综合地考虑所能提供的配套政策和资源支持，尤其是周边经济发展对国际陆港达到经营规模的支持，国际陆港经营才能取得规模效应。同时，避免国际陆港规划时的“求

大求全”和“政绩工程”，坚持经济性原则。

5）加强规划项目的实施与后续评价，防止一些企业的“圈地”倾向

部分国际陆港和基地的建设带有较明显的圈地倾向，以至于众多业内人士纷纷质疑物流发展的这种“泡沫”现象。国际陆港并不是越大越好，规模大、空置率高，对物流水平的提高和经济的拉动作用仍然有限。同时，一些违规操作、打着物流旗号的恶意“圈地”行为反而会对物流行业的整体发展造成不良影响。为防止一些国际陆港在经营过程中逐渐转变成房地产项目，或者部分企业借着建设国际陆港的旗号“圈地”，有关政府部门应该严把项目评审关，召集有关专家对项目可行性进行充分论证，并将之制度化。一方面，要加强项目建设中的监管力度，专地专用。只有严把前期的项目审批关，并有效监控国际陆港项目的发展，才能有效防止物流“圈地”现象发生，保持物流行业发展的良好环境。另一方面，应该建立国际陆港建设效果的定期评估制度。在国际陆港的建设过程中，对分阶段的目标进行评估审核，以确保分阶段目标的实现，同时在这个过程中可以考虑对国际陆港的滚动发展，以对国际陆港做进一步的规划工作。在国际陆港运营阶段，应该对其经营情况进行定期评估，衡量其经济效益和社会效益。

第四节　陆港设施设备配置和运营技术

经过十多年的发展，到2014年全国建成和在建的陆港已达60多个，陆港的设施设备配置及在运营中的一些关键问题亟待规范。交通运输部水运科学研究院联合邯郸国际陆港有限公司、西安外事学院、临沂港有限公司和同方威视技术股份有限公司五家单位组织相关领域的专家共同编制了全国行业标准《陆港设施设备配置和运营技术规范》（本节以下简称标准），该标准于2018年获得交通运输部发布实施。该标准的发布是国际陆港行业发展中的一个重大里程碑事件，标志着我国陆港同海港、空港一样拥有了自己的行业标准，标准发布后的近几年实践证明我国陆港事业发展进入了规范发展的快车道。本节内容主要介绍该标准的主要内容，详细内容见本书附件。

一、标准编制过程

（一）2014 年 9—10 月，成立标准起草组

遵照交通运输部 2014 年交通运输标准化计划的要求，2014 年 9 月成立了由交通运输部水运科学研究院、邯郸国际陆港有限公司、西安外事学院等单位组成的《陆港设施设备配置和运营技术规范》交通运输行业标准制定编写组。

（二）2014 年 10 月—2015 年 10 月，完成征求意见稿

编写组制订了工作计划，先后到邯郸、成都、重庆、贵州、西安等地开展了调查研究，收集了有关标准及技术资料，听取了有关方面的意见，经过编写组的反复讨论和研究，于 2015 年 11 月提出标准征求意见稿。

标准征求意见稿在广泛收集陆港企业的企业标准和相关规定，以及相关行业标准、国家标准、国际标准与有关资料的基础上，非等效采用相关国际和国外先进标准，引用相关的国家标准和行业标准，参考企业标准，根据我国的实际情况与特点，结合陆港的技术要求和当前国内的状况，对陆港的主要业务功能、港址选择、设施建设要求、设备配备和工艺布置、运营技术要求等方面的要求作出较为系统的规定。

起草组按 GB/T 1. 1—2009 要求编写成交通运输行业标准《陆港设施设备配置和运营技术规范》的初稿，并于 2015 年 7—10 月对初稿进行了认真讨论，最后形成了该交通运输行业标准的征求意见稿及编制说明。

（三）2015 年 11—12 月，广泛征求意见

2015 年 11 月交通运输部水运科学研究院发文“关于对交通运输行业标准《陆港设施设备配置和运营技术规范》（征求意见稿）征求意见的函”，并附上征求意见稿及编制说明，向上海港务集团有限公司等 66 个从事物流运输的教学、科研、设计、制造和使用的单位征求对标准（征求意见稿）的修改意见。我们的编写工作得到了各征求意见单位的大力支持，收到了 47 个征求意见单位以邮件、信函和传真形式发来的意见回函。

（四）2015 年 11 月—2016 年 1 月，完成标准送审稿

我们对所有征求意见的回函所提的意见和建议进行了认真分析和归纳整理，并对标准的征求意见稿进行了修改，整理出《陆港设施设备配置和运营技术规范》（送审稿）、编制说明及标准（征求意见稿）意见汇总处理表。

（五）2016 年 3 月 23 日，召开标准审查会

全国港口标准化技术委员会在北京主持召开了标准审查会，与会专家对标准给出好的建议和意见，一致同意通过标准审查。

（六）2016 年 3—4 月，完成标准报批稿

审查会后，根据专家意见，对建议和意见进行了分析和归纳整理，并对标准的送审稿进行了修改，整理出《陆港设施设备配置和运营技术规范》（报批稿）、编制说明。

（七）2018 年 8 月，标准发布实施

《陆港设施设备配置和运营技术规范》（报批稿）提交后，经全国港口标准化技术委员会组织专家评审，报交通运输部批准，于 2018 年 8 月正式向社会发布实施。

二、标准编制原则和主要内容

（一）标准编制原则

陆港为海港、内陆港、空港三大国际港口类别之一。随着我国改革开放的深入，习近平总书记提出“一带一路”经济建设、共谋合作发展的理念，陆港已经上升为国际范畴，具备了国际化的条件。

陆港处在内陆经济中心城市的公路或铁路交通要道的交会点，是依照有关国际运输法规、条约和惯例设立的对外开放的国际物流枢纽；陆港也是沿海港口在内陆经济中心城市的支线港口和现代物流的操作平台，其为内陆地区经济发展提供方便快捷的国际港口服务奠定基础。

标准编写过程中坚持服务社会、面向企业的原则，提高标准的适用性。以物流运输行业需求为主导、陆港使用对象为主体，紧跟市场，服务行业，以为陆港的设施设备配置和运营提供技术规范为目标。

（二）主要技术内容和说明

标准在编写内容和格式上，遵照最新标准 GB/T 1.1—2009 给出的规则进行。标准在编写过程中主要参考了 JTS 165—2013《海港总体设计规范》、GB/T 12419—2005《集装箱公路中转站级别划分、设备配备及建设要求》、口岸技术查验设施建设标准以及各类港口的装卸作业安全规程和设备的安全规程等。

标准共分为主要业务功能、级别划分、港址选择、设施建设、工艺布置和设备配备、运营技术要求等章节。现就各个章节的主要内容进行说明。

1. 第 1 章范围

在“1 范围”中，规定标准的主要内容和适用范围，适用于陆港的规划、建设和运营。

2. 第 3 章术语和定义

在“3 术语与定义”中，对陆港等术语进行了定义，为了便于区分和使用，重复列出了口岸等术语和定义。

对陆港的定义主要考虑以下几点。

（1）陆港为海港、内陆港、空港三大国际港口类别之一，以“陆港”为学名，与“海港”“空港”名称规范统一；“无水港”“干港”“内陆港”等其他名称为别名、小名。

（2）依托铁路或公路等陆路交通，可以充分利用铁路运费较低的特点降低国际运输成本，运用公路运输便捷的特点提高集疏港效率，实现公铁水联运。

（3）陆港设在内陆经济中心城市，更贴近进出口企业，更有利于促进区域经济的发展。

（4）提供货物集散、口岸服务的商贸物流枢纽。进行货物集散是陆港的基本功能。如果不具备口岸功能，那么它只是一个“堆场”“中转站”，这就是陆港的一个重要标志。另外，陆港是国际商港，属于特殊监管区，陆港既是沿海港口在内陆经济中心城市的支线港，也是内陆地区承接国际资本、沿海产业向内陆地区转移以及通向国际市场的直通大门，是建设“一带一路”

的先行支撑和重要基础，建立陆港的目的是为内陆地区进出口商提供方便快捷的国际港口服务，促进地区国际贸易发展，因此陆港是商贸物流枢纽。

3. 第 4 章主要业务功能

在“4 主要业务功能”中对运输组织功能、仓储功能、口岸功能、增值服务功能、综合配套服务功能等提出要求。

其中，运输组织和仓储是陆港的基本功能，海关报税、检验检疫等是陆港口岸功能的具体体现，陆港宜具有物理公共信息平台、物流金融业务、报税物流、物流咨询等增值服务，其中“宜”规定的为推荐性的功能，“应”为必须具有的功能。

4. 第 5 章级别划分

我国陆港功能水平相差较大，需对其进行级别划分，便于我国陆港今后的规范化发展。

在“5 级别划分”中，对陆港级别划分的原则和方法进行了定义。由于陆港功能涵盖较多，且应保证具备基本功能“国际物流单证”，所以根据陆港功能，共划分为三级，一级保税（综合/公路/铁路）型陆港，二级联运型陆港，三级公路型/铁路型陆港。陆港应至少具备“国际物流单证”功能。根据具备功能的增加，级别逐步递增。

参与评定的陆港基础设施为：国际物流单证作业区、保税仓储作业区、公路货运作业区、铁路货运作业区等。以投入运营的陆港基础设施和陆港产业区基础设施为评级依据。具体划分方法见表 4－6。

表 4－6　　陆港级别划分

设施和功能	陆港级别					
	一级			二级	三级	
	综合型	公路型	铁路型	联运型	公路型	铁路型
国际物流单证作业区	√	√	√	√	√	√
保税仓储作业区	√	√	√	×	×	×
公路货运作业区	√	√	×	√	√	×
铁路货运作业区	√	×	√	√	×	√

注：“√”表示陆港具备该项设施和功能。“×”表示陆港不具备该项设施和功能。

5. 第6章港址选择

在“6 港址选择”中规定了陆港港址选择的原则，以及要求与方法。

6.1 对港址选择的基本原则进行了规定。

6.2 从地理位置要求、经济发展需求、交通运输体系要求、自然条件要求、基础设施要求等几个方面提出了港址选择的具体规定。

6. 第7章设施建设

在“7 设施建设”中，对陆港维持自身正常的生产和经营活动所需具有的硬件设施进行了规定。

7.1 “一般要求”中对各种货物类型的陆港共同需要的设施进行了一般性规定。

7.2～7.4 从集装箱堆场、件杂货堆场、散货堆场分别规定了各货物类型陆港所需设施条件。其中7.2.3.3～7.2.3.4 中的数据主要参考 JTS 165—2013《海港总体设计规范》标准的规定。

7.5 不同于海港和内河港，陆港的主要货物来源是铁路和公路，此节专门对火车装卸线设施的一些参数进行了规定，其中7.5 中的数据参考 TBJ 19—88《铁路集装箱货场设计规则》的相关规定。

7.6～7.7 具有口岸功能是陆港不同于内陆一些“堆场”“中转站”的一个明显区别，所以在这两节中对满足陆港口岸功能的检验检疫设施和海关设施进行了规定。其中7.6.1.1 中的数据主要参考《关于印发〈国家对外开放口岸出入境检验检疫设施建设管理规定〉的通知》（国质检通〔2007〕149号）的相关规定。7.7 中的数据主要参考《海关总署关于印发〈海关特殊监管区域基础和监管设施验收标准〉的通知》（署加发〔2007〕143 号）的规定。

7.8 规定了陆港生产经营必需的业务办公室、设备维修车间和停车场等建筑设施，以及一些必需的生产辅助和生活服务设施。其中设备维修车间面积计算方法和停车场面积的计算方法参考了 GB/T 12419—2005《集装箱公路中转站级别划分、设备配备及建设要求》的规定。其中地车地磅房的设置数据参照 JTS 165—2013《海港总体设计规范》的规定，根据进出陆港的典型汽车的数据，对车长等尺寸进行了具体规定。

7. 第8章工艺布置和设备配备

在“8 工艺布置和设备配备”中，对陆港各种类型货物的装卸工艺布置和设备配备进行了规定。

8.1 对陆港各类型货物装卸工艺的共性进行了一般性规定。

8.2～8.5 从集装箱堆场、件杂货堆场、散粮堆场和煤炭矿石堆场对各类型货物的装卸工艺布置及相应的设备配备分别进行了规定。

8.6 对满足陆港口岸功能必需的检验检疫设备进行了规定。

8.7～8.11 对满足陆港运营所必需的消防、环保、维修、计量、通信等辅助设备进行了规定。其中 8.9 中的内容主要参考了 GB/T 16739.1—2014《汽车维修业开业条件 第 1 部分：汽车整车维修企业》中的相关规定。

8. 第 9 章运营技术要求

在“9 运营技术要求”中规定了设施维护要求、设备维护要求以及运营安全技术要求等内容。

9.1 规定了陆港设施的维护要求。除一般性要求外，还规定了检测与评定、维护养护的具体要求。9.1.2.2.2、9.1.2.3.5 中检查观测周期等数值，参考了 JTS 310—2013《港口设施维护技术规范》等相关标准并进行了取值。

9.2 规定了陆港设备的维护要求。其中包括检查、修理和检验的具体要求。

9.3 规定了运营安全技术要求。由于运营安全技术对于各个货种区别较大，所以本部分按照集装箱、件杂货、散货和危险货物四类货种进行了具体规定，内容包含各类货种运营中主要作业内容的安全技术要求。

9.3.2 集装箱部分内容及插入叉槽深度数值要求参考了 GB 11602—2007《集装箱港口装卸作业安全规程》等相关标准并进行了取值。

9.3.3 件杂货及钢材部分内容及规定的数值，参考了 JT/T 330—1997《港口件杂货物装卸作业安全技术要求》等相关标准。

9.3.4 散货部分内容参考了部分港口企业安全操作规程等相关资料。

9.3.5 危险货物部分内容引用相关标准的规定。

三、预期的经济效果、社会效果及环境效果分析

（一）经济效益

目前，国内许多内陆城市建设了陆港，如西安、临沂、成都、石家庄等，

数量达上百个。陆港的建设和运营在一定程度上推动了物流的发展，对地方的经济作出了很大的贡献。虽然我国陆港的发展较快、范围较广，但是仍处于发展的初级阶段，面临着诸多问题。①内涵与实质：定义存在一定的模糊性，其特征、类型与发展规律等缺乏理论层面的系统描述。②功能规定：比较单一，需要不断完善、提升综合竞争力，提供个性化的优质服务。③管理机制：尚不完善，缺乏协调一致的统筹，需政府组织与引导。④标准规范：缺乏长远规划，在标准执行与指导建设方面未考虑顶层设计。

标准的制定在一定程度上解决上述问题。陆港建设单位可以根据此标准进行设施设备配置，提高规划、建设和运营效率，具有较好的经济效益。

（二）社会效益

在标准制定之前，由于国家和交通运输行业尚无陆港相关标准，且指导性文件规范只是相关部门和地方下发的若干规定。因此，在我国当前陆港的快速发展的背景下，为满足陆港的规划设计、建设和运营过程中对技术标准的需求，制定陆港设施设备配置和运营技术规范标准具有重要的意义。

标准对陆港的定义以及相关技术要求进行了规范，统一了技术要求，有利于对陆港采用协调一致的技术规范进行统筹，政府管理部门据此进行规划和引导。

标准实施可以对陆港设施设备配置和运营技术进行规范，有利于行业管理部门对陆港进行管理，促进陆港健康、有序发展，具有较好的社会效益。

（三）环境效益

标准在制定过程中，特别注重环境方面的规定。如 6.1.1 应遵守国家低碳、节能、环保、安全、消防、卫生、经济和社会影响等方面的有关规定。要求在陆港规划和建设时就考虑低碳、节能和环保的措施，并推荐采用节能环保型的设备。因此，标准具有较好的环境效益。

第五章　国际陆港物流人才培养

第一节　全国物流人才培养现状

自2009年国务院出台《物流业调整和振兴规划》后，我国物流行业进入快速发展时期，特别是“十三五”以来，我国物流业更是进入了平稳快速发展时期，正从全球物流业大国向物流业强国迈进。

从全球物流业发展来看，随着经济全球化和物联网、区块链技术的推广应用，被称为“第三利润源泉”的现代物流在世界各国得到了蓬勃发展。在当前全球百年不遇的大变局和数字经济双重背景交织下，现代物流不再是单纯的行业发展，而是促进区域经济发展的发动机，物流业发展程度已成为衡量一个国家或地区综合实力和现代化程度的重要标志。

一、我国物流行业发展现状与趋势

2020年，宏观经济受到前所未有的严峻挑战，物流作为经济发展的先行官，积极贯彻高质量发展理念，深化供给侧结构性改革，全年物流运行逆势回升、增势平稳，物流规模再上新台阶，物流业总收入保持增长，物流运行实现提质增效，单位成本缓中趋稳，为抗击疫情、保障民生、促进经济发展提供了有力支撑。

（一）发展现状

1. 物流规模再上新台阶，社会物流总额超300万亿元

“十三五”末期，我国物流业社会物流总额迈上300万亿元新台阶。2020

年全国社会物流总额300.1万亿元，按可比价格计算，同比增长3.5%。分季度看，第一季度、上半年和前三季度增速分别为-7.3%、-0.5%和2.0%，物流规模增长持续恢复，第四季度增速回升进一步加快。物流业总收入保持增长。2020年，物流业总收入10.5万亿元，同比增长2.2%。物流业总收入增速自第三季度由负转正，第四季度以来呈现加速回升态势，恢复至上年水平。

2. 多业融合深度发展，物流企业活力持续增强

物流企业服务能力进一步提高，为打通供应链、协调产业链、创造价值链提供重要保障。2020年我国物流企业50强实现物流业务收入1.1万亿元，同比增长15%，第50名的企业物流营业收入超过37亿元，同比增长19%。物流企业与汽车、家电、电子、医药、冷链、烟草、化工、冶金、电商、零售等制造、商贸流通业深度融合，形成一批专业能力强、服务质量高的品牌标杆。

新冠肺炎疫情之下物流民生保障作用日益增强。农村物流、双向流通的渠道进一步打通，服务密度大幅度提升，邮政快递物流服务网点覆盖3万多个农村乡镇，支撑消费品下乡和农产品进城产值近万亿元。物流企业严格做好疫情防控，分区分级推动复工复产，全力保障供应链稳定畅通，为保通保畅、保运保供提供了有力支撑。

物流行业维持较高景气水平。随着复工复产稳步推进，物流企业业务量及订单水平均稳步回升，物流供需两端同步回升，市场活力持续增强。中国物流业景气指数中的业务量指数和新订单指数自3月以来均处于回升通道，第四季度加速回升，12月分别回升至56.9%和55.8%的较高水平，两者差值有所缩小，供需关系更趋平衡。

3. 工业物流企稳回升，新动能引领带动作用显著

2020年工业品物流总额同比增长2.8%，其中第一季度下降8.4%，上半年下降1.3%，前三季度增长1.2%，呈现逐季回升态势。在内需及海外出口的带动下，第四季度各月当月增速均保持在6%~8%的快速增长区间，升至年内新高。

从结构看，制造业显著回升，有力支撑了工业物流需求的稳步复苏。一方面，装备制造和医药制造物流需求向好。其中，受益制造业投资与机电产品出口大幅改善拉动，装备制造业多数行业物流需求保持10%以上增长，装备制造业对工业物流需求增长的贡献率超过70%，支撑作用突出；海外疫情防控物资需求增长迅猛，带动医药制造业物流需求大幅回升。另一方面，新动能相关物流需求持续增强，高技术制造业维持领先地位。2020年全年高技术制造业物流需求增长7.1%，增速快于工业品物流总额4.3个百分点，新旧动能转换进一步加快。

4. 国际物流总体稳中向好，进出口物流全面回升

在新冠肺炎疫情影响下，世界经济增长和全球贸易遭受严重冲击，但我国经济展现出强大市场活力和综合竞争力，进出口物流量快速回稳。

超大规模市场优势明显，进口需求稳中有升。2020年，我国进口物流量同比增长8.9%，增速比上年提高4.7个百分点。从年内情况看，各月均保持正增长，下半年增速有所加快，第三、第四季度达到10%的较高增速。从不同货类看，原油、铁矿砂等资源型产品进口量分别增长7.3%和9.5%，粮食、肉类等农产品进口量分别增长28%和60.4%。

出口物流需求保持平稳较快增长。海外疫情持续蔓延且有加速扩散趋势，欧美等主要经济体的需求向货物需求转变，同时我国制造业较为完备，恢复速度较快，出口物流量增速提高至近5%。

"一带一路"倡议持续推进，中欧班列快速发展。2020年，面对突如其来的新冠肺炎疫情，中欧班列对推动复工复产，稳定国内、国际的供应链和产业链发挥了重要作用。中欧班列"十三五"时期累计开行超过3万列，2020年开行1.24万列，去程和回程班列同比分别增长50%左右，全年发送113.5万标准箱，同比增长56%。全年综合重箱率达98.4%，同比提高4.6个百分点，其中回程重箱率提升显著，同比提高9.3个百分点。

5. 物流运行提质增效，单位物流成本缓中趋稳

2020年年初受到新冠肺炎疫情影响，各地不同的管控措施造成物流通道不畅，部分区域资源紧缺，服务时效放缓，疫情防控相关措施带动物流成本上升。下半年，随着物流运行效率有所改善，物流发展的质量和效益不断提升。

一是运输协同性提升。多式联运、铁水联运进一步发展，铁路专用线与基础建设加快推进，着力打通"最先一公里"和"最后一公里"。集装箱铁水联运量快速增长，港口集装箱铁水联运量创近年较高水平。与此同时，铁路引领运输物流服务质量提升，铁路货运量占全社会货运量的比例提升至

2020 年的近 10%。铁路产品供给不断优化，集装箱运输、冷链运输、高铁快运等成为铁路货运增长新亮点。

二是多部门政策措施助力企业纾困，优化营商环境，继续推动降低行政性物流成本。通过多方努力，单位物流成本增速明显趋缓，2020 年社会物流总费用与 GDP 的比率为 14.7%（见图 5－1），五年间下降 1.3 个百分点，物流降本增效成果显著。

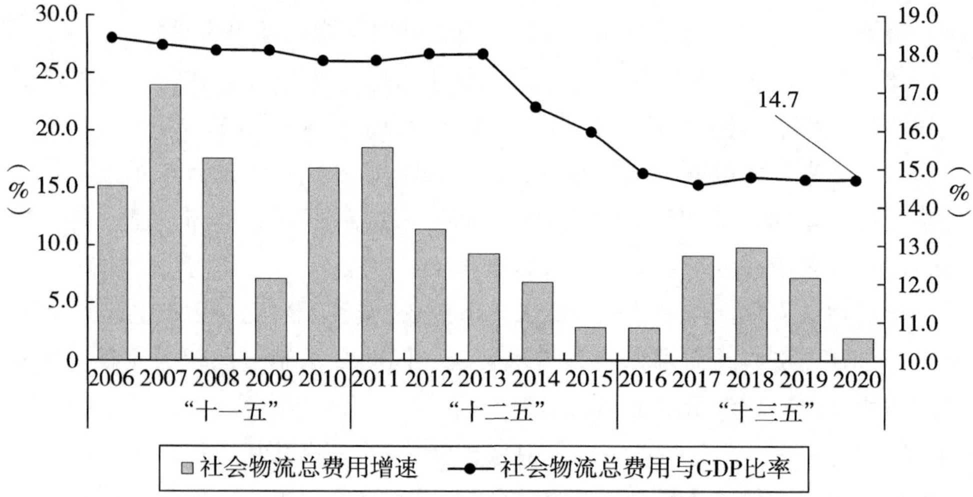

图 5－1　2006—2020 年社会物流总费用与 GDP 的比率

（二）物流业发展趋势

随着全球经济一体化进程的加快，资源在全球范围内的流动和配置大大加强，世界各国更加重视物流发展对于本国经济、民生的各方面影响，更加重视物流的现代化建设。现代物流的发展趋势呈现出“四化”趋势。

1. 趋势一：供应链化

物流业务是由多个成员与环节组成的，物流活动贯穿供应链的始末，物资的流动带动形成商流、资金流、信息流甚至人流的产生或交互，也是跟随物流过程进行的一部分运动。物流运作要求物流业中成员之间的业务衔接更加紧密，因此要对业务和信息进行高度集成，实现供应链的整体化和集成化运作，缩短供应链的相对长度，使物流作业更流畅、更高效，更快速，更加接近客户和需求。供应链物流是以物流活动为核心，协调供应领域的生产和进货计划、销售领域的客户服务和订货处理业务，以及财务领域的库存控制等活动。而物流作为供应链的一个组成部分，强调库存在供应链中移动、存放和定位等工作，必须在供应链的框架下进行运作。供应链化的基础是业务流程的优化和信息系统的集成，二者都需要有完善的信息系统支持，实现系统、信息、业务、流程和资源等的集成。同时，集成化也是共享化和协同化的基础，没有集成化，就无法实现共享化和协同化。物流的供应链化发展就是为了顺利实现与经济活动有关的物流，协调运作生产、供应活动、销售活动和物流活动，进行综合性管理的战略机能。

2. 趋势二：智慧化

智慧化是物流智能化、自动化、信息化和数字化的一种高层次应用。物流涉及大量的运筹和决策，例如物流网络的设计优化、运输（搬运）路径和每次运输装载量的选择，多货物的拼装优化、运输工具的排程和调度、库存水平的确定与补货策略的选择、有限资源的调配、配送策略的选择等优化处理，都需要借助智慧化的优化工具来解决。近年来，物联网、区块链、人工智能、仿真学、数据挖掘和机器人等相关技术已经有比较成熟的应用成果，并在实际物流应用场景中得到了较好的应用，智慧化已经成为物流发展的一个新趋势，智慧化还是实现物联网优化运作的一个不可缺少的前提条件。物流行业对云计算、大数据及物联网的综合运用已是大势所趋。未来物流业还将实现操作无人化、运营智能化、决策智慧化。物流系统和设备能够自主进行路线设计，仿真人类的视觉识别、抓取等动作，并可将各环节的智能设备有机地结合在一起，实现运营智能化。原本依靠经验的决策体系，也将通过大数据和人工智能技术变革，使系统和设备实现自我思考和自主决策，做到决策智慧化，真正实现智慧物流。

3. 趋势三：柔性化

柔性化是20世纪90年代由生产领域提出来的，为了更好地满足消费者的个性化需求，实现多品种、小批量以及灵活易变的生产方式，国际制造业推出柔性制造系统FMS（Flexible Manufacturing System），实行柔性化生产。随后，柔性化又扩展到了流通领域，根据供应链末端市场的需求组织生产和安排物流活动。物流作业的柔性化是生产领域柔性化的进一步延长，它可以帮助物流企业更好地适应消费需求的“多品种、小批量、多批次、短周期”趋势，灵活地组织和快速完成流程作业，为客户提供定制化的物流服务，从而满足它们的个性化需求。

4. 趋势四：低碳化

低碳化是指在物流过程中抑制物流对环境造成危害的同时，尽可能降低物流业务的碳排放量，从而实现对物流环境的净化，使物流资源得到最充分利用。它的本质就是实现物流作业环节和物流管理全过程的绿色化。从物流作业环节来看，包括绿色运输、绿色包装、绿色流通加工等。从物流管理过程来看，主要是从环境保护和节约资源的目标出发，改进物流体系，既要考虑正向物流环节的绿色化，又要考虑供应链上的逆向物流体系的绿色化。绿色物流的最终目标是可持续性发展，实现该目标的准则是经济利益、社会利益和环境利益的统一。随着全球气候问题成为国际社会关注的热点和我国“十四五”发展纲要中对碳中和、碳达峰治理等问题的承诺，发展低碳物流正逐渐成为物流业的共识。低碳问题在物流领域将会越来越重要，一旦减排政策法规出台，将会直接影响物流业的运营模式和发展方向，我国物流业必将主动或被动承担起更加明显的减排任务。

二、我国物流人才培养现状

人才是影响行业高质量发展的关键要素。当前物流业正处在由高速发展向高质量发展转型的关键期，需要培养大量的专业化、创新型、复合型的技术技能型人才。国家出台《国家职业教育改革实施方案》，即“职教 20 条”，全面推进职教改革，实施 1 + X 证书制度试点工作，建立一批产教融合企业，促进产教融合，探索建立资历框架，职业教育进入发展的新时代。

（一）物流高校人才培养概况

我国物流专业人才的培养从物流管理专业开始招生为标志。早在 2001 年，北京物资学院在国内高校率先开始招生，从此以后招收物流管理专业本科生的高校数逐年增加。经过 20 余年的发展，物流管理专业已在 2012 年升格为物流管理与工程类专业并被教育部升格为一级学科，涵盖物流管理、物流工程、采购管理和供应链管理四个本科专业（以下简称物流类专业）。根据教育部物流管理与工程类教学指导委员会统计，截至 2019 年，全国申请开设或已经开设物流类专业的学校达 697 所。2019—2020 年全国物流类专业开设情况如表 5 – 1 所示。

表 5-1　2019—2020 年全国物流类专业开设情况

项目	总数	物流管理	占比	物流工程	占比	采购管理	占比	供应链管理	占比
2019 年专业布点	674	520	77.15%	138	20.47%	8	1.19%	8	1.19%
2019 年通过备案新批准专业点	23	4	17.39%	1	4.35%	1	4.35%	17	73.91%
2019 年撤销专业点	0	0	—	0	—	0	—	0	—
2020 年可招生专业点	697	524	75.18%	139	19.94%	9	1.29%	25	3.59%

注：以上不包括军事院校、成人继续教育院校开办物流专业数据。

从表 5-1 中可以看出，物流类专业数量趋于稳定，2020 年比 2019 年略有上升，增加部分主要来自供应链管理专业的新增点。物流管理专业仍然是物流类专业的“主力军”，开设点占比超过 75%。采购管理专业是本学科开设点最少的专业，全国开设的高校不足十所。

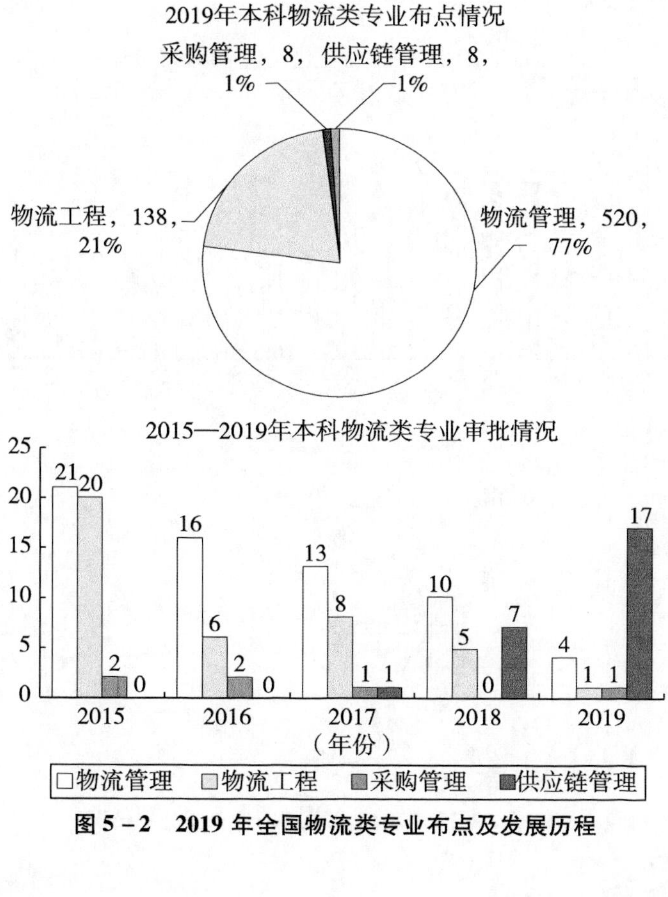

图 5-2　2019 年全国物流类专业布点及发展历程

从图 5－2 中可以进一步看出，物流类专业结构不断调整，尽管物流管理专业占据“绝大多数”，但供应链管理专业在国家战略调整和物流业发展供应链化趋势的背景下，申办学校明显增多，从近两年的发展来看，几乎成“倍增”效应，显示出该专业的社会认可度越来越高。

（二）物流类国家一流专业申报情况

2019 年，全国共有来自 71 所院校的 74 个专业点，通过物流管理与工程类专业国家级一流本科专业申报审核，其中物流管理专业点 60 个、供应链管理专业点 1 个、物流工程专业点 13 个；中央赛道专业点 6 个、地方赛道专业点 68 个。根据《教育部办公厅关于公布 2019 年度国家级和省级一流本科专业建设点名单的通知》（教高函〔2019〕46 号），物流管理与工程类共有 27 所院校的 28 个专业点列为 2019 年度物流管理与工程类专业国家级一流专业建设点，其中物流管理专业点 21 个，物流工程专业点 7 个；中央赛道专业点 6 个，地方赛道专业点 22 个。

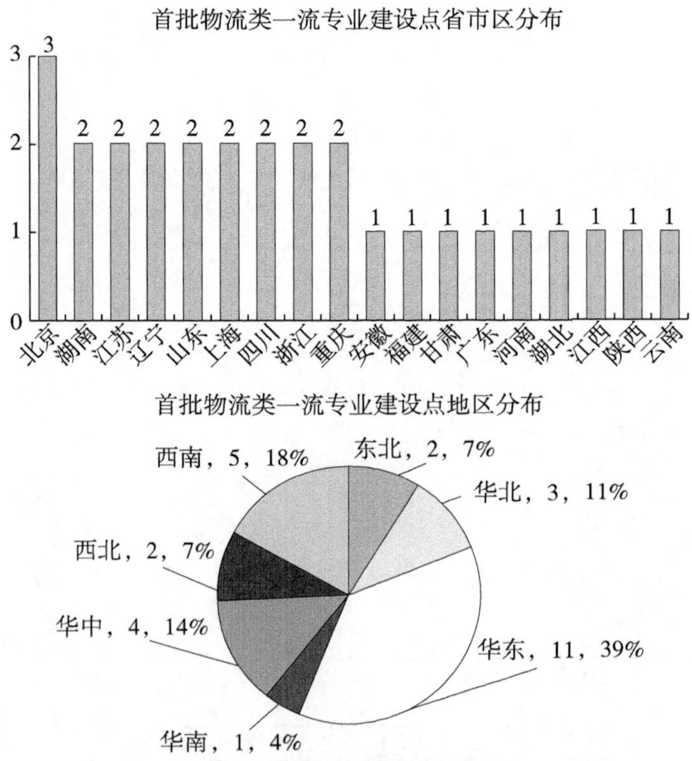

图 5－3　2019 年物流类国家一流专业分布情况

三、物流行业人才需求与就业情况

中国物流与采购联合会发布的报告显示，近年来我国物流业吸纳就业能力不断增强，从业人员快速增长。根据测算，2019 年年末，我国物流岗位（既包括物流相关行业法人单位和从事物流活动的个体工商户从业人员，也包括工业、批发和零售业等行业法人单位的物流岗位从业人员）从业人员数 5191 万人，比 2016 年增长 3.6%，年均增长 0.9%。

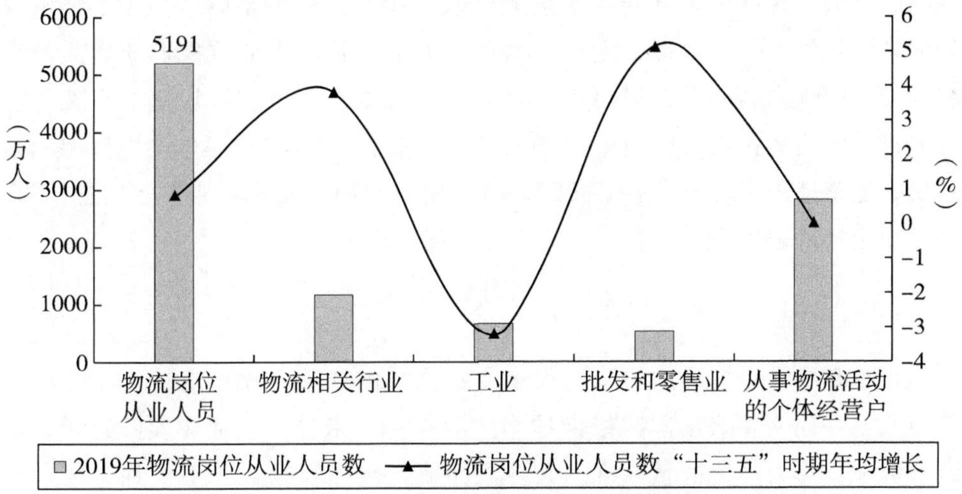

图 5－4　2019 年物流岗位从业人员情况

从结构来看，一是物流专业人才保持较快增长，物流人员专业化程度提升。我国物流相关行业从业人员数超过 1200 万人，比 2016 年增长 16%，年均增长 3.9%。二是运输物流仍是吸纳就业的主体，其中道路运输较快增长，铁路和水路有所放缓。三是电商快递、多式联运等新型行业成为新增就业的主要动力，“十三五”时期快递物流行业新增吸纳就业超过 100 万人，年均增长 10%，多式联运及运输代理行业新增吸纳就业超过 15 万人，五年年均增长 8%，增速均快于行业平均水平。

四、物流行业培养存在的问题

在蓬勃发展的物流业背后是对现代物流人才的旺盛需求，尽管我国开设物流类专业的高校数量众多，但是物流类学生就业的专业对口率和就业层次并不高，难以满足物流业的人才需求。我国物流人才培养在数量方面存在巨大的缺口。早在十多年前我国物流人才列为我国 12 类紧缺人才之一，时至今日没有得到扭转和改变，究其原因在于我国物流人才的培养存在诸多问题。

（一）教学活动滞后于行业发展

目前，很多高校物流专业的人才培养方案不能适应社会和物流企业对物流人才的要求，在教学过程中片面强调理论教学，忽视理论知识的运用与实践教学；教学活动的设计与组织强调以教为中心，而不是以学为中心，忽视新时期学生学习的自主性、主动性与创造性的发挥；未能重视职业素质的培养。加之教学内容陈旧，滞后于行业发展；如智慧物流和区块链、人工智能等先进技术已经在物流行业中蓬勃发展，但是物流高校鲜有开设类似课程体系的，这就造成了理论滞后于实践，培养出来的物流人才不能掌握先进技术，加之缺乏实践锻炼机会，导致不能立刻上岗工作。

（二）双师型师资缺乏

由于高校考核标准的要求，很多物流高校的教师不仅要求博士学位而且还以高水平论文发表、国家级课题为主要指标，未将行业从业实践经历、实际业务能力作为师资衡量标准，大多数物流类教师都是从“学校到学校”缺少行业实践经历，甚至不了解行业实际情况，导致现从事物流管理教学的教师能力参差不齐。据统计，目前在从事物流人才培养的 600 多所高校中，有 2/3 的物流教师是从高校毕业之后直接从事物流教学，根本没有物流实践经验，另外还有 1/3 是由相关专业转过来进行物流教学，他们缺乏系统的物流知识。因此大部分物流教师的实践水平及所掌握的专业技能都不能满足物流教学的需要。

（三）学生实践锻炼机会少

学生在校学习期间参加的集中实践教学环节是培养学生获得对实际工程问题或现实社会问题的分析能力和解决能力的重要环节，着重培养学生的工程实践能力、分析和综合能力、合作精神与创新意识，包括军训、认识实习、专业实习、毕业实习、社会调查、课程设计、毕业论文等。为了加强物流专业实践教学，很多院校进行了多种改革和尝试，但由于经费、实践场地等原因，实践教学活动流于形式，没真正落到实处。

五、物流人才培养对策建议

（一）多渠道培养引进物流人才

目前我国在物流人才培养方面主要有三个途径：学历教育、培训认证和岗位学习。由于学历教育周期长、见效慢，因此要善于利用社会教学资源具有周期短、针对性强、量大的优势进行物流人才的二次培训，尽快填补物流人才的空缺。物流人才的培养和培训应实行学历证书、培训证书和职业资格证书相结合。优秀的物流人才带来的是先进的物流理念、物流技术和物流运作模式，有助于我们结合我国经济发展的特点，创新管理模式，不断推动物流教育的国际化进程。由于我国物流起步较晚，与美国、日本相比在物流领域还有相当大的差距。因此，各级政府、行业协会及各类物流企业应积极行动起来，尽快建立吸引高级物流人才的新机制，确保国外高端物流人才为我所用、人尽其才。

（二）点面结合提高物流人才的培养质量

现代物流学是一门综合性的交叉学科，它涉及经济学、工程技术科学、管理学、社会科学、信息科学等领域，研究范围极广，物流管理人才必须应用多学科的成果，综合地解决问题。因此在物流人才培养方面，物流高校应加大课程整合，构建科学合理的教学计划。在专业设置中注重点面结合。既注重使学生掌握单一物流环节的知识和技能，如运输、包装、仓储、配送、报关报检、制单结汇等，同时又培养其具有物流系统的规划设计、优化和运用 IT 技术的能力。这样一来，就可以既解决学生们的快速就业的问题，又兼顾未来作为一个物流中高层管理者系统管理的知识素质和能力。物流专业的学生通过系统学习经济学、会计学、经济法、财务管理、国际商务、国际结算、电子商务、国际商法等课程就可获得一定的商业技能；通过学习供应链管理、物流管理法规、物流信息技术、物流信息系统、物流服务成本管理、物流中心设施与规划、物流方案设计与分析、仓储与配送管理、运输与包装、国际物流管理、商业物流管理、采购与库存管理、企业物流管理、ERP概论等课程就可获得一定的物流技能；通过学习市场营销学、管理学、项目管理、战略管理、运营管理、运筹学、质量管理等课程就可获得一定的管理技能。

（三）注重实践能力培养，建立深度产学合作关系

在现代物流人才培养过程中，物流高校应主动与本地区一些有实力、业务模式先进、内部管理规范的物流企业建立产学合作关系，加强合作并建立起学生校外实习培训基地。同时高等院校还可以建一些具有现代化水平的多媒体教室、仿真和先进技术应用场景下的先进物流实验室，为学生创造一个模拟的实战环境，尽可能实现学生与企业的无缝对接。同时积极利用各种机会和寒暑假组织学生深入当地知名物流企业现场实习。同时聘请物流企业中高层管理人员担任专业课程行业讲师，探索推进“学业导师+行业导师”人才培养双导师制度。

（四）探索课程改革，提升师资行业认知能力

学生职业能力的培养是一个系统工程，但从专业的角度讲，重点是与物流类专业各门专业的教学密切相关。同时，教师是课堂的第一负责人，教师素质的高低直接关系着教学的成败。从事物流人才培养的高校应通过师德师风建设，树师德师风标兵来提高师资队伍的总体师德素质；通过自学、进修、听名师讲座等方式丰富物流教学人员的知识结构；通过公开课、课堂观摩、支教等方式提高物流教学人员的教学能力、实践能力、创新能力等。物流专业的很多课程实践性强，但现在很多从事物流教学的教师仍采用高中阶段“填鸭式”教学方式，这种教学方式很难激发学生的学习兴趣，更别说培养学生的创新应用能力。为解决这些问题，物流教师在教学过程中可尝试线上线下相结合的教学模式、鼓励在线课程、课堂讨论、小组学习、仿真模拟、案例教学、现场参观等方式来提高学生的兴趣，丰富教学课堂，从而提高教学质量。鼓励教师深入企业开展调研或挂职锻炼，提高师资行业认知能力。

物流人才培养是一个系统工程，需要政府、高等院校、物流企业和行业协会的通力协作才能有效完成。为了锻炼学生的实际操作能力，应采用面向物流行业“请进来、走出去”的策略，大力推进产教融合，建立有深度、有项目并与物流企业岗位职业能力需求无缝衔接的现代物流人才培养体系。

第二节　国际陆港物流人才培养探索

随着世界经济一体化的发展，海港在国际物流与供应链中的作用和地位得到了极大发挥。近年来，陆港、内陆港、无水港、旱码头、干港等名词不断出现在我们面前，这正是经济全球化浪潮中，海港功能向内陆经济腹地延伸出现的一种集现代物流和国际贸易于一体的新模式。本节结合“一带一路”、西部陆海新通道等国家战略驱动下内陆地区蓬勃发展的国际陆港，从完善培养现代应用型物流人才和专业建设要更好地服务区域外向型经济的发展角度出发，结合实践案例，提出了在物流高校中建立国际陆港物流方向的人才培养体系思路。

一、港口在现代物流发展过程中的作用和地位

现代物流是服务化与信息化的集中体现。港口作为全球综合运输网络的节点，其功能正在不断拓宽，朝着提供全方位的增值服务方向和经济一体化方向发展。港口功能的拓展不仅是现代物流发展的要求，而且是港口推动现代物流发展的作用的体现，随着我国融入经济供应链网络的步伐加快，港口的功能和作用得到了进一步发挥。现代港口处理的主要货物是集装箱，服务的主要对象是班轮公司联盟，是国际海陆间物流通道的重要枢纽和节点、是区域性乃至国际性的商务中心、是区域性的信息中心。联合国贸易与发展会议在《港口市场和挑战》报告中明确指出：“贸易港口作为海运转为其他运输方式（陆运、空运或内河航运）的必要过渡点的作用逐渐减弱，作为组织外贸的战略要点的作用日益增强，成为综合运输链当中的一个主要环节，是有关区域经济和产业发展的支柱……国家贸易的后勤总站。”由此可见，港口在现代物流产业中处于十分重要的战略地位，正发挥着日益重要的作用。

现代港口是水陆运输的枢纽，是水运货物的集散地、远洋运输的起点和终点。现代港口汇聚着内陆运输、水路运输等大量的货物，世界贸易的75%以上是通过海运实现的。可见港口在现代物流系统中居于十分重要的地位，对推动现代物流发展发挥不可替代的作用。

二、国际陆港、国际陆港物流和国际陆港产业园的内涵与特征

国际陆港、国际陆港物流和国际陆港产业园是三个关系密切的概念，后两者以国际陆港为基础，逐渐衍生形成的新业态和新的临港产业园。三者的发展互相影响，共同促进了国际陆港的蓬勃发展。

（一）国际陆港的内涵与特征

1. 内涵

“陆港”的概念是西安学者席平于2000年率先在国内提出。通过比较国内外诸多学者对“陆港”定义的理解结合本人多年的研究，本书作者提出国际陆港是指依托铁路或公路等陆路交通枢纽，在内陆经济中心城市设立，具有现代物流、口岸服务和产业配套等功能，为内陆地区发展外向型经济提供便捷的多式联运、货物集散、通关服务的商贸物流聚集区。

2. 特征

国际陆港具有三大特征：一是主要依托铁路等国际陆路运输枢纽，二是以促进内陆地区外向型经济发展为主要目的，三是近年来以发展中欧班列国际铁路运输业务为标志。

（二）国际陆港物流内涵与特征

1. 内涵

国际陆港物流是指国际陆港利用其自身依托的国际陆地运输重要节点优势，以提供配套集中的综合服务为平台，强化其对陆港周边物流活动的辐射能力，突出陆港集货、存货、配货特长，以临港产业为基础，以信息技术为支撑，以优化陆港资源整合为目标，发展具有涵盖物流链上所有服务功能的物流服务形态。

2. 特征

国际陆港物流是特殊形态下的综合物流体系，是作为国际物流过程中的一个无可替代的重要节点，完成整个供应链中基本的物流服务和衍生的增值服务。铁路运输是陆港物流的主要载体，随着世界经济一体化，现代物流的业态和服务模式正在逐渐扩大，国际陆港作为全球陆路运输网络的

重要节点，其功能也在不断拓宽。国际陆港在现代物流中扮演着越来越重要的角色。

（三）国际陆港产业园的内涵与特征

1. 国际陆港产业园内涵

以国际陆港为依托，以现代装备制造业、商贸服务、国际商贸和现代物流为特色的临港产业配套区，是内陆城市发展外向型经济的产业聚集区。

2. 国际陆港产业园特征

国际陆港产业园建设有三大任务特征：建新城、入大网、组小网。第一，建新城即按照国际港口城市发展模式，科学规划建设陆港产业园。第二，入大网，即国际陆港产业园直接进入国际运输网络，否则仅是一个国内物流园区，或者是一个外贸货物中转站。第三，组小网，即组建以国际陆港产业园为中心、以其周边地区为经济辐射区的国际贸易、国际物流网络，带动本地区外向型经济大发展，这是建设国际陆港产业园的价值所在。

三、国际陆港物流人才培养的创新性和迫切性

（一）陆港的蓬勃发展形成对大量专业人才的旺盛需求

1. 国际陆港的发展态势

在国家西部大开发等国家战略驱动下，特别是“一带一路”倡议提出后，国际陆港项目自 2003 年在西安诞生后，经过近 20 年的实践和发展，目前已经充分展现出了其生机与活力。在国际陆港发展理念的影响下，特别是在西安国际港务区项目带动下，我国内陆城市和陆上边境口岸也纷纷规划建设陆港。成都、重庆、郑州、石家庄、沈阳、昆明和乌鲁木齐等地相继建立了陆港，沿海港口上海港、天津港等各大港口都在内陆经济腹地和新亚欧大陆桥沿线布局建立了内陆港区；目前中国已经运营和正在规划建设的陆港约有 200 个。

2. 陆港物流人才培养的创新性

开展陆港研究是对现代物流体系的发展和完善，开展对应的陆港物流人才培养是现代物流人才培养的创新之举。应当以高校为基础搭建陆港物流的

理论研究、制度制定、经验交流、策略商讨、合作发展和人才培养的综合平台，为陆港物流发展作出贡献。

（二）陆港物流人才培养的迫切性

我国高校从2002年左右开始培养现代物流人才，经过多年的探索和实践已形成较完备的海港、空港物流人才培养体系。陆港作为一种新的模式，对应的物流人才培养体系目前在物流教育界尚处于空白阶段。与陆港蓬勃发展不相适应的是，目前我国的陆港发展成了实践在前，人才培养和相关研究滞后的局面。目前全国物流本科高校有600多所，但是培养陆港物流方向的专业人才高校仅有一两所，因此加快陆港物流人才的培养显得十分必要和紧迫。早在2011年6月18日于西安召开的首届中国国际陆港发展研讨会上，与会的交通运输部、原铁道部、中国交通运输协会和中国物流学会的专家学者不约而同地发出了培养国际陆港物流人才的倡议。因此，加快国际陆港物流人才的培养显得尤为紧迫和重要。

四、陆港物流人才培养体系的构成

（一）西安外事学院积极开展陆港物流人才培养探索

西安外事学院是一所以商、文、医、艺、农多学科协调发展的综合性高校，在校生规模22000余人。其物流管理专业是陕西省物流类第一个省级一流建设专业（2017年），也是中国物流学会认定的全国（陆港）物流产学研基地，2019年被教育部列入全国物流1+X证书制度试点专业。学院依托国内最大的陆港物流园区——西安国际港务区和国际陆港研究所，培养国际陆港物流特色方向的现代物流人才，这也是目前全国高校中唯一定位于陆港物流方向的高等院校，开创了应用型物流本科专业教育的先河。

（二）国际陆港物流人才培养体系的构成

陆港物流人才是应用型物流人才的培养，有别于理论研究型人才的培养。在明确了这一应用型本科人才的质量规格之后，设计出切合实际、便于操作的培养方案就成为实现培养目标业务规格的关键，而构建逻辑性强、相对完整的培养体系则是人才培养方案设计工作的重中之重。

陆港物流应用型本科人才的规格特点要求我们必须围绕应用型本科人才知识、能力、素质和谐发展的目标要求，以能力培养为重心，构建相对独立、内在统一的人才培养体系，体现多层次、个性化的培养特征，构建和完善以提高基础理论和基础知识为目标的理论课程体系，以提高基本技能与专业技能为目标的实践课程体系，以提高综合能力和拓展专业外延为目标的素质拓展体系，构成人才培养的主体框架。

下面以西安外事学院陆港物流方向的人才培养体系为例，探讨国际陆港物流方向的人才培养体系构建。

1．陆港物流理论教学体系的构建

陆港物流应用型本科人才在知识结构上具有“知识面宽，基础扎实，应用性较强”的特点，需要加强物流学、管理学、经济学、国际贸易等理论课程的整个突出理论教学的应用性，构建出目标明确、逻辑性强的平台与模块化相结合的理论教学体系。在理论教学体系的构建过程中，要改革教学内容和课程体系，要注意基础、专业平台的构架，在课程结构上逐步形成“基础＋专业”的平台化架构，保证人才的基本规格和多样化、个性化发展，增强学生对社会的适应性。以国际陆港发展建设对物流人才的需求为导向，充实基本理论与基本技能在行业中的应用，有利于学生向陆港物流园区规划建设者的转变。

教学内容与课程体系改革是提高教学质量、实现人才培养目标的重要手段，要紧紧围绕“应用型人才”的培养目标，加强教学内容和课程体系的建设与改革。在总体上设计出学生需要掌握的知识点和能力发展要求以后，按照有所为有所不为的原则，对各种课程进行大的整合和内容的更新，设计、组织并开设全新的课程，构建出较为完整、系统的理论教学体系，同时为实践教学预留充足的学分学时。要围绕专业核心能力培养、以专业的主干课程为核心，将课程组合成若干个课程包，明确课程包在整个人才培养计划中的地位、作用及其与其他课程包的关系，通过对包内课程内容的精选、重组和充实，使整个课程包的教学内容整体优化，促进教学质量的提高与专业特色的形成。西安外事学院陆港物流方向课程体系如图5－5所示。

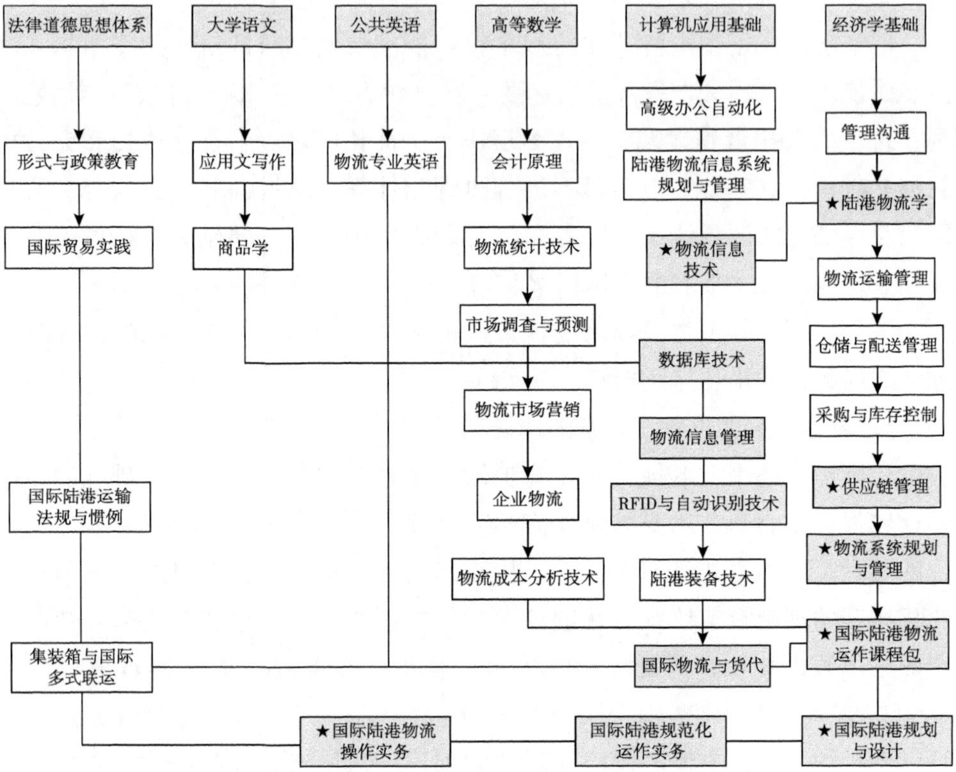

图5－5　西安外事学院陆港物流方向课程体系

2. 实践教学体系的构建

根据应用型本科人才多层次、多元化的能力特点，需要构建分类设计、分层施教、分步实施、独立设置的选修与必修相结合的实践教学体系。围绕着社会对人才的创新、创业精神和实践能力的要求，需要构建从课堂内系统的、综合性的实践技能训练，到课外的自助式开放实验、贯穿校内学习全过程的专业素质拓展训练和校外实习相结合的培养体系。

西安外事学院高度重视实践教学与理论教学的关系，一方面增加实践教学所占课时的比例（见图5－6、图5－7），另一方面注重二者的交替进行（图5－8）。这样设置的人才培养体系不仅有利于培养学生的实践、动手能力，而且能够实现课堂教学与实践活动的无缝对接，大大提高学生适应社会、提升职业技能的能力。

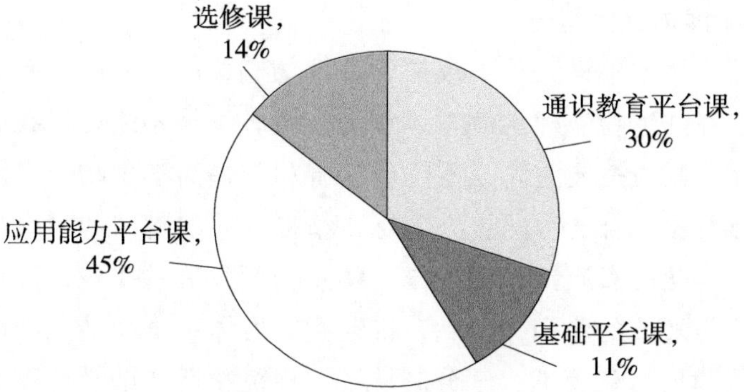

图 5－6　课程类别学时比重

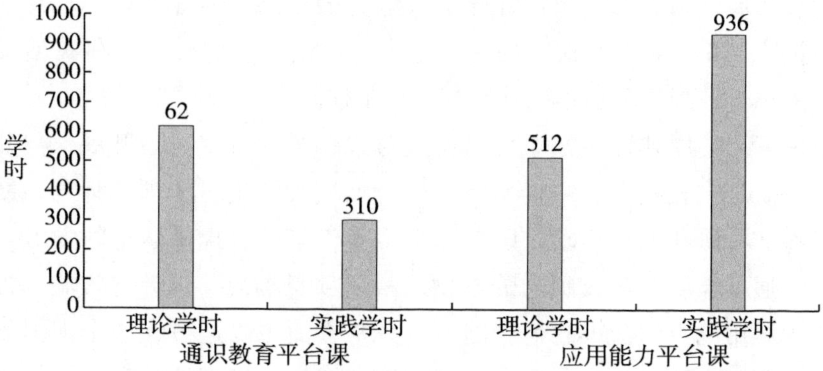

图 5－7　课程学分比重

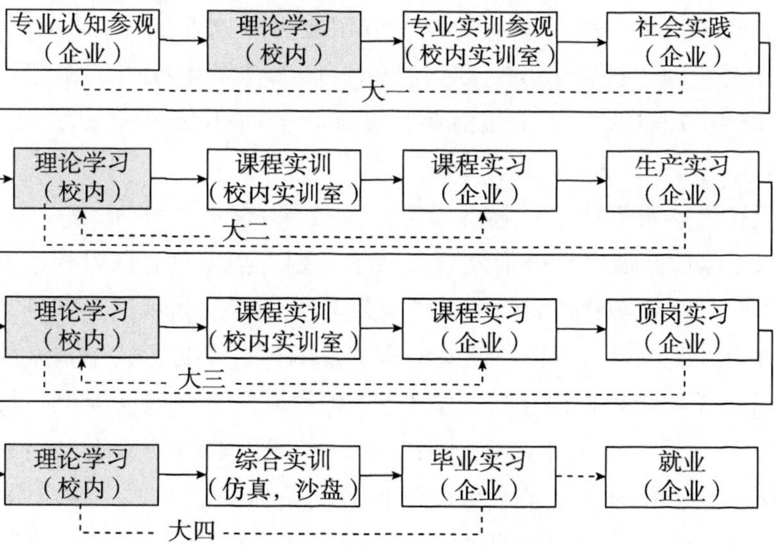

图 5－8　理论实践课时交替设置体系

3. 素质拓展体系的构建

陆港物流应用型本科人才不仅需要掌握物流技能，还应具有良好的综合素质。因而，在陆港物流理论教学体系和实践教学体系之外，我们还要构建素质拓展体系。素质拓展的内涵不仅包括有利于提高学生物流专业技能的拓展，还应包括社会综合能力的扩充训练、精神气质的陶冶和身心品质的全面提升。应将规范化的素质拓展要求作为学生全面发展的手段，注重人文教育对学生健全人格塑造的作用。因此，将素质拓展体系全面纳入陆港物流人才培养方案，构建项目化管理、学分制认证、规范化运作的教育体系，是保证陆港物流应用型人才培养的一个重要方面。

素质拓展体系的内涵包括社会综合能力的训练和专业外延的训练，促进“第一课堂”和“第二课堂”的有机融合，推动学生课外学术科技活动与课内教学的结合，规范和加强课外教育管理工作。

校内素质拓展训练一方面可以通过形式多样的方式灵活开展，与陆港物流相关科研工作相结合，结合专业特点，推进大学生科研训练计划，鼓励学生较早参加科研和创新活动，以培养学生科学素养，提高学生的学习与研究积极性。通过学生参与教师的陆港物流科研项目构思、设计与实施，提高学生的知识运用能力和初步的科研能力。另一方面可以通过参与全国大学生物流设计大赛、全国大学生条码自动识别知识竞赛、模拟沙盘竞赛、英语竞赛等综合性竞赛，以及通过物流师、国际货代员、报关员等各类专业证书教育、各类专项培训，提高学生的专业应用能力和职业能力，使学生在学术科技活动的实践中提高素质、获得技能；可以与学生社团工作相结合，通过组织学生参加各类社会文化活动，提高学生的社会交往能力、团结协作精神等。

素质拓展体系不同于一般意义上的第二课堂活动，它带有一定的必修、强制意义。素质拓展以学分形式列入教学计划，学生只有取得相应的专业素养拓展学分、综合素养拓展学分才能顺利毕业。素质拓展只有达到相应学分要求，才有评奖评优、深造、就业的资格。学生以项目形式申请素质拓展内容（也可由学校教师提出题目，学生设计实施），经管理机构审核批准，确定项目学分，学生按设计达到训练要求时，则可取得相应学分。总之，以能力培养为中心的陆港物流三大教学体系的整体构建，是培养知识、能力、素质和谐发展的高素质陆港物流应用型人才的内在要求，也是适应我国经济结构升级调整的客观需要。物流本科院校培养应用型人才，是时代赋予的任务，从目前物流业的发展对人才的需求和高等教育发展情况来看，迫切需要不同层次的物流高等学校结合自身的特点和优势，真正做到立足当地、服务区域经济的发展，结合行业发展需求和自身资源优势培养出高质量的应用型人才。

下篇　实践篇

第六章　陆港型国家物流枢纽

2018年12月21日，国家发展改革委、交通运输部发布《国家发展改革委 交通运输部关于印发〈国家物流枢纽布局和建设规划〉的通知》（发改经贸〔2018〕1886号），贯彻落实党中央、国务院关于加强物流等基础设施网络建设的决策部署，科学推进国家物流枢纽布局和建设。

国家发展改革委设立国家物流枢纽建设中央投资专项，重点支持枢纽铁路专用线、多式联运转运设施、公共信息平台、军民融合物流设施以及内部道路等公益性较强的基础设施建设，适当提高中西部地区枢纽建设资金支持比例。同时鼓励国家开发银行等金融机构支持枢纽设施建设，中央财政给予适当贴息，贷款余额纳入政策性业务考核；支持符合条件的枢纽运营主体通过发行公司债券、企业债券等多种方式拓宽融资渠道。

第一节　国家物流枢纽布局规划

国家物流枢纽是由国家发展改革委、交通运输部共同布局建设，集中实现货物集散、储存、分拨、转运等多种功能的物流设施群和物流活动组织中心。国家物流枢纽是物流体系的核心基础设施，是辐射区域更广、集聚效应更强、服务功能更优、运行效率更高的综合性物流枢纽，在全国物流网络中发挥关键节点、重要平台和骨干枢纽的作用。国家物流枢纽将配合京津冀协同发展、长江经济带发展、粤港澳大湾区建设、长三角一体化发展等国家重大战略实施需要，撬动区域经济新增长。

中共十八大以来，我国物流业实现较快发展，在国民经济中的基础性、战略性、先导性作用显著增强。物流专业设施和交通基础设施网络不断完善，特别是一些地区自发建设形成一批物流枢纽，在促进物流资源集聚、提高物流运行效率、支撑区域产业转型升级等方面发挥了重要作用，为建设国家物流枢纽网络奠定良好基础。

一、物流业发展已形成良好的基础条件

1. 基础设施条件不断完善

截至2017年年底，我国铁路、公路营运总里程分别达到12.7万公里和477.3万公里，万吨级以上港口泊位2366个，民用运输机场226个，铁路专用线总里程约1.8万公里。全国营业性通用仓库面积超过10亿平方米，冷库库容约1.2亿立方米，运营、在建和规划的各类物流园区超过1600个。

2. 运行组织效率持续提高

互联网、物联网、大数据、云计算等现代信息技术与物流业发展深度融合，无人机、无人仓、物流机器人、新能源汽车等智能化、绿色化设施设备在物流领域加快推广应用，物流枢纽运行效率显著提高，有力引导和支撑物流业规模化集约化发展，为加快物流转型升级和创新发展注入新的活力。

3. 综合服务能力大幅提升

货物集散转运、仓储配送、装卸搬运、加工集拼等基础服务能力不断增强，与制造、商贸等产业融合发展趋势日益明显，物流要素加速向枢纽聚集，以平台整合、供应链融合为特征的新业态新模式加快发展，交易撮合、金融结算等增值服务功能不断拓展，物流枢纽的价值创造能力进一步增强。

4. 经济支撑带动作用明显

国际陆港、中欧班列枢纽节点等快速发展，跨境电商、同城配送等物流新需求持续增长，物流枢纽的资源聚集效应和产业辐射效应不断显现，对经济增长的带动作用日益增强，有效支撑我国世界第二大经济体和第一大货物贸易国的地位。

二、与发达国家相比存在的问题

尽管我国物流业发展取得了快速发展，但与发达国家相比，我国物流枢纽发展还存在一定差距。

1. 系统规划不足

现有物流枢纽设施大多分散规划、自发建设，骨干组织作用发挥不足，物流枢纽间协同效应不明显，没有形成顺畅便捷的全国性网络。

2. 空间布局不完善

物流枢纽分布不均衡，西部地区明显滞后，部分地区还存在空白；一些物流枢纽与铁路、港口等交通基础设施以及产业集聚区距离较远，集疏运成本较高。

3. 资源整合不充分

部分物流枢纽存在同质化竞争、低水平重复建设问题，内部缺乏有效分工，集聚和配置资源要素的作用没有充分发挥。

4. 发展方式较为粗放

一些已建成物流枢纽经营方式落后、功能单一，无法开展多式联运；有的枢纽盲目扩大占地面积，物流基础设施投入不足，服务质量有待提高。

三、布局建设国家物流枢纽的必要性

当前，我国经济已由高速增长阶段转向高质量发展阶段。加快国家物流枢纽网络布局和建设，有利于整合存量物流基础设施资源，更好发挥物流枢纽的规模经济效应，推动物流组织方式变革，提高物流整体运行效率和现代化水平；有利于补齐物流基础设施短板，扩大优质物流服务供给，打造低成本、高效率的全国性物流服务网络，提升实体经济活力和竞争力；有利于更好发挥干线物流通道效能，加快推进要素集聚、资源整合和城乡空间格局与产业布局重塑，促进区域协调发展，培育新的经济增长极；有利于深化国内国际物流体系联动协同，促进生产制造、国际贸易和国际物流深度融合，提高国际供应链整体竞争力，培育国际竞争新优势，加快推动我国产业向全球价值链中高端迈进。

第二节　国家物流枢纽类型与布局

一、国家物流枢纽类型

根据《国家发展改革委 交通运输部关于印发〈国家物流枢纽布局和建设

规划〉的通知》（发改经贸〔2018〕1886号），国家物流枢纽分为陆港型、港口型、空港型、生产服务型、商贸服务型、陆上边境口岸型六种类型。

（一）陆港型

依托铁路、公路等陆路交通运输大通道和场站（物流基地）等，衔接内陆地区干支线运输，主要为保障区域生产生活、优化产业布局、提升区域经济竞争力，提供畅通国内、联通国际的物流组织和区域分拨服务。

（二）港口型

依托沿海、内河港口，对接国内国际航线和港口集疏运网络，实现水陆联运、水水中转有机衔接，主要为港口腹地及其辐射区域提供货物集散、国际中转、转口贸易、保税监管等物流服务和其他增值服务。

（三）空港型

依托航空枢纽机场，主要为空港及其辐射区域提供快捷高效的国内国际航空直运、中转、集散等物流服务和铁空、公空等联运服务。

（四）生产服务型

依托大型厂矿、制造业基地、产业集聚区、农业主产区等，主要为工业、农业生产提供原材料供应、中间产品和产成品储运、分销等一体化的现代供应链服务。

（五）商贸服务型

依托商贸集聚区、大型专业市场、大城市消费市场等，主要为国际国内和区域性商贸活动、城市大规模消费需求提供商品仓储、干支联运、分拨配送等物流服务，以及金融、结算、供应链管理等增值服务。

（六）陆上边境口岸型

依托沿边陆路口岸，对接国内国际物流通道，主要为国际贸易活动提供一体化通关、便捷化过境运输、保税等综合性物流服务，为口岸区域产业、跨境电商等发展提供有力支撑。

二、国家物流枢纽布局

依据区域经济总量、产业空间布局、基础设施联通度和人口分布等，统筹考虑国家重大战略实施、区域经济发展、产业结构优化升级等需要，结合"十纵十横"交通运输通道和国内物流大通道基本格局，选择127个具备一定基础条件的城市作为国家物流枢纽承载城市，规划建设212个国家物流枢纽，包括41个陆港型、30个港口型、23个空港型、47个生产服务型、55个商贸服务型和16个陆上边境口岸型国家物流枢纽。

表6-1　　127个国家物流枢纽布局

1. **陆港型国家物流枢纽承载城市。**包括石家庄、保定、太原、大同、临汾、呼和浩特、乌兰察布、沈阳、长春、哈尔滨、佳木斯、南京、徐州、杭州、合肥、南昌、鹰潭、济南、潍坊、郑州、安阳、武汉、长沙、衡阳、南宁、柳州、重庆、成都、遂宁、贵阳、遵义、昆明、拉萨、西安、延安、兰州、酒泉、格尔木、乌鲁木齐、哈密、库尔勒。

2. **港口型国家物流枢纽承载城市。**包括天津、唐山、秦皇岛、沧州、大连、营口、上海、南京、苏州、南通、连云港、宁波—舟山、芜湖、安庆、福州、厦门、九江、青岛、日照、烟台、武汉、宜昌、岳阳、广州、深圳、湛江、钦州—北海—防城港、洋浦、重庆、泸州。

3. **空港型国家物流枢纽承载城市。**包括北京、天津、哈尔滨、上海、南京、杭州、宁波、厦门、青岛、郑州、长沙、武汉—鄂州、广州、深圳、三亚、重庆、成都、贵阳、昆明、拉萨、西安、银川、乌鲁木齐。

4. **生产服务型国家物流枢纽承载城市。**包括天津、石家庄、唐山、邯郸、太原、鄂尔多斯、包头、沈阳、大连、长春、哈尔滨、大庆、上海、南京、无锡、苏州、杭州、宁波、嘉兴、金华、合肥、蚌埠、福州、三明、南昌、青岛、郑州、洛阳、武汉、十堰、襄阳、长沙、郴州、广州、深圳、珠海、佛山、东莞、南宁、柳州、重庆、成都、攀枝花、贵阳、西安、宝鸡、石河子。

5. **商贸服务型国家物流枢纽承载城市。**包括天津、石家庄、保定、太原、呼和浩特、赤峰、沈阳、大连、长春、吉林、哈尔滨、牡丹江、上海、南京、南通、杭州、温州、金华（义乌）、合肥、阜阳、福州、平潭、厦门、泉州、南昌、赣州、济南、青岛、临沂、郑州、洛阳、商丘、南阳、信阳、武汉、长沙、怀化、广州、深圳、汕头、南宁、桂林、海口、重庆、成都、达州、贵阳、昆明、大理、西安、兰州、西宁、银川、乌鲁木齐、喀什。

6. **陆上边境口岸型国家物流枢纽承载城市。**包括呼伦贝尔（满洲里）、锡林郭勒（二连浩特）、丹东、延边（珲春）、黑河、牡丹江（绥芬河—东宁）、防城港（东兴）、崇左（凭祥）、德宏（瑞丽）、红河（河口）、西双版纳（磨憨）、日喀则（吉隆）、伊犁（霍尔果斯）、博尔塔拉（阿拉山口）、克孜勒苏（吐尔尕特）、喀什（红其拉甫）。

第三节 陆港型国家物流枢纽建设

一、陆港型国家物流枢纽建设要求

1. 区位条件良好

毗邻港口、机场、铁路场站等重要交通基础设施和产业聚集区，与城市中心的距离位于经济合理的物流半径内，并与城市群分工相匹配。

2. 空间布局集约

以连片集中布局为主，集中设置物流设施，集约利用土地资源。同一国家物流枢纽分散布局的互补功能设施原则上不超过2个。

3. 存量设施优先

以完善提升已建成物流设施的枢纽功能为主，必要情况下可结合区域经济发展需要适当整合、迁移或新建枢纽设施。

4. 开放性和公共性强

具备提供公共物流服务、引导分散资源有序聚集、推动区域物流集约发展等功能，并在满足区域生产生活物流需求中发挥骨干作用。

5. 服务功能完善

具备干线运输、区域分拨等功能，以及多式联运转运设施设备和系统集成、互联兼容的公共信息平台等，可根据需要提供通关、保税等国际物流相关服务。

6. 统筹运营管理

由一家企业或多家企业联合主导国家物流枢纽建设、运营和管理，统筹调配物流服务资源，整合对接物流业务，实行统一的安全作业规范。

7. 区域协同联动

鼓励同一承载城市内不同类型的国家物流枢纽加强协同或合并建设，增强综合服务功能；支持京津冀、长三角、珠三角等地区的承载城市在城市群内部开展国家物流枢纽合作共建，实现优势互补。

二、国家物流枢纽培育发展

各承载城市要遵循市场规律，尊重市场选择，以市场自发形成的物流枢纽设施和运行体系为基础，对照上述要求，选择基础条件成熟、市场需求旺盛、发展潜力较大的物流枢纽进行重点培育，并可根据市场和产业布局变化情况以及交通基础设施发展情况等进行必要的调整。同时，通过规划引导和政策支持，加强公共服务产品供给，补齐设施短板，规范市场秩序，促进公平竞争。要加强国家物流枢纽与其他物流枢纽的分工协作和有效衔接，两者不排斥、不替代，通过国家物流枢纽的发展带动其他物流枢纽做大做强，打造以国家物流枢纽为骨干，以其他物流枢纽为补充，多层次、立体化、广覆盖的物流枢纽设施体系。

三、陆港型国家物流枢纽建设

对于陆港型国家物流枢纽建设来说，项目选址、设施布局、运营主体的选择、业务拓展和枢纽经济发展是项目实际建设的重要内容，对项目的最终成功起到至关重要的作用。本章将结合《国家物流枢纽布局和建设规划》的内容，根据科学规划与建设物流园区的相关原理，对陆港型国家物流枢纽的建设要素进行分析。

（一）选址条件要求

项目选址是对陆港型国家物流枢纽项目的位置、范围进行论证和决策的工作，主要考虑的规划要素有功能要求、市场需求、建设条件等。在现代交通运输与物流发展逐渐融合的背景下，物流枢纽与货运枢纽在概念的内涵上十分接近。一般而言，货运枢纽具备物流枢纽的部分功能，物流枢纽通常也是货物运输网络的重要枢纽节点。因此，分析陆港型国家物流枢纽选址问题，需要对当地运输网络整体规划及各种运输方式的货运枢纽特别是多种运输方式交会、衔接的综合运输枢纽进行分析。货运枢纽是货物运输发展中因运输服务组织的需要而形成的运输基础设施和运输服务集聚形态，一般是指在两条或两条以上运输线路的交会、衔接处，通过基础设施建设实现不同运输方式的衔接，以枢纽基础设施为载体、以不同运输方式转换和衔接为目的，具有运输组织和管理功能，可以实现中转、换装、储存、装卸、搬运、多式联运、信息等功能的综合性运输设施。

1. 空间布局要求

陆港型国家物流枢纽均需具备清晰的规划和用地边界，以连片集中布局为主，分散布局的互补功能设施原则上不超过 2 个。枢纽应由运输、仓储等物流操作设施和相关流通加工、信息、金融、国际服务等设施构成，不包括产业发展功能设施。

2. 设施选址要求

根据陆港型国家物流枢纽自身运行特点，枢纽设施选址原则如下：①具备铁路专用线，并与铁路干线或铁路货站直接连接；②周边有高速公路出入口并可实现有效衔接；③占地规模。在集约利用土地的基础上，陆港型国家物流枢纽占地面积原则上不小于 0.5 平方千米。

3. 枢纽功能和设施要求

枢纽功能：①铁路、航空、水运等干线运输组织；②区域分拨及配送组织；③多式联运转运组织能力；④国际物流服务等；⑤延伸功能，各类枢纽须具备符合其特征的基本功能，但不排斥其他物流服务功能，在基本功能基础上可延伸功能。

基本功能设施须具备：铁路等干线运输组织场站及联运转运设施；公路区域分拨配送设施等；互补功能设施，除须集中布局于枢纽内的基本设施外，鼓励将其互补功能设施在枢纽空间内一体化集约布局。如条件暂不满足可布局于枢纽主体设施空间之外，但必须依据基本功能要求，实现平台化、一体化的运作整合。

（二）物流设施布局

1. 整合优化存量物流设施

优先利用现有物流园区特别是国家示范物流园区，以及货运场站、铁路物流基地等设施规划建设陆港型国家物流枢纽。鼓励通过统筹规划迁建等方式整合铁路专用线、专业化仓储、多式联运转运、区域分拨配送等物流设施及通关、保税等配套设施，推动陆港型国家物流枢纽资源空间集中；对迁建难度较大的分散区块设施，支持通过协同运作和功能匹配实现统一的枢纽功能。支持陆港型国家物流枢纽集中承接第三方物流、电子商务、邮政、快递等物流服务的区域分拨和仓储功能，减少物流设施无效低效供给，促进土地等资源集约利用，提升设施综合利用效率。

2. 统筹补齐物流枢纽设施短板

加强陆港型国家物流枢纽设施薄弱地区特别是中西部地区物流软硬件设施建设，支持陆港型国家物流枢纽设施短板突出地区结合产业发展和城市功能定位等，按照适度超前原则高起点规划新建物流枢纽设施，推动陆港型国家物流枢纽网络空间结构进一步完善，带动区域经济发展。

（三）运营主体选择

陆港型国家物流枢纽的运营应形成单一企业或以战略合作、资本联合等形成的企业联盟作为枢纽整体运作组织。鼓励和支持具备条件的企业通过战略联盟、资本合作、设施联通、功能联合、平台对接、资源共享等市场化方式打造优势互补、业务协同、利益一致的合作共同体，推进陆港型国家物流枢纽设施建设和统筹运营管理，有序推动干线运输、区域分拨、多式联运、仓储服务、跨境物流、城市配送等物流服务资源集聚，引导物流服务企业集群发展，提升物流一体化组织效率。

（四）枢纽业务拓展

1. 搭建两大支撑平台

一是加强综合信息服务平台建设。鼓励和支持陆港型国家物流枢纽依托现有资源建设综合信息服务平台，打破物流信息壁垒，推动枢纽内企业、供应链上下游企业信息共享，实现车辆、货物位置及状态等信息实时查询；加强交通、公安、海关、市场监管、气象、邮政等部门公共数据开放共享，为便利企业生产经营和完善物流信用环境提供支撑；加强物流服务安全监管和物流活动的跟踪监测，推动相关企业落实实名登记和信息留存等安全管理制度，实现货物来源可追溯、责任可倒查。依托国家交通运输物流公共信息平台等建立国家物流枢纽间综合信息互联互通机制，促进物流订单、储运业务、货物追踪、支付结算等信息集成共享、高效流动，提高物流供需匹配效率，加强干线运输、支线运输、城市配送的一体化衔接。完善数据交换、数据传输等标准，进一步提升不同枢纽信息系统的兼容性和开放性。二是推动物流资源交易平台建设。依托具备条件的陆港型国家物流枢纽综合信息服务平台，建设物流资源要素交易平台，开展挂车等运输工具、集装箱、托盘等标准化器具及叉车、正面吊等装卸搬运设备的租赁交易，在制度设计和交易服务等方面加强探索创新，允许交易平台开展铁路、公路运力资源和仓储资源交易，提高各类物流资源的市场化配置效率和循环共用水平。

2. 加快物流网络体系建设

建设陆港型国家物流枢纽干线网络体系。构建国内物流干线通道网络。鼓励国家物流枢纽间协同开展规模化物流业务，建设高质量的干线物流通道网络。重点加快发展枢纽间的铁路干线运输，优化运输组织，构建便捷高效的铁路货运网络。鼓励陆港型、生产服务型枢纽推行大宗货物铁路中长期协议运输，面向腹地企业提供铁路货运班列、点到点货运列车、大宗货物直达列车等多样化铁路运输服务；支持陆港型、港口型、商贸服务型枢纽间开行“钟摆式”铁路货运专线、快运班列，促进货物列车客车化开行，提高铁路运输的稳定性和准时性，优先鼓励依托全国性和区域性铁路物流中心培育发展陆港型枢纽。完善进出枢纽的配套道路设施建设，提高联运疏解效率。提升国际物流网络化服务水平。提高陆港型国家物流枢纽通关和保税监管能力，支持枢纽结合自身货物流向拓展海运、空运、铁路国际运输线路，密切与全球重要物流枢纽、能源与原材料产地、制造业基地、贸易中心等的合作，为构建“全球采购、全球生产、全球销售”的国际物流服务网络提供支撑。促进陆港型国家物流枢纽与中欧班列融合发展，指导枢纽运营主体集中对接中欧班列干线运力资源，加强分散货源组织，提高枢纽国际货运规模化组织水平。充分发挥中欧班列国际铁路合作机制作用，强化陆港型国家物流枢纽与国外物流节点的战略合作和业务联系，加强中欧班列回程货源组织，进一步提高运行质量。发挥枢纽的辐射作用，加强与“一带一路”沿线国家口岸相关设施的功能衔接、信息互联，加强单证规则、检验检疫、认证认可、通关报关、安全与应急等方面的国际合作，畅通陆路双向贸易大通道。

3. 依托国家物流枢纽加快多式联运发展

加强干支衔接和组织协同。充分发挥陆港型国家物流枢纽的资源集聚和区域辐射作用，依托枢纽网络开发常态化、稳定化、品牌化的“一站式”多式联运服务产品。支持具备条件的陆港型国家物流枢纽建立“公共挂车池”，发展甩挂运输，试点开展滚装运输；支持建设多式联运场站和吊装、滚装、平移等快速换装转运设施，加快发展国内国际集装箱公铁联运和铁海联运。创新标准形成和应用衔接机制。支持和引导陆港型国家物流枢纽采用已发布的快递、仓储、冷链、口岸查验等推荐性国家标准和行业标准，严格执行有关规划建设和安全作业标准。研究陆港型国家物流枢纽间多式联运转运、装卸场站等物流设施标准，完善货物装载要求、危险品界定等作业规范，加强物流票证单据、服务标准协调对接。充分发挥物流骨干企业作用，通过高频次、规模化、市场化的物流活动，推动多式联运服务、设施设备等标准进一步衔接，重点在水铁、公铁联运以及物流信息共享等领域，探索形成适应枢纽间多式联运发展的市场标准，为制定国家和行业有关标准提供依据。推广多式联运“一单制”。研究在国家物流枢纽间推行集装箱多式联运电子化统一单证，加强单证信息交换共享，实现“一单制”物流全程可监测、可追溯。加强不同运输方式在货物交接、合同运单、信息共享、责任划分、保险理赔等方面的制度与规范衔接。鼓励企业围绕“一单制”物流创新业务模式，拓展统一单证的金融、贸易、信用等功能，扩大单证应用范围，强化与国际多式联运规则对接，推动“一单制”物流加快发展。

4. 促进国家物流枢纽网络军民融合发展

按照军民融合发展战略和国防建设有关要求，尽快制定有关陆港型国家物流枢纽设施服务军事物流的建设内容和标准，支持军队后勤保障社会化。根据军事物流活动保密性、时效性、优先性等要求，拓宽军队使用地方运力、仓储设施、交通网络等物流资源的工作渠道，打通军地物流信息系统数据安全交换通道，建设物流信息资源军地共享平台，建立陆港型国家物流枢纽服务军事物流需求的运行机制，利用陆港型国家物流枢纽的干线调配能力和快速分拨网络服务军事物流需要。

（五）枢纽经济培育

依托陆港型国家物流枢纽，加快推进与周边地区要素禀赋相适应的产业规模化发展，打造特色鲜明的枢纽经济。引导地方统筹城市空间布局和产业发展，充分发挥陆港型国家物流枢纽辐射广、成本低、效率高的优势，带动区域农业、制造、商贸等产业集聚发展，打造形成各种要素大聚集、大流通、大交易的枢纽经济，不断提升枢纽的综合竞争优势和规模经济效应。

1. 高效响应物流市场新需求

适应产业转型、内需扩大、消费升级带来的物流需求变化，加强陆港型国家物流枢纽与腹地生产、流通、贸易等大型企业的无缝对接，提高市场感知能力和响应力。发展集中仓储、共同配送、仓配一体等消费物流新模式，构建以陆港型国家物流枢纽为重要支撑的快速送达生活物流圈，满足城乡居民小批量、多批次、个性化、高品质生活物流需求。引导陆港型国家物流枢纽系统对接国际物流网络和全球供应链体系，支持中欧班列、跨境电商发展。鼓励大型物流企业依托陆港型国家物流枢纽开展工程设备、大宗原材料的国际工程物流服务。

2. 鼓励陆港物流枢纽服务创新

建立陆港型国家物流枢纽共享业务模式，通过设施共建、产权共有、利益协同等方式，引导企业根据物流需求变化合理配置仓储、运力等资源。加强基础性、公共性、联运型物流设施建设，强化陆港型国家物流枢纽社会化服务功能，提高设施设备共享共用水平。发展枢纽平台业务模式，将枢纽内分散的物流业务资源向枢纽平台整合，以平台为窗口加强业务资源协作，统一对接上游产业物流需求和下游物流服务供给。拓展陆港型国家物流枢纽供应链业务模式，发挥陆港型国家物流枢纽在区域物流活动中的核心作用，创新枢纽的产业服务功能，依托陆港型国家物流枢纽深化产业上下游、区域经济活动的专业化分工合作，推动枢纽向供应链组织中心转变。

3. 大力培育发展现代供应链

促进陆港型国家物流枢纽与区域内相关产业协同联动和深度融合发展，打造以陆港型国家物流枢纽为核心的现代供应链。鼓励和引导制造、商贸、物流、金融等企业，依托陆港型国家物流枢纽实现上下游各环节资源优化整合和高效组织协同，发展供应链库存管理、生产线物流等新模式，满足敏捷制造、准时生产等精益化生产需要；探索发展以个性化定制、柔性化生产、资源高度共享为特征的虚拟生产、云制造等现代供应链模式，提升全物流链条价值创造能力，实现综合竞争力跃升。

4. 着力培育新兴物流服务业态

一是邮政快递物流。推动邮政和快递物流设施与陆港型国家物流枢纽同步规划、同步建设，完善提升已有物流枢纽的邮件快件分拨处理功能。推动快递专业类物流园区改扩建，积极承接陆港型国家物流枢纽功能。提升邮件快件分拨处理智能化、信息化、绿色化水平。鼓励发展高铁快递、冷链快递、电商快递、跨境寄递，推动快递物流与供应链、产业链融合发展。支持建设国际邮件互换局（交换站）和国际快件监管中心。

二是电子商务物流。鼓励和支持陆港型国家物流枢纽增强电子商务物流服务功能，发挥干线与区域分拨网络作用，为电商提供覆盖更广、效率更高的专业物流服务，促进农村电子商务物流体系建设，推动农产品“上行”和工业品“下行”双向高效流通，提高电子商务物流服务的时效性、准确性。鼓励陆港型国家物流枢纽综合信息服务平台与电子商务物流信息平台对接，推动陆港型国家物流枢纽网络与电子商务网络信息互联互通，实现“双网”融合。增强陆港型国家物流枢纽在跨境电商通关、保税、结算等方面的功能，提高枢纽支撑电子商务物流一体化服务的能力。

三是冷链物流。引导冷链物流设施向陆港型国家物流枢纽集聚，促进冷链物流规模化发展。鼓励陆港型国家物流枢纽高起点建设冷链物流设施，重点发展流通型冷库、立体库等，提高冷链设施供给质量。鼓励企业依托陆港型国家物流枢纽建设面向城市消费的低温加工处理中心，开展冷链共同配送、“生鲜电商＋冷链宅配”等新模式；大力发展铁路冷藏运输、冷藏集装箱多式联运。依托陆港型国家物流枢纽综合信息服务平台，加强全程温度记录和信息追溯，促进消费升级，保障食品质量安全。鼓励粮食、棉花等大宗商品物流嵌入陆港型国家物流枢纽服务系统，通过供应链信息协同、集中储存、精细化生产组织等方式，加快资源产地、工业聚集区、贸易口岸的物流组织变革，推动大宗商品物流从以生产企业安排为主的传统模式向以枢纽为载体的集约模式转型，促进枢纽与相关生产企业仓储资源合理配置，进一步降低库存和存货资金占用。发展铁路散粮运输、棉花集装箱运输和能源、矿产品重载运输，推动运输结构调整。

四是驮背运输。依托陆港型国家物流枢纽在具备条件的地区选择适合线路发展驮背运输，充分发挥驮背运输安全可靠、节能环保、运输灵活等优势。加强陆港型国家物流枢纽网络的驮背运输组织体系建设，完善与既有铁路、公路运输体系的高效衔接，进一步推动公铁联运发展，促进货物运输“公转铁”。

五是应急物流。发挥陆港型国家物流枢纽网络功能和干线转运能力优势，构建应对突发情况能力强、保障效率和可靠性高的应急物流服务网络。优化存量应急物资储备设施布局，完善枢纽综合信息平台应急功能，提升统一调度、信息共享和运行协调能力。研究制定陆港型国家物流枢纽应急物流预案，建立制度化的响应机制和协同机制，确保应急物流运行迅速、精准、顺畅。

第七章　国内外典型陆港案例

第一节　国内陆港发展案例

2013年，习近平总书记提出“一带一路”倡议后，极大地引领和促进了中国内陆地区陆港的建设发展热潮。随着中欧班列的蓬勃发展和陆港实践发展的推动，陆港的功能和业务模式得到了极大丰富。我国内陆地区的城市由于交通区位、产业基础、城市能级等不同资源禀赋的差异，在实践中形成了不同代表性的陆港典型发展案例。

一、重庆陆港型国家物流枢纽

重庆陆港型国家物流枢纽处在“一带一路”、长江经济带和西部陆海新通道“Y”字形联结点上，空间以重庆国际物流枢纽园区为主、江津珞璜物流园片区为辅，总面积15.95平方千米，作为服务“一带一路”、长江经济带、西部陆海新通道、成渝地区双城经济圈等国家重大战略的载体，已构建“陆海双向联动、东西双向互济”国际大通道，是西部唯一具有铁公水多式联运条件的陆港型枢纽。

重庆陆港型国家物流枢纽是西部物流分拨体系的组织者。作为首批国家示范物流园区，重庆陆港型国家物流枢纽拥有全球唯一特大编组站与集装箱中心站融合一体的场站以及长江上游最大的江铁联运港口，服务周边150千米范围内16个千亿元级产业园区。重庆陆港型国家物流枢纽内已投运西南地区首批铝期货交割库以及成渝地区最大的东盟农副产品分拨中心。

重庆陆港型国家物流枢纽是西部内陆创新开放的先行者。重庆陆港型国家物流枢纽在国内率先开立“铁路提单国际信用证”，被列为自贸区创新实践案例。重庆陆港型国家物流枢纽内聚集两大国家多式联运示范项目，集国家内陆首个一类铁路口岸、水生动物隔离检验监管场所、整车进口口岸于一体，是全国首批中欧班列集结中心。新冠肺炎疫情期间，其国际邮包专列疏运量占全国中欧班列疏运欧向国际邮件总量的70%。

重庆陆港型国家物流枢纽是西部产业转型升级的助推者。以“国际枢纽门户先行区”为目标，重庆陆港型国家物流枢纽正构建“买全球、卖全球”的国际物流与供应链，国际贸易份额占重庆市50%以上，通道已串联90多个国家（地区），助推西部产业融入全球开放体系。以海外公司债、国际运费境内线上结算的“美元快付”“铁路信用证”、交割仓等物流金融多维应用正加速催生内陆物流金融链条示范场景。

二、遂宁陆港型国家物流枢纽

遂宁是成渝间重要的节点城市和综合交通枢纽，已建成铁路“3向7线”243千米、高速公路“1环8射”359千米，实现东西南北四向高速连接，形成了成遂渝高速中轴线、成渝经济区高速公路北环线和76千米绕城高速环线，构建了至成渝及周边城市90分钟交通圈。

遂宁陆港型国家物流枢纽（以下简称“遂宁枢纽”）位于遂宁高新技术产业园区（中国西部现代物流港），空间上紧邻遂渝铁路，有铁路专用线连接接入铁路干线网络，距离遂渝高速、G318等高等级公路出入口不超过2千米。遂宁枢纽采用集中布局方式，以中国西部现代物流港部分存量物流设施为基础，总占地面积约5996亩，其中存量设施占地面积约4736亩，拓展发展用地面积约1260亩。

遂宁枢纽按照“政府规划＋企业主导”的开发模式，由承担枢纽核心业务的四川威斯腾物流有限公司统一运营组织。遂宁枢纽建有公铁联运功能区、国际物流服务功能区、城市商贸物流服务功能区、制造业物流服务功能区四大功能区，具备铁路干线物流组织、区域公路辐射网络组织、公铁多式联运组织、国际服务组织、物流信息组织等服务功能。遂宁枢纽将重点承载遂宁及周边150千米区域国家物流枢纽的物流辐射功能，加快建设具有公共服务属性的规模化、网络化、集约化“通道＋枢纽＋网络”现代物流服务体系。

三、格尔木陆港型国家物流枢纽

格尔木位于我国西部的地理中心，是连接我国青海、甘肃、内蒙古、西藏、新疆等地的主要陆路交通枢纽，是加强西南边防建设的保障基地，是青海省 2 个全国性综合交通枢纽之一，是陆港型国家物流枢纽承载城市，地理位置十分重要。

格尔木陆港型国家物流枢纽是由格尔木综合物流园和国际陆港两个重要物流集聚区构成的设施群，其中综合物流园片区占地面积 3. 1 平方千米，总投资 18. 94 亿元，规划面积 3. 1 平方千米，已入驻企业 6 家，实施项目 6 个，累计完成投资 8. 98 亿元。国际陆港片区规划面积 10. 95 平方千米，形成“一心一轴六片区”的功能结构，“一心”为格尔木南编组站，“一轴”为综合服务轴，“六片区”为物流仓储区、铁路作业区、公铁联运区、综合保税区、跨境产业区、飞地经济区。打造集多式联运、区域分配送、专业物流、仓储加工、保税、国际物流、信息服务等多功能于一体的现代化、综合性物流服务聚集地。

格尔木陆港型国家物流枢纽建设按照“政府搭台、企业唱戏”的建设思路，充分发挥地方政府和企业的主动性，采用“政府统一规划，企业建设开发”的模式。按照“存量设施整合提升为主、增量设施补短板为辅”的基本原则，在现有格尔木综合物流园公路港、商贸、城市配送等功能基础上，重点建设以格尔木南编组站为中心的国际陆港片区补齐多式联运、国际物流、冷链物流、展示交易、保税物流等功能，将格尔木打造成为西北地区领先的辐射区域更广、集聚效应更强、服务功能更优、运行效率更高的公铁联运综合服务型的国家物流枢纽。

四、贵阳陆港型国家物流枢纽

贵阳陆港型国家物流枢纽位于贵阳市南部，采用“一主一辅”总体布局，由贵州省物资现代物流集团物流园区、改貌货运中心、贵阳铁路口岸等融合形成的集中发展区，以及贵阳传化公路港片区两个部分构成，总占地面积约 5500 亩。其中，集中发展区以铁路干线服务为特色，融合供应链、口岸服务功能；贵阳传化公路港片区以公共性公路区域分拨网络功能为特色。

两个片区“一主一辅”形成干支业务互补支持，共同打造功能互补、业务联动、一体运作的枢纽系统，可实现干线运输、区域分拨配送、物流信息、国际口岸及物流服务、多式联运等基本功能，以及供应链集成服务、供应链金融、大宗物资交易、电子商务及跨境电商等延伸功能。

因此，建设贵阳陆港型国家物流枢纽，对整合高效利用西部陆海新通道沿线物流资源，补强国家物流枢纽网络西南地区短板，培育后发地区物流枢纽经济新动能，创新供应链、产业链、价值链“三链合一”发展新模式具有重要意义。

五、兰州陆港型国家物流枢纽

（一）枢纽概况

兰州陆港型国家物流枢纽占地面积6.67平方千米，布局为“一主一辅”，具备干线运输组织、通关一体化综合服务、多式联运转运组织、国际供应链组织、区域分拨及配送组织、综合信息服务、资源共享服务、专业物流服务等功能。主枢纽位于甘肃（兰州）国际陆港，由东川铁路物流中心、铁路口岸、保税物流中心（B型）、多式联运物流园等核心功能组成，主要承担国家物流枢纽对外交通、国际运输以及省内区域的分拨配送；通过便捷的集疏运公路系统与周边石化产业、能源化工制造业结合，建立高起点的供应链服务体系；深度参与西部陆海新通道、中巴经济走廊、兰州至尼泊尔的南亚班列等国际运输，设立境外分销和服务网络、物流配送中心、海外仓等，建立国际化的供应链体系。辅枢纽位于兰州新区中川北站物流园，包括铁路专用线、铁路口岸中川作业区、粮食进境口岸等。依托中川北站物流园，辅枢纽主要承担北部区域铁路干线和地方铁路运输，以及包兰线干线运输，支撑兰州新区内的石油化工、装备制造、生物医药、现代农业等产业运输服务；深度参与“一带一路”中欧、中亚班列等国际运输，重点加强与兰州新区综合保税区、兰州中川国际空港及产业园区的统筹布局和联动发展。

甘肃（兰州）国际陆港（以下简称“兰州陆港”）位于兰州市西固区，属全国城镇体系9大综合交通枢纽、21个物流节点、18个铁路集装箱中心站之列，是亚欧国际货运班列的必经之地，是甘肃承接国际资本及产业转移、通向国际市场的大通道。自2013年启动建设以来，兰州陆港以现代物流、现代商贸、出口加工为三大主导产业，秉承“务实高效、服务中心、国际视野、开放平台”的发展理念，结合“建设大平台、构建大通道、形成大枢纽、发展大产业”的总体部署，以提升全要素的综合服务能力为核心，以国际贸易通道建设为重点，合理布局功能空间，努力开拓国内外市场，全方位打造功能综合、内外通达、衔接高效、货物流畅、绿色环保的智慧国际陆港。兰州陆港已成为服务国家向西开放的重要平台，“一带一路”重要的国际物流中转枢纽、国际贸易物资集散中心。兰州国际港务区投资开发有限公司作为兰州陆港建设的主力军，在土地储备、规划建设、国际贸易、班列发运、供应链金融等方面有着雄厚实力和成熟团队，已成为兰州陆港建设、运营、投融资的重要平台。随着核心功能逐渐完善，中欧、中亚、南亚、国际陆海贸易新通道四大国际通道开通发运，产业园区相继建成。2017年，兰州陆港被评为全国第二批示范物流园区。2018年，在第十六届全国物流园区工作年会上被评为全国优秀物流园区；9月，兰州陆港获批为国家指定的3个对尼泊尔开放的内陆港之一。10月，国务院正式批复兰州铁路集装箱场站为汽车整车进口口岸。2019年1月，甘肃省开发区建设发展领导小组批复，将兰州陆港纳入省级开发区序列进行管理；8月，在第十七届全国物流园区工作年会上被评为全国优秀物流园区；9月，兰州市被纳入首批陆港型国家物流枢纽建设范围之一，兰州陆港被确定作为兰州陆港型国家物流枢纽主枢纽；12月，交通运输部正式授牌甘肃（兰州）国际陆港兰州南亚国际班列公铁联运示范工程为全国首批12个多式联运示范工程之一。

兰州新区中川北站物流园是兰州新区“十三五”期间重点实施的公铁联运现代物流园项目，依托兰州新区马家坪—中川—朱家窑铁路建设，东接包兰线，西接兰新线。规划建设铁路装卸线14条，年吞吐量可达1400万吨，现已建成6条铁路装卸线。中川北站物流园是交通运输部第二批多式联运示范工程项目的国际货运班列保障基地，已成为甘肃省向西开放的新高地。建成的兰州铁路口岸中川作业区是中川北站物流园内的核心功能区域，主要开展包括国际班列在内的集装箱货物的集结装卸、分拨配送、仓储交易等业务，“兰州号”国际班列的货物在此进行集结查验、分拨、仓储、发运。

（二）建设举措

1. 加强组织实施保障

为加快融入“一带一路”建设，紧抓国家布局物流枢纽网络的重大战略机遇，积极响应省上通道物流产业发展行动计划，将兰州陆港型国家物流枢纽建设成为全国物流枢纽网络中的关键节点和重要平台，打造辐射区域更广、集聚效应更强、服务功能更优、运行效率更高的综合性物流枢纽，兰州陆港主动与兰州市发展改革委沟通衔接，协同兰州市委市政府起草完成《关于加快推进兰州陆港型国家物流枢纽建设的实施意见》（以下简称“意见”），并于3月16日正式印发。《意见》明确了2020年、2025年、2035年国家物流枢纽建设发展任务工作目标，部署了15项重点任务，提出了7个方面保障措施。

根据《国家物流枢纽布局和建设规划》《国家物流枢纽网络建设实施方案（2019—2020年）》以及《关于加快推进兰州陆港型国家物流枢纽建设的实施意见》，结合兰州陆港2020年国家物流枢纽建设工作实际，兰州陆港制定了《甘肃（兰州）国际陆港2020年建设国家物流枢纽工作实施方案》，成立了由兰州陆港主要领导任组长的工作建设领导小组，全力加快推进兰州陆港型国家物流枢纽主枢纽建设工作。

2. 加快推进建设运营

新冠肺炎疫情对兰州陆港项目建设、班列运营等方面有一定影响，各项指标有所下滑。为认真贯彻落实习近平总书记关于疫情防控工作的重要指示精神，全面落实党中央、国务院的决策部署，兰州陆港按照“一手抓疫情防控、一手抓经济建设”的总体原则，认真研判分析当前形势，密切关注疫情对经济建设的影响，积极强化工作措施，提前谋划、加强调度，全力推动主枢纽建设发展各项工作。目前，兰州陆港核心功能项目之一保税物流中心（B型）项目基本建成；多式联运示范工程项目8座仓库、停车楼主体已建成，正在进行内部装修和设施安装工作；应急管理中心项目等配套设施正加速建设疏港主干道，S83#、T838#道路部分建成通车，陆港内外路网初步形成；水电气等配套设施工程正在加快完善。按照“政府引导、企业主导、市场运作”的原则，兰州陆港全面推进西部陆海新通道、中欧、中亚、南亚国际贸易通道建设，不断创新通关机制，搭建国际贸易“单一窗口”，实现“口岸一站作业”功能。保障四条国际班列的正常发运。截至目前，累计发运国际班列577列2.1万余组，货重约43.7万吨，货值约81.6亿元。2020年1—8月共发运国际货运班列46列1834组，货重约48万吨，货值约2.2亿元。

3. 积极对接政策扶持

自收到国家发展改革委《关于开展中欧班列集结中心示范工程建设、做好沿边重点开发开放试验区等开放合作平台建设中央预算内投资专项2020年第二批投资计划草案编制工作的通知》（发改办开放〔2020〕261号）文件，兰州陆港高度重视，立即安排部署，成立报告撰写课题组，组织编写《关于中欧班列集结中心示范工程建设中央预算内投资专项2020年第二批投资计划资金申请报告》（以下简称《报告》），《报告》中兰州陆港从基础条件、工作思路、重点任务、投资需求、保障措施、预期成效六个方面进行详细论述，充分论证了在兰州建设中欧班列集结中心示范工程对全面提升甘肃对外开放水平，融入国家“一带一路”建设具有重大意义。《报告》经甘肃省发展改革委区域开放处审核后，报送至国家发展改革委区域开放司。

4. 多方争取资金支持

为加快兰州陆港项目建设，保障项目建设资金，兰州陆港多渠道开展向上争取资金工作。一是在争取中央预算资金方面：2019年通过甘肃省发展改革委西部开发办公室为尼泊尔海外产业园项目争取到中央预算内投资计划100万元，用于该项目开展前期研究工作。二是在争取市级财政资金方面：积极对接兰州市发展改革委、财政局，为保税物流中心（B型）信息化项目（海关智能化监控）、多式联运综合信息服务平台项目获得各100万元市级财政资金扶持，用于项目前期工作。三是在争取专项债方面，截至2020年上半年，通过兰州市发展改革委、财政局争取到政府专项债券资金共计11.3亿元，其中保税物流中心（B型）项目5.7亿元，多式联运物流园项目5.6亿元。

（三）发展方向

下一步，兰州陆港将围绕整合存量物流基础设施资源、发挥物流枢纽的规模经济效应、补齐物流基础设施短板、发挥干线物流通道效能、培育新的经济增长极五个要素加快推进国家物流枢纽建设，重点从以下几个方面着手。

1. 加强合作协同

一是申报加入国家物流枢纽联盟。通过联盟组织建立枢纽运营合作共同体，形成完整的物流产业链，推进兰州陆港型国家物流枢纽建设发展工作。二是开展互联合作。发挥全省陆港龙头作用，激发主体活力。拓展业务发展范围，逐步开展国际贸易、供应链金融、航空货运等业务，推进陆港经济融合发展。三是提升运营水平。加强与国内外物流枢纽运营企业合作交流，扩大与国内外陆港港口枢纽间合作，提高枢纽运营能力。

2. 发展冷链物流

充分利用西部陆海新通道、中欧等国际班列通道建设发运优势，加强兰州陆港国家物流枢纽与西部、东部沿海省市及东南亚、中亚、南亚等国家间的冷链物流设施建设及运营发展交流工作。设立境外分销和服务网络、物流配送中心、海外仓等，加快引进国内外领先的冷链物流设施配套工程和运营模式，提升冷链物流运营水平。

3. 强化配套保障

在建设用地保障方面，2021 年完成涉及智慧物流园、国际分拨物流园、汽车物流园等项目约 800 亩土地征拆，1000 亩土地供应，做好物流枢纽发展用地储备保障工作。在争取资金支持方面，根据项目建设、征地拆迁、运营计划及实际推进情况，制订相关融资计划。在争取政策方面，根据国家物流枢纽省市相关工作部署，争取国家政策支持，加快制定和完善促进建设兰州陆港型国家物流枢纽在用地、资金、人才保障等重点领域的相关配套政策。

4. 补齐设施短板

加快实现物流枢纽区域设施更趋齐全、功能布局更加完善。按照“存量设施整合提升为主、增量设施补短板为辅”的原则，进一步提升基础设施配套能力，加强和完善路网系统，加强与枢纽外部区域的交通联系。

5. 争创标杆企业

一是创建运营标杆。加快多式联运综合体服务平台建设，提高物流标准化建设，建立绿色货运配送服务体系，推进运营发展，拓宽业务范畴，争创国家物流枢纽建设运营标杆企业。二是开展研究工作。加强和中国物流与采购联合会、国家物流枢纽联盟研究院对接，邀请相关专家作为国家物流枢纽建设发展顾问，参与研究指导枢纽建设科学稳步向前推进。三是运行评估监测。建立健全枢纽发展评估体系，跟踪兰州陆港型国家物流枢纽建设运营工作，为科学有效制订发展计划、把握发展方向提供工作依据。四是数据统计分析，对接 5G 技术在信息平台的应用，建立兰州陆港型国家物流枢纽数据分析库，开展兰州陆港型国家物流枢纽建设和运营相关数据统计工作，为枢纽的建设发展提供准确、可靠的数据服务。

六、南宁陆港型国家物流枢纽

（一）枢纽概况

2019 年，南宁市获批成为陆港型国家物流枢纽，以南宁国际铁路港、南宁农产品交易中心两个项目作为承载。南宁国际铁路港发挥国家物流枢纽优势，主动融入西部陆海新通道建设，依托铁路港群，致力于打通各方面多式联运班列，打造边境贸易及冷链特色运输，为客户提供优质的服务；依托铁路运营网络、铁路运能运力支持以及国家铁路口岸的优势，致力于提供高效、优质、高性价比的一体化物流服务、进出口通关服务；利用大数据对市场进行分析，为客户提供原材料供应及产品物流总包服务，与国内一些大型国企、港口保持长期稳定、持续的贸易合作关系。

1. 服务对象及功能定位

南宁国际铁路港衔接广西自贸试验区、服务西部陆海新通道，是南宁打造陆港型国家物流枢纽的核心项目，是西部陆海新通道的重要节点、区域合作发展的多式联运枢纽、港—产—城一体化联动的现代物流标杆；作为南宁强首府战略的重大标志性项目，对发挥南宁强枢纽作用、推动大交通、大物流发展意义重大。

南宁国际铁路港一期基本完成，与周边的中新国际物流园、玉洞货运站、牛湾物流园等南宁市重要物流园区、货运枢纽场站形成了重点面向东盟、钦北防、粤港澳、京沪、川滇黔渝五个方向的物流辐射网络。

2. 规划建设情况

南宁国际铁路港地处南宁市中心城区西南部，跨越经开区、江南区 2 个城区，是广西铁路货运枢纽的核心节点，向西经南凭线与越南及东盟相连，经南昆线与云、贵两省相连；向南经南防线与北部湾港区相连；向东经湘桂线接焦柳线黔桂线与中、西部地区相连，接黎站线三茂线，连通粤港澳大湾区和湛江港；北接南宁南编组站，距南宁南编组站仅 3 千米，距南宁南机务（机车）运用段仅 2. 5 千米。

南宁国际铁路港是中国国家铁路集团有限公司布局的 33 个 I 级物流基地之一，是南宁市打造陆港型国家物流枢纽城市的核心项目之一。加快推进项目建设运营，是南宁市全面落实强首府战略，积极参与西部陆海新通道建设的重要抓手，对促进跨境货物在南宁集散，推动中西部省份往返越南货运班列在南宁集拼，打造面向东盟的国际陆港、中国—中南半岛跨境铁路货运枢纽具有重要意义。

南宁国际铁路港项目总投资估算约 130 亿元，总体规划用地面积 8140 亩，规划总运量为每年 2000 万吨，总体功能布局为“一核两港七区”。其中，“一核”为商务核心，以社会物流服务为着眼点，打造项目商业服务核心品牌；“两港”分别为铁路港和公路港，铁路港以集装箱作业为主，公路港以多式联运为主；“七区”以各主导品类为指向，分别为冷链物流区、口岸物流区、农产品物流区、汽车物流区、钢材物流区、城市配送区和生活服务区。实现以钢材、电子、农产品、五金机电等主导品类为重点，提供运输集散、仓储配送、包装加工、保税储存、商贸交易、信息对接、电子商务、融资租赁等物流服务，促进物流、产业、城市联动发展。

根据《南宁国际铁路港建设实施方案（2019—2021 年）》，项目分四期建设。南宁国际铁路港一期工程已完成投资 27 亿元，其中 2020 年 1—8 月完成投资 0. 32 亿元；二期工程累计完成投资 0. 23 亿元。

（二）建设内容

1. 枢纽物流通道提升

南宁国际铁路港一期建设完成后，通过铁路线网与南宁港物流园区、中新国际物流园衔接，通过沙井至吴圩高速公路与机场、空港经济区衔接；服务西部陆海新通道建设，海铁联运班列连通西部六省市，全年双向开行超过 1000 列，社会影响力和品牌效应持续扩大。

2. 应急物资集散中转分拨

新冠肺炎疫情发生以来，南宁局集团公司要求全力强化应急重点物资运输，按照“有需必装、快装快运”的原则，积极与地方政府进行对接，掌握各类物资运输需要，在需求受理、承运装车、挂运开行等环节进行重点组织和盯控，挑选党员调车骨干担负调车任务，“绿色通道”持续开行，全力保障湖北民生物资运输的装车质量和运输速度。

3. 专业服务经典案例

南宁国际铁路港优越的交通运输资源配置，铁路运输的优势逐渐显现，吸引了柳钢集团改变原有的汽车运输至仓库存放，接到订单后再由汽车分拨运输至各经销商的物流模式，委托物流园开展物流总包。园区在“运输—储存—配送”整个物流环节中全程参与，对柳钢集团而言，工厂可进一步深入下游产业链，更快速地实现销售和回款，并且直接掌握第一手终端需求资料，更加科学地安排生产计划；对经销商而言，可节约时间与资金成本，整个钢材贸易物流全链条都实现了物流成本和人工成本的降低。

4. 园区运营管理能力提升

（1）发送货物情况。南宁国际铁路港一期工程自 2018 年 5 月 11 日开通运营以来，累计发送（发到）货物 629 万吨，其中发送货物 71.9 万吨，到达货物 557.1 万吨，主要发送货物品类为集装箱、饮食品、木材、金矿等；主要到达品类为集装箱、钢铁、化肥、粮食、化工品等。其中，2018 年合计发送货物 237.2 万吨，发送量 30.2 万吨，到达量 207.0 万吨；2019 年合计发送货物 235.4 万吨，发送量 22.4 万吨，到达量 213.0 万吨；2020 年（截至 8 月 31 日）合计发送货物 156.5 万吨，发送量 19.4 万吨，到达量 137.1 万吨。目前每周开行 2 ~3 列中越班列，并测试开行国内多条班列线路。

（2）中越班列开行情况。2018 年以来累计开行中越班列 272 列，其中去程 125 列、回程 147 列，共装运货物 3811 车、7622 箱。其中，2018 年开行 59 列，去程 27 列、回程 32 列，共装运货物 925 车、1850 箱；2019 年开行 111 列，去程 51 列、回程 60 列，共装运货物 1486 车、2972 箱；2020 年计划开行中越班列 150 列，1 月至 8 月已开行 102 列，去程 47 列、回程 55 列，共装运货物 1400 车、2800 箱。

5. 积极服务社会需要

（1）专列驰援湖北抗击新冠肺炎疫情。在疫情防控阶段，南宁国际铁路港开行 8 趟驰援湖北物资专列，装运果蔬物资约 23 吨，全力保障专列按时发出，共运送物资 206 吨。

（2）促进沿边地区物流业发展。2019 年 9 月以来，南宁国际铁路港每周常态化开行 3 列中越（南宁—河内）跨境集装箱直通运输班列和中越（凭祥—河内）跨境集装箱直通运输班列，可当日抵达；形成双线并举、双向对开、当日抵达的跨境班列开行格局；逐步巩固以公铁、空铁、海铁联运为基础，满足货物快速集散、高效进出的多式联运核心枢纽地位。

（3）社会效益与经济效益并重。在第19个全民国防教育日开通“八桂国防号”国防教育主题动车专列，大力推动全民国防教育的普及深入。自行打造的具有民族特色的百色铁路地区红色教育基地已被列为“全国民族团结进步教育基地”。

（三）下一阶段发展方向

南宁国际铁路港将按照畅通、开放、智慧、生态、共享的经营理念，依托铁路、公路、航空大动脉，立足北部湾经济区，衔接中国—东盟自贸区、服务西部陆海新通道。以公铁、空铁、海铁联运为基础，配合铁路口岸，满足货物快速集散、高效进出，同时配套精准政策支持及科学运营策略，全面辐射、吸引周边区域，形成核心枢纽。以钢材、电子、农产品、五金机电、医药、汽车、城市生活物资等主导品类为重点，为其提供运输集散、仓储配送、包装加工、保税储存、商贸交易、信息对接、电子商务、融资租赁等物流服务，带动物流、产业、城市联动发展。最终打造为西部陆海新通道的重要节点、区域合作发展的多式联运枢纽、港—产—城一体化联动的现代物流标杆。与柳州、桂林、钦州、北海、防城港、贵港、百色、玉林、梧州等铁路物流基地构建广西铁路港群，为广西落实“三大定位”新使命、“五个扎实”新要求提供强有力的物流支撑。

七、延安市陆港型国家物流枢纽

延安市陆港型国家物流枢纽采用“一枢纽、两片区”的空间结构布局，重点建设国家煤炭物流枢纽、国家应急物流枢纽和区域性大宗物资物流枢纽“三大”物流枢纽，着力打造西北地区枢纽经济创新发展示范区，总面积1805.65亩，主要包括李渠片区和青化砭片区。

李渠片区：位于李渠镇，北邻延河、紧接210国道，占地面积1285.65亩，分为“四类九区”，计划建设园区基础配套、标准化仓库、服务平台等项目14个，总投资6.7亿元。“四类”即能源物资服务（应急物流服务区）、大宗物资服务、保税物流服务和综合配送服务形成的四类功能区；“九区”即各类型功能区包含的煤炭物流服务区、油品储存中转区、石油矿山设备仓储区、集装箱多式联运服务区、保税仓储区、公共仓储物流区、综合信息服务区、城市配送服务区和农产品冷链配送区。其中，一期重点建设煤炭物流服务区、石油矿山设备仓储区、油品储存中转区和保税仓储区。二期重点建设公共仓储物流区、综合信息服务区、城市配送服务区、集装箱多式联运服务区和农产品冷链配送区。

青化砭片区：位于宝塔区青化砭镇能源化工与物流园区，规划占地面积570亩，围绕汽车“短倒”的煤炭上下游采购与输配业务，重点建设煤炭储配系统、筛分系统、配煤区、储煤场、回煤暗道、转载点、快速定量装车站以及集装箱联运站等功能区，主要建设铁路专用线、集装箱作业点、辅助厂房设施、自动化服务平台等11个项目，计划总投资13.5亿元。

第二节　国外陆港发展案例

一、美国芝加哥陆港发展案例

（一）美国陆港的发展与建设现状

美国是集装箱技术的起源地。早在1957年，美国就迎来了最早期的集装箱时代；1967年后，集装箱码头开始拓展；1972年，集装箱港口货运中心开始集中形成；1977年后，集装箱货运港口越来越兴起，并逐渐形成了集装箱港口体系。在逐渐成熟的集装箱港口体系发展下，沿海港口运输公司在内陆地区的服务需求受到强烈推动。1980年，由于布宜诺斯艾利斯港的集装箱堆场空间和装卸能力严重不足，美国学者第一次提出了“无水港”（为了便于称呼统一，以下统一称为“陆港”）的概念，并开始谋划陆港建设。就这样，美国陆港建设开始兴起，以下是美国的部分陆港代表（见表7-1）。

表7-1　美国部分陆港代表

陆港名称	地理位置	临近水域	建设时间排名
奥尔良陆港	路易斯安那州	密西西比河	7
亨廷顿陆港	查尔斯顿州	俄亥俄河	10
巴吞鲁日陆港	路易斯安那州	密西西比河	14

续　表

陆港名称	地理位置	临近水域	建设时间排名
圣路易陆港	密苏里州	密西西比河	24
辛辛那提陆港	俄亥俄州	俄亥俄河	43
孟菲斯陆港	田纳西州	密西西比河	45
堪萨斯陆港	密苏里州	密苏里河	52
奥尔巴尼陆港	纽约州	哈德逊河	63
路易斯维尔陆港	肯塔基州	俄亥俄河	66
查特怒加陆港	田纳西州	田纳西河	105
甘特斯维尔陆港	亚拉巴马州	田纳西河	110
斯托克顿陆港	加利福尼亚州	圣华金河	111
海伦娜陆港	蒙大拿州	密西西比河	120
哥伦布陆港	乔治亚州	查特胡奇河	181
里士满陆港	弗吉尼亚州	詹姆士河	237

在美国陆港建设分布中，以北美地区密西西比河为中心的内陆城市陆港建设较为繁荣；北美地区的成熟集装箱技术是其建设陆港的坚实基础。其次，作为密西西比河最大的支流，位于美国中东部的俄亥俄河，也为中东地区内陆城市带来贸易流转需求，创造了陆港建设机会。经过多年的发展，美国已经基本形成了全国陆港网络体系，已建陆港已经形成全美贸易物流网络，能够实现贯穿全美东北中部的贸易流转、能够充分利用各内陆地区的腹地资源。美国陆港已经形成了贯穿全国的物流网络：在经济较为发达的东部地区，陆港建设较为密集；在其内陆集装箱运输网络已经十分完善的北美地区，即使经济较为落后，但在其成熟的集装箱体系发展下推动了陆港建设。据统计，美国已建及在建陆港数额已达到370个。美国海关和贸易通道联盟2017年发布《货运不能等待》白皮书建议联邦政府支持43个重点陆港项目建设或改造。相比之下，美国更强调多式联运通道连接，更突出规模化（大型）、集约化（高效）、组织化（协同），更注重供应链系统优化。

（二）芝加哥陆港

芝加哥陆港位于芝加哥西南40英里（64千米）处，规划总面积达6400英亩（38848亩），2000年开建，目前已开发1.4万亩。以两大铁路公司BNSF和UP的多式联运场站为依托，配套建设大型物流园区。毗邻两条州际高速公路I－55和I－80的交会地带，发展集装箱拆拼箱、仓储、配送、加工和集装箱、半挂车等联运设备管理于一体的设施集群，成为北美地区规模最大、效率最高的物流集散中心。

芝加哥陆港是美国较大的港口之一，其素来是以“不靠海不沿边也能发展”为核心理念，专注于物流业地产及铁路、道路、港口等相关物流基础设施建设及运营，是现代陆港建设发展的典型。芝加哥作为一个内陆城市，凭借陆港的打造，成功开拓了国际视野成为国际都市。芝加哥不靠江、不靠海，但周围分布着五大湖泊。就这样，芝加哥陆港借助便利的水上交通成为美国甚至世界的最大空运中心、铁路枢纽，全球第五大集装箱陆港，被称为“美国的动脉”。

得益于芝加哥发达的铁路条件和产业基础，芝加哥是美国内陆地区最重要的铁路货运集聚地，超过75%的美国铁路货运量途经此地；芝加哥是北美著名的制造业基地、食品加工基地和商贸流通枢纽。现在已成为北美最大多式联运枢纽、最大内陆港，目标吞吐能力600万标箱/年，目前实际为300万标箱/年（仅次于洛杉矶/长滩港和纽约/新泽西港，居美国第3位），年进出口货值可达650亿美元。

正是芝加哥陆港的兴建改变了其城市区位上的劣势，打开了其参与国际经贸的通道。芝加哥陆港的建设发展是个长期而复杂的摸索过程。在这过程中，芝加哥从城市建设开始一步步打造了其发展陆港的核心竞争力。芝加哥陆港的发展经历了以下三个阶段。

1. 水运系统发展阶段

便利的水上交通是芝加哥陆港发展的基石。1817年，总长约155千米、连接了芝加哥与伊利河的伊利运河开始建设。经过多番长期周折，该运河1836年开工，1848年竣工。同一年，芝加哥开通了第一条通往西部的铁路。就这样，闻名全球的伊利运河搭建起芝加哥与纽约之间的桥梁。除此之外，凡提到芝加哥陆港，不得不提的是世界上深入内陆最长的航道——圣劳伦斯航道。该航道全长约15300千米，是北美洲的格雷特湖、美洲五大湖水系和圣劳伦斯水系通航河道的总称，于1959年全面竣工。自此，芝加哥陆港可取道圣劳伦斯内河航道直达欧洲。正是伊利运河、圣劳伦斯航道等水运系统的完成，将地处内陆的芝加哥与五大湖、大西洋连接，使其成为港口城市和铁路枢纽。

2. 配套基础设施建设阶段

追求品质与活力，力求城市美化，以此提升城市竞争力的理念很早便在芝加哥盛行。为此，芝加哥在其基础设施建设上投入大量的人力、财力。园林绿地系统规划、综合交通体系规划、城市街道系统规划、中央商务区规划等基础设施建设都是其打造城市竞争力的有效措施。这些基础设施规划，为港口功能的实现提供了坚实基础。这些城市基础建设的完善也是该地陆港建设的基石。

3. 发展临港产业阶段

芝加哥从前以重工业产业为主，而后，通过税收优惠、解决土地等政策措施，助力了食品、印刷、金属加工等轻工业的发展。此外，通过大力引进投资，芝加哥在软件、生物制药等高新产业上的发展也异常迅猛。在发展新兴产业的同时，芝加哥不忘组建传统工业的转型升级，大力促进商业贸易、金融、旅游等第三产业的发展，将传统与新兴相互交融。在芝加哥陆港形成后，产业转型及新兴产业的发展同样是陆港发展的动力。

二、欧洲国际陆港发展案例

（一）欧洲陆港的发展背景

在欧洲物流业中，高效的多式联运占据重要地位。随着全球经济贸易一体化进程加速，欧洲集装箱运输增长态势显著，这也助力了欧洲的国际多式联运发展。欧洲陆港的兴起也产生于这种多式联运发展背景。

1. 欧洲的多式联运发展背景

自20世纪70年代起，在工业生产结构的变化下，欧洲的运输需求不断增长。1970年至1990年，欧洲货运量增长基本保持了平均2.3%的年增长率，总体增长达到50%。1985年，欧洲颁布了一项统一运输的政策，内陆运输开始抢占市场。同时，公路、铁路及海运运输量一直保持了共同增长。1997年，欧洲集装箱运输市场占有率只有3%；截至2014年，欧洲集装箱运输市场占有率达到了15%。因此，集装箱运输发展直接推动了欧洲多式联运的快速发展。其中，欧洲多式联运物流业的主要发展措施包括：大力建设物流园区及物流基础设施；大型物流企业的大范围扩张和兼并；增大公路、铁路等多种运输方式和线路的投资支持。直至现在，欧洲运输系统已经达到国际规模，形成了成熟的多式联运运输网络。其中，涉及的装运设施技术、公铁集装箱设施技术、转运设置及港口车站技术等多式联运技术是值得借鉴的经验。

2. 欧洲陆港建设的兴起

欧洲多式联运发展背景是陆港兴起的基础条件：成熟的多式联运技术，为内陆城市带来极大的贸易物流需求，甚至许多沿海港口业务也需要在内陆城市建立运作基地。在这种背景下，欧洲陆港的兴起较早。例如，在1897年，斯洛伐克的首都城市波拉迪斯拉瓦最古老的工业区附近，产业逐渐完善、贸易开始扩展，同时，成熟的铁路运输网络逐步延伸，这些客观因素极力推动了当地的陆港兴建。在此背景下，欧洲各国很早开始了陆港的建设。时至今日，据统计，欧洲已建及在建陆港已经超出300个。欧洲陆港兴起代表如表7－2所示。

表7－2　欧洲陆港兴起代表

陆港名称	所属国家	成立年份	陆港信息
波拉迪斯拉瓦陆港	斯洛伐克	1897	多瑙河
巴黎自治陆港	法国	1970	法国第二大陆港
波特劳伊斯陆港	爱尔兰	1990	伦斯特省第一陆港
杜伊斯堡陆港	德国	1994	莱茵河（欧洲西部）
沃特福德陆港	爱尔兰（基尔肯尼）	1999	舒尔河

（二）西班牙马德里陆港

1. 西班牙区位与陆港发展背景

西班牙地势主要以高原和山脉为主，夹在比斯开湾与地中海中间，位于欧洲西南部伊比利亚半岛，西邻葡萄牙，东北部与法国、安道尔接壤，北临比斯开湾，南隔直布罗陀海峡与非洲的摩洛哥相望，海岸线长约7800千米。西班牙地势优越，与海洋形成了无缝连接，海运也在西班牙成为运输主力。自1980年起，西班牙巴塞罗那港通过公路和铁路运输开展了密集的集装箱发展。西班牙是与我国建交通商较早的国家之一。在全球化背景下，我国与西班牙的双边贸易、相互投资也一直保持良好趋势。尤其在当前政治经济背景下，我国与欧洲面临着更多合作。在此区位环境下，西班牙陆港发展成熟。

2. 马德里陆港概况

马德里作为西班牙首都，其地势是最典型的内陆城市。马德里陆港是西班牙最典型、成功的陆港案例。马德里处于内陆中心，并不靠海。但马德里陆港却在经贸发展下逐渐形成了内陆物流中心集中地，在一系列港口功能完善后成为现在的陆港典型。目前，马德里陆港集中处理的海运货物占整个西班牙国家的1/5。正是基于吸引了沿海港口的部分物流的背景，马德里陆港发展更加成熟完善，并形成了一定的运营模式，有效缓解了沿海港口的拥堵。马德里交通便利，陆路、空中及地下交通运输四通八达，六条高速公路干线延伸到全国各地，与国内20多个城市有航线，构成了一个密集的运输网，是欧洲交通运输网较完整和发达的城市之一。市内的13条地铁主线及支线，全长约293千米，地铁里程数在欧洲仅次于伦敦，名列世界第五；公交线路总长度也居于欧洲各城市之首。正是物流设施较多的特征，为陆港建设提供了基础条件。马德里陆港正是依托于公铁联运的物流中心，将公路、铁路等物流运输方式协同成多式联运网络。成熟快速的公海铁多式联运方式发展使得集装箱货运效率大大提高。这也是马德里能突破内陆的地域限制，形成和发展起陆港的关键。其中，在2013年开行的中欧班列中，达到上百集装箱/车的“义乌—马德里”班列是在当前“一带一路”背景下助力义乌及马德里陆港发展的重要基础。

第八章　陆港型国家物流枢纽建设案例

第一节　西安陆港型国家物流枢纽建设案例

一、西安陆港型国家物流枢纽概况

西安陆港型国家物流枢纽选址位于西安国际港务区核心功能区，枢纽内布局了铁路货运和编组中心，公路对外通过4座互通式立交与7条高速无缝衔接，通达条件优越。枢纽规划总占地面积12平方千米。枢纽按照基本功能和延伸互补功能，构成“两中心六片区”的设施功能布局。

“两中心”指国际铁路物流枢纽港和国际公路物流枢纽港，分别依托西安铁路集装箱中心站和西安传化丝路公路港两大主体进行建设。“六片区”指提升枢纽经济和流动经济的主要经营活动承接区：口岸服务区、综合保税区、产业转移承接区、商贸物流区、邮快件作业区、信息服务区。

西安陆港型国家物流枢纽的定位是：“一带一路”内陆型国际物流枢纽港、“一带一路”国际陆海互联创新示范区、中欧班列（西安）集结中心和国家级城际配送枢纽节点。枢纽建设按照“基础设施政府主导+项目建设市场主导+枢纽运营企业联盟”的建设模式实施。建设方面：西安陆港型国家物流枢纽正大力推进25个，总投资463.43亿元的重点项目建设。（其中核心项目包括西安铁路集装箱中心站和西安新筑铁路综合物流中心等7个项目，总投资116.4亿元；支撑平台项目包括西安传化丝路公路港等18个项目，总投资347.03亿元。）运营方面：由西安国际港务区管委会下属的西安自贸港建设运营有限公司牵头，联合中国铁路西安局集团有限公司、西安国际陆港多式联运有限公司、中国邮政、招商局物流集团、西安传化丝路公路港物流有限公司（西安传化丝路公路港）、京东、圆通七家专业平台公司，形成“1+7+N”企业联盟，共同推进枢纽建设运营。同时秉持开放姿态，广泛吸引市场主体共同推进枢纽建设运营。

二、西安陆港型国家物流枢纽建设内容

西安陆港型国家物流枢纽充分借鉴沿海港口发展建设的经验，注重发挥地方政府与央企各自优势，整合优化形成联动效应，在创新上、效益上、功能上实现跨越式发展。

（一）枢纽建设模式

1. 开发建设基本模式

西安陆港型国家物流枢纽建设将充分发挥市场在重点项目建设和枢纽运营中的主导作用，注重发挥政府在基础设施建设和政策保障中的引领作用。按照“基础设施政府主导+项目建设市场主导+枢纽运营企业联盟”的建设模式实施。

（1）基础设施政府主导。对国家物流枢纽内重大公共服务性和基础性设施，由政府主导，对项目用地红线和土地性质进行统一规划，负责征地拆迁和配套设施建设，同时联合市场主体，共同投资建设重大公共服务性和基础性设施。

（2）项目建设市场主导。对国家物流枢纽内功能类、运营类、盈利性和其他配套项目，由政府出台规划，制定产业扶持和功能配套等相关政策，招引相关企业入驻投资，由企业自建自营相关项目。

（3）枢纽运营企业联盟。按照枢纽“一体化”“信息化”“平台化”的运营要求，枢纽内企业根据产业和行业分工，由枢纽建设运营主体企业牵头，以战略合作和资本联合形式形成企业合作联盟，实现资源的优化配置和枢纽的整体运作。

2. 政府和市场在枢纽开发建设中的关系

由政府实施规划、管理、招商、综合配套等职能，引导项目建设和运营实现国家物流枢纽规划规定的目标。

企业和市场承担项目建设、枢纽运营的职责。发挥企业专业性优势，运

营与业务管理灵活性特点，广泛创新特色化的枢纽经济运营模式，增强枢纽核心区的内生发展动力。

（二）枢纽建设项目

按照“存量设施整合提升为主、增量设施补短板为辅”的基本原则，西安陆港型国家物流枢纽建设项目分为核心项目和支撑平台项目。

1. 核心项目

共7个，总投资116.4亿元。包含西安铁路集装箱中心站、西安新筑铁路综合物流中心、西安综合保税区、中国邮政西安邮件处理中心、西安传化丝路公路港、招商局物流集团西北物流分拨中心、圆通跨境商贸及服务产业园项目（见表8-1）。

表8-1　西安陆港型国家物流枢纽核心项目

序号	项目名称	项目建设运营主体	总投资（亿元）	项目现状
1	西安铁路集装箱中心站	中国铁路西安局集团有限公司	6.8	已运营
2	西安新筑铁路综合物流中心	安康西铁物流有限责任公司	48	已运营
3	西安综合保税区	西安国际陆港保税物流投资建设有限公司	22	已运营
4	中国邮政西安邮件处理中心	中国邮政集团有限公司陕西省西安邮区中心局	10	已运营
5	西安传化丝路公路港	传化集团	10	在建
6	招商局物流集团西北物流分拨中心	招商局物流集团陕西有限公司	4.6	在建
7	圆通跨境商贸及服务产业园项目	圆通速递有限公司	15	在建

2. 支撑平台项目

共19个，总投资325.24亿元。包含西安国际港务区基础设施项目、西安综合保税区东区项目、西安国际临港产业园项目、京东西北电子商务基地项目、西安应急物流基地、西北医药物流中心、陆港金融小镇、蜜芽集团全国总部项目、多式联运示范基地、西安港综合口岸项目、“一带一路”多式联运智慧物流枢纽平台项目、国家级“一带一路”国际商事法律服务示范区、“一带一路”冷链物流基地、安博西安港务区仓储物流中心、百利威（西安）国际电子商务产业园、西安港国际采购中心、西北智能公路枢纽平台及西安跨境电子商务服务项目、国美西北电子商务运营中心、西安广汇城千亿级企业总部及商业配套项目（见表8－2）。投资运营主体为京东、国美、百利威、安博等国内外数十家商贸物流龙头企业。

表8－2　　西安陆港型国家物流枢纽支撑平台项目

序号	项目名称	项目建设运营主体	总投资（亿元）	项目现状
1	西安国际港务区基础设施项目	西安国际港务区管委会	51.01	在建
2	西安国际临港产业园项目	西安自贸港建设运营有限公司	16.8	在建
3	西安综合保税区东区项目	西安国际港务区管委会	35	前期工作
4	京东西北电子商务基地项目	京东	7.6	已运营
5	西安应急物流基地	西安爱菊粮油工业集团有限公司	10	已运营
6	西北医药物流中心	陕西医药控股集团派昂医药有限责任公司	3.4	已运营
7	陆港金融小镇	西安迈科金属国际集团有限公司和西安国际陆港投资发展集团有限公司	36	已运营
8	蜜芽集团全国总部项目	蜜芽集团	20	在建
9	多式联运示范基地	西安国际陆港投资发展集团有限公司	30	在建
10	西安港综合口岸项目	西安国际陆港多式联运有限公司	7.9	在建
11	“一带一路”多式联运智慧物流枢纽平台项目	西安国际陆港保税物流投资建设有限公司	0.2	在建

续 表

序号	项目名称	项目建设运营主体	总投资（亿元）	项目现状
12	国家级“一带一路”国际商事法律服务示范区	西安国际港务区管委会	14	项目前期筹备
13	“一带一路”冷链物流基地	西安国际陆港保税物流投资建设有限公司	1	在建
14	安博西安港务区仓储物流中心	安博供应链管理（上海）有限公司	5	在建
15	百利威（西安）国际电子商务产业园	百利威现代供应链（西安）有限公司	6	在建
16	西安港国际采购中心	西安国际陆港保税物流投资建设有限公司	35	在建
17	西北智能公路枢纽平台及西安跨境电子商务服务项目	西安卡普仓储有限公司	3	在建
18	国美西北电子商务运营中心	国美	4.33	在建
19	西安广汇城千亿级企业总部及商业配套项目	西安广汇汽车产业园投资开发有限公司	39	在建
		合计	325.24	

（三）枢纽配套保障

1. 土地资源保障

西安陆港型国家物流枢纽区域规划总面积 12 平方千米，枢纽的核心项目已基本建成并投入运营，在建项目所在区域土地均为建设用地（含 200 亩建设预留地），未来功能扩展的新建项目土地储备较为充足。为保障枢纽建设项目的土地稳定供应，主要措施为以下两个方面。

（1）按照“空间布局集约”的规划建设要求，加强对枢纽范围内土地资源的统筹管理，优先保障区内规划项目用地指标，预留规划建设用地 3.6 平方千米。同时不断促进枢纽范围内项目用地分配合理、布局科学、开发有序，确保枢纽功能完整的同时最大限度节约土地资源。

（2）形成工作专班，定期召开工作推进会推动区域内项目建设工作；对枢纽内新建项目建立“绿色”审批通道，压缩审批时限，加大征地拆迁力度，加快项目落地建设速度。

2. 集疏运体系项目

实施西安铁路集装箱中心站二线束建设、纺渭路改造提升工程，规划建设杏渭路跨绕城高速与锦堤六路联通工程（港务区段）、港务南路跨灞河桥工程、向东路下穿灞河隧道工程等外联互通集疏运体系项目。

三、国家物流枢纽运营

西安陆港型国家物流枢纽在运营中将市场在资源配置中的决定性作用和政府引导作用紧密衔接，组建了“1+7+N”企业联盟，通过开展“干支配”、供应链集成业务、平台支撑运行体系等业务，推动枢纽间协同，加快国家物流枢纽建设运营。

（一）枢纽运营主体培育

1. 运营主体

由西安国际港务区管委会下属的西安自贸港建设运营有限公司牵头，负责搭建公共平台、配置公共性资源，联合中国铁路西安局集团有限公司（中铁联集）、西安国际陆港多式联运有限公司、中国邮政、招商局物流集团、西安传化丝路公路港、京东、圆通七家专业平台公司，形成“1+7+N”企业联盟，共同推进枢纽建设运营。

2. 培育路径

由西安自贸港建设运营有限公司会同西安国际陆港多式联运有限公司及相关企业，做好基础设施项目建设及物业配套服务，协调政府做好行政管理相关工作。由西安自贸港建设运营有限公司与相关物流集团组建合资公司，会同中铁联集，共同推进班列组织、多式联运、电子口岸、干线运输等业务。同时，吸引招商局西北公司、西安传化丝路公路港、京东、圆通等社会资本，开展跨境贸易、电子商务、大宗商品运输及供应链服务，并持续吸引行业企业参与枢纽建设运营。

枢纽运营主体企业架构如图8-1所示。

西安自贸港建设运营有限公司：作为陆港型国家物流枢纽的牵头单位，

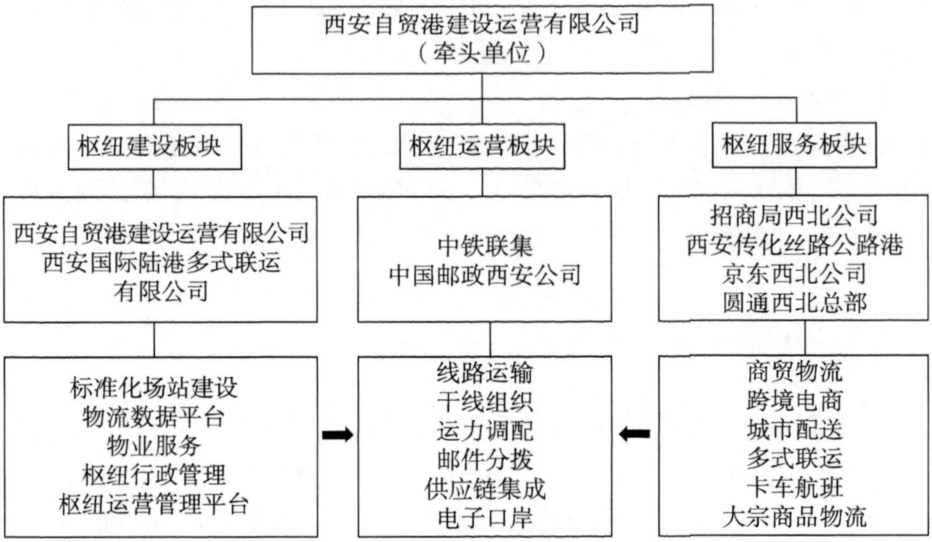

图 8－1　枢纽运营主体企业架构

负责总体统筹、主体场站建设、项目区基础设施建设，统筹推进与国内、国际其他物流枢纽的协作关系，统筹协调国家物流枢纽建设中的铁路、海关等监管部门工作，统筹协调运营业务分工和合作机制，具体实施核心片区的开发建设。

西安国际陆港多式联运有限公司：主要负责中欧班列西安集结中心建设与运营。具体负责对接铁路运力组织工作、班列货运代理、陆空联运跨境电商货运包机、全程运输组织以及集装箱拼箱、订舱、报关、跟踪、结算等业务和多式联运智能物流大数据平台运营。

中国铁路西安局集团有限公司（中铁联集）：铁路物流建设运营的主体单位。主要负责铁路物流枢纽的建设和运营，实现铁路物流全品类覆盖和全流程运输，实现公铁、铁海等多种运输方式有效建成，是直通东部沿海地区及东南亚、中亚、欧洲的对外开放的重要平台。

西安传化丝路公路港：区域分拨配送和公路港建设运营的主体单位。主要负责公路物流枢纽的建设和运营，具体开展公路货物集散、供应链服务、智能化信息化集成、仓储配送、物流信息服务、后市场服务等公路物流枢纽功能和公铁联运业务集成服务。

中国邮政集团有限公司陕西省西安邮区中心局（中国邮政西安公司）：是

邮件运输的主要承载单位。主要开展邮政干线运输集散、邮件仓储物流配送、国际邮件互换、跨境电子商务物流等业务。

招商局物流集团陕西有限公司（招商局西北公司）：负责商贸和供应链集成的运营。具体实施仓配一体化管理、公路运输、中欧班列、多式联运等业务，着力推进货源集聚、供应链集成服务、跨进贸易与电子商务互联互通。

圆通西北总部：跨境快件运输和跨境电商物流的主要承载单位。主要负责国际国内航空运输代理、国内跨境多式联运、跨境电商及快递业务、跨境商贸物流、城市快递配送、物流大数据平台建设与运营等。

京东西北公司：多式联运业务主要承载单位。主要负责京东西北运营中心"亚洲一号"项目的运营管理，打造以陕西（西安）为中心，辐射甘、青、宁、新四省份，连接全国，直通境外的综合网络，提供电商全流程物流解决方案。

西安陆港型国家物流枢纽建设运营秉持开放姿态，未来将继续广泛吸引市场主体参与建设运营。

（二）枢纽主要业务

1. "干支配"业务

西安陆港型国家物流枢纽的"干支配"业务分国际干线业务、国内干线业务、城际配送业务三个层级。

（1）国际干线业务。西安陆港型国家物流枢纽已开通 12 条中欧班列长安号国际班列运输干线，通达"一带一路"沿线 44 个国家和地区，运输货品种类涵盖机电产品、建材、家电等 7 大类 350 个品种。西安港至澳大利亚墨尔本港、新西兰利特尔顿港、美国长滩港、韩国首尔的陆海联运通道相继投运，西安港至荷兰阿姆斯特丹的国内首条"陆空联运"跨境电商货运直飞航线已开通。枢纽与青岛港、宁波港、连云港港、天津港、上海港等建立起深入的战略合作关系，与青岛港、宁波港的往返五定班列已常态化运行。通过对接远洋航线，将进一步发挥西安港的港口代码功能，实现海铁联运"单证互认""一单到底"，使西安港充分融入国际航运体系。随着"公、铁、海、空"顺畅衔接的国际物流运输通道网络初步建立，将进一步发挥西安作为丝绸之路中心城市的综合交通枢纽作用。

表 8－3　　中欧班列长安号主要开行线路

序号	线路	口岸	运行时效（天）	频次
1	西安—中亚五国	阿拉山口、霍尔果斯	5～7	1～2 列/天
2	西安—俄罗斯（莫斯科、叶卡）	二连浩特、满洲里	8～12	1～2 列/天
3	西安—德国（汉堡、杜伊斯堡）	阿拉山口、霍尔果斯	16～18	5～7 列/周
4	西安—波兰（马拉舍维奇、华沙）	阿拉山口、霍尔果斯	14～16	5～7 列/周
5	西安—匈牙利（布达佩斯）	阿拉山口、霍尔果斯	14～16	2～3 列/周
6	西安—比利时（根特）	阿拉山口、霍尔果斯	16～18	2～3 列/周
7	西安—伊朗、阿富汗、阿塞拜疆	霍尔果斯	7～10	1～2 列/周
8	西安—白俄罗斯（明斯克）	二连浩特、满洲里	10～12	1～2 列/周
9	西安—芬兰（科沃拉）	阿拉山口、霍尔果斯	14～16	1～2 列/周
10	西安—捷克（布拉格）	阿拉山口、霍尔果斯	14～15	1～2 列/周
11	西安—拉脱维亚（里加）	阿拉山口、霍尔果斯	14～16	1～2 列/月
12	西安—意大利（米兰）	阿拉山口、霍尔果斯	16～18	1～2 列/月

（2）国内干线业务。西安港的辐射半径可达 1021 千米，出口辐射河南、四川、江苏等 29 个省份，进口辐射安徽、山东、湖北等 24 个省份。通过加强与阿拉山口、二连浩特、满洲里和霍尔果斯四个边境口岸以及天津港、上海港、宁波港等沿海主要港口的合作，服务西部内陆地区与东部沿海城市的产业合作，高效连接东中西部各经济带，打通物流配送网络，提升货物进出西安的物流运转效率及物流服务水平，增强西安在全国范围内的运输辐射能力。打通西安与沿海港口、主要货源地的内贸运输通道，形成以铁路内贸班列为主、公路中长途运输为辅的国内物流干线业务网络。通过市场机制，广泛开行西安至徐州、襄阳、蚌埠等内陆货源腹地的集结班列，吸引有中欧班列使用需求、但开行量不足的区域与西安共同探讨创新集结中心的组织运营模式，借助中欧班列长安号，实现优势互补、集约利用的绿色高质量开行模式。

西安—青岛港（黄岛港）。依托山东丰富的建材资源优势，一方面有效吸引山东建材资源在西安集散，另一方面以青岛港作为西安海铁联运主要中转港，推动西安海铁联运业务发展。

西安—宁波舟山港（北仑港）。浙江是全球最大的小商品集散中心，仅义乌市平均每天出口运量约 3000 标准箱，其中经铁路运往欧洲和中亚等地的运量约 200 标准箱/周。宁波距离义乌运距短，仅 180 千米，同时宁波舟山港作为世界第一大港，是内陆重要的出海口之一。

西安—防城港。防城港是中国通往东南亚各国重要的海运通道，也是东南亚水果、木材等产品的主要集散地之一。

西安—东莞。广东省是我国第二大货源地，货源种类主要有电子产品、服装、小家电、瓷砖、家具等。近年来，也是实施产业转移的主要区域，未来还将拓展中山等货运通道。

（3）城际配送业务。区域层面上，利用公路运输灵活、机动的特点，构建城际配送网络，形成综合物流运输网络。西安陆港型国家物流枢纽是陕西省无车承运人试点区域，依托传化城市物流中心布局的城际公路配送支线网络，搭建起以陆港为主、连接空港、通达全国的公路货源网络，充分使用甩挂运输、甩箱运输、驼背运输等运输方式，承接传统物流场站疏散及孵化功能，统领其他公路港及节点运作。一是从西安一日可到达的周边800千米范围内，以西宁、银川、包头、太原、郑州、武汉、重庆及成都等为节点，形成“大西安”城际配送物流网络。二是在陕西省范围内，以榆林、延安、铜川、咸阳、宝鸡、汉中、安康、商洛及渭南等为节点，形成“大西安”区域配送物流网络。服务西安国际化大都市建设，通过大通道网络带来物流、商流、信息流、资金流等优质资源的高度聚集，以此来带动西安城市潜力发掘及价值兑现，建成国际标准的陆港新城，助推西安国际化大都市建设。

2. 供应链集成业务

西安综合保税区已全部建成并封关运营，目前已建成15万平方米保税仓、3万平方米跨境电商监管仓、11万平方米的口岸作业区、一期6万平方米的国际采购中心。已建成省级产业转移聚集区，吸引20多家东南沿海高端电子加工制造企业落户，聚集了陕西省80%的融资租赁企业和90%的商业保理企业，初步建成了西部地区具有影响力的供应链金融服务中心。随着国际物流服务平台的不断扩展，可带动和服务600亿美元规模的进出口贸易。枢纽承载区域获批国家级电商示范基地及跨境电商综合试验区，电子商务交易额已突破1300亿元，占到西安市线上电商交易额的60%以上。粮食、肉类、整车等进口口岸功能可满足西安陆港型国家物流枢纽辐射市场的总体需求。从供应链发展来看，枢纽着重从国际货源组织和生产运输服务等方面入手为国家和区域商贸、制造等产业提供服务。

（1）增强对国际商贸货源转运分拨和组织调配能力。启动西安港哈萨克斯坦农副产品基地、西安港白俄罗斯商贸物流基地建设工作，打造东南沿海产业转移基地，为中欧班列长安号打造高质量的分拨集散物流体系。通过与青岛港、上海港、宁波舟山港、防城港等沿海港口合作，打造海铁国际联运干线通道网络，助推日韩等国家利用中欧班列长安号，与境外货运企业合作，以业务合作为纽带，承担多式联运“门到站”运输。

（2）加强与国内部分重点枢纽城市建立干线物流合作。国内干线业务整合上，着力推进西安与成都、重庆、郑州、武汉、义乌、苏州等重点内陆地区之间的枢纽业务信息共享合作。扩大义乌、临沂商品基地至西安的陆海喂给班列，与东向陆海联运大通道紧密配合，扩展集结班列的货源保障，加强我国东部商品向西出口的贸易中转运输枢纽服务。

（3）扩大与生产服务型国家物流枢纽间的业务合作。继续扩大与襄阳、徐州、蚌埠等国内货源节点城市和沿海制造业基地城市的合作，开行在西安港集结的“襄西欧”“徐西欧”“蚌西欧”等国际铁路联运班列，建设中欧班列（西安）全国集结中心，提高货源的整合能力。以环渤海经济带、长江经济带、东北亚为主要货源集结地，发挥枢纽内公路、铁路、口岸、产业等资源聚集优势，以陇海、宝成、包西、西康、宁西、西平铁路干线为基础，主动寻求业务合作，开展第三方物流业务。

（4）加强金融服务以提高供应链标准化水平。积极探索推广“由中欧班列长安号出口商品运抵境外，使用外币货款直接在当地采购进口商品并运输回国，进出口企业间直接在境内采用人民币结算”的方式，利用商业银行、中国出口信用保险公司为贸易出口企业提供担保、“出口信保贷款”等外汇融资服务，加强对中小货代及托运人的支持，帮助企业提高资金回流效率，推动解决传统信贷模式下中小企业信用不足的问题。

3. 平台运营支撑体系

随着西安港综合信息服务平台不断提升口岸信息化和自动化水平，海关与铁路“单一窗口”联动，西安港通关便利化水平与场站作业效率稳步提升。

西安陆港型国家物流枢纽综合服务平台架构如图 8－2 所示。

（三）枢纽间协同

依托中欧班列长安号和海铁联运班列，实现与境外枢纽节点和国内重要枢纽城市的协同，通过品牌共享、口岸共用、信息互通实现与西安空港的协同。

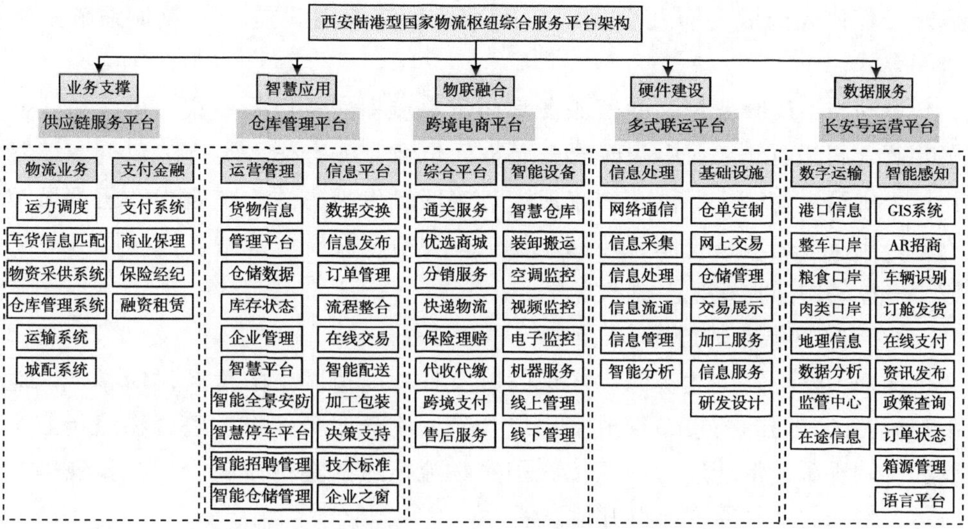

图 8－2　西安陆港型国家物流枢纽综合服务平台架构

1. 与境外枢纽节点的协同

依托中欧班列长安号，加大与境外枢纽节点的合作，与境外铁路公司及场站运营商签署战略合作协议，通过信息系统互联互通，实现运输标准统一，以及仓储、箱源、货源的共享。依托进口口岸功能和大宗商品贸易需求，重点与俄罗斯开展木材进口业务，与乌兹别克斯坦开展棉纱、绿豆等进口业务，与哈萨克斯坦开展小麦、面粉等进口业务，并联合企业推进在哈萨克斯坦建立西安港粮油分拨基地。

利用跨境电商综合试验区政策优势，建立面向"一带一路"沿线国家的跨境网络交易平台，通过"网上丝绸之路"实现与境外枢纽间的产业协同。通过举办各类国际化物流论坛，建立国内外物流行业合作交流平台，借鉴境外枢纽发展多式联运的经验及做法，提升西安陆港型国家物流枢纽功能及影响力。

2. 与国内重要枢纽城市的协同

加强与湖北、江苏、安徽等已开通中欧班列省市的合作，同时推进与山东、浙江、广东等货源集中省份的合作，实现核心枢纽城市间协同发展。东南方向，实现与洋山港（上海）、青岛港、宁波舟山港、天津港、深圳港、连云港港等沿海港口的海铁联运；西北方向，经由阿拉山口、二连浩特、满洲里及广西凭祥四大口岸出境。通过与各沿海港口和沿边口岸签署战略合作协议或成立合资公司，共同运营物流枢纽设施，有效加强各地枢纽间合作。

主动与生产服务型、商贸服务型国家物流枢纽，以及甘肃、内蒙古、四川北部、湖北西北部、山西西部开展班列集结业务合作，实行“班列＋国际贸易＋拼箱＋仓储＋保税＋物流地产”等联动发展方式，整合中欧班列城市资源，构建集运输、仓储、装卸、加工、关检、保税、金融、信息服务等功能于一体的内陆枢纽型多式联运中心。

3. 与省内城市的协同

加强与陕南、陕北资源生产地，以及省内周边城市的生产供应基地、地市物流园区之间的衔接，形成多层级合作的物流服务体系，整合物流产业发展的有效资源，带动周边地区依托国家物流枢纽的集散中枢作用，发展多式联运，带动关中平原城市群开放发展。

4. 陆空两港的协同

建立共用共享机制，共享“西安港”品牌概念，整合陆港和空港现有粮食、肉类、生鲜口岸，探索以互设指定口岸监管仓的方式实现陆港与空港口岸功能共享，在新设口岸方面形成合力，依托各自优势，实现错位申报。推进区域通关一体化改革与“三互大通关”进程，促进陆港与空港联动，简化货物通关流程，提升执法效能，提高贸易便利化水平。

以公路快速货运专线的方式连接陆港与空港，提升两港开展陆空联运业务间的短倒效率。构建“大西安”物流数据中心，推进信息数据共享，实现“两港如一港”的互动式发展。建立两港间沟通协调机制，针对专项工作和具体业务定期开展对接探讨，切实提升两港联动效能。

四、建设国家物流枢纽的预期成效

西安陆港型国家物流枢纽的建设运营，是落实国家“一带一路”倡议和西部地区融入全球产业体系的重要抓手；是服务国家产业转移和产业转型升级、创新多式联运发展的支撑平台；是优化内陆地区枢纽集散功能，实现物流降本增效的有效载体，将成为全国内陆型港口建设的样板工程。

（一）完善区域物流体系

到2021年，以“铁公机”为主的国际干线通道集散功能全面实现，集装箱年吞吐量预计达到50万标箱以上，整车货运量200万吨。公路货运网络全面形成，在国内实现高效便捷的近距离配送及畅通灵活的远距离运输，公路运输及周转量达到25亿吨公里。口岸门类进一步丰富，粮食、肉类、整车等进口口岸功能满足市场需求。贸易便利化水平进一步提高，进出口总值达600亿美元。供应链金融服务中心初步建成，大宗商品交易中心及跨境结算中心等金融服务平台全面投用，仓单质押、外汇结算、境外融资、保险理赔等业务具备规模。西安港综合信息服务平台功能进一步完善，实现与沿海港口EDI系统对接，基本打通公路、铁路、航空、口岸间的信息共享。

（二）提升区域物流发展水平

西安陆港型国家物流枢纽建设将通过对物流相关信息的采集，不断完善基础物流信息，满足市场主体对物流信息的需求，打破区域封锁和条块分割，提供共享物流信息的支持，带动区域物流整体解决方案不断创新，货运时间和物流综合成本全面降低，物流运营效率大幅提升。

（三）支撑核心产业发展

西安陆港型国家物流枢纽建设，将有效带动沿海地区科技制造业和临港服务业转移，为科技制造型企业带来物流运输、货物集散、国际分拨、供应链金融等服务配套，形成产业链聚集联动发展效应；将大力推动跨境电商产业集聚，提升消费者物流体验，推动形成高品质国际商品展示交易中心，增强西安在国际商贸和流通领域内的制度开放、资金融通的影响力，推动“一带一路”沿线国家和地区开放合作迈向高质量发展。

（四）促进经济社会发展

西安陆港型国家物流枢纽将全面构建起沟通我国内陆与亚欧各国的多式联运体系，广泛吸引临港制造和临港服务业产业集聚，革新内陆地区发展理念和思路，提升内陆地区对外开放和产业结构优化水平。带动开放型产业发展，吸引企业投资，促进当地就业，全面提升区域和城市经济社会发展水平。

五、枢纽经济培育路径

（一）总体思路

立足“一带一路”的“五通六路”要求，构建服务全球的海陆空立体化多式联运大通道体系。提升陆港型国家物流枢纽服务国家物流干支通道和国际物流合作的能力，强化西行班列和海铁联运班列发展，扩大中欧班列长安号和“第五航权”的协同效应，构建多式联运体系。以国家物流枢纽的要素集散为导向，发展“枢纽＋产业”体系，推动枢纽经济发展。增强资源要素全球吸附力和运输效率，吸引产业转移，打造枢纽经济高质量发展的西安样板。

（二）实施路径

（1）中期（2021—2025年）。加速与全球物流通道的对接和国际、国内货源组织服务，增强陆港型国家物流枢纽对区域经济发展的引领辐射作用。加快与沿海港口、沿边口岸和周边省市的重点制造业基地、产业园区的联动，以多式联运推动供应链集成、国内外产能合作和产业结构优化升级。争取到2025年，西安市物流业成为西安迈入万亿元GDP城市的重要支撑。

（2）远期（2026—2035年）。陆港型国家物流枢纽内部综合交通物流体系基本建成，深度融入全球物流航运体系，成为中国连接“一带”和“一路”的核心枢纽，陆港型国家物流枢纽年集装箱吞吐量突破300万标箱，陆港型国家物流枢纽网络体系建成，与其他类型物流枢纽网络实现互联互通。

第二节　成都陆港型国家物流枢纽建设案例

一、成都陆港型国家物流枢纽空间布局

（一）布局条件

成都构建起“7＋5”国际铁海通道和“14＋48＋30”国际航空客货运大通道，形成“多通道跨境、多口岸过境”的复合型多式联运体系，是世界城

市体系的重要节点。成都是7条国家铁路干线交会点，搭建起“二绕十射”高速公路网络，公路总里程超过2.7万公里，是全国四大国际性综合交通枢纽之一。围绕“5+5+1”现代化开放性产业体系，高质量布局66个特色产业功能区并推动建设5大国际产业合作园。

（二）布局选址

作为成都贯彻落实“一带一路”倡议的重要载体，成都国际铁路港是建设陆港型枢纽的最佳选择。成都国际铁路港作为中欧班列（成都）的始发站，毗邻成都先进制造业重点园区，建成4条铁路专用线（4条在建），拥有亚洲最大的铁路集装箱中心站并入选全国示范物流园区，是四川地区唯一对外开放铁路口岸，是贯彻落实“一带一路”倡议和成都构建“国际陆海联运”走廊的重要载体。成都国际铁路港所在地建成6条高快速路，在建高速路1条，可实现与市域内重要的产业功能区及省域各大经济区的高效互联互通。

秉承存量优先、一体化集约建设，在成都国际铁路港内选择开放性高、公共性强的连片区域作为成都陆港型国家物流枢纽建设核心区，总用地11.89平方千米。

（三）设施布局

枢纽空间范围内现已建成铁路场站、铁路口岸（国际多式联运海关监管区）、保税物流中心（B型）、集装箱物流、区域分拨配送、冷链物流、大宗物资仓配交易、综合服务八大类基础设施。空间范围内建成项目用地5.84平方千米，待建项目用地3.03平方千米，建成道路及绿化用地3.02平方千米，建设成熟度约为75%。

二、成都陆港型国家物流枢纽功能与定位

（一）成都陆港型国家物流枢纽功能

1. 陆港型国家物流枢纽功能体系分析

1）基本功能

铁路物流枢纽功能：中长距离、大规模的铁路干线运输组织是陆港型国

家物流枢纽应该具备的最基本功能，包括内外贸集装箱整箱交接、保管、堆存、中转拆装箱、理货、拼箱、整列运输等服务以及其他非适箱货物的干线运输组织。

运输衔接与多式联运功能：高效率、低成本的物流组织模式是陆港型国家物流枢纽重要的特征，依托干支线物流网络着重提升运输中转转换能力，推动实现“公铁水”等不同运输方式之间的无缝衔接，创新发展多式联运，提高枢纽运输组织效率，降低区域物流成本。

口岸服务功能：陆港型国家物流枢纽作为地方和国家提升对外开放水平的重要平台，提供国际物流服务是其内在要求；需要进驻海关和检验检疫等监管机构，提供报关和检验检疫等通关服务，也是陆港型国家物流枢纽发展口岸枢纽经济的核心载体。

保税物流功能：主要提供保税货物仓储、转运、简单加工、配送、检测维修和报关等基本服务和分类、分装、组配、检测、挑选、贴标签、刷唛头等增值服务，同时可开展信息处理、商品展示、国际中转、国际分拨配送等业务。

集装箱运营管理：开展空集装箱调度、交接、集中、保管和堆存业务，系统负责集装箱的动态跟踪，按规定的标准、工艺对集装箱进行定期的检验、修理或整新以及清洁、维护等作业，设立集装箱运营管理中心有利于枢纽提升国际物流网络服务水平和境内外集货能力。

区域分拨与配送功能：从发展枢纽经济角度要求陆港型国家物流枢纽对周边区域经济发展、产业转型升级起到带动作用，因此陆港型国家物流枢纽应具有较高水平的区域分拨与配送能力，以拓展其提供国际和国内物流服务的能力，提高物流一体化服务水平。

2）延伸功能

物贸一体化服务功能：围绕工业制造、冷链生鲜、大宗物资期货交易、跨境电子商务、国际快递邮件等特色行业开展物流、贸易、金融等一体化服务，构建符合本地特色的陆港型国家物流枢纽，是发展陆港型国家物流枢纽经济的重要支撑。

货运代理功能：陆港型国家物流枢纽是内陆地区对外开放的重要平台，吸引国际货运代理企业入驻，为货主及船公司提供代办接货、发运、签发提单、租赁及管理集装箱、代办报关及多式联运等业务。

信息平台与服务功能：信息化、自动化、智能化是物流业发展的重要方向，利用“云大物移智”等技术构建物流信息平台，满足企业对物流信息、物流交易、过程可视化监控、报关报检等方面的需求，提高枢纽物流一体化协同水平，降低枢纽物流运营成本。

金融服务功能：通过吸引银行、保险、基金、信托等金融机构入驻，为枢纽内物流和贸易型企业提供国际结算、仓单质押、授信融资、存货融资、预付款融资和应收账款融资等物流和供应链金融服务，是培育发展陆港型国家物流枢纽经济的重要保障。

2. 成都陆港型国家物流枢纽功能结构

成都陆港型国家物流枢纽建设以枢纽核心区、功能拓展区（国际铁路港）为重点，依托成都铁路集装箱中心站和大弯货站，在现有铁路场站、口岸保税、集装箱物流、冷链与商贸物流、区域分拨配送等设施基础上，以打造蓉欧国际铁路物流枢纽、发展陆港型国家物流枢纽经济为目标，通过整合升级构建形成“一核两片双引擎”功能空间结构。一核：国际物流发展。两片：核心物流功能片区、延伸配套功能片区。双引擎：成都铁路集装箱中心站（主引擎）、大弯货站（副引擎）。

3. 成都陆港型国家物流枢纽功能体系

本次成都陆港型国家物流枢纽建设以枢纽核心区为空间范围，围绕陆港型国家物流枢纽基本功能和延伸功能，结合陆港型国家物流枢纽建设要求，共整合形成“四区三中心”7 大物流功能区，分别是枢纽场站功能区、国际物流服务功能区、多式联运功能区、分拨配送功能区、供应链集成服务中心、商贸物流中心和综合服务中心。

1）枢纽场站功能区

整合枢纽范围内成都铁路集装箱中心站、大弯货站和拟建的智慧无人港共三大铁路场站设施，实现国际国内中长距离、大规模的铁路干线运输货物到发，提供内外贸集装箱整箱交接、保管、堆存、中转拆装箱、理货、拼箱、整列运输以及大宗散货到发、中转、堆存等服务，是成都陆港型国家物流枢纽的核心支撑设施，重点衔接多式联运、区域分拨配送等功能区。枢纽场站功能区总用地面积 4003 亩，智慧无人港建设完成后可实现 370 万标箱的集装箱吞吐能力和超过 600 万吨的散货处理能力，与此同时，大弯货站已完成部分集装箱装卸设施改造升级，远期枢纽场站功能区集装箱吞吐能力将超过 410

万标箱，将成为全球吞吐能力最大的国际铁路港。

2）国际物流服务功能区

通过整合成都铁路口岸、成都铁路保税物流中心（B 型）和成都国际铁路港综合保税区标准化厂房等重要的海关监管设施，总用地面积 745 亩，提供报关通关、检验检疫、指定口岸等通关服务，依托保税物流中心提供保税货物仓储、转运、简单加工、配送、检测维修等基本服务以及分类、分装、组配、检测、挑选、贴标签、刷唛头等增值服务，同时可开展信息处理、跨境商品展示、国际中转、国际分拨配送等国际物流业务。成都陆港型国家物流枢纽依托整车、肉类和粮食三大口岸发展平行进口车保税、肉类进口、进境粮食、跨境冷链等特色国际物流服务，重点衔接枢纽场站功能区和分拨配送功能区。

3）多式联运功能区

通过整合公铁联运转换中心、海关多式联运监管中心、多式联运服务中心和拟建的国际多式联运中心形成陆港型国家物流枢纽多式联运功能区，总用地面积约 400 亩，提供公铁、铁水、铁海等多式联运服务。其中，公铁联运转换中心主要针对国内大宗货物和国内集装箱货物提供公铁转换、普通仓库、城市配送、集装箱掏拼箱、集装箱堆存等国内多式联运服务；国际多式联运中心重点依托铁路口岸内海关多式联运监管中心、铁路集装箱中心站和智慧无人港提供国际转国内、国内转国际、国际转国际等跨境多式联运服务，同时也提供集装箱堆存、甩挂运输、掏拼箱等其他集装箱物流服务，重点衔接枢纽场站功能区、国际物流服务功能区和分拨配送功能区。

4）分拨配送功能区

通过整合现有集装箱物流功能设施、集装箱共享中心和区域分拨配送设施形成枢纽分拨配送功能区，总用地面积 2999 亩。主要提供集装箱货物堆存、掏拼箱、仓储、城市配送、城际配送、供应商库存管理等服务，同时，针对空集装箱提供调度、交接、集中、保管和堆存服务，系统负责集装箱的动态跟踪，按规定的标准、工艺对集装箱进行定期检验、修理或整新以及清洁、维护等作业，重点衔接枢纽场站功能区、国际物流服务功能区。

5）供应链集成服务中心

整合现有供应链集成服务设施，包括供应链金融信息服务设施、供应链物流服务设施和国家馆集群设施，总用地面积 1270 亩。吸引怡亚通、深国际、新华集团、香港利丰等全球供应链管理企业入驻，依托枢纽国际国内班列、口岸保税等物流资源开展全球采购、全球分销业务，提供供应链仓储、加工、分拨、配送服务，同时吸引银行、保险、基金、信托等金融机构入驻，为枢纽内物流和贸易型企业提供国际结算、仓单质押、授信融资、存货融资、预付款融资和应收账款融资等物流和供应链金融服务。

6）商贸物流中心

整合枢纽内冷链、建材等商贸物流设施，总用地面积 3717 亩。围绕冷链提供冷链运输、仓储、配送、流通加工、交易等商贸物流一体化服务，培育发展冷链枢纽经济；依托中铁物资、博川物流、青龙建材城等大型商贸物流基地，开展大宗物资运输、仓储、配送、流通加工、交割交易等业务，打造大宗物资物流与交易基地。

7）综合服务中心

整合成都国际铁路港综合服务中心和口岸联检大楼，提升陆港型国家物流枢纽综合服务能力，内设政务服务中心、海关服务中心、多式联运服务中心、企业集中办公区等，围绕陆港型国家物流枢纽的发展提供政策咨询、企业经营手续办理、报关报检、多式联运、国际班列信息、货运代理、金融、跨境商品展示展销等相关服务。

4. 成都陆港型国家物流枢纽功能区关系

1）国际转国内业务

国际货物到达后首先进入集装箱中心站进行装卸和暂存，有保税需求的货物直接进入保税物流中心进行掏拼箱、仓储，根据实际需求进行报关报检和分拨配送；其他类型货物则需要在综合服务中心完成报关报检手续，然后经口岸查验后分别进入多式联运功能区、分拨配送功能区、供应链集成服务中心和商贸物流中心，根据实际情况进行国内端运输、仓储、分拨和配送作业。

2）国内转国际业务

国内货物可通过铁路、公路等形式到达枢纽多式联运功能区、分拨配送功能区或枢纽场站功能区，在仓储、掏拼箱、堆存后于综合服务中心完成报关报检手续，经集疏运系统运输至枢纽场站功能区进行暂存、吊装、发运等。（见图 8－3）

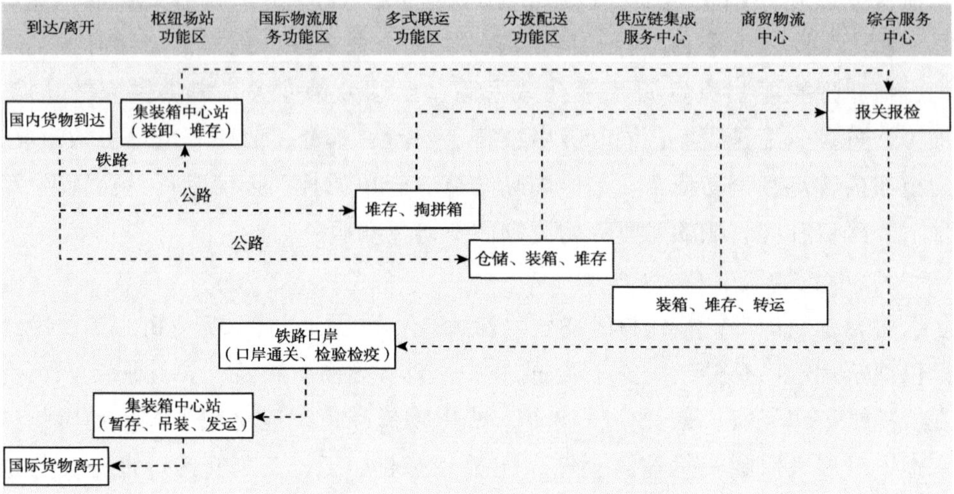

图 8－3　国内转国际业务流程示意

3）国际转国际业务

国际货物到达后进入海关监管堆场进行暂时堆存，在综合服务中心完成报关报检手续后进行暂存、吊装和发运，经国际班列运输至国际目的地。（见图 8－4）

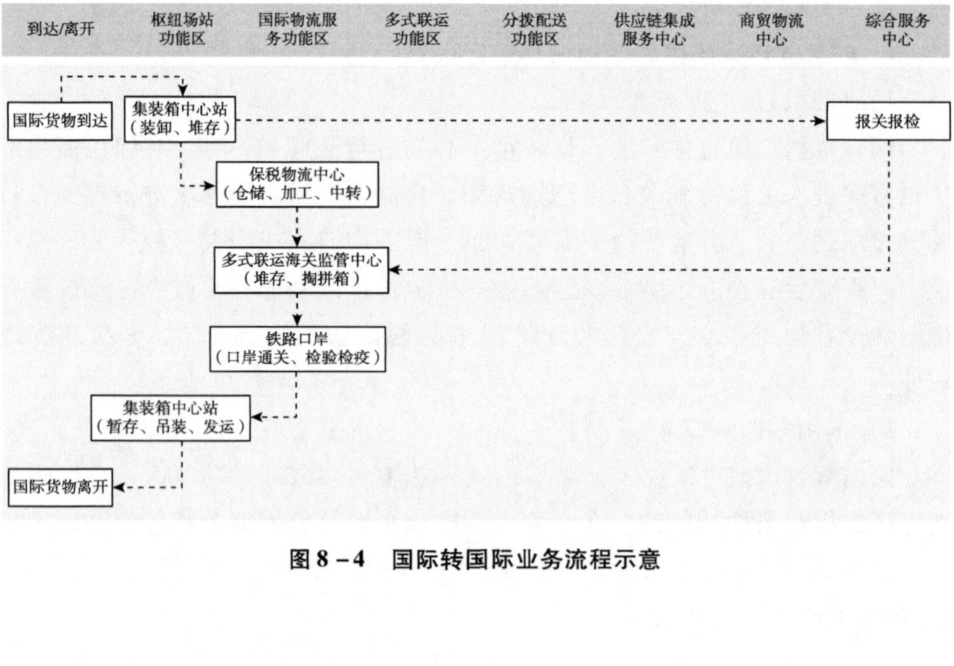

图 8－4　国际转国际业务流程示意

（二）成都陆港型国家物流枢纽发展定位

1. 总体定位

1）“一带一路”蓉欧枢纽

以创新、协同、绿色、开放、共享的发展理念为引领，加快推进“蓉欧+枢纽”战略，增强国际国内铁路干线运输组织能力，强调陆港型国家物流枢纽全球要素配置功能，完善口岸保税物流服务功能，增强陆港型国家物流枢纽能级，以“一带一路”和长江经济带发展为重要抓手，依托“蓉欧+网络”战略强化与其他枢纽间在通道建设、班列运营、信息互联等方面合作，拓展枢纽网络辐射范围，打造国际领先、亚洲一流的“一带一路”蓉欧枢纽，有效支撑成都打造西部国际门户枢纽。

2）泛欧泛亚经济高地

围绕“蓉欧+产业”战略，发挥陆港型国家物流枢纽优势，以金青新大港区为核心载体，沟通泛欧泛亚市场，聚焦适铁适欧产业、冷链、大宗物资交易、跨境粮食等领域，实现适铁适欧产业要素聚集，打造高端产业集聚区，创新培育发展陆港型国家物流枢纽经济，打造泛欧泛亚经济高地，构建西部地区融入全球价值网络的共享平台。

2. 发展战略

以构建蓉欧枢纽为中期目标，通过“蓉欧+枢纽”，强化陆港型国家物流枢纽全球要素配置功能，打造国际领先、亚洲一流的内陆铁路枢纽；通过“蓉欧+网络”服务“一带一路”沿线城市，形成连接泛欧泛亚速度最快、距离最近的陆路环线网络；以“蓉欧+产业”为核心，依托国际铁路枢纽、铁海联运网络，重点发展适铁适欧产业，打造外向型高端产业集聚区，创新培育发展陆港型国家物流枢纽经济，实现具有全球影响力的泛欧泛亚经济高地的远景目标。

“蓉欧+枢纽”发展战略：推动物流枢纽设施和口岸保税设施升级，打造核心物流功能和延伸配套功能两大组团，提升对外开放服务能力，重点发展枢纽场站功能、国际物流服务功能、多式联运功能和分拨配送功能4个物流枢纽核心功能以及供应链集成服务中心、综合服务中心和商贸物流中心3大延伸功能。

“蓉欧+网络”发展战略：打造“纵贯南北、横贯东西、通边达海、四向联通”的7条国际铁路通道和5条国际铁海联运通道，实现覆盖泛欧泛亚的国际铁海干线运输网络、辐射全国的多式联运立体网络、服务成渝城市群和“一干多支、五区协同”发展的区域分拨配送网络。

“蓉欧+产业”发展战略：紧密联系国际、国内两大市场，充分发挥辐射范围广、流通成本低、服务效率高的优势，深度参与全球价值链重塑，促进生产消费要素的大聚集、大流通和大交易，培育发展现代物流、保税加工、国际贸易3大枢纽经济形态，构建国际物流中转、国际贸易聚集、国际产能合作的开放型经济高地。

（三）成都陆港型国家物流枢纽发展目标

1. 铁路运输规模高度集中化

促进陆港型国家物流枢纽与中欧班列融合发展，枢纽运营主体集中对接中欧班列干线运力资源，加强分散货源组织，提高枢纽国际货运规模化组织水平。

2. 物流网络化水平持续提升

依托5大国际铁海联运通道和7大国际铁路通道，紧密联系“一带一路”和长江经济带，打造辐射全国、覆盖泛欧泛亚、有效衔接全球的国际性综合物流枢纽。通过对接中欧班列的干线运输组织，基本形成与现代化经济体系相适应的国家物流枢纽网络，实现与综合交通运输体系顺畅衔接、协同发展，铁路干线通道能力充分释放。

3. 物流信息高质量互联互通

依托“一个中心，五个平台”的信息结构体系，构建具备支撑国家物流枢纽平台能力的综合信息服务平台及资源交易平台。依托国家交通运输物流公共信息平台等实现国家物流枢纽间综合信息互联互通，形成稳定完善的国家物流枢纽合作机制。

4. 增强陆港型物流枢纽能级

依托亚洲最大的集装箱中心站，通过市场培育和持续推进降本增效，集聚中心站、仓储、公路港、贸易展示等功能组团，打造亚洲顶级的铁路物流枢纽。力争2021年集装箱吞吐量达到150万标箱，其中国际集装箱25万标箱。

5. 扩大国际国内双向贸易规模

以大通道促大贸易，重点发展跨境贸易，集聚多种要素资源，延伸发展订单、交易、结算、信息等供应链综合服务，建设欧亚贸易桥头堡。

6. 壮大适欧适铁产业发展规模

依托国际铁路物流枢纽集中发展特色鲜明的现代物流，2020 年实现物流业产值 400 亿元；全面承接适铁产业，重点吸引高附加值适铁产业从沿海向成都转移，打造全国顶尖的临铁经济区，2020 年实现制造业产值千亿元以上。

三、成都陆港型国家物流枢纽建设

（一）枢纽建设模式

成都陆港型国家物流枢纽建设开发坚持“政府引导、企业主导”原则，在这种模式下，厘清了政府和市场之间的界限，降低了政府的债务、避免政府层面的“寻租”和决策失误，从而窄化了枢纽的公共政策，提高了公共服务品质，避免市场的垄断和竞争失效等问题，以营商环境建设和发挥枢纽特色吸引创新资源，注重经济、产业和企业自身的发展规律，激活市场活力，依靠市场的力量推进技术创新、组织创新、制度创新和产业创新。

在枢纽具体的项目建设当中，按照市委市政府、区委区政府工作部署，由国有平台成都现代物流投资发展有限公司（以下简称“现代物投”）、成都国际铁路港投资发展（集团）有限公司（以下简称“港投集团”）和成都蓉欧供应链集团有限公司（以下简称“蓉欧供应链”）代表市区两级政府行使政府性物流项目投融资平台功能，进行枢纽公益性和平台性项目（如口岸、国际通道、集装箱站、班列开行、综合信息服务平台等）的开发建设，为物流枢纽入驻企业提供完善的基础设施及服务，建立健全枢纽基础业务体系。由中远海运、中外运长航、香港新华、怡亚通、中国物流、四川物流、银犁冷链等市场化企业具体负责各自产业型项目的建设和运营，从而激发物流枢纽的市场活力、拓展物流枢纽的服务范围、打造物流枢纽的竞争力。

（二）枢纽建设项目

1. 枢纽框定项目总览

成都陆港型国家物流枢纽按照“存量设施整合提升为主、增量设施补短板为辅”的基本原则，框定 25 个国家物流枢纽相关的具体设施近期建设项目，从而构建 7 大功能区（枢纽场站功能区、国际物流服务功能区、多式联运功能区、分拨配送功能区、供应链集成服务中心、商贸物流中心和综合服务中心）和一个综合服务信息平台的“7+1”枢纽功能体系。

成都陆港型国家物流枢纽（枢纽核心区）近期共建设25个项目，即枢纽物流核心功能项目17个，延伸功能项目5个，信息平台项目1个、集疏运体系建设项目2个。项目总投资150.44亿元，其中，已建成项目14个，改造升级项目6个，新建项目5个，已完成投资125.15亿元，规划建设投资25.29亿元，投资完成度约为83%。

2. 远期建设项目情况

成都陆港型国家物流枢纽（功能拓展区）远期共建设7个项目，即枢纽物流核心功能项目2个、延伸功能项目4个、集疏运体系建设项目1个，计划总投资503.17亿元。

（三）枢纽配套保障

1. 土地资源现状和用地保障方案

1）土地资源现状

秉承集约利用土地资源、赋能空间拓展能力的原则，成都陆港型国家物流枢纽（枢纽核心区）总用地面积11.89平方千米，其中，建成项目用地面积5.84平方千米，待建项目用地面积3.03平方千米，建成道路及绿化用地面积3.02平方千米。建成区总用地面积8.86平方千米，建成成熟度约为75%。

2）用地保障方案

为加强国家物流枢纽空间与城市功能提升的有效衔接，确保枢纽用地规模、土地性质和空间位置长期稳定，国家和地方政府均出台相关政策，保障枢纽建设用地，优先将国家物流枢纽范围内项目用地纳入土地供应计划，优先安排年度计划指标，建立动态调整、滚动推进的机制。并将物流枢纽建设用地纳入四川省100个省重点推进项目清单的物流用地计划，保证其用地需要，土地出让金可实行分期付款办法。同时积极鼓励支持物流项目企业采用租赁、“先租后让”“租让结合”等方式取得土地使用权。

青白江区创新土地利用管理方式，试行差别化供地模式和工业用地弹性出让，支持将工业用地的土地使用权最高年限下调。对纳入省重点推进项目清单的项目，严格贯彻落实由省级安排70%的土地利用年度计划、市级匹配30%的土地利用年度计划，最大限度争取国家和省级土地利用年度计划支持和奖励，保障物流项目发展用地。

同时，对支柱产业、优势产业和未来产业项目按需“随用随供”，除计划单列外，土地利用年度计划倾斜安排70%用于物流及配套基础设施项目。对符合规划导向和产业条件的重大物流项目，可按不低于宗地评估价的70%（含持证准用价款），合理确定物流项目用地的土地出让起始（叫）价。

加强用地保障。在重点项目洽谈或落地的过程中，同步申报土地指标及开展报征工作。

清退低能低效用地。完善功能区项目退出工作机制，启动邦邦建材、英祥、聚朋等19个项目退地工作，完成东成石材、新世纪、联谊物流3个项目的清退，已重点腾退土地资源4200余亩。

2. 拟配套推进的枢纽集疏运体系项目

成都陆港型国家物流枢纽依托新增装卸线南侧片区道路、祥凤南路、祥福西片区道路等公路建设，以及铁路专用线建设，加快形成高效快速联动的枢纽内部环放式集疏运体系。重点加强成都铁路集装箱中心站、大弯货站以及物流枢纽公路港之间的集疏运通道建设，进一步推进“港站一体化”，实现物流枢纽公路港与铁路货运场站无缝衔接，并支持枢纽内功能性项目承担铁路、公路货运集散和中转功能。同时加快推进枢纽内部公路及铁路的末端线路建设，通过建设高架、立交、集装箱车优先道等方式实现客货交通的有效分离。

四、成都陆港型国家物流枢纽运行

（一）枢纽运营主体培育

1. 培育路径和方案

为满足成都陆港型国家物流枢纽建设发展要求，发挥运营主体现有资源优势，实现做大做强，进一步整合铁路港资源，支撑成都国际铁路港“国际领先、亚洲一流、国内第一”发展目标。四川省、成都市、青白江区、铁路港管委会等各级政府从营商环境、枢纽建设、企业管理、市场开拓四个方面支持培育提升枢纽运营主体发展能级。

1）打造枢纽国际化营商环境

聚焦统筹联动，育优制度环境。组建青白江区行政审批和营商环境建设局，制定营商环境建设“十条措施”及14个配套文件。遵循国际惯例，为企业发展提供坚实法治保障，实行“府院联动、多元化解”；探索建立跨境电子商务事中事后监管及消费者权益保护机制。依托“蓉欧+”法律服务联盟，引入优质涉外法律服务资源，挂牌成立四川自由贸易试验区人民法院（青白江）巡回法庭，为企业提供精准法律服务；未来将设立成都陆港型国家物流枢纽管理委员会，解决枢纽开发运营问题。

聚焦引领带动，育优开放环境。做强开放口岸平台，力争经开区、综保区尽快获批。深化差异化定价模式，给予注册大港区的大直客、产能转移客户更多优惠。成立成都陆港型国家物流枢纽降费清费专项工作小组，建立健全口岸收费管理协作机制，全面取消口岸收费项目。探索“先通关后缴税”，力争通关时间再压减1/3以上。完善以知识产权保护、贸易纠纷调解为重点的法律服务体系。

聚焦精准可及，育优产业环境。紧扣金青新大港区主导产业要素敏感点供给政策，多方式保障项目用地，推行“供应链金融+便利服务”，实施高层次国际化人力资源建设计划，实现高端生产要素和公共服务资源跨区域优化配置。

聚焦高效便捷，育优政务环境。推行“多证合一、证照联办、照后减证”，实现企业开办“当日办结、五日营业”。实行“多规合一、区域评估、多评合一”，推行施工许可“容缺承诺”，深化项目承诺制改革，进一步压缩项目建设周期。

2）加大整合力度，推进运营主体进行枢纽建设

支持运营主体整合各方力量，加速推进枢纽建设。推进运营主体整合优化现有资源，对港区土地开发、通道拓展、枢纽打造、产业招引等业务实现一体化运作，整合各方资源和力量，加快推动成都陆港型国家物流枢纽建设。

支持运营主体进一步完善公共平台服务功能，发挥成都作为首位城市的辐射引领作用。支持运营主体加强成都陆港型国家物流枢纽功能建设，提高承载、通达、集散、辐射能力，探索国际物流贸易规则等自贸区重大改革试验，并加强与成都各区（市）县、四川各地市（州）及沿海、沿边、沿江城市的区域联动试验，辐射带动四川及西部地区区域经济协同发展。

提高运营主体资源配置能力，深度参与国家“一带一路”倡议。支持运营主体搭建对外开放合作平台，与央企、外企合作构建全球化多式联运网络，参与“一带一路”沿线国家铁路场站与港口的建设及运营，实现与沿线国家

硬件设施互联互通、软件标准规则统一，构建以成都为枢纽的全物流体系。

支持运营主体创新投融资体制，形成成都陆港型国家物流枢纽与产业联动发展。通过运营主体的市场化运作，探索以收益反哺成本的方式，逐渐降低班列开行、场站操作、信息平台建设等对财政补贴的依赖。同时通过大力“引进来”和“走出去”，吸引国际物流企业、跨境电商企业、“两头在外”制造企业在成都聚集，推动中欧班列（成都）向我国在“一带一路”沿线国家建设的境外经贸合作区、工业区延伸，实现通道与产业互哺。

3）培育现代化企业管理的运营主体

坚持对运营主体“放手、放权、放活”，支持运营主体市场化运作。一是由运营主体制订国际班列、场站收费、价格决策方案，在一定价格原则前提下，具体国际班列定价、价格调整等由运营主体总经理办公会或董事会研究决定。二是做好对运营主体年度目标、补贴总额、经营绩效、运行监督等考核监管工作，督促运营主体规范财务运作，实行绩效考核，建立因事设岗、因岗用人、人岗相适的运营机制。三是鼓励运营主体每月向铁路港管委会和区委、区政府专报运行情况并提出需协调解决的事项。

推进运营主体按现代企业制度进行规范化运作。一是理顺法人治理结构，建立高效、扁平化管理架构。二是规范运营主体内设机构间、集团与子公司间的职能职权划分，避免发生内部业务重叠和竞争，建立高效的内部目标管理及绩效管理考核制度。三是降低资产负债率，打造投融资市场化平台，运营单位形成联动机制，降低财务成本，探索做大净资产。四是实行产业发展、班列补贴、购买服务、功能配套等多方联动，确保补贴符合政策要求，助推运营主体的快速成长与发展壮大。

4）全方位支持运营主体开展市场拓展活动

坚持“政府搭台、企业唱戏”，助推运营主体业务拓展。从国际、国内、省内多个层面强化对外合作，认真研究合作方式与方法，国际方面强化与班列开行节点城市的合作，国内强化与沿海港口的合作，省内利用港区贸易资源，大力宣传班列梯度价格政策，与每个区（市）县、地市（州）签订出口产业合作协议，以此推动运营主体拓展业务。

大力拓展大客户，推动运营主体大宗商品贸易和跨境电商发展。一是加快做大贸易量，以贸易促产业向成都转移聚集。二是借助大宗商品贸易和跨境电商，做大运营主体现金流，先行设立集团财务中心，条件成熟时推动设立集团财务公司，提高运营主体自身造血能力并反哺班列开行。三是通过国际贸易发展，带动优质产业落地欧洲产业城及综保区。四是拓宽贸易发展思路，提高贸易发展站位，成为大宗商品贸易的牵头人、跨境电商标准制定者，确保领域话语权。

2. 枢纽运营主体及具体职责

1）运营主体简介

为更好地建设成都陆港型国家物流枢纽，整合成都国际铁路港现有优势资产和资源，支持国家“一带一路”倡议和成渝城市群战略实施，落实国家、省、市各项政策，发挥政府和市场双重作用，成都陆港型国家物流枢纽运营主体创新采用“枢纽管理 + 项目投资 + 业务开展”有机协作模式，确保枢纽运营“施政精准，投资科学，业务完善”。在运营管理方面，采用“政府 + 企业”，即铁路港管委会与港投集团实行“管委会 + 公司”一体化运作模式，对铁路港实行封闭运行；在业务运营方面，创新采用“陆地合作”模式，即引入铁路运营部门实质性参与地方政府铁路港的建设与运营，将全国性路网资源与铁路港功能无缝衔接。枢纽运营主体由政府主体（成都国际铁路港管理委员会）、区属国有平台公司（成都现代物流投资发展有限公司）、市属国有平台公司（成都蓉欧供应链集团有限公司）、陆地合作企业［成都国际铁路港投资发展（集团）有限公司］四家机构构成。（见图 8 – 5）

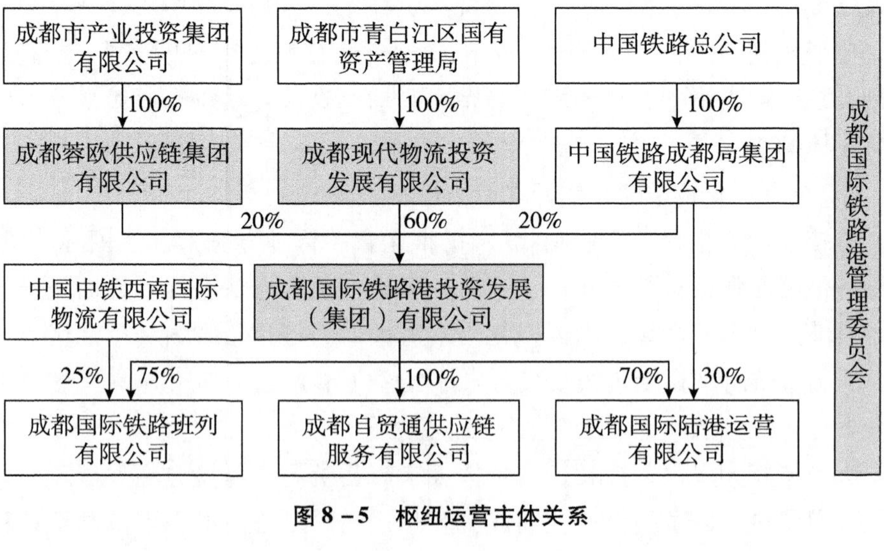

图 8 – 5　枢纽运营主体关系

2）运营主体分工及职责

成都国际铁路港管理委员会负责推进国际产能合作，推进现代物流产业发展，贯彻执行国家和省市战略，协助做好国际通道建设，负责宣传推介和招商工作，拓展国际国内两张物流网；现代物投主要负责枢纽的实施项目投资、项目管理、联系和管理枢纽内企业、推进建立枢纽服务和业务操作标准、进行枢纽市场推广和业务开发、建立枢纽服务平台等；港投集团负责具体业务的运营，通过独资或联合运营的方式，成立成都国际铁路班列有限公司、成都自贸通供应链服务有限公司、成都国际陆港运营有限公司，提供包括班列运营、国际通道开发、口岸和场站运营、供应链服务等功能。

表8－4　　枢纽运营分工和职责

运营内容	细项	运营内容	负责单位
枢纽管理和服务	制定产业发展规划	负责编制临港工业规划：负责研究拟订新材料、智能装备、绿色建材、智能能源装备、新型商用车等先进制造业和加工贸易等工业发展政策，推进国际产能合作。编制物流业规划：负责研究拟订保税物流、汽车物流、冷链物流、粮食物流、多式联运等物流业发展政策，推进物流现代化发展。负责现代服务业规划：负责研究拟订一般贸易、跨境电商、外综服务、保税展示交易等商贸服务业发展政策和创新贸易金融等生产性服务业发展政策，研究制定金融服务相关政策	成都国际铁路港管理委员会
	贯彻国家和省市战略	贯彻执行国家“一带一路”倡议和成都市“蓉欧＋”战略，创新自贸区相关制度，协助做好“蓉欧＋”通道建设，负责宣传推介工作，拓展国际、国内两张物流网	
	负责招商和公共服务	负责产业化项目、公共配套基础设施、口岸枢纽建设及口岸功能提升和运营管理；负责招商引资相关工作；负责企业服务、社会治安综合治理、安全生产监督管理等工作	
	搭建“产、学、研、用”结合平台	搭建“产、学、研、用”结合平台。借助外部及自身专家库资源和国内外教学研究平台，采取“请进来与走出去”相结合的方式，采取多种形式协助枢纽中企业开展人才、技术、职业培训，帮助会员改善经营环境，为枢纽中企业引入高端人才，为枢纽中企业匹配优秀人才；引导枢纽中企业引入“云平台、大数据、移动互联网、物联网、人工智能、区块链”等新型技术，提升枢纽整体的智能化、标准化水平	

续 表

<table>
<tr><th>运营内容</th><th>细项</th><th>运营内容</th><th>负责单位</th></tr>
<tr><td rowspan="4">枢纽项目建设和管理</td><td>业务宣传、推广、招商、对外联系</td><td>跟进项目建设进度情况，宣传落实相关政策、审议发展计划、保持与包括政府/其他枢纽/城市等在内的国内外相关机构的联系，负责日常接待、推动物流相关公益事业的发展，参与和开展有益于提高物流社会地位的各种社会活动，沟通枢纽中企业与企业之间、商协会组织之间的交流合作，通过考察、编辑相关刊物及宣传推广，取得社会对物流的支持，扩大综合物流服务的深度、广度</td><td rowspan="4">现代物投、蓉欧供应链</td></tr>
<tr><td>企业日常联系</td><td>对枢纽中各社会化企业进行日常联系和管理，包括枢纽间业务流程上下衔接与优化、建立维权机制、落实枢纽服务标准</td></tr>
<tr><td>搭建交流平台</td><td>向政府有关部门提出物流发展规划、产业政策等建议，并参与有关活动；积极参与产业损害预警和保护工作，助力改善物流发展环境</td></tr>
<tr><td>搭建枢纽综合服务平台</td><td>整合包括货运场站、铁路专用线、仓储基地、运力、区域分拨配送等物流设施及海关、保税等配套设施在内的资源，提高枢纽中企业业务组织效率，实现枢纽资源共享共用、促进枢纽中企业差异分工协作</td></tr>
<tr><td rowspan="5">业务运营</td><td>市场开拓</td><td>开展市场调查，分析市场形势，开发信息资源，建立信息网络，提供信息和咨询服务。通过组织开展物流供需对接、物流金融对接、物流项目对接等方式，整合市场资源，优化物流组织形式，提高物流整体运作效率</td><td rowspan="5">港投集团</td></tr>
<tr><td>信息平台管理维护</td><td>负责陆港枢纽信息平台的日常运营和管理，不断优化信息平台的业务体系，不断优化信息链接机制，拓展信息平台业务功能，更新信息技术，做大信息平台流量，支撑做大枢纽交易量</td></tr>
<tr><td>海外拓展</td><td>设置海外仓、海外办事处、海外场站等，建立海外货源与分销网络，支撑枢纽市场化企业的海外拓展活动</td></tr>
<tr><td>铁路及场站服务</td><td>班列运营，做大做强已有国际班列，积极开拓新的班列通道，加大加密形成国际班列网络；负责场站业务</td></tr>
<tr><td>集装箱物流</td><td>集装箱的装卸、堆存、掏拼箱、借还管理</td></tr>
</table>

续　表

运营内容	细项	运营内容	负责单位
业务运营	物流服务	负责铁路港物资的仓储、流通加工、集散分拨、运输等物流服务的管理和供应商管理	港投集团
	口岸服务	负责口岸的报关报检、保税物流中心（B 型）内的装卸集运等物流操作及供应商管理	
	金融服务	提供包括国际信用证、贷款、融资租赁、设备租赁等在内的跨境供应链金融服务及总体解决方案	
	多式联运中心管理	管理多式联运设施，加强枢纽“干支配”等的衔接系统，实现枢纽联盟共享共用，为枢纽国内外客户提供完善的多式联运解决方案	
	铁路专用线管理	管理枢纽铁路专用线，实现专用线为枢纽联盟共享共用	

3）枢纽运营创新点

运营机制创新：“陆地合作”模式建立起垂管企业与地方经济的利益纽带。一是搭建铁路港运营管理服务平台。推动铁路资源有效整合，组建成都国际铁路港投资发展（集团）有限公司与其子公司成都国际陆港运营有限公司（以下简称“陆港公司”），首次引入铁路运营部门实质性参与地方政府铁路港的建设与运营，将全国性路网资源与成都陆港型国家物流枢纽功能无缝衔接。港投集团及其子公司陆港公司作为地方与铁路系统的合作载体，直接成为铁路系统内部运输主体，分享铁路系统资源，参与铁路运输系统的调度，包括车辆信息、货物跟踪、货运组织安排等，为地方铁路运输提供更多的资源。二是搭建联盟化合作平台。铁路运营部门牵头，组建公铁联运、水铁联运、甩挂联盟等物流联盟。联盟成员企业间建立资源共享、优势互补、协同运作、联动发展的运营服务模式，从而让铁路港实现公、水、铁无缝衔接。

运营组织创新：针对以往地方运输公司无法掌握铁路货物运输信息的情况，在铁路局及铁路港管委会的支持下，陆港公司自主开发 EDI 系统，与铁路总公司的系统进行对接，使得货物的确切位置在整个运输供应链环节都可以被掌握。此外，平台与口岸场站管理信息系统、铁路运输信息集成平台以及海关口岸业务平台等系统实现数据交换，初步实现了铁路、海关、场站等多式联运全链条的数据共享，可以及时获取货物在途信息、作业状态信息。运用铁路总公司的资源，陆港公司的EDI系统和宁波港、深圳港、厦门港等港口的EDI信息平台完成对接，海铁信息可以“一次录入、全程共享”。打造铁路“无轨站”。现在利用网络信息系统，在任何一个铁路货站都可办理托运手续，而无须像以往必须将货物运到托运手续办理窗口，从而实现了异地托运手续办理。目前，针对“蓉欧+”以及“一带一路”的货物，均可采取此种做法，在成都陆港型国家物流枢纽不仅可以办理从成都起运的货运手续，还能办理其他起运地的货运手续，为铁路运输提供了更大的便利。

供应链创新：整合物流与供应链，建立国际铁路运输贸易通道。通过政府和市场的资源整合，成都国际铁路港率先试点海铁联运“一单制”。借鉴海运提单，以铁路港为签发地和起运地，签发海铁联运提单，实现内陆港海港功能前移。探索推动铁路运输单据“提单化”。开发中欧班列（成都）国际铁路联运提单，联合银行、班列公司等成立“一单制”项目工作组，商定提单流转、结算方式、操作规程、责任划分、保险理赔等事宜，探索提单的货权规则体系，力争形成由我国主导的国际多式联运提单。

4）枢纽创新运营成果

形成以铁路港为枢纽的多式联运体系。通过“陆地合作”加快形成国内铁路货物贸易集结点。围绕铁路港，建立了以成都为中心向外辐射的厦蓉欧、深蓉欧、甬蓉欧等11条“蓉欧+”铁路货运线路，以及辐射川内腹地和滇东黔北的公路货运线路的多式联运通道，形成铁路港强大的货运聚集能力，目前铁路港已成为国内最大的对欧铁路运输货物集结站，形成辐射欧洲的国际贸易通道。铁路港依托蓉欧通道，以波兰罗兹为中心，欧洲端辐射范围至欧洲枢纽城市和区域中心城市，以及在德国、波兰设立办事处和欧洲海外仓，形成覆盖全欧的揽货网络与铁路港的多式多程联运无缝对接的国际贸易通道。

铁路港贸易能级大幅提升，并且强化了铁路港国际贸易枢纽作用。通过“政府+公司”的运营模式，政府和市场各方齐力推动以成都国际铁路港为起点的中欧班列（成都）运量快速提升，初步形成北线至莫斯科、中线至罗兹、南线至伊斯坦布尔三线并行格局，实现“天天有班列”目标。2018年，国际班列共开行2619列，同比增长122.7%；成都铁路集装箱中心站实现吞吐量72.67万标箱，同比增长19.27%；铁路口岸监管集装箱9.93万标箱，同比增长 74.21%。

提升铁路港服务能力。通过与公路协同，实现了公路甩挂作业装备与铁路场站之间的适应性改造，开发了 15 吨包装箱、小汽车集装箱专用装载工具和公铁联运装载工具等，有效提高了多式联运中转装卸作业效率。通过与海港协同，引入了泸州港、厦门港等港口，以及中远、中国外轮代理有限公司等船公司、船代公司入驻口岸综合服务中心，减少货物在码头、堆场的存放时间 1 天以上。通过内部组织协同，建立内陆还箱点，应用箱管系统，制订最优箱管方案和作业方案，提高多式联运场站操作效率 5% ~10%。

（二）枢纽主要业务

1. “干支配”业务

1）成都陆港型国家物流枢纽“干支配”总体概况

成都陆港型国家物流枢纽直接接轨成达、宝成、成格（规划中）三条国家铁路干线，以及成都市域内铁路货运环线连接成渝、成昆、川藏（规划中）、成自（规划中）等几条铁路干线并接入全国铁路网络，实现面向国际国内两个市场的“干支配”业务的“四向拓展”格局。采用“轴辐式”布局理念，通过与国际国内重要物流节点的合作，实现了以成都陆港型国家物流枢纽为核心的班列组织、干支运输的“7 +11 +5”国际物流骨干体系（7 条国际铁路干线、11 条国内铁路干线和 5 条区域铁路支线），依托枢纽内设立的多个集装箱及散货转换项目（多式联运海关监管中心、铁路口岸），实现干支业务的高效衔接，通过枢纽内辐射四川的公路港项目，实现干支业务与分拨配送业务的衔接。

成都陆港型国家物流枢纽依托全面的“干支配”网络和完善的业务服务，在四川的物流发展中占据了重要的地位。2018 年，成都陆港型国家物流枢纽完成铁路货运量约 1818 万吨，约占成都市铁路货运总量的 41%，其中，国际货运量占成都市的 100%。

2）成都陆港型国家物流枢纽“干支配”业务资源整合情况

成都陆港型国家物流枢纽目前已整合了以成都市为核心、以四川省为延展的物流资源，主要包括铁路场站、口岸、公路物流三大方面。

在铁路场站的整合方面，成都铁路枢纽是国家发展改革委《中长期铁路网规划》中公布的 19 个全国铁路综合枢纽之一。根据规划，成都铁路枢纽形成1+1+17“一主一辅多喂给”的铁路货运系统，其中成都陆港型国家物流枢纽所含的城厢站是核心铁路货运场站，新兴镇站为疏解站，其余17个货站为喂给站。在目前的运行过程中，各喂给站进行货物的集结，通过牵引机车运抵成都陆港型国家物流枢纽（城厢站）进行货运整合编组发往全国及国际。在区域内，成都陆港型国家物流枢纽已与眉山、德阳、遂宁、达州、内江、自贡、攀枝花等城市的规模性铁路场站形成合作，对其开放国际物流功能，在基础设施、班列组织等方面达成合作，多城共同开发“蓉欧+”国际物流通道，初步形成了西部共享国际物流港。

在口岸及保税设施的整合方面，成都陆港型国家物流枢纽范围内，成都铁路口岸紧邻城厢站布局，同时口岸内布局保税物流中心（B型）和多式联运海关监管中心，可以实现货运场站与口岸的无缝衔接。以进口集装箱货物为例，操作过程中，国际货物在集装箱中心站吊卸后，可直接通过集装箱叉车运至临侧成都铁路口岸，直接进行开箱查验、保税仓储、展示、通关等作业。同时，成都铁路口岸已和成都公路口岸、成都高新综保区（西区、南区）等在通关一体化下，进行紧密合作，实现货品在多个口岸及保税设施之间的自由流转。

在公路物流资源整合方面，距离成都国际铁路港20多千米的新都，是当前成都市重要的公路物流基地，拥有以传化公路港、中国物流、安能等为代表的大型公路物流型企业，公路干支配网络布及全国。大部分规模化公路物流型企业在新都和成都陆港型国家物流枢纽均设置有物流项目，可按需实现两区之间的物流资源高效调配。

另外，成都陆港型国家物流枢纽范围内，拥有已建成的集装箱及散货配送分拨功能区和一个公路港区，可为枢纽提供公路物流资源。

3）成都陆港型国家物流枢纽“干支配”国际物流网络布局

在成都陆港型国家物流枢纽的全球网络布局策略方面，深入贯彻实施“蓉欧+”战略，为实现物流资源的集约化和规模化，树立构建全面覆盖泛亚泛欧物流网络的发展目标。成都陆港型国家物流枢纽采用“轴辐式”布局理念，实现了以成都陆港型国家物流枢纽为核心的班列组织、干支运输的“7+11+5”国际物流骨干体系（7条国际铁路干线、11条国内铁路干线和5条区域铁路支线）。

成都陆港型国家物流枢纽“干支配”业务主要采取三种策略，即物流资源集约化、物流网络全面化以及服务产品多元化。

物流资源集约化：利用“轴辐射”理论实现资源的集约化，即以成都陆港型国家物流枢纽为轴心，以国际铁路干线交会城市、重要的铁路转换场站、国际重要战略港口、沿海地区综合物流枢纽城市为一级辐点城市，通过开通干线直达班列加强成都与辐点城市的连接。以一级辐点城市为基础，在其腹地选择综合能力强、产业关联度高的城市作为二、三级辐点城市，开行班列形成支线和配送运输。统筹辐点城市与成都的资源，实现资源的优化配置和规模效应，进而提高成都与泛欧泛亚地区的物流通达能力，降低物流成本，提高物流效率。

物流网络全面化：基于“轴辐射”理论构建辐射整个泛欧泛亚地区的三级干支配物流网络。选择7个综合能力强、骨干网络为主、运输组织优的城市作为一级节点——马拉舍维奇（波兰）辐射欧洲地区，托木斯克（俄罗斯）辐射俄罗斯，阿拉木图（哈萨克斯坦）辐射中亚五国，瓜德尔港（巴基斯坦）辐射南亚地区，新加坡港、巴生港（马来西亚）和河内港（越南）辐射东南亚地区，并通过海铁联运实现非洲地区的辐射；选择综合能力较强、产业关联度较高的城市作为二级节点——如欧洲的罗兹、蒂尔堡、纽伦堡等，俄罗斯的莫斯科、圣彼得堡，泛亚地区的塔什干、阿克套等，通过对货源的集结运输强化一级节点的组织能力；选择物流需求相对分散的城市作为三级节点——如俄罗斯的克拉斯诺亚尔斯克、克麦罗沃、新西伯利亚等，欧洲的华沙、不来梅哈芬、鹿特丹等，依托三级节点进行末端的分拨与配送。国内则选择昆明、广州、南宁、深圳、厦门、宁波、武汉、上海、日照、青岛和天津11个城市为一级节点，作为连接日韩、东盟、澳新等海外地区的中转节点，开展海铁多式联运以及“蓉欧+”班列；选择攀枝花（川西）、宜宾（川南）、德阳（川北）、眉山（成都平原重要的产业城市）和自贡（川东南）5个四川省内城市为二级节点，一方面作为四川省内甚至西南地区货物走出去的集结点，另一方面作为成都陆港型国家物流枢纽的二级分拨与配送中心。通过国内外节点的布局，形成覆盖全面、布局完善的全球物流网络。

服务产品多元化：开行了3类班列，包括定时定点的公共班列、在公共班列基础上满足客户需求的精品班列以及根据特定货物品类专属的定制班列，从而构建了国内领先的班列服务产品。（见表8－5）

表8－5　　成都国际班列种类

国际班列	特点	具体线路
公共班列	价格优惠，集拼集运	成都—罗兹/蒂尔堡/纽伦堡、成都—莫斯科、成都—霍尔果斯、成都—阿拉木图
精品班列	快速直达，时效精准	在现有的公共班列线路的基础上根据客户针对时效的需求开行的快速直达、时效精准的高质量班列
定制班列	个性服务，量大优惠	托木斯克—成都、根特—成都、米兰—成都、塔什干—成都、成都—明斯克、成都—马拉舍维奇、成都—斯莫根、成都—布拉格、成都—维也纳、成都—伊斯坦布尔、成都—阿拉木图等

4）全程组织运输方案

成都陆港型国家物流枢纽的川内5条铁路支线和公铁联盟组织作为国际国内铁路干线运输的延伸和补充，实现货物在川内腹地甚至西南片区的集结、分拨与配送；国内11条铁路干线作为连接日韩、东盟等地的关键支撑，实现铁水联运的高效衔接；依托国内干支线网络和7条国际干线就可实现对泛欧泛亚地区的全面覆盖。从成都陆港型国家物流枢纽的业务辐射范围来看，主要分为三个区域，即川内腹地、成都到欧亚地区以及成都到日韩、东盟地区。

川内腹地——货物在成都、宜宾、攀枝花、德阳、眉山和自贡等地完成集货后通过国内铁路支线运输到成都陆港枢纽。

成都到欧亚地区——货物从成都陆港型国家物流枢纽发出，由成都国际铁路班列有限公司利用成都国际班列运输至境外一级节点，进行重新编组、换装、换轨等操作后由成都国际班列或国外公共班列运输到二级节点，再由国外公共班列运送到境外三级节点。

成都到日韩、东盟地区——货物从成都陆港型国家物流枢纽发出，由成都国际铁路班列有限公司利用国内干线班列运输至沿海、沿江港口，由铁水（铁海）联运合作公司通过水运（海运）到东盟以及日韩等地区。

5）业务流程设计

成都陆港型国家物流枢纽的“干支配”业务按运输方式分为铁路直达和铁海联运两种。铁路直达运输由成都国际班列与国外公共班列共同完成，铁海联运则由国内干线班列和相关战略合作企业共同完成。成都陆港型国家物流枢纽“干支配”业务流程如表8－6所示。

表 8－6　　成都陆港型国家物流枢纽“干支配”业务流程

<table>
<tr><th></th><th>干线直达</th><th>一级节点</th><th>支线运输</th><th>二级节点</th><th>支线运输</th><th>三级节点</th><th>覆盖范围</th></tr>
<tr><td rowspan="10">成都陆港枢纽</td><td rowspan="2">公共班列</td><td rowspan="2">马拉舍维奇（波兰）</td><td>公共班列</td><td>罗兹、蒂尔堡、纽伦堡</td><td rowspan="2">精品班列、定制班列、公共班列</td><td rowspan="2">华沙、不来梅哈芬、鹿特丹、南安普顿、根特、杜尔日</td><td rowspan="2">欧洲</td></tr>
<tr><td>公共班列</td><td>波兹南、汉堡、杜伊斯堡</td></tr>
<tr><td rowspan="2">公共班列</td><td rowspan="2">托木斯克（俄罗斯）</td><td>公共班列</td><td>莫斯科</td><td rowspan="2">精品班列、定制班列、公共班列</td><td rowspan="2">乌法、车里雅宾斯克、新西伯利亚、克麦罗沃等</td><td rowspan="2">俄罗斯</td></tr>
<tr><td>精品班列</td><td>圣彼得堡</td></tr>
<tr><td rowspan="2">公共班列</td><td rowspan="2">阿拉木图（哈萨克斯坦）</td><td>定制班列</td><td>塔什干</td><td rowspan="2">公共班列</td><td rowspan="2">安集延、布哈拉、费尔干纳等</td><td rowspan="2">中亚五国</td></tr>
<tr><td>公共班列</td><td>阿克套</td></tr>
<tr><td rowspan="4">铁海联运</td><td>瓜德尔港（巴基斯坦）</td><td>公共班列</td><td>锡瓦斯、德黑兰、拉合尔、新德里、加尔各答</td><td>公共班列</td><td>卡拉奇、海尔布尔等</td><td>南亚地区</td></tr>
<tr><td>新加坡港（新加坡）</td><td>公共班列</td><td>太平、吉隆坡</td><td>公共班列</td><td>裕廊、义顺等</td><td rowspan="3">东南亚地区</td></tr>
<tr><td>巴生港（马来西亚）</td><td>公共班列</td><td>太平、吉隆坡、万象、皎漂</td><td>公共班列</td><td>马六甲海峡沿线城市等</td></tr>
<tr><td>河内港（越南）</td><td>公共班列</td><td>岘港、胡志明市</td><td>公共班列</td><td>海防市、太原、清化</td></tr>
</table>

铁路直达——依托马拉舍维奇、托木斯克和阿拉木图 3 个一级节点开通 3 条铁路直达班列干线，依托成都国际公共班列运行；从一级节点到 10 个二级节点的运输包括成都国际公共班列、精品班列、定制班列和国外公共班列多种方式，其中马拉舍维奇—罗兹/蒂尔堡/纽伦堡、托木斯克—莫斯科的四条支线运输由成都国际公共班列完成，成都—圣彼得堡和成都—塔什干两条支线分别由成都国际精品班列和定制班列完成，马拉舍维奇—波兹南/汉堡/杜伊斯堡、阿拉木图—阿克套的四条支线由国外公共班列完成；从二级节点到三级节点的运输以国外公共班列为主，辐射欧洲和俄罗斯的运输包括成都国

际精品班列和定制班列。

以鹿特丹到成都陆港型国家物流枢纽为例，货物在鹿特丹集结后在铁路站完成装卸、编组，由成都国际定制班列运送至蒂尔堡，在蒂尔堡进行装卸、编组后由成都国际公共班列运送至马拉舍维奇，在马拉舍维奇进行装卸、编组、换轨，由成都国际公共班列运送到边境口岸进行装卸、编组、换轨，再运送到成都陆港型国家物流枢纽。

铁海联运——依托瓜德尔港、新加坡港、巴生港、河内港 4 个一级节点开通 4 条铁海联运通道，其中从成都到沿海城市的运输由 11 条国内干线完成，从沿海港口到 4 个境外一级节点的海运则由战略合作企业完成（成都陆港型国家物流枢纽已经与宁波、厦门、泸州、武汉等城市港口和成都中远海运物流、中远西南物流等公司达成铁水联运合作协议，保障海铁联运对干支配服务的高效衔接）；从一级节点到二、三级节点的运输则都由国外公共班列组织完成。

多式联运合作协议如表 8 –7 所示。

表 8 –7　　多式联运合作协议

运输方式	合作协议
海铁联运	《成都国际陆港运营有限公司与宁波港股份有限公司战略合作协议》《成都国际陆港运营有限公司与厦门港务控股有限公司战略合作协议》《成都国际陆港运营有限公司与中远西南物流有限公司战略合作协议》《成都国际陆港运营有限公司与成都中远海运物流有限公司战略合作协议》
江铁联运	《成都市人民政府、武汉市人民政府、泸州市人民政府港口物流战略合作框架协议》《加快推进泸州港铁水联运战略合作框架协议》《成都国际陆港运营有限公司与四川泸州港务有限责任公司战略合作协议》

以从马六甲到成都陆港型国家物流枢纽为例，货物在马六甲集结后在铁路站完成装卸、编组，由马来西亚公共班列运送至吉隆坡，在吉隆坡进行装卸、编组后由马来西亚公共班列运送至巴生港，在巴生港进行卸车堆存、配舱装船后通过海运到达钦州港，在钦州港进行卸船堆存、装车、编组后由成都国内干线班列（钦州港—成都）运送到成都陆港型国家物流枢纽。

2. 供应链集成业务

成都陆港型国家物流枢纽已初步构建以铁路港为核心的供应链集成化组

织运行体系，广泛服务于国际、国内和区域三个市场。成都国际铁路港供应链集成化组织运行体系以产业互联网为基础，大型供应链管理企业为核心，物流服务商、金融服务商、铁路运输服务商、通关集成服务商以及客户群体等多方参与，由订单服务平台、铁路服务平台、通关服务平台、港口物流服务平台、金融服务平台、国际商贸服务平台六大平台构成，可为国际贸易型企业、制造业企业、商贸型企业提供跨境全程物流、金融、通关、港区库存管理等供应链服务。

1）供应链组织基本框架

订单服务平台以EDI系统为依托，进行全流程信息订单的汇总。国际商贸服务平台与供应商进行对接，整合供应商的商品信息，交由铁路服务平台完成货物的承运，由通关服务平台提供通关集成服务，最后交由港口物流服务平台匹配运输企业将货物交至客户，金融服务平台为以上每个流程提供所需的金融产品服务。

订单服务平台是整个供应链运作体系的中心功能，是驱动成都陆港型国家物流枢纽供应链运作的大脑，其以EDI系统为基础，主要对接其他各个功能进行数据交换和沉淀，整合所有商品和供应商信息、交易信息、物流信息、口岸和通关信息等，通过收集汇总各类信息，再按照订单实际需求匹配适合的服务提供商。港口供应链管理企业通过订单服务功能，将助推成都陆港型国家物流枢纽物流、贸易、互联网、金融等产业的快速融合，将客户的需求信息进一步电子化，实现订单处理的最优化。通过订单服务功能，国内外各类型服务提供商可以实时、动态地了解商品供应品类、承载工具、金融状态、运输进度、通关等基本信息。

铁路服务平台在供应商的货物完成了一系列的通关服务之后，货物进入海关进口阶段，通过铁路服务功能，集聚装卸服务商、仓储管理商、理货公司以及配送服务商等服务提供商群体，分别依据货物供应商的不同需求，为其提供装卸、仓储、理货、加工等服务，最终完成货物的铁路运输服务。

通关服务平台是依据通关服务集成企业自身所具备的税务与海关等方面的优势，集聚商检、外管、税务、海关以及银行等提供通关服务的机构，实现在线协同、信息的及时互通，为货物的通关提供一站式服务。通关服务集成企业提前了解所运输货物的相关信息，并依据货物的实际情况提前安排通关服务，节约货物通关所需时间。

港口物流服务平台是通过公路运输或国内铁路运输为货物供应商提供从始发地到目的地的公路、铁路或公铁联运的运输服务。港口物流服务功能主要为匹配具有相同或类似功能的服务提供商。依据始发地和目的地之间的距离、路径、客户实际需求等因素选择最为合理的服务提供商，由其完成货物的承运服务，并负责与客户进行货物交接。

金融服务平台依托核心的通关、国际商贸、物流、铁路全流程信息，延伸至仓储、流通、生产、加工、销售、采购等多个环节，提供代垫货款、商业保理、融资租赁等金融服务。金融服务功能集成银行、担保公司、保险公司、产业基金等金融服务商，为客户提供全面的金融产品体系的相关服务。服务过程中，客户向其发布资金、资产等需求信息，平台核查通关、物流、铁路等核心流程的信息状态，向订单服务平台发送供应链金融订单信息，由经平台认证的供应链金融服务商，提供相关供应链金融服务。平台提供信息发布、交易过程监控、企业认证、诚信体系等风险防控服务，有效降低资金供需双方风险。

国际商贸服务平台在生产厂家与终端买家之间搭建一座便捷交易桥梁，压缩传统国际贸易中的多层中间环节，实现产销间的利益最大化。通过线上电商和线下专业市场展销两种方式为国内外客户提供供应商展示、供应与需求撮合、会展信息、政策发布等服务。目前已集合粮食、酒类、木材、汽车、钢铁、皮革、鞋服等细分领域，正不断拓展商品和服务品类。国际商贸服务功能通过国际采购平台和国内分销平台，助力成都建设成为“买全球，卖全球”的国际采购中心。

2）成都陆港型国家物流枢纽供应链集成服务内容

成都陆港型国家物流枢纽集成各类供应链服务，满足国内外客户的各种供应链服务需求，具体服务内容如表 8－8 所示。

3）典型供应链服务流程——“汽车平行进口”

汽车平行进口试点企业向成都陆港型国家物流枢纽供应链组织发出采购意向，根据海关（商检）名录确定采购车型、数量。由金融服务功能模块下的供应链金融服务商提供各类跨境金融服务。

向成都陆港型国家物流枢纽铁路服务功能模块进行订舱，由委托合作的国外物流服务提供商或铁路港的境外公共服务平台进行车辆的单证核验、境外段物流。

表 8－8　　成都陆港型国家物流枢纽供应链集成服务内容

服务类型	依托项目	提供服务内容
商品采购和分销（国际商贸服务功能）	铁路港线下基础设施类： ——国家馆集群 ——保税物流中心（B 型）保税商品展示馆 ——蓉欧汇（跨境电商体验馆） ——铁路港（平行）进口汽车、木材、化工、钢铁、煤炭、五金机电等各类专业市场	为客户提供线下常态化的商品展销、采购、分销服务；定期举办铁路港商品交易会
	线上电商类：京东全球购、天猫国际、苏宁、网易考拉、蜜芽、自贸通等各类电商	为客户提供常态化的线上的商品展销、采购服务
	境外平台：包括蓉欧供应链和陆港公司等机构设置的海外采购和分销机构	为客户提供常态化的海外商品采购和分销服务
	港区外部合作类： ——世纪城会展中心 ——西部博览馆 ——德国等境外会展	为客户推介境内外定期的会展，提供采购和分销服务
物流服务（港口物流服务功能）	基础设施类： ——四川物流、中国物流、义捷物流等集装箱物流中心 ——积微物联达海综合产业园 ——大西南生旌物流、远程物流等公路集散分拨中心	为客户提供集装箱装卸、堆存、掏拼箱、多式联运、流通加工、整车发运、零担等物流业务，满足客户的干支配需求
	信息平台类： 京东、苏宁、民生、满帮、积微物联等各物流信息服务商以及无车承运人的物流信息系统	为客户提供港区干支配及多式联运等物流一体化的解决方案
	港区外部合作类： ——新都物流中心、龙泉物流中心、成都航空物流园等 ——上海、广州、郑州、重庆、昆明等国内相关物流中心/园区等	为客户提供铁路港外的仓储、运输、装卸、集分等物流服务

续 表

服务类型	依托项目	提供服务内容
金融服务（金融服务功能）	包括自贸通、蓉欧投资、积微物联、怡亚通、京东、苏宁、中国银行等供应链金融服务商	为客户提供包括贷款、垫资、融资租赁、商业保理、订单融资、信用证、结算等跨境供应链金融服务
口岸服务（通关服务功能）	——成都铁路口岸（海关商检、保税物流中心、各类型指定口岸） ——各关务服务提供商	为客户提供申报、证件办理、报关、商品查验、征税收税、过程数据、清关、商品溯源、口岸作业等服务
铁路服务功能	铁路场站、班列运营	为客户提供订舱定班、场站物流、干线物流等铁路服务内容

车辆采用多式联运或公路运输至铁路港合作的海外集货点进行装车发运。

车辆运抵成都国际铁路港后，由金融服务功能模块下的供应链金融服务商提供海关保证金垫资，在通关服务平台进行报关、车辆改装、保税展示等操作。

由国内分销平台进行线上线下的分销，港口物流服务功能模块下的物流服务提供商提供仓储、运输等服务，最终运至消费者。

4）铁路港供应链企业情况

通过临港供应链体系的搭建，将基础的“产品和服务”标准化、数字化，通过接入铁路港专业供应链服务机构，实现数据共享共包。在具体供应链服务方面，铁路港通过自建和引入两种方式并举，为客户提供全过程的供应链服务，从而搭建起以现代国际物流为基础的供应链生态系统。成都国际铁路港供应链按服务类型可分为综合供应链、供应链金融、供应链物流、供应链信息咨询等。截至2018年年底，港区提供供应链服务的社会化企业共计100余家，加快实施苏宁云商物流基地、宝供（成都）粤港澳商贸物流枢纽等现代物流及供应链管理项目建设。

表 8－9　　成都陆港型国家物流枢纽供应链服务提供商（部分）

公司	港区项目	项目状态/类型	服务内容
成都积微物联集团股份有限公司	达海综合产业园	运营/大宗供应链	大宗物资的车货匹配、仓储、加工、逆向物流等
成都国际铁路港投资发展（集团）有限公司	自贸通汽车平行进口试点平台	运营/整车、木材供应链	平行进口汽车海外采购、承运、报关报检、供应链金融等
成都蓉欧供应链集团有限公司	蓉欧汽车平行进口试点平台	运营/整车供应链	平行进口汽车海外采购公共服务平台、车辆生命周期溯源、货运代理、报关报检、供应链金融、展销等
中国诚通	中国物流成都国际铁路港物流基地	运营/大宗供应链	大宗物流集采、交易平台、运输、仓储、金融等
京东	京东成都国际铁路港基地	运营/商贸供应链	电商交易平台、仓储、物流管理、报关报检、集散分拨、金融等
四川省物流产业股份有限公司	四川物流成都国际铁路港物流基地	运营/粮食供应链	（木材、白糖）物资交易平台、集装箱物流、仓储、报关报检、流通加工、运输、金融
深圳市怡亚通供应链股份有限公司	怡亚通成都国际铁路港供应链基地	在建/制造业供应链	仓储、商品溯源、供应链金融、关务等
苏宁云商	苏宁云商物流基地	在建/商贸供应链	跨境电商供应链、仓储等
宝供物流	宝供（成都）粤港澳商贸物流枢纽	在建/制造业供应链	采购和分销执行、仓储、分拨等
深国际物流发展有限公司	深国际·成都综合物流港	在建/供应链物流	仓储、分拨转运、城市配送、电商、交易展示、物流信息、金融增值

5）创新实践

（1）率先开展“运贸一体化”模式。

“运贸一体化”是依托国际铁路港及蓉欧国际通道、港区增值综合服务，根据市场客户需求提供定制化的开行方案，引进更多的产能贸易客户落地或是孵化企业落地青白江本地，以做大本地贸易，吸引产能转移项目落地。自贸通公司2018年“运贸一体化”重点工作主要为俄罗斯运贸班列和俄罗斯木材回程定制化项目开展。“运贸一体化”主要收集市场需求，根据客户出货计划、出货站点、仓库需求、贸易客户收发货人的通关需求，贸易过程需要的金融需求等制定定制化开行。“运贸一体化”为俄罗斯木材提供贸易、物流、金融等服务。

此后，自贸通继续深度推动木材班列的金融融合创新，2018年11—12月关税保证保险使用共计83票，关税金额49.3万元，12月24日成功开出港区首单跨境人民币信用证。为2019年木材项目做大贸易+金融打下良好基础。

通过提供代理进口贸易，孵化贸易客户落地青白江本地共计20余家（成都金万通国际商贸有限公司、四川得百嘉国际贸易有限公司、成都旭日嘉美进出口贸易有限公司等）。

（2）搭建平行进口汽车供应链体系。

2018年4月26日，首票保税平行进口汽车在成都铁路保税物流中心（B型）正式开箱查验并保税仓储，标志着成都铁路口岸成为全国首个在保税物流中心开展平行进口汽车保税业务的口岸。利用保税物流中心（B型）的政策优势，减少国际贸易企业的资金占用，同时实现仓配一体，进一步优化了平行进口汽车的物流体系。

2018年7月12日，借助着中欧班列（成都）东风，成都首创的“中欧班列陆上直达+海铁联运”模式下的一台价值160万元的平行进口汽车在成都铁路保税物流中心（B型）清关，实现整车贸易集散功能向内陆口岸的转移。成都国际铁路港实现了“路上直达+铁海联运+保税物流中心（B型）+仓配一体”的平行进口汽车全程物流与供应链一体化模式。

3. 平台支撑运行体系

成都国际铁路港高度重视信息化平台建设，为建设“国际领先、亚洲一流、国内第一”发展目标提供坚实的信息化支撑，成都国际铁路港信息系统先后经历了“启航、多元、整合”三个阶段的迭代优化，先后建成了国际班列物流服务平台、中欧班列“单一窗口”平台、EDI信息平台、数据分析及决策辅助凭条系统、保税物流中心（B型）“一站式”综合服务平台等平台。目前已完成以陆港“单一窗口”平台为基础，对口岸物流、保税物流中心

（B 型），铁路场站、班列运营对应的信息平台的整合，未来将开发和接入公共物流服务平台（物流协同板块、集装箱管理板块、多式联运板块）、金融服务平台、外贸综合服务平台、智慧港区管理平台等模块，打造全面、综合的铁路港“一站式”信息服务平台。通过多子板块之间的信息联动，为“干支配”一体化、供应链上下游对接和运行等提供服务。

4. 国际物流服务业务

1）口岸和保税业务

依托成都铁路口岸和保税物流中心（B 型），成都国际铁路港实现港口功能前置，吸引相关货代、船公司设立分支机构，为客户提供包括进出口货物仓储、缓缴关税、出口退税、一日游、保税展示、贴标、包装、分类及分拨配送、集装箱集散、储存、箱营、代理报关报检、铁路运输到发办理、海运订舱、接取送达、堆存转运等综合供应链物流服务功能。

2）集装箱国际中转

集装箱国际中转业务是指由境外起运，经过成都铁路口岸，换装国际班列，继续运往第三国或地区口岸的整箱集装箱货物运输过程。目前成都国际铁路港国际线路已呈现出“四向拓展”网络布局，构建“7 + 5”国际铁路通道网络（即 7 条国际铁路通道和 5 条国际铁海联运通道，形成以国际铁路班列、国际铁海联运班列为支撑的陆上物流体系）。依托快速的铁路衔接、高效的转运设施和低成本作业优势，成都国际铁路港已初步建成了“亚—蓉—欧”中转枢纽，可为泛亚泛欧地区的客户提供快捷、高效、低成本的集装箱国际中转业务。

3）国际集散分拨

在国际集散分拨业务上，硬件方面依托城厢站、成都铁路口岸、成都铁路保税物流中心（B 型）、成都北编组站等基础设施，成都国际铁路港重点发展铁海、铁公等国际多式联运业务，主要承接中西部地区的国际国内铁路物流集散分拨需求。

软件方面，成都陆港型国家物流枢纽综合信息平台已部分建成投入使用，实现铁路电子订舱、多式联运服务、集装箱运输等信息服务。

未来将进一步发挥国际贸易“单一窗口”和“陆港物流公共信息平台”内外双平台效应，加强国际集散分拨运营体系，提升国际国内物流衔接协同能力，构建国际物流信息协同平台。

4）国际运输

国际班列方面，依托蓉欧班列、中亚班列，从成都国际铁路港发车直达中亚五国、波兰、德国、荷兰；海运方面，通过“蓉欧＋”战略，联通国内沿海城市主要港口，既而提供至欧洲基港、美洲基港、日韩基港的海洋运输。铁路港通过港口前置，与多家船公司深度合作，提供全球各海运港口运输方案及报价，包含江海联运、公海联运、铁海联运等多种运输方式；公路方面，基于国际班列的集散分拨需求，依托进驻铁路港的各类型运输公司，铁路港提供使用集装箱车辆或平板货车往返于成都、重庆、广州等全国各地主要城市的公路运输。

5. 未来业务发展展望

坚决贯彻“蓉欧＋”战略发展理念，以建设亚蓉欧全球价值网络共享开放平台为目标，继续完善提升枢纽物流功能，加大加密布局全球和国内两张物流网络，实施抢先一步战略，积极推进整合亚蓉欧物流、金融、信息等供应链资源，实现从物流枢纽到供应链枢纽的升级，建立亚蓉欧国际供应链集成服务高地，打造亚蓉欧供应链枢纽，助力成都国际供应链枢纽城市建设。

1）亚蓉欧供应链总部中心

成都陆港型国家物流枢纽以自贸区先行先试政策优势，不断优化贸易投资环境，打造与国际接轨的开放经济规则体系。依托“一带一路”倡议带来的广泛国际市场，瞄准泛亚泛欧地区，继续“招大引强”，积极引进跨国公司和培育本土跨国公司，大力发展国际供应链总部经济，提升在亚蓉欧国际价值网络中的全球资源配置能力和决策管理能力。

2）亚蓉欧国际采购中心

突出发展跨境电商、大宗商品交易等国际贸易，加快推进新华全球购采购中心和大宗商品交易中心、国家馆建设投运，启动进口商品保税展示交易，对接展会资源。把握跨国公司采购环节全球战略布局调整机遇，加快引进国际规模型贸易企业，打造国际采购中心，提升在全球供应链体系中的商品供应能力。

3）亚蓉欧国际供应链创新枢纽

充分依托成都市场潜力大、先进制造业基础好、人力资源丰富等优势，以自贸区机制创新为重点，强化创新引领作用，不断加强知识产权保护、构建更加开放的创新体系。强化国际研发对接，鼓励跨国公司与本地企业开展市场合作、全球市场合作及研发设计环节等深度合作，推动本地企业参与跨国公司全球供应链网络，鼓励支持各类型国际供应链创新应用，打造国际供应链创新中心。

4）亚蓉欧国际供应链数据中心

基于成都打造国家综合交通通信枢纽这一优势，紧紧抓住跨国公司急需建立网络数据平台的机遇，采用数据库、电子订货系统、电子数据交换（EDI），区块链等信息技术，进一步整合铁路港贯通内外的物流、信息、金融等数据资源，实现供应链管理可视化，解决跨国公司供应链外包业务的贸易风险和综合成本高等问题，打造亚蓉欧国际供应链体系的数据处理中心和数据安全中心。

5）亚蓉欧国际供应链运营服务中心

充分发挥成都作为国际消费中心城市的资源集散及综合服务优势，依托成都铁路口岸、成都铁路保税物流中心（B 型）、自贸中心、国家馆等项目，吸引高能级国际商贸服务主体聚集，建设国际供应链运营服务中心。

（三）枢纽间协同

1. 枢纽间业务合作方案

1）国内物流枢纽业务合作

由成都国际铁路港和广西北部湾港口牵头，联合市场企业，就国际陆海贸易新通道建设，在通道、贸易、基础设施建设等方面开展全面战略合作。

共同开展对外贸易物流服务：围绕国际陆海贸易新通道建设，多方结合自身资源优势，共同开展货源组织、市场拓展、对外营销等合作，加强西部地区和欧洲、东盟地区之间贸易往来，拓展国际贸易跨区域合作。

共同搭建国际多式联运平台：多方商议整合内陆口岸和海运港口优势，共同优化铁海联运组织，提前做好信息对接，提高口岸作业效率，共建铁海联运信息互换平台，共同推进单一窗口建设，实现港口、铁路、口岸各作业环节的数据共享、信息共享，推进跨境电子商务、大数据、物联网等领域合作。

共同加强宣传推介：多方共同开展形式多样的宣传推介活动，及时宣传国际班列和海运航线的最新进展和突破，提升项目知名度和影响力。

2）区域物流枢纽业务合作

成都国际铁路港投资发展（集团）有限公司就推进省内城市间合作、建立与相关地市（州）共同开行班列的长效合作机制拟订了如下方案。

建立两级合作机制。一是由政府牵头，建立政府间的合作机制，组织有关部门对开展城市间物流合作的领域、方向进行调研和挖掘，建立常态化的对话、交流工作机制，出台相应特殊激励政策，通过城市间的互利互助、政策共享，实现合作共赢。二是建立企业间的合作机制，依托班列开行、园区建设，发挥各自在本地的影响力和资源优势，共同拓展货源，推进班列资源共享，搭建"蓉欧+"一体化服务平台及各方交流合作平台，降低运营成本，实现合作共赢。

深化合作模式。一是建立以成都国际铁路港为枢纽、相关城市物流园区为支点的"枢纽+园区"的合作模式，围绕互联互通物流通道建设，加大班列开行的宣传推荐，推动成都国际铁路港与相关城市物流园区在货源组织、市场拓展、对外营销等领域的合作，整体推进四川省内的国际物流网络的建设，将班列的揽货范围辐射到省内相关城市，推动四川省内企业共同融入"一带一路"倡议。二是深度挖掘四川省内相关城市外贸货物的物流需求，结合需求做好班列产品推介，对有特定物流需求的提供定制化班列产品服务，同时结合本地的贸易、产业发展需求优化"运贸一体化"服务，形成"物流+贸易+金融"的供应链服务体系，为进出口货物提供运贸支持，促进四川省内货物通过铁路班列运输，并进一步带动四川与欧洲、中亚、东南亚等地区的贸易及经济往来。

强化通道服务网络建设。围绕四川省内城市间的互利共赢合作模式，推进省内城市间的物流通道、服务网络建设，建设辐射省内各地区的物流揽货网点，统一服务标准，构建四川省内城市经成都接续国际班列的铁铁联运、公铁联运物流通道，形成"蓉欧+"一体化服务平台。

2. 枢纽间信息对接方案

推动国际班列通关便利化是落实《四川自贸试验区总体方案》的要求，也是市政府确定的首批15项自贸区"硬骨头"改革任务之一。自贸区挂牌以来，成都国际铁路港紧紧围绕国际班列通关便利化合作探索创新，取得了重大进展，其中在枢纽间信息推进工作成绩显著，成功推动成都加入"安智贸"试点，并将依托成都国际铁路港在中欧班列（成都）—罗兹航线开展"安智贸"试点。2019年3月30日，试点企业TCL王牌电器（成都）有限公司的首趟中欧班列（成都）—罗兹"安智贸"试点班列开行，成都成为内陆第二个加入"安智贸"试点的城市。作为全球第一个全面实施WCO（世界海关组织）《全球贸易安全与便利标准框架》的国际合作项目，“安智贸”试点将通过中欧海关合作，实现数据提前交换、互认监管结果，试点企业将享受优先办理通关查验手续、降低布控查验率、优先参与海关改革试点等通关便利措施。加入“安智贸”试点，也将进一步促进中欧班列（成都）打造更加顺畅、高效、便捷的国际贸易大通道。

下一步成都国际铁路港将联合成都海关加快推进与波兰罗兹海关开展“报关数据提前交换试点”合作，探索形成中欧班列数据交换标准；配合成都海关为“安智贸”试点企业提供更加便利的通关环境，并根据中欧企业的需求适时扩大到中欧班列（成都）的其他线路和企业。

3. 枢纽间项目共建方案

随着“一带一路”建设的深入推进，中国和西班牙的双边贸易迅速增长，目前中国已成为西班牙在亚洲最大的贸易伙伴，成都国际铁路港与阿拉贡物流平台分别是中西双方经济腹地的物流交通枢纽，从成都国际铁路港始发连接欧洲的蓉欧快铁已累计开行超过1000列，已成为中国西部内陆联系欧洲的国际物流大通道。成都国际铁路港与阿拉贡物流平台就枢纽间通道建设制订相关方案。

建立合作交流制度：双方建立友好协作关系，开展定期或不定期的互访、交流、考察等活动，保持联络沟通。双方在萨拉戈萨和成都国际铁路港分别设立办事处，各自派驻人员，并为对方办事处的设立创造便利条件。双方围绕共享的国际物流通道为对方企业在本区域招商推广提供协助，实现信息互通、合作共赢。

共建物流交通枢纽：支持双方企业参与萨拉戈萨和成都国际铁路港的港口设施建设，支持企业设立海外仓和物流分拨中心，提供保税仓储、物流分拨、展示交易和集散服务，双方提供必要的便利条件。支持企业发展多式联运，并依托中欧班列·蓉欧快铁实现萨拉戈萨和成都互联互通。

进行国际产能合作：双方鼓励并推动本地区的优势产业进行跨境投资，在萨拉戈萨和成都国际铁路港分别建设国际产业园，为入驻企业制定优惠的配套政策并提供便利的政务服务。

共建物流研究中心：依托乙方建立的萨拉戈萨物流研究中心，双方合作在成都国际铁路港成立研究分中心，专门培养物流专业人才，开展物流集群解决方案等专题研究。

第三节 乌鲁木齐陆港型国家物流枢纽建设案例

一、乌鲁木齐陆港型国家物流枢纽选址

（一）选址概况

乌鲁木齐陆港型国家物流枢纽（以下简称陆港枢纽）位于乌鲁木齐市西北部，是乌鲁木齐国际陆港区的核心组成部分，包括中欧班列集结中心、多式联运中心、国际快件中心三大主要功能区，面积共计约 1.11 平方千米。

陆港枢纽选址毗邻新疆最大的铁路编组站——乌鲁木齐西站，并靠近新疆最大的货运站——乌鲁木齐北站、西北国际门户机场——乌鲁木齐国际机场，及高铁站、八钢片区、三坪铁路集装箱中心站和综合保税区，是目前乌鲁木齐物流、客流最集中的区域。陆港枢纽目前主要通过乌奎高速、乌昌大道、苏州路、北站公路、八钢公路建立对外联系，距乌奎高速出入口约 3 千米。

（二）选址理由

一是拟选区域区位条件优越、战略首位度高。拟选区域周边有乌鲁木齐西站、乌鲁木齐北站、三坪铁路集装箱中心站等客货运枢纽，同时有乌鲁木齐临空经济区、乌鲁木齐综合保税区等开放型经济发展平台，汇聚新疆最优质的交通物流和对外开放资源，交通区位和经济区位条件十分优越。陆港枢纽是乌鲁木齐国际陆港区的核心区域，而乌鲁木齐国际陆港区是目前新疆打造丝绸之路经济带核心区的标志性工程，在政策保障上具有极高的首位度，已制定出台一系列支持鼓励国际物流和国际贸易发展的优惠政策。

二是拟选区域空间布局集约、设施平台条件优。拟选区域呈现集中连片布局，并通过高效的公路、铁路集疏网络同外围相连。乌鲁木齐铁路口岸功能逐步完善，多式联运中心、中欧班列集结中心已投入使用，国际快件中心正加快推进建设。肉类进境指定口岸正式获批，进境粮食、植物种苗、冰鲜水产品等相关指定口岸正加速申建。全国首创中欧班列集拼集运智能场站系统，枢纽平台服务功能基本完善并已实现常态化运行。

三是拟选区域功能相对完善、开放公共性强。拟选区域依托中欧班列集结中心、多式联运中心等，具备班列集结组织、口岸综合服务、多式联运、国际供应链服务等功能。自治区内部方面，推动与昌吉、伊犁、霍尔果斯、阿拉山口、库尔勒、阿克苏、喀什等地通过加强各方在政策、商贸、物流、产业等方面的合作，共建新疆国际陆港体系，带动新疆开放发展。开行班列的自治区内部货源占总体运量的40%，自治区外部货源占总体运量的60%，辐射新疆、广东、浙江、四川、北京、上海、重庆等10个省市区。

四是拟选区域已实现统筹运营、业务发展迅速。已成立新疆国际陆港（集团）有限责任公司，负责陆港枢纽及周边区域的投资、开发、建设、运营等。陆港枢纽目前已经形成国际、国内、自治区内三级物流枢纽网络统筹运营体系。国际方面与德国、波兰、卢森堡、中亚五国等建立了经贸联系；国内方面加强与连云港港、青岛港、天津港等合作，成功开行新疆首列铁海联运班列，直达东盟十国。2018年开行中欧班列1002列，目前已实现每天3列的常态化开行，中欧班列线路增至20条，通达中亚和欧洲18个国家的25个城市。

二、功能及设施布局

（一）枢纽总体功能布局

乌鲁木齐陆港型国家物流枢纽规划功能区包括中欧班列集结中心、多式联运中心、国际快件中心三大主体功能区，以及多式联运集货区、多联资源整合区两个功能整合拓展板块，陆港枢纽总计占地面积1671.6亩，约1.11平方千米。（见图8－6、表8－10）

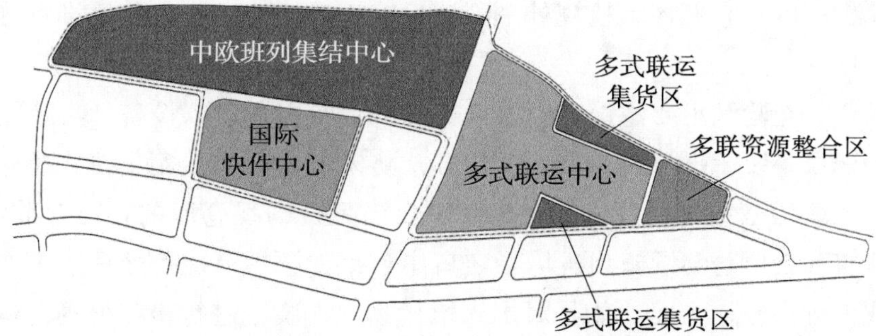

图8－6　乌鲁木齐陆港型国家物流枢纽总体功能布局

表 8－10　　陆港枢纽功能分区面积汇总

序号	功能分区	占地面积（亩）
1	中欧班列集结中心	949.2
2	多式联运中心	364
3	国际快件中心	238
4	多联资源整合区（灵玺库）	47.4
5	多式联运集货区	73
总计		1671.6

（二）枢纽功能区布局

1. 中欧班列集结中心

中欧班列集结中心占地面积约 949.2 亩，主要包含集装箱班列作业区、整车班列作业区、班列集结编发区、海关服务区、功能拓展区、公路物流港、综合服务区七个功能区。

其中，集装箱班列作业区建设 2 束 4 条集装箱作业线，并配备 30 米跨度龙门吊；整车班列作业区建设 1 条整车货物作业线，并配备普货堆场、站台及仓库；班列集结编发区内建设中欧班列集结中心专用编组场站，为场站作业和全国中欧班列集拼集运提供场站到发编组功能；海关服务区、公路物流港、综合服务区围绕中欧班列集结中心为区域提供必需的区域分拨配送、海关服务和综合服务功能；功能拓展区目前为控制用地，为作业量扩张后的发展预留空间。

2. 多式联运中心

乌鲁木齐市多式联运中心总占地面积 364 亩，分为八个功能区：查验区、集装箱拆拼区、仓储区、检疫处理区、运输工具换装区、集装箱堆场区、运营管理区。

其中，查验区主要建设进、出口查验平台并配备装卸设备；集装箱拆拼区主要建设集装箱拆拼库，以拆拼的方式将未装满的集装箱集拼成整箱，并通过多式联运组织货物发送；仓储区主要满足货物在仓库的暂时存放需求，部分冷链和普通仓储设施为进境指定口岸申报作预留；检疫处理区主要建设无害化处理中心，主要功能是对出入境货物、集装箱进行检疫处理；运输工具换装区通过设置卡口，连接围网内集装箱堆场和西站铁路专用线，实现铁路货源和公路货源联系以及运输工具换装；集装箱堆场区主要满足集装箱的堆存业务；运营管理区主要建设联检大厅及相关办公用房。

3. 国际快件中心

铁路口岸国际快件中心主要分为国内快件区、国际快件区，总用地面积235 亩，规划建筑面积 51820 平方米。

国际快件区用围网进行全封闭，内设海关监管查验设施，为国际快递企业、跨境电商及邮政公司的国际快件提供进出境快件的集货、仓储、分拣、分包、分拨等服务。考虑到目前国际快件的业务量还未成规模，设置一定面积的国内快件区；同时，国内快件区也是国际快件区的未来拓展区，待国际业务形成一定规模后，再扩大海关监管的围网范围。

4. 多式联运集货区

多式联运集货区包含多式联运中心北卡口东侧用地约 34 亩，多式联运中心南侧三角形地块约 39 亩，建设仓储及联运转运设施等，为多式联运中心的物资集散、仓储、转运提供配套支持。

5. 多联资源整合区

多联资源整合区原为铁路的海关监管场所，现通过资源整合方式纳入陆港枢纽片区，并与多式联运中心实现一体化管理，提供保税仓储、中转、查验等功能。

（三）枢纽联动功能区

加强陆港枢纽与北站片区、综合保税区、集装箱中心站、空港片区、八钢片区等物流枢纽的分工协作，进一步加强陆港型国家物流枢纽在国际物流组织、多式联运和区域商品集散领域的功能。

加强与北站片区在区域大宗商品集散和城市配送领域协作，推动北站片区资源整合和商贸物流提档升级；加强与综合保税区在保税物流和保税加工领域合作，形成国际物流—国际贸易—保税加工—综合服务的完整服务链条；加强与集装箱中心站在特货运输和集装箱运输领域的合作，与陆港枢纽国际物流功能形成互补；加强与八钢片区在钢铁、有色金属等方面的大宗商品国际物流组织合作，提升陆港枢纽在大宗商品国际物流组织及供应链服务领域的影响力和控制力；加强与空港片区的联动发展，形成空铁公多式联运无缝衔接的立体运输体系和配送网络；加强与高铁片区在高铁快运领域的合作，依托高铁快运扩大集散分拨辐射能级。

三、乌鲁木齐陆港枢纽功能与定位

（一）枢纽总体定位

新疆全面开放核心物流枢纽。以陆港枢纽作为新疆全面开放核心枢纽港，以各地州中心城市作为区域枢纽港，以重点边境口岸作为口岸门户港，构筑新疆国际陆港发展格局。加强城市间互动协作和紧密联系，依托各方政策优势、资源优势、产业优势，推动形成“集货”效应，促进新疆开放型经济整体提升，形成交通物流互联互通、功能平台互动互补、经济产业协调联动的全面开放新格局。

中欧班列西通道集结组织中心。发挥乌鲁木齐作为新亚欧大陆桥中心节点的地缘优势，突出乌鲁木齐作为我国与中亚、西亚、南亚区域经济合作的核心支撑作用，构建覆盖新疆、畅通欧亚的班列运行服务网络；推动中欧班列市场化运行和价值链延伸，推动班列双向集结组织模式创新，打造中欧班列西通道双向集结组织的信息服务枢纽，促进全国班列运行提质增效与市场化，全面打造中欧班列西通道集结组织中心。

国际供应链组织服务中心。通过陆港枢纽国际物流组织平台、国际商贸服务平台、智慧信息服务平台等战略平台建设，搭建国际供应链服务集成平台，引导物流、商流、信息流、资金流高效协同，协调衔接贸易、生产上下游各环节企业资源，培育全链条综合服务能力和价值创造能力，提升乌鲁木齐在丝绸之路经济带的资源要素配置能力，全面构建国际供应链组织服务中心。

乌鲁木齐枢纽经济发展动力引擎。加强陆港枢纽与周边产业集聚区的业务联动，通过陆港枢纽的物流环境营造、供应链体系构建和政策制度创新，集聚产业要素资源、提升产品辐射能级，以存量产业提升、增量产业培育为路径，推动现代物流、国际商贸、先进制造和高端服务的创新集聚发展，探索基于枢纽环境营造和供应链服务体系支撑、实现现代产业集聚发展的创新路径，建设成为乌鲁木齐枢纽经济发展的动力引擎。

（二）枢纽功能设置

乌鲁木齐陆港型国家物流枢纽具备中欧班列国际干线组织、铁路口岸综合服务、铁公空多式联运、区域分拨及配送组织、国际供应链服务等功能，同时提供信息综合服务、物流资源交易、专业物流服务等延伸服务，未来打造成为新疆扩大对外开放、推动丝绸之路经济带核心区建设的核心承载平台。

1. 基本功能及设置理由

1）基本功能

国际国内铁路干线组织。依托新亚欧大陆桥、中国—中亚—西亚和中巴经济走廊三大物流通道，国际通达中亚、西亚、南亚、欧洲等地的相关城市，国内以陇海兰新线为骨架，连接成都、重庆、郑州、西安等内陆开放高地以及连云港港、天津港、青岛港、上海港等沿海港口，形成连接国内、畅通欧亚的干线运输服务网络。

区域分拨及配送组织。以陆港枢纽为组织中心，优化面向新疆各地州中心城市的物流组织线路，建立枢纽与乌鲁木齐30个产业园区的商贸物流联系，加强枢纽服务乌鲁木齐市城市生产生活的配送组织功能，为纺织服装、整车、酒水饮料、食品、建材家具、生鲜冷冻品等产品提供区域分拨及配送服务。

多式联运转运组织。以多式联运中心、中欧班列集结中心为依托，配备专用联运转运设施装备，完善枢纽集疏运网络，加强与乌鲁木齐国际空港、乌鲁木齐北站、三坪铁路集装箱中心站联运组织，提供集装箱拆拼集并、装载工具转换、货物临时仓储、区域配送等功能，实现铁公空多种运输方式有效衔接。

国际物流服务。以乌鲁木齐铁路口岸和相关指定口岸为依托，服务新疆乃至全国与欧洲、中西亚等地的商品贸易，为进出口企业提供快速报关、检验检疫、口岸物流、保税物流、指定口岸查验、出口退税、口岸信息服务等国际物流服务，为班列集结组织和国际口岸贸易发展提供功能支持。

2）设置理由

一是践行国家赋予新疆建设丝绸之路经济带核心区的重要使命，落实自治区党委“1＋3＋3＋改革开放”战略部署，发挥乌鲁木齐地处新亚欧大陆桥陆路通道和亚洲地理中心的区位优势和面向中亚、西亚、南亚地区的贸易优势，需要发挥陆港枢纽在新疆开放的引领带动作用，为保障区域生产生活、优化乌鲁木齐市产业布局、提升区域经济竞争力，提供以中欧班列为核心的干线物流组织和国际物流服务，建立覆盖新疆、连接欧亚的国际物流组织网络。

二是为更好地发挥枢纽对乌鲁木齐市产业发展的集聚和带动作用，实现枢纽内多种运输方式有效衔接，推动建立辐射新疆物流服务网络并带动新疆物流提质增效，需要通过陆港枢纽建立以铁公空多式联运为核心的服务体系，并以陆港枢纽为组织中心提供区域分拨及配送组织服务。

2. 延伸功能及设置理由

1）延伸功能

枢纽信息综合服务。以既有国际陆港智能场站平台为基础，按照国家物流枢纽建设要求进行功能拓展，建设国家物流枢纽综合信息服务平台，加强枢纽信息互联互通，为海关监管、口岸通关、班列集拼集运、场站操作、枢纽集疏运、信息追溯等提供信息综合服务。

国际供应链集成服务。服务新疆生产制造和国际贸易企业供应链组织需求，以枢纽国际运输通道和境外物流网络枢纽节点布局为依托，加强与国际供应商、贸易渠道商和零售商、金融服务商的对接，为企业提供包括国际采购、班列定制、口岸通关、国际运输、信息追溯、供应链金融、供应链咨询等在内的国际供应链集成服务。

电商快递、保税物流等专业物流服务。以国际快件中心、保税仓储设施为依托，促进陆港枢纽与跨境电商、国际快件等产业融合发展，加强与乌鲁木齐国际空港业务联动，推动运邮快件搭乘中欧班列走出去，加快城市二类口岸资源整合优化，依托国家物流枢纽服务系统，实现电商快递、保税物流等物流资源向枢纽集聚并实现规模化发展。

物流资源交易。以国家物流枢纽综合信息服务平台为基础，推动新疆国际陆港体系建设和信息互联互通，建设物流资源要素交易平台，开展挂车等运输工具，集装箱、托盘等标准化器具及叉车、正面吊等装卸搬运设备的租赁交易，开展陆运运力资源和仓储资源交易。

2）设置理由

一是枢纽信息综合服务是推动枢纽实现“干支配”一体化、供应链上下游对接和运行，并实现场站作业、通关、保税、集疏运等基础服务的支撑，也是枢纽拓展供应链金融、多式联运提单等增值服务的前提。

二是供应链集成服务、物流资源交易功能的实现有利于改变传统枢纽服务链较短的弱项，促进枢纽与企业需求精准匹配，推动枢纽延伸服务链条、提升价值增值能力，进一步优化新疆物流资源配置。

三是电商快递、现代供应链等专业物流服务是乌鲁木齐市打造高效专业的物流服务网络的要求，是培育乌鲁木齐市物流业发展动能的主要支撑，对乌鲁木齐市推动商贸物流资源整合、实现现代物流高质量发展、加快国际陆港区建设发展具有重要意义。

四、乌鲁木齐陆港枢纽建设

（一）枢纽建设模式

遵循“政府引导、企业主体、市场运作”的原则，各级政府在国家物流枢纽开发建设过程中予以必要的政策支持和用地保障，对资源整合和对外合作予以必要引导支持，成立国有平台公司，负责陆港枢纽的开发建设运营，构建“协调小组＋建设委员会＋运营主体”建设模式，同时支持和引导各类市场主体参与物流枢纽建设。

由自治区主要领导任组长，自治区、乌鲁木齐市主要领导共同成立乌鲁木齐国际陆港建设工作协调小组，建立跨部门联席会议和多方会商机制，统筹领导和推进陆港枢纽建设工作。抽调乌鲁木齐市相关部门人员成立乌鲁木齐国际陆港区建设委员会，全面管理陆港区枢纽建设和产业发展工作。由新疆国际陆港（集团）有限责任公司（以下简称“新疆国际陆港集团”）作为

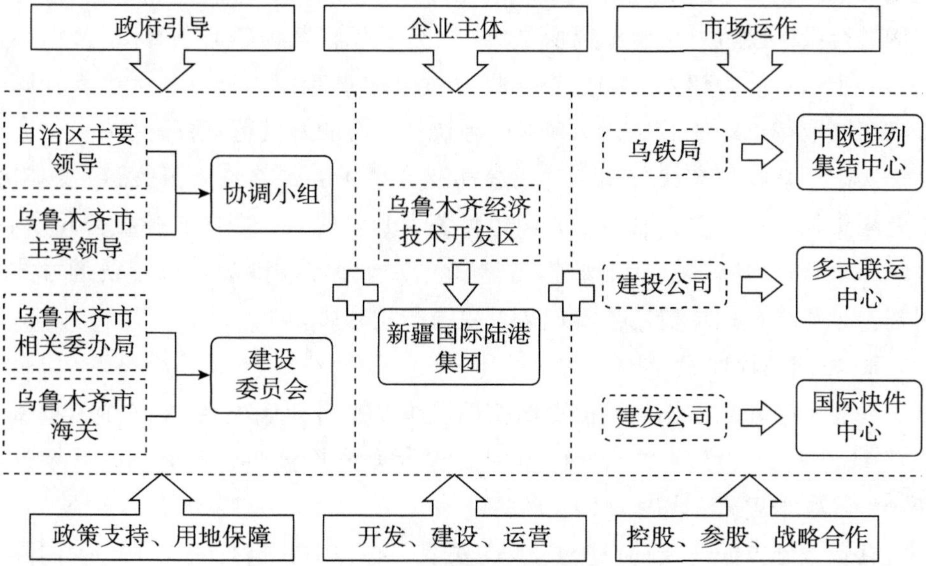

图 8－7　陆港枢纽开发建设模式

陆港枢纽开发建设的主体，统筹陆港枢纽范围内基础设施和平台类功能性项目的投资建设和经营性项目的开发运营，同时联合乌鲁木齐经济技术开发区建设投资开发有限公司（以下简称“建投公司”）、乌鲁木齐经济技术开发区建设发展总公司（以下简称“建发公司”）、中国铁路乌鲁木齐局集团有限公司，并充分鼓励专业资本和民营企业共同参与陆港枢纽开发建设。

（二）枢纽建设项目

1. 枢纽资源整合

按照“存量设施整合提升为主”的要求，通过区铁合作、运营权与产权分离等多元化建设运营模式，推动中欧班列集结中心、多式联运中心和国际快件中心资源整合工作，加快国家物流枢纽建设项目的开发运营。

实施地方和铁路合作。由新疆国际陆港集团与新疆新铁国际物流有限责任公司联合成立乌鲁木齐陆港集团有限公司，负责中欧班列集结中心开发建设工作；发挥建设委员会协调作用，建立顺畅协商机制和土地增值收益分配机制，统筹安排铁路周边闲置土地资源，实现土地综合开发利用。

整合分散物流设施资源。以新疆国际陆港集团为主体，整合灵玺库、多式联运中心北卡口土地、米尼克斯等分散的物流设施及土地资源，实现空间上集约连片布局，并统一融入多式联运中心运营体系。对多式联运中心部分片区进行设施改造，拓展保税物流功能，建设保税物流中心（B 型）。国际快件中心土地目前为建发公司资产，拟通过土地重新招拍挂方式，由新疆国际陆港集团取得土地使用权，实现对国际快件中心的开发运营权。

实现运营权与产权分离。建投公司是乌鲁木齐经济技术开发区的国有独资有限责任公司，多式联运中心由建投公司开发建设，资产归建投公司所有，后续运营管理由新疆国际陆港集团负责，新疆国际陆港集团以租赁的方式支付建投公司土地租赁费用，实现运营权与产权分离。

2. 枢纽项目建设

乌鲁木齐陆港型国家物流枢纽基础设施及平台建设项目共 12 个，项目总投资 41.01 亿元，截至 2019 年 10 月，累计完成投资 24.36 亿元，计划投资 16.65 亿元，投资完成度为 59.4%。

存量设施方面，目前已完成多式联运中心、中欧班列集结中心、国际陆港智能场站平台、肉类进境指定口岸等项目建设，完成投资共计 20.06 亿元。

设施补短板方面，规划建设国际快件中心、金阳路拓展改造工程、枢纽综合信息服务平台功能拓展、多式联运集货区、保税物流中心（B 型）、粮食及汽车整车进境指定口岸建设等项目，计划投资共计 16.65 亿元，全部项目计划于 2022 年以前建设完成。枢纽建设项目建设主体、建设时序、总投资规模、资金来源、建设内容等说明见表 8－11、表 8－12。

表 8－11　　乌鲁木齐陆港型国家物流枢纽主要建设项目简表　　单位：亿元

序号	项目名称	建设主体	建设时序	总投资规模	已完成投资	计划投资	资金来源	建设内容
1	乌鲁木齐中欧班列集结中心扩建工程	新疆国际陆港集团	已基本建设完成	8.38	8.38	—	新疆国际陆港集团＋铁路公司＋资金支持	主要建设内容包括改造既有存车场，改建铁路专用线，增设西行方向编解设施，新建铁路作业区龙门吊、站台、堆场、场内道路、场外停车场、整车货物作业仓库、场内信息系统建设、视频监控、海关实体卡口等
2	乌鲁木齐多式联运中心	建投公司	已完成建设	9.8	9.8	—	建投公司	一期建设联检大厅及办公楼、查验平台、拆拼仓库、相关库房、冷链查验及一体化设施、无害化处理中心等；二期建设商品交易展示厅、入驻机构办公区、人防、地下车库等
3	乌鲁木齐铁路口岸国际快件中心	新疆国际陆港集团	2019 年年底完成建设	7.29	3.9	3.39	新疆国际陆港集团＋资金支持	建设国内快件区仓库和国际快件区仓库，内容包括地上建筑工程、室外配套工程、智能管理设施等

续 表

序号	项目名称	建设主体	建设时序	总投资规模	已完成投资	计划投资	资金来源	建设内容
4	国际陆港智能场站平台	新疆国际陆港集团	已经完成平台建设，正推动功能拓展	1.48	1.48	—	新疆国际陆港集团	建设多式联运通关综合服务平台、多式联运检验检疫辅助监管系统、多式联运海关辅助监管端系统、多式联运关检联合查验服务平台、多式联运场站业务操作平台、多式联运公铁集疏运体系平台、多式联运集装箱公共放箱平台、多式联运仓配一体化平台等
5	枢纽综合信息服务平台功能拓展	新疆国际陆港集团	2020 年以前完成	0.55	—	0.55	新疆国际陆港集团 + 资金支持	按照国家物流枢纽综合信息服务平台要求，拟拓展在线购结汇、境外人民币清算、供应链金融、物流信息资源交易、出口退税等功能，同时加强与相关陆港和海港信息对接
6	金阳路拓展改造工程	乌鲁木齐经济技术开发区	2019 年年底完成	7.98	0.5	7.48	乌鲁木齐市本级财政	拓宽金阳路并下穿铁路作业，实现与城市快速路有效连接，完善陆港枢纽与外围地区快速集疏
7	多式联运集货区项目	新疆国际陆港集团	2020 年年底前基本完成	1.63	—	1.63	新疆国际陆港集团 + 融资支持	建设仓储物流及联运设施，为多式联运中心的物资集散、仓储、转运提供支持

续　表

序号	项目名称	建设主体	建设时序	总投资规模	已完成投资	计划投资	资金来源	建设内容
8	保税物流中心（B型）	新疆国际陆港集团	2020年以前基本完成	0.5	—	0.5	新疆国际陆港集团+资金支持	依托多式联运中心进行功能设施改造，建设保税物流中心（B型），含海关监管区、国际中转区和国际配送区三大功能区
9	肉类进境指定口岸	新疆国际陆港集团	已完成建设	0.3	0.3	—	新疆国际陆港集团+融资支持	依托多式联运中心建设进口肉类指定口岸查验场、检验检疫办公楼、检疫处理区、集装箱空箱堆场
10	粮食进境指定口岸	新疆国际陆港集团	2022年以前完成	1	—	1	新疆国际陆港集团+融资支持	建设口岸专用粮食仓库、换装堆放场所、粮食撒漏物专门储存场所、除害处理设施、检验检疫办公用房、查验场所等
11	汽车整车进境指定口岸	新疆国际陆港集团	2022年以前完成	1.5	—	1.5	新疆国际陆港集团+融资支持	建设关检联合查验堆场、检测线与试车跑道、汽车改装厂房等
12	大宗商品供应链服务平台	新疆国际陆港集团	2022年以前完成	0.6	—	0.6	新疆国际陆港集团+融资支持	重点面向中亚、西亚、南亚等地区，针对粮食、矿产、木材、肉类、皮毛等大宗商品提供集中采购、电商平台采购（跨境B2B）等供应链采购和分销服务，建设一站式的供应链集成平台，提升我国对中亚、西亚大宗商品供应链控制力
13	合计	—	—	41.01	24.36	16.65	—	—

表 8－12　　乌鲁木齐陆港型国家物流枢纽部分建设项目计划投资

<table>
<tr><th>序号</th><th>项目名称</th><th>投资规模</th><th>建设内容</th><th>建设投资（万元）</th></tr>
<tr><td rowspan="15">1</td><td rowspan="15">乌鲁木齐
中欧班列集结
中心扩建工程</td><td rowspan="5">铁路专用线</td><td>路基</td><td>16977. 17</td></tr>
<tr><td>桥涵</td><td>6297. 20</td></tr>
<tr><td>轨道</td><td>4525. 31</td></tr>
<tr><td>通信、信号、信息等</td><td>9869. 77</td></tr>
<tr><td>电力及电力牵引</td><td>6903. 30</td></tr>
<tr><td>房屋</td><td>房屋</td><td>7899. 99</td></tr>
<tr><td>设施设备</td><td>其他运营生产设备及建筑物</td><td>15225. 21</td></tr>
<tr><td rowspan="5">其他费用</td><td>大型临时设施和过渡工程</td><td>669. 81</td></tr>
<tr><td>其他费用</td><td>6414. 95</td></tr>
<tr><td>基本预备费</td><td>3918. 34</td></tr>
<tr><td>利息</td><td>1511. 99</td></tr>
<tr><td>流动资金</td><td>7. 98</td></tr>
<tr><td>土地成本</td><td>拆迁征地</td><td>3584. 17</td></tr>
<tr><td colspan="2">小计</td><td>83805. 19</td></tr>
<tr><td colspan="3" style="display:none"></td></tr>
<tr><td rowspan="15">2</td><td rowspan="15">乌鲁木齐
多式联运中心</td><td rowspan="10">建筑工程</td><td>联检大厅及办公楼（含人防）</td><td>33246. 33</td></tr>
<tr><td>冷链查验及一体化设施 2#</td><td>2002. 73</td></tr>
<tr><td>冷链查验及一体化设施 3#</td><td>2002. 73</td></tr>
<tr><td>保税仓库 4#</td><td>1014. 83</td></tr>
<tr><td>保税仓库 5#</td><td>914. 83</td></tr>
<tr><td>进口、出口查验平台 6#</td><td>1570. 96</td></tr>
<tr><td>进口、出口拆拼库 7#</td><td>1101. 65</td></tr>
<tr><td>普通仓库 8#</td><td>1214. 54</td></tr>
<tr><td>无害化处理中心</td><td>548. 59</td></tr>
<tr><td>卡口</td><td>1709. 31</td></tr>
<tr><td colspan="2">土地成本</td><td>12320. 00</td></tr>
<tr><td colspan="2">道路及场地硬化工程</td><td>6143. 14</td></tr>
<tr><td colspan="2">智能信息化工程</td><td>5610. 00</td></tr>
<tr><td colspan="2">其他费用</td><td>28580. 00</td></tr>
<tr><td colspan="2">小计</td><td>97979. 64</td></tr>
</table>

续　表

序号	项目名称	投资规模	建设内容	建设投资（万元）
3	乌鲁木齐铁路口岸国际快件中心	建筑工程	仓配一体库	16281.84
			办公区	1838.70
			管理用房	367.74
			场地硬化	368.00
			围网、卡口	278.00
		设备购置		2550.00
		土地成本		39090.00
		其他费用		12122.72
		小计		72897.00
4	国际陆港智能场站平台	软件开发	多式联运通关综合服务平台	2560.00
			多式联运中心运营监控中心平台	1150.00
			多式联运检验检疫辅助监管系统	640.00
			多式联运海关辅助监管端系统	700.00
			多式联运关检联合查验服务平台	1200.00
			中国及国际铁路数据来源与技术对接	740.00
			多式联运场站业务操作平台	2100.00
			多式联运公铁集疏运体系平台	720.00
			多式联运集装箱公共放箱平台	250.00
			多式联运仓配一体化平台	500.00
			循环动态数据展示系统	240.00
			硬件服务器以及设备费用	900.00
		数据采购		3120.00
		小计		14820.00
5	枢纽综合信息服务平台功能拓展	金融服务平台	在线购结汇	1000.00
			境外人民币清算	1000.00
			供应链金融	800.00
			交易中心仓单金融	800.00
			出口退税	600.00

续 表

<table>
<tr><th>序号</th><th>项目名称</th><th>投资规模</th><th>建设内容</th><th>建设投资（万元）</th></tr>
<tr><td rowspan="3">5</td><td rowspan="3">枢纽综合信息服务平台功能拓展</td><td rowspan="2">金融服务平台</td><td>铁路提单</td><td>450.00</td></tr>
<tr><td>物流信息资源交易</td><td>800.00</td></tr>
<tr><td colspan="2">小计</td><td>5450.00</td></tr>
<tr><td>6</td><td>金阳路拓展改造工程</td><td colspan="2">道路工程、隧道工程、陆港区大门工程</td><td>79756.00</td></tr>
<tr><td colspan="2">合计</td><td>—</td><td>—</td><td>354707.82</td></tr>
</table>

注：本表与表 8 - 11 中的数据存在四舍五入，不作调整。

（三）枢纽配套保障

1. 枢纽上位规划和土地利用情况

陆港枢纽建设符合《乌鲁木齐市城市总体规划（2014—2020 年）（2017 年修订）》及《乌鲁木齐国际陆港区总体发展规划（2018—2035 年）》要求，陆港枢纽建设项目符合城市总体规划、土地利用规划的用地性质，枢纽建设项目已通过环境影响评价并符合相关要求。《乌鲁木齐市火车西站南片区（多式联运中心）控制性详细规划（2016—2020 年）》中陆港枢纽建设用地范围均为物流项目用地，并按照功能协同、土地集约的原则进行规划建设。

2. 枢纽用地保障措施

既有项目用地保障。中欧班列集结中心建设用地面积共计约 949.2 亩，其中 465.9 亩土地归乌鲁木齐经济技术开发区所有，483.3 亩土地归中国铁路乌鲁木齐局集团有限公司所有。乌鲁木齐西站货场灵玺库 47.4 亩土地归中国铁路乌鲁木齐局集团有限公司所有，中国铁路乌鲁木齐局集团有限公司拟以资产入股的形式投入中欧班列集结中心项目建设，并建立顺畅协商机制和土地增值收益分配机制，实现相关土地综合开发利用。乌鲁木齐多式联运中心、国际快件中心土地权属目前分别归建投公司和建发公司所有，均已取得建设用地，新疆国际陆港集团采取租赁的方式支付建投公司相关费用，通过重新招拍挂方式取得国际快件中心项目土地使用权。多式联运集货区项目的 73 亩土地，拟通过资产整合及土地招拍挂方式取得开发使用权。最终确保枢纽建设用地按照土地用途及规划的枢纽功能进行枢纽建设运营。

枢纽布局与城市规划衔接。加强国家物流枢纽空间布局与城市功能提升的衔接，确保枢纽用地规模、土地性质和空间位置长期稳定。对因建设国家物流枢纽需调整有关规划的，给予支持。优先配置乌鲁木齐陆港型国家物流枢纽项目用地指标，采取“优先供地、快速审批”机制。通过“先租后让”“租让结合”等多种方式供应土地，约定土地物流用途并长期租赁的新型物流用地供应保障模式。

多种方式盘活存量土地用于枢纽建设。采取转让、政府收储、项目置换等方式盘活面积较大的低效用地；结合土地利用总体规划、城乡总体规划等，通过归并、整合等方式盘活零星低效用地。采取延期开发、异地置换、政府收购储备等方式盘活闲置国有建设用地。

预留枢纽发展空间用地。按照“空间布局集约”的规划建设要求，发挥土地利用总体规划、城市规划的宏观调控作用，加强国家物流枢纽用地统筹管理，稳定用地总规模，在陆港枢纽南侧预留约 1 平方千米空间拓展腹地，为陆港枢纽未来拓展枢纽设施功能、提升枢纽承载能力奠定基础。

表 8－13　　乌鲁木齐陆港型国家物流枢纽用地保障　　单位：亩

项目	总用地规模	存量用地	拟新增枢纽用地	熟地投入安排
乌鲁木齐中欧班列集结中心扩建工程	949.2	483.3	465.9	465.9
乌鲁木齐多式联运中心	364	364	—	—
乌鲁木齐铁路口岸国际快件中心	238	238	—	—
多联资源整合区（灵玺库）	47.4	47.4	—	—
多式联运集货区	73	39	34	—
总用地	1671.6	1171.7	499.9	465.9

3. 枢纽集疏运体系配套

以公路疏港和铁路疏港为重点构建乌鲁木齐陆港型国家物流枢纽集疏运体系，配套项目建设已纳入《乌鲁木齐国际陆港区总体发展规划（2018—2035 年）》，内容如下。

畅通港区对外联络通道。提升苏州路为城市快速路，对八钢公路、北站公路进行城市化改造，将位于苏州路以北的艾丁湖路段升级扩建为双向六车道；提升金阳路通行能力，实现金阳路下穿乌西编组站并与城市路网有效衔接；扩充北站五路，新建豫宾路、银环路，打通跨铁路四条通道；新建西二环路、西延规划二路和规划四路，有效实现王家沟区域连接。

优化区域铁路运输组织。强化西站、北站货运协作能力，建设乌鲁木齐铁路枢纽乌西—乌北联络线和三坪—头屯河联络线；预留乌鲁木齐铁路货运外绕线土地，研究建设三葛庄—乌西货运外绕线。

五、乌鲁木齐陆港枢纽运行

新疆国际陆港集团是乌鲁木齐陆港型国家物流枢纽的运营主体，由乌鲁木齐经济技术开发区（头屯河区）出资设立，注册资本 6 亿元，业务涉及基础设施建设、国际物流、国际贸易、智慧物流与智慧园区、金融结算服务等。新疆国际陆港集团通过参股、控股及战略合作等方式，联合新疆新铁国际物流有限责任公司、新疆天顺供应链股份有限公司、海程邦达国际物流有限公司、浙江东晋弘物流有限公司等专业资本共同负责枢纽的开发运营，打造优势互补、业务协同、利益一致的合作共同体。

表 8－14　乌鲁木齐陆港型国家物流枢纽核心业务运营

<table>
<tr><th>序号</th><th>业务类型</th><th colspan="2">业务运营模式</th></tr>
<tr><td>1</td><td rowspan="3">陆港枢纽设施运营</td><td>多式联运中心</td><td>由新疆国际陆港集团与新疆天顺供应链股份有限公司联合成立乌鲁木齐国际陆港联运有限责任公司，共同负责多式联运中心的日常运营</td></tr>
<tr><td>2</td><td>中欧班列集结中心</td><td>由新疆国际陆港集团与新疆新铁国际物流有限责任公司联合成立乌鲁木齐陆港集团有限公司，共同负责中欧班列集结中心场站业务运营管理。其中，新疆新铁国际物流有限责任公司是中国铁路乌鲁木齐局集团有限公司的全资子公司</td></tr>
<tr><td>3</td><td>国际快件中心</td><td>以新疆国际陆港集团为主体，前期引进新疆邮政作为国际快件中心发展起步期的合作运营商，共同负责国际快件中心跨境电商和国际快件业务的运营管理工作</td></tr>
<tr><td>4</td><td>中欧班列全程物流组织</td><td colspan="2">由新疆国际陆港集团联合新疆新铁国际物流有限责任公司、华铁联达（北京）国际物流有限公司共同成立新疆中欧联合物流有限公司，主要负责欧洲、俄罗斯地区班列全程组织。新疆新铁国际物流有限责任公司主要负责中亚班列的全程物流组织</td></tr>
</table>

续 表

序号	业务类型	业务运营模式
5	多式联运网络运作	由新疆国际陆港集团与海程邦达国际物流有限公司、浙江东晋弘物流有限公司和新疆天顺供应链股份有限公司签署多式联运协议，统筹中欧（中亚）班列在集结中心的货源组织及班列返程货物的国内分拨配送等
6	枢纽信息服务平台运营	由新疆国际陆港集团成立新疆国际陆港物联信息科技有限公司，并由新疆电子口岸有限责任公司提供技术支持，承接国际陆港智能场站平台项目开发建设，打造服务全国中欧班列的信息化服务平台
7	全球供应链资源管理	由新疆国际陆港集团联合深圳正威供应链控股有限公司、乌鲁木齐国有资产经营（集团）有限公司合资成立新疆运威全球资源供应链有限公司，负责欧洲、中亚、西亚等地区供应链资源的管理

1. 枢纽主要业务

1）“干支配”业务

重点依托新亚欧大陆桥、中国—中亚—西亚、中巴经济走廊三大经济走廊，及以陇海兰新线为骨架的国内铁路网络，构建面向国际国内的干线运输服务网络。国际方向，主要连接杜伊斯堡、汉堡、鹿特丹、罗兹、莫斯科、鄂木斯克、明斯克、阿拉木图、塔什干、杜尚别、伊斯兰堡、德黑兰等地；国内方向，以陇海兰新线为骨架，对接长江经济带和陆海贸易大通道建设，重点连接成都、重庆、西安、郑州、武汉等内陆地区开放新高地以及连云港港、天津港、青岛港、广州港、宁波港、上海港等沿海港口，构筑“陆海联动、东西互济”的国际干线运输服务网络。

（1）班列干线运输组织方案。

陆港枢纽中欧班列干线运输组织主要形成国际货运班列始发、返程货源组织分拨、中欧班列集拼集运三类业务模式。

①国际货运班列始发。

针对自治区内班列出口货物和需求量较低、无法整列开行的城市。通过公路运输或者铁路内部运输组织分散到达班列集结中心，由班列集结中心根据出口货物流向统一制订班列开行计划以及班列的运输组织，再根据开行计划按照定制班列要求重新集结编组，编入各次中欧班列，同时班列集结中心负责办理报关手续、国际联运运单、铁路货票制票。

国际货运班列始发流程如图 8－8 所示。由陆港枢纽始发的部分“五定班列”线路如图 8－9 所示。

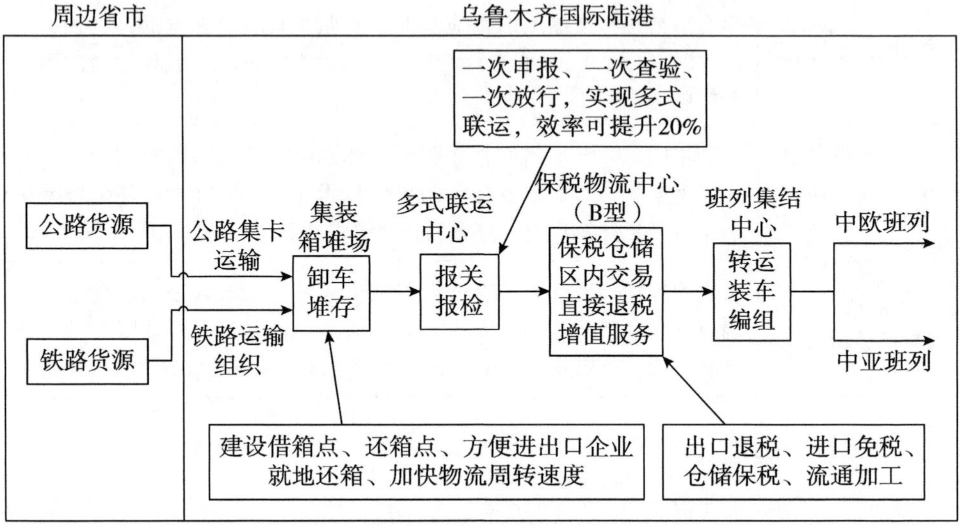

图 8－8　国际货运班列始发流程

图 8－9　由陆港枢纽始发的部分“五定班列”线路

②返程货源组织分拨。

针对中欧、中亚班列返程货源，根据货物目的地，进行返程货源组织分拨。单一目的地返程班列在班列集结中心只组织过境运输作业；目的地分散的返程班列，在班列集结中心进行解体，对运距长且同一目的地集装箱进行集结编组后由铁路运至终到站，而运往乌鲁木齐周边地区的货物，在办理相关报关作业后，进行掏箱后由公路运至目的地。国际班列返程货源组织分拨流程如图 8－10 所示。

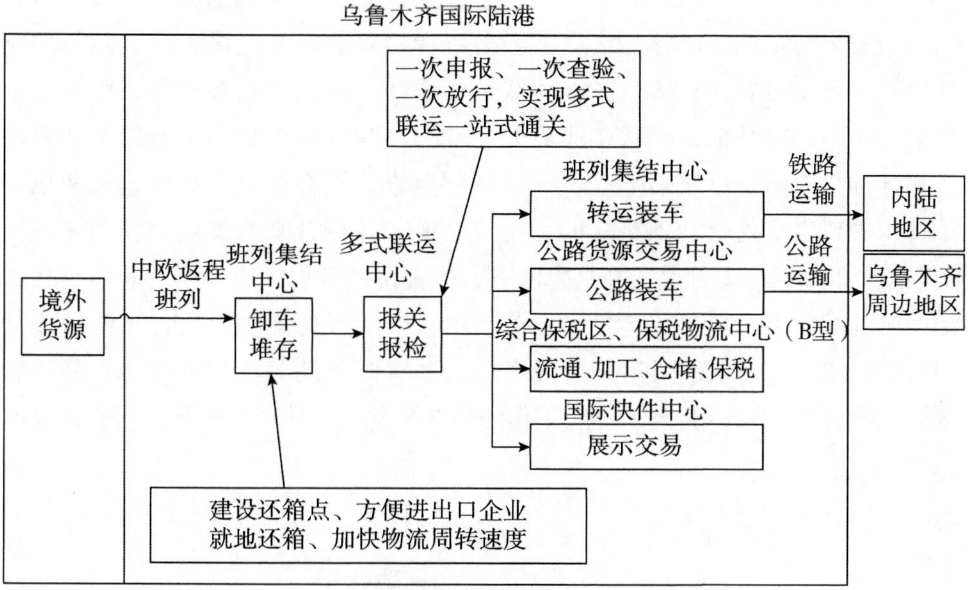

图 8－10　国际班列返程货源组织分拨流程

③中欧班列集拼集运（见图 8－11）。

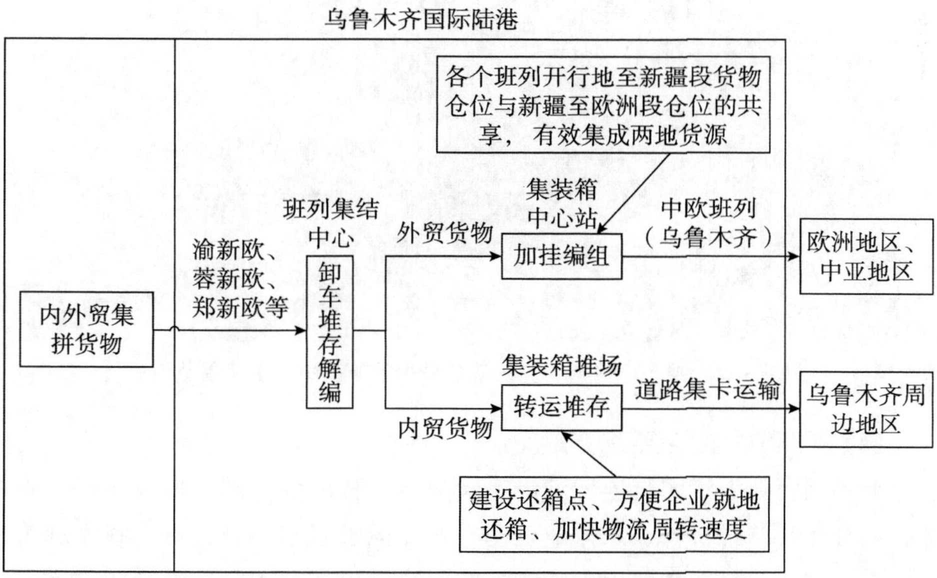

图 8－11　中欧班列集拼集运流程

全国首创中欧班列集拼集运模式，联合成都、青岛、重庆等地，由双（多）枢纽联合制订中欧班列运行方案，将中欧班列海关监管单元由按列监管缩小到按集装箱单元监管，组织搭载出口货物集装箱和国内货物集装箱的班列从始发地发出后在乌鲁木齐多式联运中心卸下国内货物和空箱，由中欧班列集结中心进行补轴、补货作业后驶往欧洲。实现各个班列开行地至新疆段货物仓位与新疆至欧洲段仓位共享、代码共享、资源共享，有效集成两地货源，解决五定班列货源不稳定时，定点、定时开行带来的集装箱满载率较低的问题。2017 年 12 月底，在乌鲁木齐、成都两地政府，以及海关和铁路相关部门协调配合下，成都—乌鲁木齐—蒂尔堡中欧班列集拼集运首单测试成功（见图 8－12），中欧班列集拼集运模式入选《国务院关于做好自由贸易试验区第五批改革试点经验复制推广工作的通知》第 17 项改革成果，并进行复制推广。

图 8－12　成都—乌鲁木齐—蒂尔堡中欧班列集拼集运首单测试

（2）国际铁海联运组织方案。

新疆国际陆港集团与连云港港、天津港、青岛港等港口以及中远、中海等公司合作，结合日韩、东盟地区到中亚及欧洲过境货物，以乌鲁木齐为节点，贯通东西，打造乌鲁木齐物流枢纽地位。由新疆国际陆港集团与客户签订全程运输合同，并签发货物多式联运提单，通过公路拖车方式负责货物从客户厂区或仓库运至多式联运中心进行拆拼箱；新疆国际陆港集团与国内铁路局签订铁路运输协议，由国内铁路局负责运输至连云港港、青岛港等港口；由新疆国际陆港集团与中远、中海等船公司签订海运协议，海运至韩国、日本、东盟等境外沿海港口，交与收货人在目的港的港口代理人，实现全程门到港运输。去程作业流程如图 8－13 所示。返程运输组织与去程为反向组织，不再赘述。

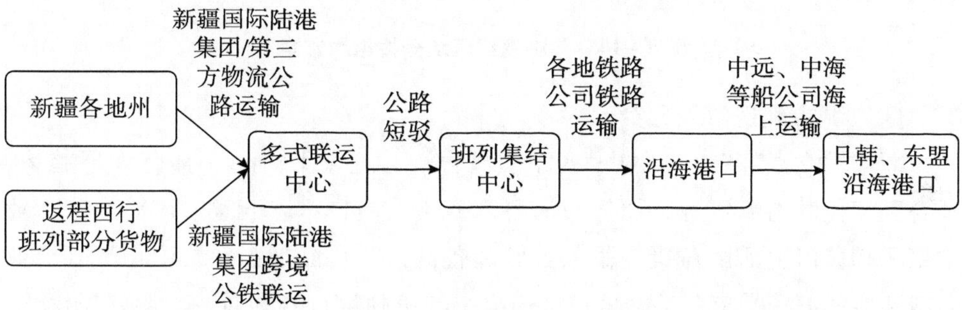

图 8－13　乌鲁木齐—日韩、东盟集装箱班列铁海公联运（去程）示意

（3）区域分拨组织方案。

构建新疆国际陆港体系。以陆港枢纽作为全面开放核心枢纽港，以各地州中心城市作为区域枢纽港，以重点边境口岸作为口岸门户港，构筑新疆国际陆港发展格局。南疆地区重点连接库尔勒、阿克苏、喀什、和田等，北疆地区重点连接昌吉、克拉玛依、阿勒泰、哈密、奎独乌，形成面向全区的班列集货和区域分拨配送服务网络。加强城市间互动协作和紧密联系，依托各方政策、资源及产业优势，推动形成“集货”效应，形成交通物流互联互通、功能平台互动互补、经济产业协调联动的开放格局。

运输组织流程：以新疆国际陆港体系为基础建立辐射新疆主要节点城市的区域分拨网络，由新疆国际陆港集团与客户签订全程运输合同，并签发货物多式联运提单；由新疆国际陆港集团通过公路拖车方式负责货物从客户厂区或仓库运至多式联运中心进行拆拼箱；新疆国际陆港集团与铁路公司签订铁路运输协议，由铁路公司负责运输至新疆各地州铁路场站；货物抵达铁路场站后，由新疆国际陆港集团或委托当地第三方物流车队办理货物“站到门”运输，实现全程“门到门”运输。（见图 8－14）返程运输与去程为反向组织，不再赘述。

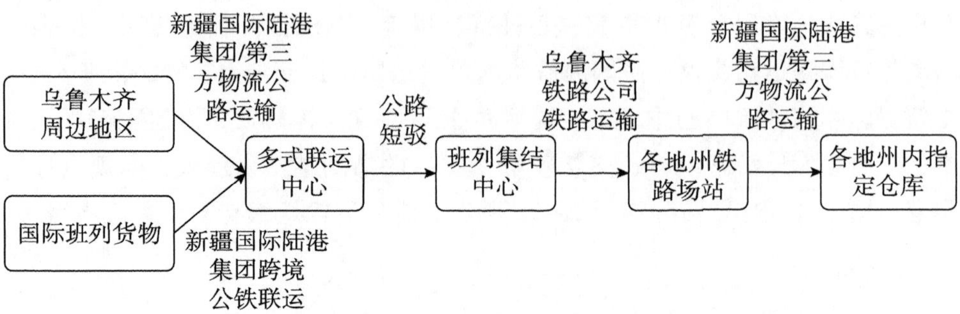

图 8－14　陆港枢纽区域分拨组织方案

（4）城市配送组织方案。

顺应“乌昌五”（乌鲁木齐市、昌吉市、五家渠市）一体化发展趋势，整合区域分散物流资源，加强与乌鲁木齐市、昌吉市、五家渠市等地区产业集聚区和城市生活区对接，服务区域装备制造、食品加工、石油化工等产业需求和居民消费需求，推动公路运输组织与班列运行时刻对接，形成规模化、网络化的公路物流集散服务网络，依托中欧班列集结中心和多式联运中心的区域分拨配送功能，为以乌鲁木齐为核心的城市群提供城市配送服务。

（5）枢纽业务规模测算。

陆港枢纽业务重点在于为新疆开放型产业发展提供连接国内、畅通国际的物流集成服务，其业务规模的测算和业务规模比重分析以国际物流业务为主，同时兼具服务国内物流功能。结合西行班列现状运量、《中欧班列建设发展规划（2016—2020 年）》、乌鲁木齐铁路集装箱中心站近远期的战略协议及规划发展，并参考中欧班列集装箱相关折算参数，将中欧班列开行列数折算为重量，预测中欧班列集结中心研究年度班列年发送量分别为 494 万吨、825 万吨。除承担班列的集结发送外，还将承担部分钢铁和生产生活物资的整车发送业务，预测中远期钢铁发送量分别为 42 万吨、56 万吨，生产生活物资发送量为 33 万吨、44 万吨。

表 8－15　　陆港枢纽发送量预测

品名	发送量（万吨）	
	2025 年	2035 年
集装箱	494	825
整车：钢铁	42	56

续　表

品名	发送量（万吨）	
	2025 年	2035 年
整车：生产生活物资	33	44
合计	569	925
国际物流占全市比例	≥55%	≥60%

2）供应链集成业务

以新疆国际陆港集团为提供运作和管理整个供应链解决方案的主体，以乌鲁木齐国家物流枢纽综合信息服务平台为支撑，围绕中泰化学、克明面业等企业生产制造和国际贸易需求，加强与生产制造企业、国际供应商、贸易渠道商和零售商的对接与信息交互，并利用新疆国际陆港集团及联盟企业成员的资源技术进行整合和管理，构建面向丝绸之路经济带的国际供应链服务体系，为客户提供包括国际采购、国际运输组织、进出口通关、保税物流、供应链库存管理、信息追溯、跨境金融结算、供应链金融、供应链咨询等集成的供应链管理服务。乌鲁木齐陆港型国家物流枢纽一站式供应链如图 8－15 所示。

服务基础设施产能输出。以八钢集团、新疆交建等为重点，服务我国与丝绸之路经济带沿线国家的轨道交通、市政水利等基础设施建设产能输出，为企业提供针对建筑材料、钢材铝材等工程建设物资的集中采购、电商平台采购等供应链采购服务。

建设采购、分销、仓储、配送等全过程供应链协同平台，引导生产端优化配置生产资源，提供生产线物流服务，推动八钢集团、中泰化学、克明面业等企业按需组织生产，合理安排库存。同时加强与供应商系统对接，建设需求、库存和物流信息实时共享的供应链采购协同平台，推行 VMI（供应商管理库存）模式，快速响应客户需求，降低交易成本。

面向中亚、西亚、南亚等地区，针对粮食、矿产、肉类等大宗商品提供集中采购、电商平台采购（跨境 B2B）等供应链采购和分销服务；建设提供商品信息发布、撮合交易、支付结算、仓储物流、质量追溯等综合服务的跨境商品交易平台，以“电商＋物流＋产业＋信息＋结算”的模式培育国际竞争比较优势。

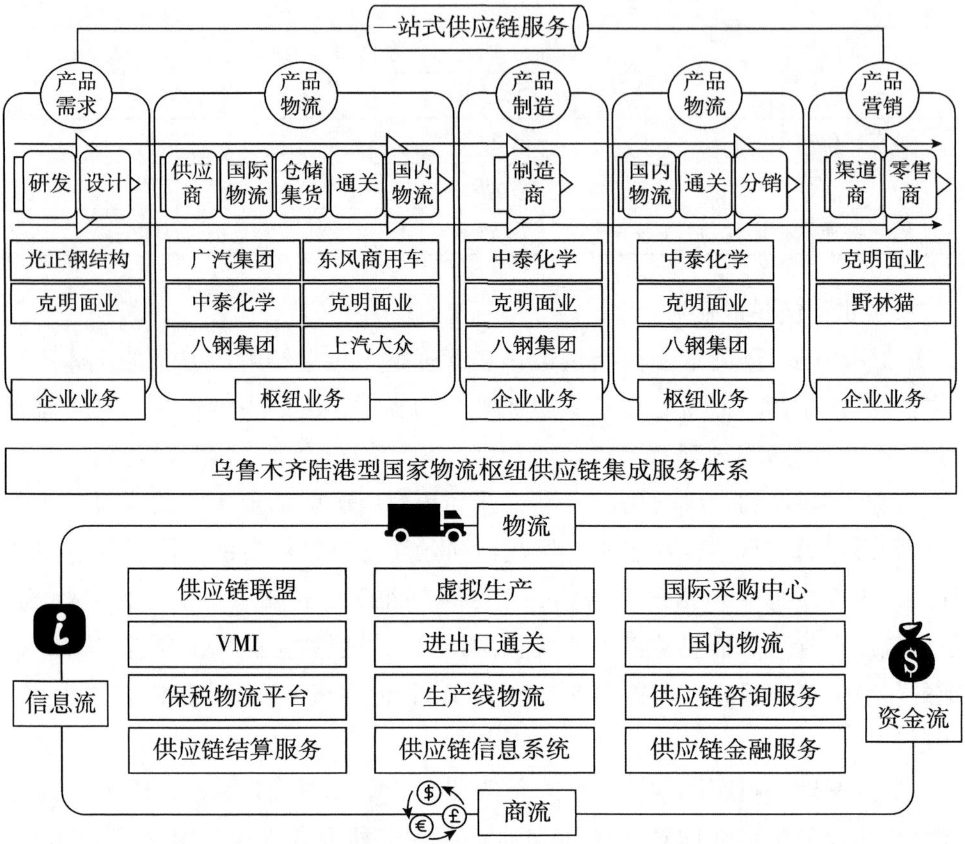

图 8－15　乌鲁木齐陆港型国家物流枢纽一站式供应链

联合商业银行、供应链核心企业等建立供应链金融服务平台，为供应链上下游企业提供高效便捷的融资渠道，发展线上应收账款融资等供应链金融模式；推动与融资租赁、商业保理、金融仓储等机构围绕供应链布局融资链，实现供应链金融产品创新。

3）平台支撑运行体系

（1）平台总体架构。

以国际陆港智能场站平台为基础建设国家物流枢纽综合信息服务平台，以打造数字化中欧班列、打通“一带一路”物流信息链为重点，对接中国铁路信息技术中心、国家交通运输物流公共信息平台等，加强与蓉新欧、渝新欧、郑新欧等班列对接，促进交通、公安、海关、市场监管、气象、邮政等部门公共数据开放共享，实现中欧班列西通道沿线监管主体、班列运行主体、贸易主体的多主体信息互通，推动多枢纽内企业、供应链上下游企业信息共享，实现中欧班列运行体系跨国家、跨关区、跨场站、跨公司等的无缝连通和智能高效运行，未来将建设成为全国中欧班列集拼集运和双向集结组织的核心组织运营系统。乌鲁木齐国家物流枢纽综合服务信息如图 8－16 所示。

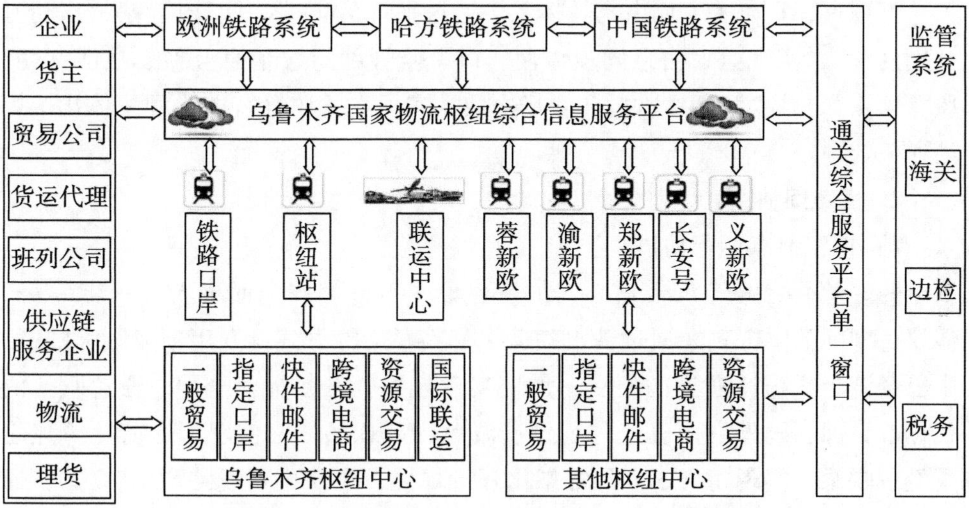

图 8－16　乌鲁木齐国家物流枢纽综合服务信息

（2）平台优势和特色。

乌鲁木齐国家物流枢纽综合信息服务平台突出优势和特色包括以下几点。

一是全国首创打通“一带一路”物流信息链，连通中国、欧亚经济联盟和欧盟之间的海关、铁路信息系统；实现中国铁路 95306 订舱平台与哈铁、俄铁、德铁及欧洲铁运订舱平台 GT－Nexus（简称 GTN）的合作；借助平台资源提高中欧班列订舱率和满载率，解决返程空载问题。

二是创新中欧班列服务模式，采取“一单制＋第三方监管”模式赋予铁路提单金融属性，银行提供融资授信，第三方监管方受银行委托把控货权并监控流程。通过与国家外管局、税务总局等相关部门进行数据对接，还可实现出口退税、购结汇、境外人民币清算等增值服务。

三是为中欧班列“集拼集运”提供支撑，该项目是由海关总署推动开发建设的创新示范项目，目前已由海关总署在全国中欧班列重点枢纽城市及沿线城市开展复制推广；同时争取将该系统的“揽货端”部署到国家口岸办的单一窗口，整合国内多地货源，通过集拼集运方式发运西行班列。

四是打造“数字化”中欧班列，系统为返程中欧班列提供班列时刻表、舱位、箱源、空余舱位等信息，实现在线申请国联计划，填写电子国际联运单，并提供车皮申请、海关报关、报检等一站式班列货品申报服务。

五是优化监管流程、提高通关效率，打造标准化、网络化、集约化的海关“互联网+E海关+E物流”体系。通过平台落实“一次开箱、联合查验、分别处置”，实现监管信息同步传输、口岸监管部门“信息互换、执法互助、监管互认”，减少装卸车次数与转场次数，实现海关监管智能全程一体化，提高通关效率。

2. 枢纽间协同

1）枢纽节点运行协同

随着丝绸之路经济带核心区加快建设，乌鲁木齐全面融入“一带一路”倡议，国际陆港区正在通过铁水联运、公铁联运等方式，利用新亚欧大陆桥、中巴经济走廊物流通道的便利，加快实现连接全区、辐射全国、通达欧亚的目标。目前，国外方面已经与德国、波兰、卢森堡、白俄罗斯、荷兰等建立了经贸联系，实现每天3列的常态化开行规模，中欧班列线路增至20条，通达中亚和欧洲18个国家25个城市；国内方面加强与连云港港、青岛港、天津港等合作，成功开行新疆首列铁海联运班列，直达东盟十国；自治区内方面，推动与昌吉、伊犁、霍尔果斯、阿拉山口、库尔勒、阿克苏、喀什等地共建新疆国际陆港体系。

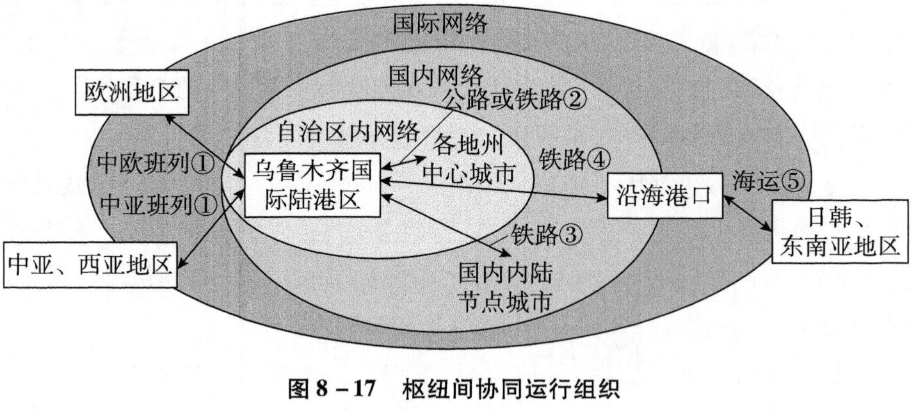

图8-17 枢纽间协同运行组织

2）信息平台互联互通

枢纽综合信息服务平台主要需对接的数据包括中国铁路信息技术中心、

国家交通运输物流公共信息平台、欧洲铁运订舱平台 GTN 及哈萨克斯坦铁路场站管理系统 NOMAD。

与中国铁路信息技术中心对接。铁路信息的对接包括：铁路运单号查询服务接口、铁路集装箱箱号查询服务接口、铁路车号查询服务接口、铁路货票查询服务接口、铁路车号在途信息查询服务接口、空余车皮查询服务接口等。

与国家交通运输物流公共信息平台对接。对接国家交通运输物流公共信息平台，促进物流订单、储运业务、货物追踪、支付结算等信息集成共享、高效流动，提高物流供需匹配效率，加强干线运输、支线运输、城市配送的一体化衔接。按照国家物流枢纽建设要求完善数据交换、数据传输等标准，提升枢纽信息系统的兼容性和开放性。

与 GTN 对接。与 GTN 系统及其平台进行 CXT 级对接，处理枢纽综合信息服务平台国际段的进出口运单、订舱以及在途信息反馈等业务需求。其中，出口环节 GTN 将根据枢纽综合信息服务平台推送的订单/运单信息，整合反馈货物"最后一公里"的在途信息；在进口环节，GTN 将向海外物流供应商提供中欧班列订舱接口，可根据国际订舱请求生成铁路运单，同时向枢纽综合信息服务平台反馈货运的在途信息。

与 NOMAD 对接。NOMAD 系统是哈萨克斯坦铁路场站管理系统，通过与 NOMAD 系统的对接，可获取毗邻国际铁路多式联运中心场站（如多斯托克以及阿腾科里站）的相关场站信息和铁路运单信息，可根据国际联运单号查询运单信息；根据箱号查询返回场站到发站的集装箱当前状态；根据车号查询到发站货物的详细运输信息；进行场站空余车皮、集装箱数量查询；提供哈铁的上下订舱服务；获取/推送货物运输及关检信息等。

附件一　陆港设施设备配置和运营技术规范

1　范围

本标准规定了陆港设施设备配置和运营技术规范，包括陆港的主要业务功能、级别划分、港址选择、设施建设、工艺布置和设备配备及运营技术要求。

本标准适用于陆港的规划、建设和运营。

2　规范性引用文件

下列文件对于本文件的应用是必不可少的。凡是注日期的引用文件，仅注日期的版本适用于本文件。凡是不注日期的引用文件，其最新版本（包括所有的修改单）适用于本文件。

GB 146.2—1983　标准轨距铁路建筑限界

GB 190　危险货物包装标志

GB/T 4208—2017　外壳防护等级（IP 代码）

GB/T 4892　硬质直方体运输包装尺寸系列

GB 6067.1　起重机械安全规程　第 1 部分：总则

GB 6944　危险货物分类和品名编号

GB 8958　缺氧危险作业安全规程

GB 11602　集装箱港口装卸作业安全规程

GB 12268　危险货物品名表

GB/T 12419　集装箱公路中转站级别划分、设备配备及建设要求

GB/T 15514　中华人民共和国口岸及相关地点代码

GB 16297　大气污染物综合排放标准

GB 17918	港口散粮装卸系统粉尘防爆安全规程
GB/T 18344	汽车维护、检测、诊断技术规范
GB 50016	建筑设计防火规范
GB 50067	汽车库、修车库、停车场设计防火规范
GB/T 50087	工业企业噪声控制设计规范
GB 50140	建筑灭火器配置设计规范
GB 50151	泡沫灭火系统设计规范
GB 50338	固定消防炮灭火系统设计规范
JT/T 245	港口钢材装卸作业安全技术要求
JT/T 330	港口件杂货物装卸作业安全技术要求
JT 397	危险货物集装箱港口作业安全规程
JT/T 706	港口货物堆垛要求
JTJ/T 343	港口地区有线电话通信系统工程设计规范
JTS 131	水运工程测量规范

国质检通〔2007〕149 号关于印发《国家对外开放口岸出入境检验检疫设施建设管理规定》的通知

国质检科〔2010〕422 号关于印发《质检系统检验检测机构能力建设基本要求（试行）》的通知

交通部令 1996 年第 10 号水路危险货物运输规则

交通运输部令 2012 年第 9 号港口危险货物安全管理规定

海关总署令 2008 年第 171 号中华人民共和国海关监管场所管理办法

MSC. 406（96）号决议　国际海运危险货物规则（38 – 16 版修正案）(International maritime dangerous goods code, 2016 Edition amendment 38 – 16)

3　术语和定义

GB/T 15514 和 GB/T 12419 界定的及下列术语和定义适用于本文件。为了便于使用，以下重复列出了 GB/T 15514 中的某些术语和定义。

3. 1　口岸 port

供人员、货物、物品和交通工具直接出入国（关、边）境的港口、机场、车站、跨境通道等。

[GB/T 15514—2015，定义 3.1]

3.2 陆港 land port

依托铁路或公路等陆路交通，在内陆城市设立，提供货物集散、口岸服务的商贸物流枢纽。

4 主要业务功能

4.1 运输组织功能

4.1.1 陆港应具有货物装卸、集散、配载、中转、多式联运组织衔接等与运输服务配套的功能。

4.1.2 陆港宜依托公路、铁路等物流设施，发展公铁水联运综合运输体系。

4.1.3 陆港应整合自身和社会物流资源，通过合理的运输衔接和高效的运输组织，构建集国际物流、区域分拨、城市配送、快递、货运代理等功能于一体的运输系统。

4.2 仓储功能

4.2.1 根据所服务货物的特点、仓储保管条件、质量和卫生要求、技术设施设备要求等，陆港应按煤炭、矿石、粮食等散货，钢材、建材、食品等件杂货，集装箱等货物综合考虑仓储空间的划分。

4.2.2 根据货物仓储技术要求不同，分别设置不同类型的仓库。应提供货物的储存、保管、整理、配载等服务，建立堆场、仓库等储存设施。

4.2.3 按业务辐射区域内服务客户的对象和目的，陆港宜提供不同的仓储功能：

a）面向经销商，提供各类商品仓储服务，满足经销商看货验货、即时交易、提货配送等需求；

b）面向生产制造型企业，提供原材料、备品备件的中转仓储服务，满足生产制造企业的生产作业需求；

c）面向商贸流通企业，提供产品的集中储存、配送服务，满足商贸流通企业根据销售情况及时配送补货需求；

d）面向进出口企业，提供进出口货物的保税仓储服务，满足进出口企业进出口贸易需求。

4.3　口岸功能

4.3.1　陆港应具备国际物流单证办理功能。

4.3.2　陆港宜具备保税物流仓储功能。

4.3.3　陆港宜提供海关报关服务、通关代理服务。

4.4　增值服务功能

4.4.1　陆港宜提供货物的储存、简单加工和转口贸易等保税物流服务。

4.4.2　陆港宜具有公用信息、政策法规和货物状态查询，以及物流和商业信息的发布与电子交易等物流公共信息和电子商务平台功能。

4.4.3　陆港宜引入银行、担保公司、物流金融服务公司等参与主体，在陆港内部即可开展物流金融业务。

4.5　综合配套功能

4.5.1　陆港宜提供办公、金融、法律咨询等服务。

4.5.2　陆港宜为入驻陆港的客户提供物业管理、商务、车辆停靠、车辆保养维修、车辆清洗加油、住宿、餐饮、配套居住等服务。

5　级别划分

5.1　划分原则

根据陆港配置的国际物流单证作业区、保税仓储作业区、公路货运作业区、铁路货运作业区等核心设施和功能进行陆港级别划分。

5.2　划分方法

陆港划分方法见表1，分为三级，具体功能如下：

a）一级为保税（综合/公路/铁路）型陆港：具有陆港完备功能，为进出口企业、国际物流企业提供国际物流单证作业、保税仓储作业和公路或铁路国际货物运输服务；

b）二级为联运型陆港：具有陆港基本功能，是多式联运操作平台，为进出口企业、国际物流企业提供国际物流单证作业、公路－铁路联运国际货物运输服务；

c）三级为公路型/铁路型陆港：具备陆港基本功能，为进出口企业、国际物流企业提供国际物流单证作业和公路或铁路国际货物运输服务。

表1　陆港级别划分

设施和功能	陆港级别					
	一级			二级	三级	
	综合型	公路型	铁路型	联运型	公路型	铁路型
国际物流单证作业区	√	√	√	√	√	√
保税仓储作业区	√	√	√	×	×	×
公路货运作业区	√	√	×	√	√	×
铁路货运作业区	√	×	√	√	×	√
注："√"表示陆港具备该项设施和功能；"×"表示陆港不具备该项设施和功能。						

6　港址选择

6.1　基本原则

6.1.1　应遵守国家低碳、节能、环保、安全、消防、卫生、经济和社会影响等方面的有关规定。

6.1.2　应符合国家综合运输体系、城市总体规划和物流园区的规划及建设要求。

6.1.3　应便于与海港、空港等的衔接，应靠近交通枢纽、铁路或公路干线。

6.1.4　应满足陆港合理布局的要求。

6.1.5　应具备相应的道路、水、电、气等市政公共设施条件。

6.1.6　应合理利用土地资源，适当留有发展余地，并应进行多方案比选。

6.1.7　应具有良好的地质、地形、水文等自然条件；宜利用荒地、劣地。

6.2　选址要求与方法

6.2.1　所选港址应满足陆港发展要求，并应做到技术可行，经济效益、社会效益和环境效益良好。

6.2.2　布局规划选址应着重考虑宏观经济发展等要求，对港址做出区域性合理安排；总体规划选址应在布局规划选址的基础上，从技术角度论证港址的具体位置。

6.2.3　港址选择应考虑综合运输的要求，进行不同港址的综合运输费用比较，使运输系统总体费用合理。

6.2.4　所选港址应具有良好的集疏运条件，应充分考虑市场需求和多式联运需要，靠近工业园区、厂矿企业和港口库场等货源集散地，与城市总体规划及产业布局相一致；应靠近交通枢纽，疏港道路宜便于与高速公路或公路干道相衔接；对于有铁路集疏运要求的陆港，港址应具备铁路进线和场站布置的条件，铁路场站应紧贴陆港，实现公铁联运无缝衔接。

6.2.5　选址阶段应对拟选地区下列条件进行调查分析：

a）地形、地貌、地质、气象、地震等自然条件；

b）已有建筑物和设施情况；

c）供电、供水、供气、通信、施工条件等城市依托条件，以及社会、人文情况；

d）交通枢纽、铁路和公路现状、集疏运方式和能力，以及衔接条件；

e）城市规划、土地规划及交通运输规划等相关规划。

6.2.6　港址选择应满足生产、物流、商务和工业等用地需要，并应留有发展余地。

7　设施建设

7.1　一般要求

7.1.1　陆港港区应与所依托的外部物流资源保持便捷紧密联系。

7.1.2　陆港应满足服务能力要求，充分利用土地资源。陆港功能分区布置应在满足相应物流服务作业能力要求的前提下，充分利用被港区道路网络分割形成的各地块土地资源。

7.1.3 港内的设施应按生产区、辅助生产区分区布置，功能相近的生产建筑物宜集中组合布置。

7.1.4 陆港相关功能分区的布置应有利于铁路专用线、大型机械设备等重要公用物流设施资源的共享共用。

7.1.5 堆存有粉尘和异味货物的仓库或堆场，应布置在年最大风频率的下风侧或最小风频率的上风侧。对相互产生不利影响的货种，其仓库和堆场不应临近布置。

7.1.6 港区平面布置应结合装卸工艺流程和自然条件合理布置各种运输系统，并应合理组织港区货流和人流，物流联系密切程度高的功能分区应尽量靠近布置，应减少对其他功能分区的干扰。

7.1.7 陆港各功能分区的布置，应能保证各项物流活动（作业）的顺畅和有效衔接，防止物流作业的相互交叉干扰，避免港区内部车辆的折角运输、过远倒运、重复行走等问题。

7.1.8 保税区等需独立封闭运行和管理的分区应布置在易于围网实施封闭监管的位置，有“三废”排放物产生的功能分区应接近相应“三废”处理设施的位置布置。

7.1.9 陆港给水、排水设施能力应满足生产、生活、环境保护、消防等用水和雨水、生活污水、生产废水等排放的要求。给水、排水工程设计应在满足陆港总体设计要求下，全面规划、远近结合，以近期为主并考虑扩建的可能。对扩建或改建的给水、排水工程，应充分发挥原有设施的效能。

7.1.10 陆港水源宜选用城市自来水。需设置独立水源时，应进行技术经济论证。对喷洒、降尘、冲洗、绿化等用水，应因地制宜广辟水源，采用中水、雨水等。

7.2 集装箱堆场平面布置

7.2.1 一般要求

7.2.1.1 集装箱区应与周边实现隔离，集装箱区布置内容包括集装箱堆场、拆装箱库、大门及检查桥、港区道路、管理用房和必要的生产辅助设施等，外贸集装箱区还应布设口岸联检设施。

7.2.1.2 集装箱区大门及检查桥应根据集装箱集疏运量、港内布置、运作模式及口岸查验流程等因素进行布置，其进出港大门处应留有足够的集装箱牵引车缓冲停车区。集装箱堆场大门所需门道数的计算方法参见 A. 2。

7. 2. 2　集装箱堆场

7. 2. 2. 1　集装箱堆场宜包括集装箱空箱、重箱和冷藏箱堆场及拆装箱作业场和仓库。

7. 2. 2. 2　集装箱港区堆场容量应能满足堆场堆存能力的需要，且堆场地面的坡度宜为 3‰。

7. 2. 2. 3　集装箱堆场面积的计算方法参见 A. 1。

7. 2. 3　拆装箱库、拆装箱作业场

7. 2. 3. 1　集装箱区需设置集装箱拆装箱库时，应根据铁路、公路集疏运货物的比例，设置相应的铁路拆装箱库和公路拆装箱库。集装箱拆装箱库应布置在集装箱堆场外。拆装箱库的布置形式应根据集疏运条件和机械设备的作业方式确定。

7. 2. 3. 2　拆装箱库宜采用大跨度结构，库门大小应满足作业机械通行的需要；拆装箱库宜采用双侧作业或单侧作业。

7. 2. 3. 3　拆装箱库设站台时，要求如下：

a）火车装卸货物站台高度宜与车辆底板的高度平齐，站台边缘至相邻铁路中心线的距离宜为 1. 75m；

b）汽车装卸货物站台高度宜与车辆底板的高度平齐；

c）拆装箱作业站台高度和宽度应根据工艺布置和设备情况确定，高度宜为 1. 2m ~ 1. 5m，宽度不宜小于 6m，并宜设置一定数量的渡板；

d）拆装箱库站台前应设置停放集装箱牵引车的场地及一定数量的拆装箱作业场地，其宽度不宜小于 30m。

7. 2. 3. 4　拆装箱库不设站台时，库外应设置一定数量的拆装箱作业场地，其宽度不宜小于 36m；拆装箱作业场应与拆装箱库和站内道路相衔接。

7. 2. 3. 5　拆装箱库面积和拆装箱作业场面积计算方法参见 A. 3。

7. 3　件杂货堆场平面布置

7. 3. 1　件杂货堆场宜包括货物装卸区、堆场区和运输区。

7. 3. 2　件杂货堆场面积计算方法参见 A. 4。

7.4 散货堆场平面布置

7.4.1 根据地形条件、集疏运条件、周边环境等因素，堆场可采用整体式或分离式布置，煤炭、矿石等散货堆场宜布置在生活区的下风侧。

7.4.2 堆场水平运输采用带式输送机，装卸作业采用堆料机、取料机和堆取料机工艺系统时，宜采用堆取合一或堆取分开的布置方式，堆场容量应能满足陆港通过能力的需要。

7.4.3 散货堆场面积计算方法参见 A. 4。

7.5 火车装卸线

7.5.1 火车装卸线宜设一条，有到、发集装箱专列的堆场或作业量较大的堆场可设两条。两相邻铁路装卸线中心的距离不宜小于4. 6m。

7.5.2 火车装卸线的装卸有效长度，应按货物的货运量、不平衡系数、箱位布置、堆码高度和占用货位时间等因素确定，应满足火车装卸作业的需要。

7.5.3 集装箱堆场采用无外伸臂的轨道式或轮胎式集装箱门式起重机作业时，装卸线宜在跨度内靠行走轨道旁设置；采用有外伸臂的轨道式集装箱门式起重机作业时，装卸线宜在其外伸臂的吊具有效作业范围内设置。

7.5.4 堆场装卸机械（如轨道式或轮胎式集装箱门式起重机）行走跑道中心至火车装卸线中心距离应使堆场装卸机械支腿突出部分符合 GB 146. 2—1983 中建限 -1 的规定。

7.6 检验检疫设施

7.6.1 检验检疫查验区

7.6.1.1 货物检验检疫查验区场地面积应与陆港货物吞吐量相适应，场地面积不应低于 10000m^2；场地内划分设置符合要求、相对隔离的拆箱、分拣场地，场地面积不应低于 1000m^2。

7.6.1.2 出入境货物检验检疫查验区应符合下列要求：

a）地面平整、坚固、硬化，无病媒生物滋生地，场地及周围环境具备有效的防鼠设施与防鼠带；

b）设有冷藏集装箱的辅助制冷设施；

c）设有防火、防汛、防盗设施；

d）设有污水处理及排放设施、垃圾存储与处理设施。

7.6.2　检疫处理区

7.6.2.1　陆港应设置完全封闭的出入境货物检疫处理区，对出入境货物、集装箱进行检疫处理（包括熏蒸、消毒、热处理、除鼠、除虫等）。

7.6.2.2　出入境货物检疫处理区应位于陆港内生产、生活区的下风方向，面积不应小于500m^2。

7.6.2.3　出入境货物检疫处理区应符合下列要求：

a）地面平整、坚固、硬化，无病媒生物滋生地，场地及周围环境设置有效的防鼠设施与防鼠带；

b）设有污水处理及排放设施、垃圾存储与处理设施。

7.6.3　电子监管设施

7.6.3.1　检验检疫查验区应设置堆场和通道卡口的视频监控系统和箱号、车号识别系统。

7.6.3.2　检验检疫查验区宜设有符合检验检疫监管所需的放射性物质检测设施，并有放射性物质隔离设施。

7.7　海关设施

7.7.1　海关监管区域应设置供货车、客车、人员进出的专用通道。专用通道至少三条，应分别设置进区货车通道、出区货车通道、客车及人员通道。专用通道间应有隔离设施，并设有明显标志。

7.7.2　货车通道应设置检查卡口。在卡口宜安装电子闸门放行系统、车辆自动识别系统、单证识别系统、与海关通关系统联网的电子地磅系统和视频监控系统，卡口与货物验放部门实行联网。卡口硬件应比照海关已有的卡口设备型号、参数标准配置。在客车及人员通道宜安装电子闸门放行系统、读卡器及视频监控系统。

7.7.3　海关监管区域卡口附近应设有验货专用场地，其面积视具体情况而定。验货专用场地应配有可供海关、检验检疫部门共同使用的验货平台，配置与海关通关系统联网的电子地磅系统、照明设施等。

7.7.4　海关监管区域内应设有符合监管要求、可供海关及检验检疫部门共同使用的监管仓库，监管仓库内应安装有照明设施和视频监控系统。验货平台应与监管仓库相衔接，并可进行叉车作业。

7.7.5　海关监管区域内沿隔离围墙应设有供海关监管、巡逻的专用通道，宽度不小于4m。沿巡逻通道应安装照明设施。

7.7.6　沿海关监管区域隔离围网应设置视频监控系统和报警系统，保证海关对围网周围全方位无盲区监控。在海关认为有必要实施监控的其他地点（如监管仓库、验货平台、卡口等处）宜设置监控系统。

7.7.7　海关监管区域内应设有检验检疫所需的熏蒸消毒或销毁处理场所和设施，应设有警示标志，并配有现场办公用房、药品器械库和必要的消毒器具，以及存放待处理物品的防疫库。距生活和工作区域应不小于50m。

7.7.8　口岸联检设施宜靠近大门布置，且不应影响港内交通，并根据陆港的级别和进出口货运量，按海关需要，预留大型集装箱检查设备等所需的场地和设施。

7.8　生产建筑设施

7.8.1　一般要求

7.8.1.1　港区宜根据生产工艺需要设置转运站、带式输送机廊道、集装箱拆装箱库、货物仓库、变电所、地磅房和闸口等生产建筑设施。

7.8.1.2　港区宜根据需要设置业务办公用房、候工用房、装卸及成组工具库、设备维修车间、工具材料库、集装箱修洗箱车间、流动机械库、维修保养间、材料供应站、换热站、加油站、车库、消防站、给水泵房、锅炉房、污水处理站、门卫和厕所等辅助生产建筑设施。

7.8.2　业务办公房

7.8.2.1　业务办公房应包括商务办公房、生产调度办公房、信息中心及监管部门的联合办公房。

7.8.2.2　商务办公房应包括商务作业人员工作间和收发货人员办理托运、提货手续的场所。

7.8.2.3　信息中心应包括机房与工作人员的办公场所和供信息发布及用户查阅的场所。

7.8.3　设备维修车间

7.8.3.1　设备维修车间应能满足设备正常周转、安全维护的需要。

7.8.3.2　设备维修车间面积计算方法参见A.5。

7.8.4　停车场

7.8.4.1　停车场宜集中布置，或在不同作业区域内分别设置，站内自备车辆和外来车辆应分区停放。停车场应临近装卸场布置。

7.8.4.2　停车场面积计算方法参见 A.6。

7.8.5　港区道路

7.8.5.1　港区道路设计应满足装卸工艺和港区疏运高峰时车辆运输要求，并应与港区平面布置、港区铁路、管道及其他建筑物设计相协调。港区道路的宽度应满足通过车辆的最低要求。

7.8.5.2　港区道路应有稳固的路基、平整坚实的路面，应结合地形条件做到平面顺适、纵坡均衡、横面合理、路面平整、排水畅通。

7.8.5.3　港区宜设置两个或两个以上的出入口，条件受限制或汽车运输量不大时，宜只设一个出入口。

7.8.5.4　港区道路设计应结合堆场工艺并按照单向环行车流原则统一布置，并应设置明显的道路标识和车辆运行路线标识；道路尽头应具备回车条件。

7.8.5.5　港区道路应按规定设置保证港区道路行车和行人安全的交通安全设施，应设置齐全的交通标志、标线；港区道路在急弯、陡坡和视距不良的交叉处，应设置警告装置、分道行驶路面标线、反光镜等保证行车安全的设施。

7.8.5.6　汽车地磅房宜设置在过磅汽车主要行驶方向的右侧，并应离主干道路口有一定的安全距离。地磅房进车端道路的平直段长度宜取 33m，空间有限条件下不宜小于 16.5m。出车端道路的平直段不宜小于 16.5m。汽车进出地磅房前后弯道、路面内边缘转弯半径不宜小于 12m，空间有限条件下不应小于 9m。

7.8.6　生产辅助和生活服务设施

7.8.6.1　港区应根据需要设置动力、供水、供热、污水处理、环保和消防等生产辅助设施。

7.8.6.2　港区宜根据需求和当地设施条件设置食堂、浴室、锅炉房、医务室、文体活动室、健身用房及场地、休息室和综合服务部等生活服务设施。

8　工艺布置和设备配备

8.1　一般要求

8.1.1　工艺布置和设备配备应进行多方案的技术经济比较，满足加快港区货物周转、各环节生产能力相匹配和降低营运成本的要求。应积极采用先进技术和现代管理方法，保证作业安全、减少环境影响、降低能耗和改善劳动条件。

8.1.2 装卸设备应根据装卸工艺的要求配置，并应综合考虑技术先进、经济合理、安全可靠、能耗低、污染少、维修简便等因素。设备宜视货运量增长分期配置。

8.1.3 应在设计时综合考虑港区进行计量、配料、筛分、保温、解冻、熏蒸、取制样、灌包和缝拆包等作业的设备配置。

8.1.4 危险品港区的装卸工艺设计，应符合 GB 50016 和 JT 397 的有关规定，危险货物货场和爆炸品仓库的设置地点及危险货物运输设备的布置，应符合国家现行的防火、防爆、防毒、卫生和环境保护等有关规定。

8.1.5 采用大型移动式装卸机械时，应设置检修和防风抗台装置。

8.2 集装箱堆场

8.2.1 集装箱堆场的水平运输机械宜采用集装箱牵引车、集装箱跨运车等运输机械，并宜采用清洁能源。

8.2.2 集装箱港区堆场作业及装卸作业机械，应根据港区的通过能力、集疏运方式、港区面积、环保要求和不同的工艺布置形式经技术经济论证选用，宜选用轮胎式集装箱门式起重机、轨道式集装箱门式起重机、集装箱跨运车、集装箱正面吊运起重机、集装箱叉车和集装箱空箱堆高机等装卸机械，并应优先采用电力驱动设备。集装箱堆场装卸机械数量配备参见 B. 1。

8.2.3 集装箱堆场的箱位应根据不同工艺布置合理编排，并应标明位置和编码。重箱堆场的集装箱应按箱门同向堆放，间距宜取 0.4m。

8.2.4 堆场作业采用轮胎式集装箱门式起重机时，跨间除堆放集装箱外，还应留有集装箱牵引车通道，相邻车道宜成对集中布置。相邻两台轮胎式集装箱门式起重机运行跑道的中心距不宜小于 3.6m；低架滑触线供电的电力轮胎式集装箱门式起重机运行跑道的中心距还应考虑低架滑触线的架设位置；相邻成对集中布置的车道间设超车道时两台轮胎式集装箱门式起重机运行跑道的中心距不宜小于 6.5m。

8.2.5 堆场作业采用无外伸臂轨道式集装箱门式起重机时，轨内除堆放集装箱外，还应留有集装箱牵引车通道，单车道宽度不宜小于 3.5m，双车道宽度不宜小于7m，相邻两台轨道式集装箱门式起重机轨道中心间距不宜小于4m。

8.2.6　堆场作业采用带外伸臂轨道式集装箱门式起重机时，集装箱牵引车通道应设置在外伸臂下，单车道宽度不宜小于3.5m，相邻两台轨道式集装箱门式起重机轨道中心间距应根据机型结构尺寸确定。

8.2.7　堆场作业采用集装箱跨运车时，两排集装箱之间应留出跨运车通道，其宽度宜为1.5m；堆场作业采用集装箱正面吊运起重机和集装箱空箱堆高机时，场内作业通道不宜小于15m。

8.2.8　拆装箱作业机械宜采用小型低门架叉车，其数量配备参见B.2。

8.2.9　集装箱港区设置冷藏集装箱堆场时，冷藏集装箱堆场应布置在重箱堆场区。20ft和40ft冷藏集装箱宜按到港比例分别独立堆放，每两排集装箱间应设电源插座和检查平台。冷藏集装箱的箱位数应根据冷藏集装箱的运量确定，冷藏集装箱的堆高宜为2层~4层。

8.2.10　超限集装箱的存放位置应根据到港超限集装箱数量确定。到港超限集装箱数量较少时，超限集装箱宜布置在重箱堆场的两端；到港超限集装箱数较多时，宜设置超限集装箱专用堆场。

8.2.11　集装箱港区危险品箱应根据危险品箱的运量及危险品种类，按照危险品货物装卸和存放的有关规定，确定集中存放场地和存放方式。

8.2.12　集装箱港区进堆场前或出堆场后需进行的调箱门作业较频繁时，可考虑设置调箱门区，调箱门设备宜采用专用调箱门起重机或集装箱正面吊运起重机等。

8.2.13　内外贸合用的集装箱港区，根据海关、检验检疫等部门的要求，应将外贸集装箱堆场等作业区与其他作业区隔离开，并应设置必要的围栏设施。

8.3　件杂货堆场

8.3.1　件杂货港区装卸机械的配置应满足不同货种的装卸作业要求，并宜选用通用性好的装卸设备。

8.3.2　件杂货港区水平运输设备的选用应根据货物的运输距离、组关型式、货件重量等因素确定。运输距离在150m以内时，宜采用叉车；运距较长时，宜采用牵引车和平板车。

8.3.3　件杂货港区库场装卸设备的选用应根据货种、组关货种、组关型式、货件重量等因素确定。件杂货的装卸作业宜选用叉车或轮胎式起重机或其他合适的起重设备，有特殊起重要求的货物应满足特殊货物的起重要求。

8.3.4　仓库与道路之间的引道长度，应按流动机械或车辆进出库门所需的制动距离确定，流动机械进出库时宜取4.5m；汽车进出库时，宜取6m～8m。

8.3.5　仓库的跨度和净空高度应按库内作业的机械类型和货物的堆高确定，单层仓库的跨度不应小于18m，单层和多层仓库的底层净空高度不应小于6m，多层仓库的楼层净空高度不应小于5m。

8.3.6　仓库库门尺度应根据进出库作业的流动机械、运输车辆的类型和仓库的作业方式确定，进出叉车和牵引车、平板车的库门净宽不应小于4.2m，净空高度不应小于5m。

8.3.7　铁路中心线至库墙边距离应根据作业方式及所选用的设备确定，采用叉车、牵引车作业时，宜取7.75m～9.75m；采用轮胎式起重机作业时，可增大至11.75m。

8.4　散粮堆场

8.4.1　输送和储存设备

8.4.1.1　散粮港区装卸工艺设计应符合国家环保、防爆等有关现行标准的规定，流程设置应综合考虑系统计量、商检取制样、除铁、除杂等辅助系统要求。

8.4.1.2　水平输送机械的配置应根据运输货物品种、输送能力、运距、工作场所条件，以及受料、卸料要求等因素确定。

8.4.1.3　提升机械的配置应根据平面布置、提升高度，以及货物品种、输送能力等因素确定。在平面布置许可的条件下，宜采用倾斜带式输送机；受平面布置限制时，宜采用斗式提升机。斗式提升机应配备完整的速度检测、防打滑、测温和过热保护等安全装置，壳体上应设泄爆孔盖。垂直提升设备应布置在提升塔上，提升塔在满足工艺要求的基础上，宜采用开敞式结构。

8.4.1.4　散粮的储存宜以筒仓为主，筒仓的型式和布置应根据货物的品种、批次、堆存期，并结合地基、气候条件及建设工期等因素确定。

8.4.1.5　筒仓仓顶是否设置仓顶房，应根据仓顶输送机械的型式和维修保养要求以及当地气候等因素确定。

8.4.1.6　筒仓的总仓容量应根据运量、港区规划和堆存期等因素计算确定。

8.4.2　装车、卸车设备

8.4.2.1　装车、卸车方式及设备的选择应根据运量、车型及平面布置等因素确定。

8.4.2.2　装车、卸车设备位置应结合铁路装车、卸车线布置或道路车流组织合理选择。铁路装车线、卸车线长度应根据装车与卸车能力、车型和车辆运行组织等因素确定。

8.4.2.3　装车、卸车设备几何尺寸应满足标准轨距铁路建筑限界、机车车辆建筑限界或汽车通行的建筑限界要求。

8.4.2.4　采用钢筋混凝土筒仓储存货物，条件许可时，宜在筒仓外壁设置简易装车溜槽。

8.5　煤炭、矿石堆场

8.5.1　堆场堆取料机械的配置应根据堆存量、堆场形式、物料特性、堆取料方式、机械性能和生产管理模式等因素确定。

8.5.2　堆料能力应与卸车能力相匹配，取料能力应与装车和配送能力相匹配。料堆应按不同品种分别堆存，料堆堆底间距应根据取料方式确定，堆场内和堆场四周留有流动机械运行通道。

8.5.3　煤炭、矿石的堆存应以地面堆场为主，特殊情况时，可采用其他形式封闭作业。

8.5.4　装车设备的选用应根据装车量、物料特性和堆场工艺布置等因素确定。

8.5.5　对露天堆放的堆场，应在堆场周边设置防尘措施；对受粉尘浓度影响可能引起爆炸的场所，应有报警装置和防爆措施；对自燃、易燃货物应限制堆存高度和堆放时间。

8.6　检验检疫设备

8.6.1　陆港检验检疫设施建设及设备配套依据国质检通〔2007〕149号、国质检科〔2010〕422号等文件要求执行。

8.6.2　陆港检验检疫机构应按照履职把关和检验、检测、检疫业务的要求配备仪器设备和环境设施。

8.6.3　仪器设备的配置应满足机构设置、专业领域和产品检验检疫项目和数量的要求。

8.7 消防设备

8.7.1 陆港应设置消防站及配套设施，陆港消防给水系统应根据陆港分步建设的特点，按照陆港消防给水规划进行设计，做到统筹兼顾、经济合理。

8.7.2 采用泡沫灭火介质的消防系统设计应按 GB 50151、GB 50338 的有关规定执行。

8.7.3 陆港汽车库、停车场的消防设计，应符合 GB 50067 的有关规定。

8.7.4 陆港建筑物的灭火器应根据场所的危险等级、火灾种类等进行配置，并应符合 GB 50140 有关规定。

8.8 环保设备设施

8.8.1 生产废水和生活污水

8.8.1.1 陆港应配置设备设施进行生产废水、生活污水收集、处理，并优选中水回用。

8.8.1.2 新建陆港的生产废水、生活污水和清洁雨水应采用分流制排水系统。生产废水、生活污水应优先纳入市政污水处理系统，污水水质应满足市政污水处理系统相应的接管水质标准；港外无接收系统时，陆港应自建污水处理系统。

8.8.1.3 集装箱洗箱污水处理工艺应根据水质情况进行选择。洗箱污水处理站的规模应根据冲洗水量确定。有港外洗箱条件时宜不设置洗箱污水处理设施。

8.8.1.4 危险货物集装箱堆场周围应设独立排水沟，事故状态下的冲洗水、地面初期雨水应经排水沟收集处置。

8.8.1.5 煤炭港区采用车辆输送时宜设置车辆冲洗设施，冲洗水应收集处理并加以回用。

8.8.2 粉尘

8.8.2.1 煤炭、矿石、散粮、散化肥、水泥等散装货物在运输、装卸、堆存作业时产生的粉尘，应根据气象条件、粉尘性质及作业条件选用密闭、湿法、抑尘剂喷洒、干式除尘、覆盖压实、防风林、防风网等方式进行防尘和除尘，粉尘排放浓度应符合 GB 16297 中的排放标准。

8.8.2.2 煤炭、矿石堆场露天装卸作业起尘点应采用湿法除尘，并应选用雾化好的喷水装置。

8.8.2.3　陆港港区内宜设置道路清扫和冲洗设施设备。

8.8.3　废气

8.8.3.1　油品、散装液体化工品装卸应采取减少和防治废气污染的措施，并宜采用密闭装卸方式。

8.8.3.2　陆港供热应优先采用集中供热，并应使用清洁能源。使用锅炉供热时，锅炉烟气的排放应符合国家现行排放标准的有关规定。

8.8.4　噪声

8.8.4.1　陆港选用的设备噪声应符合 GB/T 50087 的有关规定。

8.8.4.2　陆港平面布置应考虑港区作业噪声对周边集中居住区等环境敏感区的影响。

8.8.4.3　陆港露天噪声区宜采取设置卫生防护距离和绿化带等控制措施。

8.8.5　固体废物

8.8.5.1　陆港港区内应配备垃圾桶或垃圾箱，必要时应配备垃圾车。

8.8.5.2　陆港危险固体废物应按国家危险废物名录进行鉴别，并应按有关规定处置。

8.9　维修设备

8.9.1　陆港应根据港区的维修范围和车辆、装卸机械类型和维修作业量配备必要的维修工具、专用设备、检测设备和通用设备，其规格和数量应与其生产规模和生产工艺相适应。

8.9.2　陆港应配置满足 GB/T 18344 规定的检测设备。

8.9.3　陆港各维修设备应能满足加工、检测精度的要求和使用要求，并应符合相关标准的规定。

8.10　计量设备

8.10.1　计量设备应用型式的确定，应依据设备生产商提供的产品种类、货物计量允差的类别，满足装卸工艺的要求，保证货物通过计量设备不受破损，并考虑配备方案的经济合理。

8.10.2　计量设备选用应根据其在装卸作业流程中的安装位置确定。在线测量计量设备宜采用皮带秤、料斗秤，非在线测量计量设备宜采用汽车衡、轨道衡等。

8.10.3 计量设备的型式应根据货物称重后的物料流转形式确定。散货物料运输的计量设备宜采用料斗秤、皮带秤、汽车衡、轨道衡，定量包装运输的计量设备宜采用定量自动包装系统的计量设备。

8.10.4 用带式输送机输送的用于贸易结算的大宗散货，宜设计专门用于安装皮带秤计量的带式输送机。若带式输送机的长度能满足两台秤架安装空间，宜安装主、副两台皮带秤，在作业中比对两台皮带秤的参数。

8.10.5 对大型装卸机械（各类斗轮堆取料机、长距离带式运输机等）作业的流量控制、装卸效率的测量，宜配备短称量秤架、安装简捷方便的单托辊皮带秤或核子皮带秤。

8.10.6 对安装在线测量的非连续累计计量方式的计量设备，宜采用非连续累计自动衡器。对货物散进散出的散货装卸计量的计量设备，宜采用轨道衡和汽车衡等非在线测量设备。

8.10.7 安装在集装箱港区检查口的坑式、大称量台面的电子汽车衡的称重传感器的防护等级应符合 GB/T 4208—2017 中的 IP68，宜使用抗射频干扰、具有防二次雷击及浪涌电压功能、长期稳定性好的数字式汽车衡。

8.11 通信设施设备

8.11.1 通信设施设备配备应与陆港生产、管理的需要相适应，并应与陆港建设同步实施。

8.11.2 通信应符合国家有关保密规定、国际电信联盟标准和国家现行有关标准的规定。通信设计应符合全国交通专用通信网总体规划和交通通信技术政策的有关规定。

8.11.3 各类通信中心、站应避开噪声干扰和电磁干扰大、雷击、振动、尘垢较多、有腐蚀性物质或易燃、易爆物的地点。

8.11.4 通信管道和通信井宜与信息、控制系统合设，不宜与强电合设，其他管线不宜穿越通信井。

8.11.5 通信站、电台应设置可靠的工作接地系统和防雷接地系统。

8.11.6 对作业分散、规模较大的港区，电话网应按端站、汇接站组网；对规模较小的港区，宜按端站一级组网或采用虚拟网。电话交换机房与综合布线设备应根据建设规模和建筑物位置的布局状况，确定采用单独布置或集中布置方式。

8.11.7　有线电话通信包括港区业务电话、调度电话等，应符合 JTJ/T 343 的有关规定。长途通信宜依托公众电信网或交通专用卫星网。

9　运营技术要求

9.1　设施的维护要求

9.1.1　一般要求

9.1.1.1　陆港设施应在竣工验收合格后正式投入使用。

9.1.1.2　陆港设施的使用应符合其安全管理制度和操作技术规程的规定，装卸储运易燃、易爆、易污染等危险货物设施的使用应制订应急预案。

9.1.1.3　陆港设施的技术状态分为 5 类，见表 2。技术状态为第五类的设施不应使用，技术状态为第四类的设施应限制使用或减载使用。

表 2　陆港设施技术状态分类

技术状态类别	技术状态	评定标准
一类	好	a）重要部位及构件完好； b）次要部位及构件个别轻度损坏； c）结构基本无沉降、位移或变形； d）承载力不低于设计值
二类	较好	a）重要部位及构件有个别轻度损坏； b）次要部位及构件有少量中度损坏； c）结构无明显沉降、位移或变形； d）承载力不低于设计值
三类	较差	a）重要部位及构件有少量中度损坏或出现轻度功能性损坏，但发展缓慢，尚能维持正常使用； b）次要部位及构件有大量中度损坏或少量严重损坏，功能降低，进一步恶化将不利于重要构件的安全或正常使用； c）结构有沉降、位移或变形，不影响整体稳定； d）承载力不低于设计值

续 表

技术状态类别	技术状态	评定标准
四类	差	a）重要部位及构件有大量中度损坏或劣化，或出现功能性损坏，但发展缓慢，尚能维持使用； b）次要部位及构件有大量严重损坏或劣化，功能明显降低，不利于重要构件的安全或正常使用； c）结构沉降、位移或变形较大，影响整体稳定； d）承载力低于设计值
五类	危险	a）重要部位及构件有大量严重损坏或劣化，出现功能性损坏且发展迅速，不能维持使用； b）次要部位及构件有大量严重损坏或劣化，失去应有功能； c）结构沉降、位移或变形严重，整体不稳定； d）承载力低于设计值

9.1.1.4　陆港设施应保持完好、整洁；各种指示、标志应齐全、清晰；夜间照明应符合有关标准规定。

9.1.1.5　防护、消防、环保、防汛等设施应齐全有效，且标志醒目，不应随意动用或随意改变其位置。环保设施应保持运行有效。港区新建、改扩建和维护时，应对原有环保设施进行保护，不应擅自改变、撤销或毁坏。

9.1.1.6　陆港设施使用部门应对设施进行保护，当设施发生异常或损坏时，应及时向陆港设施管理部门报告，陆港设施管理部门应及时组织现场鉴定和维修。

9.1.1.7　陆港设施管理部门应掌握港区范围内地下管网的布设和运行情况。

9.1.2　检测与评定

9.1.2.1　一般要求

9.1.2.1.1　陆港设施管理部门应对设施进行检测和评定，及时掌握设施的技术状态，检测和评定应包括下列内容：

a）检查、记录设施当前状况；

b）了解设施使用条件的变化给设施运行带来的影响；

c）跟踪设施结构与材料的使用性能变化；

d）对设施的技术状态进行检测和评定。

9.1.2.1.2　陆港设施的检测分为定期检查、定期测量观测、定期检测和特殊检测。定期检查应由陆港设施管理部门或使用部门组织实施，定期测量观测、定期检测和特殊检测应由具有相应资格能力的专业单位承担。

9.1.2.1.3　陆港设施管理部门应根据陆港设施的特点、检测内容和技术状态分类制定检测计划；应建立陆港设施基本状况及检测评定动态管理台账，并应将有关信息输入数据库，建立永久性技术档案。

9.1.2.2　定期检查

9.1.2.2.1　陆港设施管理部门应定期对陆港设施的使用情况、上部结构外观变化和附属设施状况等进行周期性检查。

9.1.2.2.2　定期检查的周期应根据设施结构类别、竣工年限、使用环境和技术状态等确定。检查周期不宜超过 3 个月。当遇洪水、台风等特殊情况，应增加检查次数。设施投入使用第一年应适当增加检查。

9.1.2.2.3　定期检查宜以目测为主，并应现场对检查情况进行记录。发现设施明显损坏、影响正常使用时，应及时向设施管理部门报告。

9.1.2.3　定期测量观测

9.1.2.3.1　陆港设施的定期测量观测应包括港区控制与地形测量和主要设施变形观测等。

9.1.2.3.2　生产及生产辅助建筑物应按设计要求设置永久性沉降观测点，港区道路与堆场宜根据实际情况设置沉降观测点。未设置或损坏的观测点应及时补设或恢复。

9.1.2.3.3　港区测量控制网的平面坐标系统和高程系统宜与城市或国家坐标系统联测。

9.1.2.3.4　定期测量观测的技术要求应按照 JTS 131 的有关规定执行。

9.1.2.3.5　港区控制与地形的定期测量周期不宜超过 5 年；港区道路与堆场的沉降观测周期应根据实际情况确定，且不宜超过 3 年；生产及生产辅助建筑物的沉降观测周期宜为 1 年 ~2 年。

9.1.2.4　定期检测

9.1.2.4.1　定期检测应采用相应的仪器、设备和专用工具对设施结构的变形、损坏及劣化程度进行定性和定量检测。定期检测应包括下列内容：

a）对照设施的基本资料对设施的现状进行校核；

b）检测构件的破损情况及程度，判断损害原因，提出维修建议；

c）对难以判断损害程度和原因的，提出特殊检测的建议；

d）对严重损坏、危及安全使用的，提出限制使用或停止使用的建议等。

9.1.2.4.2　应根据设施使用年限和现状编制定期检测计划与方案，定期检测后将技术资料存档，检测中发现问题的应跟踪检测。

9.1.2.5　特殊检测

9.1.2.5.1　发生下列情况之一时，应进行特殊检测：

a）定期检查中发现重大问题的；

b）定期检测中难以判明主体结构是否安全的；

c）遭受特殊灾害或事故造成设施结构及主要构件损坏，可能危及结构安全的。

9.1.2.5.2　特殊检测应根据设施的损坏情况、检测内容和性质，采用仪器设备进行现场测试、荷载试验、室内辅助试验和校核计算等手段，对设施进行详细检测和综合分析。

9.1.2.5.3　特殊检测前应收集并掌握必要的设计文件、竣工资料、历次定期检测和特殊检测资料以及维修记录等，并应编制检测计划方案及技术组织措施。

9.1.2.5.4　特殊检测应对下列问题提出结论性意见：

a）结构材料损坏和劣化状况，包括材料物理、化学性能退化及原因的测试分析，结构整体性能和功能状态评定；

b）结构承载能力，包括强度、稳定性的检测和试验，分析结构承载能力，提出结构和构件维修加固建议；

c）结构继续使用年限和使用条件等。

9.1.2.5.5　结构构件损坏和劣化情况的检测应根据结构构件损坏部位、材料劣化的类型，选择表面测量、无损检测和局部取样等方法进行。试样应在有代表性构件的次要部位获取。

9.1.2.6　技术状态分类评定

9.1.2.6.1　陆港设施技术状态分类评定应由陆港设施管理部门负责进行，应根据定期检查、定期测量观测、定期检测和特殊检测的结果按表 2 综合分析确定。

9.1.2.6.2　对于初步认定为第四类或第五类的设施，陆港设施管理部门应委托具有相应资格能力的专业单位进行检测评估，并组织专家进行评定。

9.1.3　维修养护

9.1.3.1　一般要求

9.1.3.1.1　设施维修养护应具有预防性、经常性、延续性和及时性。

9.1.3.1.2　设施维修养护应以保养、小修和中修为主，必要时应进行大修，并应符合下列规定：

a）对轻微损伤和局部破损，应进行日常保养、小修，保持设施外观和功能良好；

b）对小修所不能解决的损坏和因偶然事故造成的设施局部较大损坏，应安排中修，恢复原有技术状态；

c）对设施的较大损坏需进行综合维修时应安排大修，全面恢复原有技术状态。

9.1.3.1.3　设施保养、小修应根据定期检查的结果和建议进行。中修和大修应根据定期检测及技术状态评定的结论和维修建议进行。

9.1.3.1.4　维修养护应采取合理的技术方案和工艺，保证维修养护的质量。

9.1.3.1.5　维修养护应做好施工记录和质量检验记录，并应及时整理归档。

9.1.3.2　道路与堆场

9.1.3.2.1　道路与堆场维修养护对象应包括基层与面层、附属构筑物和排水设施等。

9.1.3.2.2　基层与面层的维修养护应满足下列要求：

a）面层应无明显坑槽，当坑槽影响使用或将引起更大范围损坏时应及时处理；

b）混凝土面层出现大面积损坏和贯穿性裂缝等缺陷时应进行处理；

c）沥青面层出现泛油、拥包、裂缝、坑槽和车辙等缺陷时应进行处理；

d）铺砌面层出现大范围松散、低洼沉陷和隆起时应及时维修；

e）面层出现大范围明显差异沉降、局部塌陷时，应对基层结构进行检测和处理。

9.1.3.2.3　附属构筑物和排水设施的维修养护应满足下列要求：

a）附属构筑物的箱角梁和箱角块有过大沉降影响集装箱存放时，应及时处理；

b）散货堆场装卸机械轨道路基的边坡应保持完好，出现冲沟、缺口、塌陷时，应进行修整；

c）排水设施的边沟、明沟、管沟边缘应平顺，当与其面层高差过大影响使用时，应进行处理；

d）排水设施沟内的杂物或淤积物应及时进行清理；

e）集水口、雨水井、检查井外观及配件应保持完好，排水应通畅。管井顶部与面层的高差较大时应调整接顺，盖板缺失时应及时添补。

9.1.3.3　铁路与装卸机械轨道

9.1.3.3.1　铁路的维修养护应按国家现行标准的有关规定执行。

9.1.3.3.2　装卸机械轨道的轨距和轨顶高差变化较大影响使用时应进行调整，固定螺栓和配件松动或缺失时应及时调整或修复。

9.1.3.3.3　附属车挡应定期涂装或除锈补漆。

9.1.3.3.4　装卸机械轨道旁沟槽应排水通畅，防止积水对轨道造成锈蚀。

9.1.3.4　混凝土和钢结构防腐蚀

9.1.3.4.1　混凝土和钢结构的涂装、涂层损坏时应及时维修，维修涂料应与原涂料相同或相溶。

9.1.3.4.2　混凝土结构硅烷浸渍的吸水率、硅烷浸渍深度、氯化物吸收量的降低效果中任意一项不满足要求时，应采取相应措施及时处理。

9.1.3.4.3　钢结构防腐蚀的阳极块缺损时应及时恢复，阳极块的腐蚀等效直径不满足设计要求时应及时更换，保护电位不满足设计要求时应及时查明原因，采取相应措施。

9.1.3.4.4　钢结构的外加电流阴极保护防腐蚀系统的装置和运行状态出现异常，或保护电位超出规定范围应及时查明原因，采取相应措施。

9.2　设备的维护要求

9.2.1　检查要求

9.2.1.1　检查周期应符合设备维护说明书及相关标准的规定。

9.2.1.2　检查人员应熟悉设备原理、结构、种类及修理技术，并能正确判断设备安全运行潜在危险因素。

9.2.1.3　检查人员应对照设备维护说明书检查部件和零件及其运行情况。

9.2.1.4　设备的每次检查应具有检查结果的记录文件，并应至少保留到下一次检查日期为止。

9.2.2　修理要求

9.2.2.1　设备的修理应由具有相应资格的专业维修人员进行。

9.2.2.2　修理单位应及时记录并保存设备在修理前、修理中及修理后状况的检验记录，并提供有关的技术文件。

9.2.2.3　修理单位应配备必要的检验、试验和修理的设备及工具。

9.2.3　检验要求

9.2.3.1　设备的检验应符合相应的技术条件和试验方法有关标准的要求。

9.2.3.2　设备的检验质量应符合设备相关标准的规定。

9.3　运营安全技术要求

9.3.1　一般要求

9.3.1.1　作业前操作人员应检查所有机械及工属具处于良好的技术状态，并确保其承载能力与所装卸的货物相适应。

9.3.1.2　设备操作人员应为具备相应从业资格的专业技术人员。设备运行应符合相关设备标准和设备说明书的要求，起重机械操作应满足 GB 6067.1 的安全操作技术要求。

9.3.1.3　所有作业人员应经过安全技术教育并按规定穿戴好劳动防护用品。作业人员在配合机械作业时，应注意作业机械的动态，选择安全的位置，及时避让。指挥人员应站在安全明显的位置，指挥动作应清晰、明确。作业前应清除作业区域内的障碍物，与作业无关的人员和车辆不应进入作业区域。

9.3.1.4　运输车辆应在划出的车道线内按规定的行车方向行驶，按规定的位置停车，出入大门按规定的通道通过检查口。运输车辆出入大门、过铁路道口时的速度不应大于 5km/h，在转弯、堆场区域、主干道最高行驶速度分别为 15km/h、20km/h、30km/h。驾驶员在驾驶过程中应严格遵守交通规则。

9.3.1.5　海关监管场所内的运营安全技术要求应符合海关总署令第 171 号相关规定。

9.3.2　集装箱

9.3.2.1　一般要求

9.3.2.1.1　集装箱的作业应符合 GB 11602 和 JT 397 的规定。

9.3.2.1.2　作业前应明确集装箱的类型、载重和装载货物特性；应对所装卸的集装箱外形结构、可活动的零部件和箱上货物的栓固情况等进行检查。

9.3.2.2　吊运作业

9.3.2.2.1 每工班作业前，起重机械应经空载运转、重载微起吊运和制动试验，确认其处于良好的技术状态后，方可进行作业。

9.3.2.2.2 起重机械在小车运行或整机行驶时，吊具或集装箱的提升高度不应低于下层或邻位集装箱和其他障碍物的最大高度。

9.3.2.2.3 运输车辆未进入其装卸作业位置前，不应将吊具或集装箱移至该位置的上方。

9.3.2.3 叉运作业

9.3.2.3.1 使用叉车货叉叉运集装箱时，货叉应插入叉槽的全部深度或至少插入叉槽内1825mm以上，不应从集装箱底部插入货叉叉运，不应两台叉车联合叉运和使用叉运空箱的叉槽叉运重箱。

9.3.2.3.2 叉车行驶时，起重门架不应前倾，应保持周围有足够的作业空间，集装箱应处于环境允许的最低高度，叉车应按规定的速度行驶。

9.3.2.4 拖运作业

9.3.2.4.1 集装箱装载在运输车辆上时，应由集装箱4个底角件或箱底结构中间的载荷传递区支承。

9.3.2.4.2 带有转锁装置的运输车辆拖运集装箱时，转锁应与集装箱固定牢靠。无转锁装置的运输车辆应使用导向装置或其他类同装置对集装箱予以固定。不应使用无任何固定装置的运输车辆拖运集装箱。

9.3.2.5 集装箱堆码

9.3.2.5.1 集装箱堆码的垛型应与装卸机械承载能力、集装箱类型、箱内货物的特性以及堆场设计要求相适应。

9.3.2.5.2 堆场内应划定箱区，并应画出作业车道线，集装箱应按箱位线堆码，空箱、重箱和结构类型不同的集装箱应分别堆码。

9.3.2.5.3 集装箱堆码时只允许由集装箱的4个底角件支承。上下堆码的集装箱，其长度尺寸宜相同。

9.3.2.6 拆装箱作业

9.3.2.6.1 箱内作业的叉车，其自由起升高度、门架高度等，应限制在作业环境高度内。

9.3.2.6.2 拆装箱作业前，作业人员应了解货物的重量、外型尺寸，对于笨重长大物件还应确认重心位置和起吊叉运位置。

9.3.2.6.3 作业人员在开启箱门和箱内作业时，应选择适当的站立位置，避免货物倒塌造成伤害。箱内货物如用固货件栓固的，拆除固货件时应保证货物的稳定性。

9.3.3　件杂货及钢材

9.3.3.1　一般要求

9.3.3.1.1　件杂货及钢材的作业应符合 JT/T 330 和 JT/T 245 的规定。

9.3.3.1.2　货方提供专用工属具装卸货物时，应保证专用工属具处于良好的技术状态，并向港方提供正确使用的方法，港方应按要求正确使用。

9.3.3.1.3　作业前作业人员应检查货物状态，发现残损货物，应及时通知有关人员（托运人、承运人、收货人和陆港现场管理人员）验看，分清工残、原残，未经许可不应擅自将原残货物移位。

9.3.3.1.4　作业人员发现积载、配载不当影响装卸作业和安全时，应通知货方认可，并做记录。

9.3.3.2　装卸车作业

9.3.3.2.1　装卸火车前，应先检查车门销是否销好。打开后的车门应用车门卡等工属具固定牢固。

9.3.3.2.2　推送、牵引火车时，应有专人瞭望、指挥，专人负责制动。推送车不应越过道岔警冲标及道档限位。

9.3.3.2.3　配合机械装卸火车、汽车时，应有专人指挥，车上人员距离吊钩行走路线 2m 以外。不应由外单位人员在车上参与作业和指挥港方机械。

9.3.3.2.4　苫盖火车时，应按运行方向压盖，不应压盖闸把及将绳子系在车厢连接器上。苫车时应顺风打布，先系上风处小绳，留出下车通道。

9.3.3.2.5　作业人员上下车厢时应从梯子或车梯上下，不应进行在车厢围板上行走或在两节车厢之间跨跳等危险动作。

9.3.3.2.6　装车时应按照货物种类、规格、件重等合理安排。不应超载、集重、偏重、超限。货物装载应整齐、稳固，必要时应加塞三角形垫木。

9.3.3.2.7　装卸载货汽车时，汽车停放位置应使驾驶室避开危险区域；装载时应从汽车车厢前部依次向后装载，货物断面应留成梯形。

9.3.3.2.8　桶装货物立式装载，高出车厢围板部分不应超过桶高的 1/2；卧式装载，高出车厢围板部分不应超过桶本身直径的 1/3。箱装货物、捆状货物、托盘成组货物高出车厢围板部分不应超出两件高，并应从两侧向中间起脊。袋装货物超出车厢围板部分，应层层压缝，并从车厢两侧向中间起脊。

9.3.3.2.9　需苫盖的货物，苫盖应严密。当用多块篷布苫盖时，篷布之间应顺鳞搭接。装车完毕后应捆绑牢固，不应以苫盖物代替捆绑加固措施。

9.3.3.2.10　卸车时应分层均衡作业，防止车辆倾倒。

9.3.3.2.11　作业完毕后，应将工属具、铺垫物等集中归拢，并放到距离铁路轨道1.5m以外的地方。

9.3.3.3　吊运作业

9.3.3.3.1　在单台起重机额定起重量不足或重大件超长致使起升高度不够时，应采用两台起重机联合吊运作业的工艺方案。

9.3.3.3.2　单台起重机起吊时，吊钩垂线应对准成组货物重心，起升到0.3m高度时应暂停，检查无异常情况后再继续起吊。起升应缓、运行应稳，避免悠荡、碰撞。

9.3.3.3.3　暂停作业时，货物应停放在安全地带，不应停放在空中、车厢围板等处。

9.3.3.3.4　吊运托盘承载货物时，挂钩动作应由里向外钩入托盘的吊环内，摘钩动作应避免碰撞人或货物。

9.3.3.3.5　吊运桶装货物时，吊具应与被钳取货物相适应且卡正卡牢。由立式装载换成卧式装载时，宜使用换向吊具，如用人力推倒时应加垫物。摘吊具动作应避免钩刮人或货物。

9.3.3.3.6　有吊点的捆状、箱装货物应按吊点位置兜套，没有吊点的捆状、箱装货物应使用网络或托盘吊运；捆状货物吊运，不应直接钩挂捆扎物吊运，除非有特别说明捆扎物有足够的承载能力；尺寸较小的箱装货物，或不适合机械单件作业的，宜按照GB/T 4892提供的尺寸系列做成包装单元，便于机械作业。袋装货物应使用相应的成组工具吊运；使用网络吊运货物时，应把吊索理顺，不应有缠绕现象，挂钩应牢靠。

9.3.3.3.7　吊运作业时，应有指挥员指挥，起重机司机应按指挥员指令操作。有下列情况之一，不应起吊：

a）货物受压、不明重量、超负荷；

b）吊钩未挂好，人员尚未离开；

c）货物不正，捆绑不牢；

d）多人指挥或指挥信号不明确。

9.3.3.3.8　吊运货物越过货垛或车厢围板时，货物底部应高出货垛或车厢围板0.3m以上。吊运时货物应从安全网上方通过。货物下不应有人或机械；货物不应经过汽车驾驶室、操作室等上方。

9.3.3.3.9　货物吊至落点正上方0.3m时停顿，待稳定后再缓慢准确落下。货物落下后，抽拉钢丝绳、吊索时，应缓慢进行，避免将货物带倒或刮坏，作业人员应避让。吊具被压卡时不应用机械强行抽拉。

9.3.3.4　水平运输作业

9.3.3.4.1　应按照现场作业情况及要求，合理配用水平运输车辆。

9.3.3.4.2　车辆应平稳运行，没有特殊情况不应紧急制动，转弯应缓行。车辆行驶时应避开吊运货物。

9.3.3.4.3　叉车作业应满足下列要求：

a）叉车叉取货物时，根据货物形状和叉取部位调整两叉齿位置，稳妥叉取；

b）叉车叉取货物时要叉平、端正；

c）叉车叉取托盘承载的货物时，叉齿完全叉入托盘底部，并使两货叉受力均匀；

d）当货叉长度小于货物叉取部位长度2/3时，加套叉作业，并酌减额定负荷；

e）若叉运的货物挡住司机视线，采取倒车缓慢行驶；

f）叉齿或货物底部距离地面不小于0.2m；

g）使用反向叉齿作业时，确认钩正挂牢后方可起步。空载时将钩挂好。

9.3.3.5　堆、拆垛作业

9.3.3.5.1　货物堆垛和货垛垛型应符合JT/T 706的规定。

9.3.3.5.2　应按货位堆码，货垛之间距离应大于0.7m，并留出足够的消防通道。

9.3.3.5.3　应根据货物特性、规格、包装等，按需进行铺垫。

9.3.3.5.4　成组货物应定关、定量、定型堆垛；堆垛时应做到大不压小、重不压轻，货垛整齐牢固；不应超过堆场允许负荷堆垛。

9.3.3.5.5　露天场地的防湿货物，货垛顶部应起脊，并及时苫盖。

9.3.3.5.6　拆垛作业应逐层或呈阶梯型进行，并随时注意货垛是否稳固，如不稳固，则应采取有效加固措施后再拆垛，并防止整个货垛倒塌。

9.3.4　散货

9.3.4.1　一般要求

9.3.4.1.1　煤、焦炭、矿石、散盐、散化肥、散粮等散货的作业应符合相应的国家和行业标准的规定。

9.3.4.1.2　作业前应了解货物的种类、特性和货运量等，根据作业条件制订装卸工艺方案。

9.3.4.1.3　应设立专门的安全生产管理机构或配备专职安全生产管理人员。

9.3.4.1.4　应建立健全各种规章制度和操作规程，制订各项应急预案，包括火灾爆炸事故应急救援预案和紧急情况人员疏散预案并定期演练。

9.3.4.1.5　散货作业中，应具备相应的抑尘、除尘、防爆措施。散粮装卸作业粉尘防爆应符合 GB 17918 的相关规定。

9.3.4.2　装卸车作业

9.3.4.2.1　散货装卸时，应均衡装卸，保持车辆平衡。作业前应对抓斗、货斗等设备进行检查，并按照货种要求使用，不应超负荷作业。

9.3.4.2.2　翻车机作业时，翻车机出口监视人员应注意监视重车调车机的行走及大臂钩头与车辆钩头的接挂、脱钩和翻车机靠车板及压车梁的动作情况，确认无误后方可作业。翻车机倾翻完毕后，应查看翻车机平台是否回零位、空车是否脱轨。重车调车机牵车时，观察已翻卸空车是否平稳推出翻车机平台，发现异常情况立即停机。

9.3.4.2.3　装载机作业前，应检查斗臂升降和货斗向前后倾时油缸的动作性能是否良好；不应在升起的抓斗、货斗下面逗留；发动机运转时，不应在机车前后车轮之间、动臂及货斗上逗留。

9.3.4.2.4　起重机械操作人员控制抓斗等装置时应稳、准，不应碰到车辆和其他设施；抓斗开闭时，其高度位置应符合相关规定。

9.3.4.2.5　装卸作业中，指挥员应经常检查卸扣、钢丝绳等工属具是否完好，发现卸扣松动应及时上紧，钢丝绳达到报废标准时应及时更换。

9.3.4.3　水平运输作业

9.3.4.3.1　应按照实际作业情况及要求，合理配用水平运输车辆；散货运输车辆在装载完毕后，应对货物进行封闭或合理保护；运输车辆不应超载。

9.3.4.3.2　装载机行驶时，应避免货斗举升到最高位置运输；如有障碍必须举高通过时，应细心驾驶，并于通过后立即将货斗降至正常运输状态。

9.3.4.3.3　带式输送机的操作应符合下列规定：

a）带式输送机的使用应满足其正常工作条件，对有特殊要求的带式输送机，还应满足相应的条件。

b）带式输送机不应用来完成设计规定以外的任务，也不应在非正常工作条件下使用。

c）在带式输送机运转过程中，应随时注意运行情况；当出现输送带跑偏、撕裂、打滑或带式输送机闷车、异常响声等非正常情况时，应立即停机，妥善处理后方可继续运行。

d）移动式带式输送机的移设机起重臂下和移设区域内不应有人逗留。

e）带式输送机运行时，任何人员不应在带式输送机上行走、躺卧或骑坐；在没有跨越梯时，不应在带式输送机上跨越。

9.3.4.4 灌包堆码作业

9.3.4.4.1 灌包作业应遵守工艺操作流程，并应避免人员受伤；作业人员应协调配合，防止磕砸碰撞。

9.3.4.4.2 叉运或吊运时，应有专人指挥机械作业，不应占用机车通道堆货或摆放其他物品。

9.3.4.4.3 利用带式输送机接肩扛运时，应调整好机架高度，不应用手去触摸带式输送机机架或用肩、背倚靠带式输送机。

9.3.4.5 筒仓作业

9.3.4.5.1 筒仓作业的工作人员在上岗前，应经过严格培训，熟悉本岗位职责，了解粉尘防爆知识，经考试或考核合格后方可上岗。

9.3.4.5.2 筒仓系统应为无火种区，凡进入筒仓系统的人员应办理出入手续，不应穿带铁钉的鞋进入筒仓系统，不应带入火种。

9.3.4.5.3 在筒仓系统内，不应进行明火作业，如需进行此类作业时，应向陆港相应主管部门提出临时动火申请，确定作业负责人和安全监护人，由陆港相应主管部门召集陆港的安全、消防和技术部门的专业人员察看现场，确认具备严密的安全措施后方可批准作业。在获准进行明火作业时遵循如下规定：

a）筒仓系统内与动火作业有关的各种机械应全部停机。

b）清除需要焊接或切割的设备内壁的积尘。

c）作业点周围半径10m范围内，所有可燃性材料均应从作业现场搬离，确实不能移走的，应用阻燃材料隔离保护，地面与墙壁上的孔洞、通风除尘吸风口等均应使用阻燃材料覆盖，防止火花溅落在孔洞内。

d）作业现场的门、窗、泄爆口应打开。与其他密闭容器相连的管道，有隔离阀门的应把阀门关严；无隔离阀门的则应拆除一段管道，使管道有开放段，同时封闭非动火作业段管道。

e）作业现场的地面及其下层地面均应打扫干净并用水淋湿。

f）作业时无关人员不应进入作业现场。

g）作业时，应有消防人员携带灭火器在现场监视作业，结束后作业负责人、安全监护人和消防人员应共同负责熄灭残火，安全监护人进行守护，检查确认安全后，方可撤离作业现场。

9.3.4.5.4　筒仓系统各部位应有明显的禁止吸烟、警惕粉尘爆炸及火警电话等安全标志。

9.3.4.5.5　装卸作业时，在爆炸危险场所内不应用铁器敲击墙壁、金属设备管道及其他物体。

9.3.4.5.6　入库作业的机械车辆应性能完好，并配备火花熄灭装置和灭火器材。

9.3.4.5.7　筒仓系统应配备氧浓度测定仪，在筒仓等有可能缺氧的场所作业时，应按 GB 8958 的规定执行。

9.3.4.5.8　在检查仓内料位或清扫仓底时，应用防爆灯具进行照明。

9.3.4.5.9　未经安全生产主管部门批准不应拆除安全设施和通风除尘设施。

9.3.5　危险货物

9.3.5.1　危险货物的分类、品名及其编号应满足 GB 6944 和 GB 12268 的要求。

9.3.5.2　危险货物作业应符合交通运输部令 2012 年第 9 号文件的规定。

9.3.5.3　危险货物集装箱的装卸作业、水平运输作业、堆场作业、拆装箱作业等应符合 JT 397 的规定。内贸集装箱作业，执行交通部令 1996 年第 10 号文件的规定；外贸集装箱作业，执行 MSC. 406（96）号决议（38 – 16 版修正案）的规定；同时兼有的，执行交通部令 1996 年第 10 号第十七条的规定。

9.3.5.4　危险货物集装箱堆场和仓库四周应采用围栏或实体围墙封闭并设置环形消防通道；出入口应不少于两处，并安装明显的安全警示标志牌；灭火器材配置应符合 GB 50140 的规定。

9.3.5.5　装有危险货物的集装箱，箱体两侧及两端应粘贴或印刷符合 GB 190

或 MSC. 406（96）号决议（38 - 16 版修正案）规定，且与箱内所装危险货物性质相一致的危险货物标志。

9.3.5.6　危险货物集装箱箱区应与其他箱区隔离，箱内货物性质或施救互抵的危险货物集装箱应分类和分隔堆放，并应配备符合国家有关危险品堆放规范的安全设施设备和设置相关的标识。

附　录　A
(资料性附录)
主要设施面积计算

A.1　集装箱堆场面积

A.1.1　集装箱堆场平面箱位数按式（A.1）计算：

$$M = \frac{D \cdot K_t \cdot S_2}{T \cdot H \cdot K_g} \tag{A.1}$$

式中：

M——平面箱位数，单位为个；

D——年箱堆存量，单位为标准箱（TEU）；

K_t——不均衡系数，宜取1.3～1.5；

S_2——集装箱平均堆存期，单位为天（d），宜取5d～7d；

T——年工作天数，单位为天（d），宜取300d～350d；

H——堆码层数；

K_g——高度利用系数。

A.1.2　集装箱堆场面积按式（A.2）计算：

$$A = M \cdot E \tag{A.2}$$

式中：

A——集装箱堆场面积，单位为平方米（m^2）；

E——每平面箱位面积，单位为平方米（m^2）。

A.1.3　按装卸工艺方式所需每平面箱位面积值见表A.1。

表A.1　平面箱位面积值（单位：m^2）

每平面箱位面积	装卸方式			
	轮胎式或轨道式集装箱门式起重机	集装箱跨运车	集装箱正面吊运起重机	叉车
E	30～35	35～40	40～45	65～70

A.2　集装箱堆场大门所需车道数

集装箱堆场大门所需车道数按公式（A.3）计算：

$$N = \frac{Q_h \cdot K_{BV} \cdot K_{KC}}{T_{YK} \cdot T_d \cdot P_a \cdot Q_c} \cdot t_{dc} \tag{A.3}$$

式中：

N——集装箱堆场大门所需车道数；

Q_h——集装箱堆场货运量，单位为吨每标准箱（t/TEU）；

K_{BV}——集装箱车辆到港不平衡系数，取1.5～3；

K_{KC}——空车率，取1.2～1.5；

T_{YK}——堆场年工作时间，单位为天（d），取350d～365d；

T_d——大门日工作时间，单位为小时（h），取12h～24h；

P_a——单车道小时通过车辆数，单位为辆每小时，取20辆/h～40辆/h；

Q_c——车辆平均载箱量，单位为标准箱每辆，取1.2TEU/辆～1.6TEU/辆；

t_{dc}——集装箱平均堆存期，单位为天（d），宜取3d～10d。

A.3　拆装箱库和拆装箱作业场面积

A.3.1　拆装箱库面积按公式（A.4）计算：

$$A = \frac{C_1 \cdot G \cdot S_1 \cdot g}{f} \tag{A.4}$$

式中：

A——拆装箱库面积，单位为平方米（m^2）；

C_1——日平均拆装箱数量，单位为标准箱每天（TEU/d）；

G——每箱货物平均重量，单位为吨每标准箱（t/TEU），宜取11t/TEU～13t/TEU；

S_1——货物平均堆存期，单位天（d），宜取3d～5d；

g——堆存每吨货物所需面积值，单位为平方米每吨（m^2/t），宜取$1m^2/t$～$2m^2/t$；

f——面积利用系数，宜取0.6～0.7。

A.3.2　单面作业拆装箱作业场面积按公式（A.5）计算：

$$A = 2 \cdot L_e \cdot L_y \tag{A.5}$$

式中：

A——单面作业拆装箱作业场面积，单位为平方米（m^2）；

L_e ——拆装箱库总长度，单位为米（m）；

L_y ——运输车辆长度，单位为米（m），宜取 16.5m。

A.3.3 双面作业拆装箱作业场面积按公式（A.6）计算：

$$A = 4 \cdot L_e \cdot L_y \tag{A.6}$$

A.4 散货和件杂货堆场面积

A.4.1 散货和件杂货堆场所需容量按公式（A.7）及公式（A.8）计算：

$$E = \frac{Q_h \cdot K_{BK} \cdot K_t}{T_{YK}} \cdot t_{dc} \tag{A.7}$$

$$K_{BK} = \frac{H_{\max}}{H} \tag{A.8}$$

式中：

E ——散货和件杂货堆场所需容量，单位为吨（t）；

Q_h ——年货运量，单位为吨（t）；

K_{BK} ——堆场不平衡系数；

K_t ——货物最大入场的百分比，单位为百分数（%）；

T_{YK} ——堆场年营运时间，单位为天（d），取 350d ~ 365d；

t_{dc} ——货物在堆场的平均堆存期，单位为天（d）；

$H_{\max}$ ——月最大货物堆存量，单位为吨天（t · d）；

H ——月平均货物堆存量，单位为吨天（t · d）。

A.4.2 散货和件杂货堆场面积按公式（A.9）计算：

$$A = \frac{E}{q \cdot K_k} \tag{A.9}$$

式中：

A ——散货和件杂货堆场面积，单位为平方米（m^2）；

q ——单位有效面积的货物堆存量，单位为吨每平方米（t/m^2）；

K_k ——堆场总面积利用率，为有效面积占总面积的百分比，单位为百分数（%）。

A.4.3 货物在堆场的平均堆存期宜参考表 A.2。

表 A. 2　货物在堆场的平均堆存期（单位：d）

货物种类	平均堆存期
一般件杂货	5 ~ 9
大宗件杂货	6 ~ 10
钢铁、机械设备、木材	7 ~ 10
散货	8 ~ 13

A. 5　设备维修车间面积

A. 5. 1　设备维修车间面积按公式（A. 10）计算：

$$A = A_1 + A_2 + A_3 \tag{A. 10}$$

式中：

A ——设备维修车间面积，单位为平方米（m^2）；

A_1 ——主维修间面积，单位为平方米（m^2）；

A_2 ——辅助维修间面积，单位为平方米（m^2）；

A_3 ——材料库面积，单位为平方米（m^2）。

A. 5. 2　主维修间面积按公式（A. 11）计算：

$$A_1 = 3 \cdot n \cdot p \cdot F \tag{A. 11}$$

式中：

n ——日维修车辆数，单位为辆每天（辆/d）；

p ——平均停场车日，单位为天每辆（d/辆）；

F ——车辆投影面积，单位为平方米（m^2）。

A. 5. 3　辅助维修间面积按公式（A. 12）计算：

$$A_2 = n \cdot p \cdot a_1 \tag{A. 12}$$

式中：

a_1 ——单车维修面积，单位为平方米（m^2），宜取 $8m^2 \sim 10m^2$。

A. 5. 4　材料库面积按公式（A. 13）计算：

$$A_3 = n \cdot p \cdot a_2 \tag{A. 13}$$

式中：

a_2 ——取 $10m^2$ 的每车日需材料库面积，单位为平方米（m^2）。

A. 6　停车场面积

停车场面积按公式（A. 14）计算：

$$A = 3 \cdot N \cdot F \tag{A.14}$$

式中：

A——停车场面积，单位为平方米（m^2）；

N——日停车数，单位为辆；

F——车辆投影面积，单位为平方米（m^2）。

附　录　B
（资料性附录）
集装箱堆场主要装卸机械数量计算

B.1　集装箱堆场主要装卸机械数量

集装箱堆场主要装卸机械数量按公式（B.1）计算：

$$N_1 = \frac{2 \cdot D \cdot K_1}{T \cdot J_N \cdot t} \tag{B.1}$$

式中：

N_1——装卸机械数量，单位为台；

D——年箱堆存量，单位为标准箱（TEU）；

K_1——不平衡系数，宜取1.5~1.8；

T——年工作天数，单位为天（d），宜取300d~350d；

J_N——装卸机械工作能力，单位为标准箱每台小时［TEU/（台·h）］；

t——日平均工作小时数，单位为小时每天（h/d）。

B.2　小型低门架叉车数量

小型低门架叉车数量按公式（B.2）计算：

$$N_2 = \frac{C \cdot K_2}{T \cdot P \cdot t} \tag{B.2}$$

式中：

N_2——小型叉车台数，单位为台；

C——年拆装箱量，单位为标准箱（TEU），宜取年箱运量的10%~40%标准箱；

K_2——不平衡系数，宜取1.3；

T——年工作天数，单位为天（d），宜取300d~350d；

P——小型叉车工作能力，单位为标准箱每台小时［TEU/（台·h）］；

t——日平均工作小时数，单位为小时每天（h/d）。

附件二　国家物流枢纽布局和建设规划

物流枢纽是集中实现货物集散、存储、分拨、转运等多种功能的物流设施群和物流活动组织中心。国家物流枢纽是物流体系的核心基础设施，是辐射区域更广、集聚效应更强、服务功能更优、运行效率更高的综合性物流枢纽，在全国物流网络中发挥关键节点、重要平台和骨干枢纽的作用。为贯彻落实党中央、国务院关于加强物流等基础设施网络建设的决策部署，科学推进国家物流枢纽布局和建设，经国务院同意，制定本规划。

一、规划背景

党的十八大以来，我国物流业实现较快发展，在国民经济中的基础性、战略性、先导性作用显著增强。物流专业设施和交通基础设施网络不断完善，特别是一些地区自发建设形成一批物流枢纽，在促进物流资源集聚、提高物流运行效率、支撑区域产业转型升级等方面发挥了重要作用，为建设国家物流枢纽网络奠定良好基础。

基础设施条件不断完善。截至 2017 年底，我国铁路、公路营运总里程分别达到 12.7 万公里和 477.3 万公里，万吨级以上港口泊位 2366 个，民用运输机场 226 个，铁路专用线总里程约 1.8 万公里。全国营业性通用仓库面积超过 10 亿平方米，冷库库容约 1.2 亿立方米，运营、在建和规划的各类物流园区超过 1600 个。

运行组织效率持续提高。互联网、物联网、大数据、云计算等现代信息技术与物流业发展深度融合，无人机、无人仓、物流机器人、新能源汽车等智能化、绿色化设施设备在物流领域加快推广应用，物流枢纽运行效率显著提高，有力引导和支撑物流业规模化集约化发展，为加快物流转型升级和创新发展注入新的活力。

综合服务能力大幅提升。货物集散转运、仓储配送、装卸搬运、加工集拼等基础服务能力不断增强，与制造、商贸等产业融合发展趋势日益明显，物流要素加速向枢纽聚集，以平台整合、供应链融合为特征的新业态新模式加快发展，交易撮合、金融结算等增值服务功能不断拓展，物流枢纽的价值创造能力进一步增强。

经济支撑带动作用明显。国际陆港、中欧班列枢纽节点等快速发展，跨境电商、同城配送等物流新需求持续增长，物流枢纽的资源聚集效应和产业辐射效应不断显现，对经济增长的带动作用日益增强，有效支撑我国世界第二大经济体和第一大货物贸易国的地位。

但也要看到，与发达国家相比，我国物流枢纽发展还存在一定差距。一是系统规划不足，现有物流枢纽设施大多分散规划、自发建设，骨干组织作用发挥不足，物流枢纽间协同效应不明显，没有形成顺畅便捷的全国性网络。二是空间布局不完善，物流枢纽分布不均衡，西部地区明显滞后，部分地区还存在空白；一些物流枢纽与铁路、港口等交通基础设施以及产业集聚区距离较远，集疏运成本较高。三是资源整合不充分，部分物流枢纽存在同质化竞争、低水平重复建设问题，内部缺乏有效分工，集聚和配置资源要素的作用没有充分发挥。四是发展方式较为粗放，一些已建成物流枢纽经营方式落后、功能单一，无法开展多式联运；有的枢纽盲目扩大占地面积，物流基础设施投入不足，服务质量有待提高。

当前，我国经济已由高速增长阶段转向高质量发展阶段。加快国家物流枢纽网络布局和建设，有利于整合存量物流基础设施资源，更好发挥物流枢纽的规模经济效应，推动物流组织方式变革，提高物流整体运行效率和现代化水平；有利于补齐物流基础设施短板，扩大优质物流服务供给，打造低成本、高效率的全国性物流服务网络，提升实体经济活力和竞争力；有利于更好发挥干线物流通道效能，加快推进要素集聚、资源整合和城乡空间格局与产业布局重塑，促进区域协调发展，培育新的经济增长极；有利于深化国内国际物流体系联动协同，促进生产制造、国际贸易和国际物流深度融合，提高国际供应链整体竞争力，培育国际竞争新优势，加快推动我国产业向全球价值链中高端迈进。

二、总体要求

（一）指导思想

以习近平新时代中国特色社会主义思想为指导，全面贯彻党的十九大和十九届二中、三中全会精神，牢固树立和贯彻落实新发展理念，按照高质量发展的要求，统筹推进“五位一体”总体布局和协调推进“四个全面”战略布局，坚持以供给侧结构性改革为主线，认真落实党中央、国务院决策部署，推动物流组织模式和行业管理体制机制创新，加快现代信息技术和先进设施设备应用，构建科学合理、功能完备、开放共享、智慧高效、绿色安全的国家物流枢纽网络，打造“通道 + 枢纽 + 网络”的物流运行体系，实现物流资源优化配置和物流活动系统化组织，进一步提升物流服务质量，降低全社会物流和交易成本，为优化国家经济空间布局和构建现代化经济体系提供有力支撑。

（二）基本原则

市场主导、规划引领。遵循市场经济规律和现代物流发展规律，使市场在资源配置中起决定性作用和更好发挥政府作用，通过规划引领和指导，推动物流资源向有市场需求的枢纽进一步集聚，支持和引导具备条件的物流枢纽做大做强，在物流运行体系中发挥骨干作用。

集约整合、融合创新。坚持以存量设施整合提升为主、以增量设施补短板为辅，重点提高现有物流枢纽资源集约利用水平。依托国家物流枢纽加强物流与交通、制造、商贸等产业联动融合，培育行业发展新动能，探索枢纽经济新范式。

统筹兼顾、系统成网。统筹城市经济发展基础和增长潜力，兼顾东中西部地区协调发展，围绕产业发展、区域协调、公共服务、内联外通等需要，科学选址、合理布局、加强联动，加快构建国家物流枢纽网络。

协调衔接、开放共享。加强物流与交通基础设施衔接，提高不同运输方式间货物换装效率，推动信息互联互通、设施协调匹配、设备共享共用，增强国家物流枢纽多式联运功能，提高运行效率和一体化组织水平。

智慧高效、绿色发展。顺应现代物流业发展新趋势，加强现代信息技术和智能化、绿色化装备应用，推进货物运输结构调整，提高资源配置效率，降低能耗和排放水平，打造绿色智慧型国家物流枢纽。

（三）发展目标

到 2020 年，通过优化整合、功能提升，布局建设 30 个左右辐射带动能力较强、现代化运作水平较高、互联衔接紧密的国家物流枢纽，促进区域内和跨区域物流活动组织化、规模化运行，培育形成一批资源整合能力强、运营模式先进的枢纽运营企业，初步建立符合我国国情的枢纽建设运行模式，形成国家物流枢纽网络基本框架。

到 2025 年，布局建设 150 个左右国家物流枢纽，枢纽间的分工协作和对接机制更加完善，社会物流运行效率大幅提高，基本形成以国家物流枢纽为核心的现代化物流运行体系，同时随着国家产业结构和空间布局的进一步优化，以及物流降本增效综合措施的持续发力，推动全社会物流总费用与 GDP 的比率下降至 12% 左右。

——高效物流运行网络基本形成。以“干线运输 + 区域分拨”为主要特征的现代化多式联运网络基本建立，全国铁路货运周转量比重提升到 30% 左右，500 公里以上长距离公路运量大幅减少，铁路集装箱运输比重和集装箱铁水联运比重大幅提高，航空货运周转量比重明显提升。

——物流枢纽组织效率大幅提升。多式联运、甩挂运输等先进运输组织方式广泛应用，各种运输方式衔接更加紧密，联运换装转运效率显著提高，集疏运体系更加完善，国家物流枢纽单元化、集装化运输比重超过 40%。

——物流综合服务能力显著增强。完善互联互通的枢纽信息网络，国家物流枢纽一体化运作、网络化经营、专业化服务能力进一步提高，与供应链、产业链、价值链深度融合，对实体经济的支撑和促进作用明显增强，枢纽经济效应充分显现。

到 2035 年，基本形成与现代化经济体系相适应的国家物流枢纽网络，实现与综合交通运输体系顺畅衔接、协同发展，物流规模化、组织化、网络化、智能化水平全面提升，铁路、水运等干线通道能力充分释放，运输结构更加合理。全社会物流总费用与 GDP 的比率继续显著下降，物流运行效率和效益达到国际先进水平。依托国家物流枢纽，形成一批具有国际影响的枢纽经济增长极，将国家物流枢纽打造成为产业转型升级、区域经济协调发展和国民经济竞争力提升的重要推动力量。

三、合理布局国家物流枢纽，优化基础设施供给结构

（一）国家物流枢纽的类型和功能定位

国家物流枢纽分为陆港型、港口型、空港型、生产服务型、商贸服务型、陆上边境口岸型等6种类型。

陆港型。依托铁路、公路等陆路交通运输大通道和场站（物流基地）等，衔接内陆地区干支线运输，主要为保障区域生产生活、优化产业布局、提升区域经济竞争力，提供畅通国内、联通国际的物流组织和区域分拨服务。

港口型。依托沿海、内河港口，对接国内国际航线和港口集疏运网络，实现水陆联运、水水中转有机衔接，主要为港口腹地及其辐射区域提供货物集散、国际中转、转口贸易、保税监管等物流服务和其他增值服务。

空港型。依托航空枢纽机场，主要为空港及其辐射区域提供快捷高效的国内国际航空直运、中转、集散等物流服务和铁空、公空等联运服务。

生产服务型。依托大型厂矿、制造业基地、产业集聚区、农业主产区等，主要为工业、农业生产提供原材料供应、中间产品和产成品储运、分销等一体化的现代供应链服务。

商贸服务型。依托商贸集聚区、大型专业市场、大城市消费市场等，主要为国际国内和区域性商贸活动、城市大规模消费需求提供商品仓储、干支联运、分拨配送等物流服务，以及金融、结算、供应链管理等增值服务。

陆上边境口岸型。依托沿边陆路口岸，对接国内国际物流通道，主要为国际贸易活动提供一体化通关、便捷化过境运输、保税等综合性物流服务，为口岸区域产业、跨境电商等发展提供有力支撑。

（二）国家物流枢纽布局和规划建设要求

国家物流枢纽基本布局。加强宏观层面的系统布局，依据区域经济总量、产业空间布局、基础设施联通度和人口分布等，统筹考虑国家重大战略实施、区域经济发展、产业结构优化升级等需要，结合“十纵十横”交通运输通道

和国内物流大通道基本格局，选择127个具备一定基础条件的城市作为国家物流枢纽承载城市，规划建设212个国家物流枢纽，包括41个陆港型、30个港口型、23个空港型、47个生产服务型、55个商贸服务型和16个陆上边境口岸型国家物流枢纽。

专栏1　　国家物流枢纽布局承载城市

1. 陆港型国家物流枢纽承载城市。包括石家庄、保定、太原、大同、临汾、呼和浩特、乌兰察布、沈阳、长春、哈尔滨、佳木斯、南京、徐州、杭州、合肥、南昌、鹰潭、济南、潍坊、郑州、安阳、武汉、长沙、衡阳、南宁、柳州、重庆、成都、遂宁、贵阳、遵义、昆明、拉萨、西安、延安、兰州、酒泉、格尔木、乌鲁木齐、哈密、库尔勒。

2. 港口型国家物流枢纽承载城市。包括天津、唐山、秦皇岛、沧州、大连、营口、上海、南京、苏州、南通、连云港、宁波—舟山、芜湖、安庆、福州、厦门、九江、青岛、日照、烟台、武汉、宜昌、岳阳、广州、深圳、湛江、钦州—北海—防城港、洋浦、重庆、泸州。

3. 空港型国家物流枢纽承载城市。包括北京、天津、哈尔滨、上海、南京、杭州、宁波、厦门、青岛、郑州、长沙、武汉—鄂州、广州、深圳、三亚、重庆、成都、贵阳、昆明、拉萨、西安、银川、乌鲁木齐。

4. 生产服务型国家物流枢纽承载城市。包括天津、石家庄、唐山、邯郸、太原、鄂尔多斯、包头、沈阳、大连、长春、哈尔滨、大庆、上海、南京、无锡、苏州、杭州、宁波、嘉兴、金华、合肥、蚌埠、福州、三明、南昌、青岛、郑州、洛阳、武汉、十堰、襄阳、长沙、郴州、广州、深圳、珠海、佛山、东莞、南宁、柳州、重庆、成都、攀枝花、贵阳、西安、宝鸡、石河子。

5. 商贸服务型国家物流枢纽承载城市。包括天津、石家庄、保定、太原、呼和浩特、赤峰、沈阳、大连、长春、吉林、哈尔滨、牡丹江、上海、南京、南通、杭州、温州、金华（义乌）、合肥、阜阳、福州、平潭、厦门、泉州、南昌、赣州、济南、青岛、临沂、郑州、洛阳、商丘、南阳、信阳、武汉、长沙、怀化、广州、深圳、汕头、南宁、桂林、海口、重庆、成都、达州、贵阳、昆明、大理、西安、兰州、西宁、银川、乌鲁木齐、喀什。

6. 陆上边境口岸型国家物流枢纽承载城市。包括呼伦贝尔（满洲里）、锡林郭勒（二连浩特）、丹东、延边（珲春）、黑河、牡丹江（绥芬河—东宁）、防城港（东兴）、崇左（凭祥）、德宏（瑞丽）、红河（河口）、西双版纳（磨憨）、日喀则（吉隆）、伊犁（霍尔果斯）、博尔塔拉（阿拉山口）、克孜勒苏（吐尔尕特）、喀什（红其拉甫）。

国家物流枢纽规划建设要求。一是区位条件良好。毗邻港口、机场、铁路场站等重要交通基础设施和产业聚集区，与城市中心的距离位于经济合理的物流半径内，并与城市群分工相匹配。二是空间布局集约。以连片集中布局为主，集中设置物流设施，集约利用土地资源。同一国家物流枢纽分散布局的互补功能设施原则上不超过 2 个。三是存量设施优先。以完善提升已建成物流设施的枢纽功能为主，必要情况下可结合区域经济发展需要适当整合、迁移或新建枢纽设施。四是开放性公共性强。具备提供公共物流服务、引导分散资源有序聚集、推动区域物流集约发展等功能，并在满足区域生产生活物流需求中发挥骨干作用。五是服务功能完善。具备干线运输、区域分拨等功能，以及多式联运转运设施设备和系统集成、互联兼容的公共信息平台等，可根据需要提供通关、保税等国际物流相关服务。六是统筹运营管理。由一家企业或多家企业联合主导国家物流枢纽建设、运营和管理，统筹调配物流服务资源，整合对接物流业务，实行统一的安全作业规范。七是区域协同联动。鼓励同一承载城市内不同类型的国家物流枢纽加强协同或合并建设，增强综合服务功能；支持京津冀、长三角、珠三角等地区的承载城市在城市群内部开展国家物流枢纽合作共建，实现优势互补。

国家物流枢纽培育发展要求。各承载城市要遵循市场规律，尊重市场选择，以市场自发形成的物流枢纽设施和运行体系为基础，对照上述要求，选择基础条件成熟、市场需求旺盛、发展潜力较大的物流枢纽进行重点培育，并可根据市场和产业布局变化情况以及交通基础设施发展情况等进行必要的调整。同时，通过规划引导和政策支持，加强公共服务产品供给，补齐设施短板，规范市场秩序，促进公平竞争。要加强国家物流枢纽与其他物流枢纽的分工协作和有效衔接，两者不排斥、不替代，通过国家物流枢纽的发展带动其他物流枢纽做大做强，打造以国家物流枢纽为骨干，以其他物流枢纽为补充，多层次、立体化、广覆盖的物流枢纽设施体系。

四、整合优化物流枢纽资源，提高物流组织效率

（一）培育协同高效的运营主体

鼓励和支持具备条件的企业通过战略联盟、资本合作、设施联通、功能联合、平台对接、资源共享等市场化方式打造优势互补、业务协同、利益一致的合作共同体，推进国家物流枢纽设施建设和统筹运营管理，有序推动干

线运输、区域分拨、多式联运、仓储服务、跨境物流、城市配送等物流服务资源集聚，引导物流服务企业集群发展，提升物流一体化组织效率。

（二）推动物流设施集约整合

整合优化存量物流设施。优先利用现有物流园区特别是国家示范物流园区，以及货运场站、铁路物流基地等设施规划建设国家物流枢纽。鼓励通过统筹规划迁建等方式整合铁路专用线、专业化仓储、多式联运转运、区域分拨配送等物流设施及通关、保税等配套设施，推动物流枢纽资源空间集中；对迁建难度较大的分散区块设施，支持通过协同运作和功能匹配实现统一的枢纽功能。支持国家物流枢纽集中承接第三方物流、电子商务、邮政、快递等物流服务的区域分拨和仓储功能，减少物流设施无效低效供给，促进土地等资源集约利用，提升设施综合利用效率。

统筹补齐物流枢纽设施短板。加强物流枢纽设施薄弱地区特别是中西部地区物流软硬件设施建设，支持物流枢纽设施短板突出地区结合产业发展和城市功能定位等，按照适度超前原则高起点规划新建物流枢纽设施，推动国家物流枢纽网络空间结构进一步完善，带动区域经济发展。

（三）增强国家物流枢纽平台支撑能力

加强综合信息服务平台建设。鼓励和支持国家物流枢纽依托现有资源建设综合信息服务平台，打破物流信息壁垒，推动枢纽内企业、供应链上下游企业信息共享，实现车辆、货物位置及状态等信息实时查询；加强交通、公安、海关、市场监管、气象、邮政等部门公共数据开放共享，为便利企业生产经营和完善物流信用环境提供支撑；加强物流服务安全监管和物流活动的跟踪监测，推动相关企业落实实名登记和信息留存等安全管理制度，实现货物来源可追溯、责任可倒查。依托国家交通运输物流公共信息平台等建立国家物流枢纽间综合信息互联互通机制，促进物流订单、储运业务、货物追踪、支付结算等信息集成共享、高效流动，提高物流供需匹配效率，加强干线运输、支线运输、城市配送的一体化衔接。完善数据交换、数据传输等标准，进一步提升不同枢纽信息系统的兼容性和开放性。

推动物流资源交易平台建设。依托具备条件的国家物流枢纽综合信息服务平台，建设物流资源要素交易平台，开展挂车等运输工具、集装箱、托盘等标准化器具及叉车、正面吊等装卸搬运设备的租赁交易，在制度设计和交易服务等方面加强探索创新，允许交易平台开展水运、航空货运、陆运等运力资源和仓储资源交易，提高各类物流资源的市场化配置效率和循环共用水平。

专栏 2　　国家物流枢纽资源整合工程

1. 国家物流枢纽建设运营主体培育工程。借鉴国外成熟经验，遵循市场化原则，创新物流枢纽经营管理模式，探索建立国家物流枢纽建设运营参与企业的利益协同机制，培育协同高效的运营主体，提高枢纽组织效率。

目标及完成时限：2020 年底前，争取培育 10 家左右国家物流枢纽建设运营标杆企业，形成可推广、可复制的枢纽建设运营经验。

2. 国家物流枢纽联盟工程。发挥行业协会等作用，支持和推动枢纽建设运营企业成立国家物流枢纽联盟。发挥骨干企业网络化经营优势，推动国家物流枢纽之间加强业务对接，积极推进要素流动、信息互联、标准协同等合作机制建设，加快推动形成国家物流枢纽网络。

目标及完成时限：2020 年底前，依托已投入运行的国家物流枢纽，成立国家物流枢纽联盟，在信息互联互通、标准规范对接等方面取得突破。2025 年底前，基本形成稳定完善的国家物流枢纽合作机制，力争将已建成的国家物流枢纽纳入联盟，形成顺畅衔接、高效运作的国家物流枢纽网络。

五、构建国家物流枢纽网络体系，提升物流运行质量

（一）建设国家物流枢纽干线网络体系

构建国内物流干线通道网络。鼓励国家物流枢纽间协同开展规模化物流业务，建设高质量的干线物流通道网络。重点加快发展枢纽间的铁路干线运输，优化运输组织，构建便捷高效的铁路货运网络。鼓励陆港型、生产服务型枢纽推行大宗货物铁路中长期协议运输，面向腹地企业提供铁路货运班列、点到点货运列车、大宗货物直达列车等多样化铁路运输服务；支持陆港型、港口型、商贸服务型枢纽间开行“钟摆式”铁路货运专线、快运班列，促进货物列车客车化开行，提高铁路运输的稳定性和准时性，优先鼓励依托全国性和区域性铁路物流中心培育发展陆港型枢纽；加密港口型枢纽间的沿海沿江班轮航线网络，提升长江中上游港口码头基础配套水平和货物集散能力；

拓展空港型枢纽货运航线网络，扩大全货机服务覆盖范围。完善进出枢纽的配套道路设施建设，提高联运疏解效率。

提升国际物流网络化服务水平。提高国家物流枢纽通关和保税监管能力，支持枢纽结合自身货物流向拓展海运、空运、铁路国际运输线路，密切与全球重要物流枢纽、能源与原材料产地、制造业基地、贸易中心等的合作，为构建“全球采购、全球生产、全球销售”的国际物流服务网络提供支撑。促进国家物流枢纽与中欧班列融合发展，指导枢纽运营主体集中对接中欧班列干线运力资源，加强分散货源组织，提高枢纽国际货运规模化组织水平。充分发挥中欧班列国际铁路合作机制作用，强化国家物流枢纽与国外物流节点的战略合作和业务联系，加强中欧班列回程货源组织，进一步提高运行质量。发挥陆上边境口岸型枢纽的辐射作用，加强与“一带一路”沿线国家口岸相关设施的功能衔接、信息互联，加强单证规则、检验检疫、认证认可、通关报关、安全与应急等方面的国际合作，畅通陆路双向贸易大通道。

（二）依托国家物流枢纽加快多式联运发展

加强干支衔接和组织协同。充分发挥国家物流枢纽的资源集聚和区域辐射作用，依托枢纽网络开发常态化、稳定化、品牌化的“一站式”多式联运服务产品。推动港口型枢纽统筹对接船期、港口装卸作业、堆存仓储安排和干线铁路运输计划。鼓励空港型枢纽开展陆空联运、铁空联运、空空中转，发展“卡车航班”，构建高价值商品的快捷物流服务网络。支持具备条件的国家物流枢纽建立“公共挂车池”，发展甩挂运输，试点开展滚装运输；支持建设多式联运场站和吊装、滚装、平移等快速换装转运设施，加快发展国内国际集装箱公铁联运和海铁联运。

创新标准形成和应用衔接机制。支持和引导国家物流枢纽采用已发布的快递、仓储、冷链、口岸查验等推荐性国家标准和行业标准，严格执行有关规划建设和安全作业标准。研究国家物流枢纽间多式联运转运、装卸场站等物流设施标准，完善货物装载要求、危险品界定等作业规范，加强物流票证单据、服务标准协调对接。充分发挥物流骨干企业作用，通过高频次、规模化、市场化的物流活动，推动多式联运服务、设施设备等标准进一步衔接，重点在水铁、公铁联运以及物流信息共享等领域，探索形成适应枢纽间多式联运发展的市场标准，为制定国家和行业有关标准提供依据。

推广多式联运"一单制"。研究在国家物流枢纽间推行集装箱多式联运电子化统一单证，加强单证信息交换共享，实现"一单制"物流全程可监测、可追溯。加强不同运输方式在货物交接、合同运单、信息共享、责任划分、保险理赔等方面的制度与规范衔接。鼓励企业围绕"一单制"物流创新业务模式，拓展统一单证的金融、贸易、信用等功能，扩大单证应用范围，强化与国际多式联运规则对接，推动"一单制"物流加快发展。

（三）打造高效专业的物流服务网络

现代供应链。促进国家物流枢纽与区域内相关产业协同联动和深度融合发展，打造以国家物流枢纽为核心的现代供应链。鼓励和引导制造、商贸、物流、金融等企业，依托国家物流枢纽实现上下游各环节资源优化整合和高效组织协同，发展供应链库存管理、生产线物流等新模式，满足敏捷制造、准时生产等精益化生产需要；探索发展以个性化定制、柔性化生产、资源高度共享为特征的虚拟生产、云制造等现代供应链模式，提升全物流链条价值创造能力，实现综合竞争力跃升。

邮政快递物流。推动邮政和快递物流设施与新建国家物流枢纽同步规划、同步建设，完善提升已有物流枢纽的邮件快件分拨处理功能。推动快递专业类物流园区改扩建，积极承接国家物流枢纽功能。提升邮件快件分拨处理智能化、信息化、绿色化水平。鼓励发展航空快递、高铁快递、冷链快递、电商快递、跨境寄递，推动快递物流与供应链、产业链融合发展。支持建设国际邮件互换局（交换站）和国际快件监管中心。

电子商务物流。鼓励和支持国家物流枢纽增强电子商务物流服务功能，发挥干线与区域分拨网络作用，为电商提供覆盖更广、效率更高的专业物流服务，促进农村电子商务物流体系建设，推动农产品"上行"和工业品"下行"双向高效流通，提高电子商务物流服务的时效性、准确性。鼓励国家物流枢纽综合信息服务平台与电子商务物流信息平台对接，推动国家物流枢纽网络与电子商务网络信息互联互通，实现"双网"融合。增强国家物流枢纽在跨境电商通关、保税、结算等方面的功能，提高枢纽支撑电子商务物流一体化服务的能力。

冷链物流。引导冷链物流设施向国家物流枢纽集聚，促进冷链物流规模化发展。鼓励国家物流枢纽高起点建设冷链物流设施，重点发展流通型冷库、立体库等，提高冷链设施供给质量。鼓励企业依托国家物流枢纽建设面向城市消费的低温加工处理中心，开展冷链共同配送、“生鲜电商＋冷链宅配”等新模式；大力发展铁路冷藏运输、冷藏集装箱多式联运。依托国家物流枢纽综合信息服务平台，加强全程温度记录和信息追溯，促进消费升级，保障食品质量安全。

大宗商品物流。鼓励粮食、棉花等大宗商品物流嵌入国家物流枢纽服务系统，通过供应链信息协同、集中存储、精细化生产组织等方式，加快资源产地、工业聚集区、贸易口岸的物流组织变革，推动大宗商品物流从以生产企业安排为主的传统模式向以枢纽为载体的集约模式转型，促进枢纽与相关生产企业仓储资源合理配置，进一步降低库存和存货资金占用。发展铁路散粮运输、棉花集装箱运输和能源、矿产品重载运输，推动运输结构调整。

驮背运输。依托国家物流枢纽在具备条件的地区选择适合线路发展驮背运输，充分发挥驮背运输安全可靠、节能环保、运输灵活等优势。加强国家物流枢纽网络的驮背运输组织体系建设，完善与既有铁路、公路运输体系的高效衔接，进一步推动公铁联运发展，促进货物运输“公转铁”。

航空物流。促进国家物流枢纽与机场等航空货运基础设施协同融合发展，加强设施联通和流程对接。依托国家物流枢纽创新航空货运产品体系和业务模式，为集成电路等高端制造业以及生鲜冷链等高附加值产业发展提供高效便捷的物流服务支撑，优化提升航空物流产业链，增强服务实体经济能力。

应急物流。发挥国家物流枢纽网络功能和干线转运能力优势，构建应对突发情况能力强、保障效率和可靠性高的应急物流服务网络。优化存量应急物资储备设施布局，完善枢纽综合信息平台应急功能，提升统一调度、信息共享和运行协调能力。研究制定枢纽应急物流预案，建立制度化的响应机制和协同机制，确保应急物流运行迅速、精准、顺畅。

（四）促进国家物流枢纽网络军民融合发展

按照军民融合发展战略和国防建设有关要求，明确有关枢纽设施服务军事物流的建设内容和标准，支持军队后勤保障社会化。根据军事物流活动保密性、时效性、优先性等要求，拓宽军队使用地方运力、仓储设施、交通网络等物流资源的工作渠道，打通军地物流信息系统数据安全交换通道，建设物流信息资源军地共享平台，建立枢纽服务军事物流需求的运行机制，利用国家物流枢纽的干线调配能力和快速分拨网络服务军事物流需要。

专栏 3　　国家物流枢纽服务能力提升工程

1. 内陆集装箱体系建设工程。结合我国国情和物流业发展实际，研究推广尺寸和类型适宜的内陆集装箱，完善相关技术标准体系。加强载运工具、转运设施等与内陆集装箱标准间的衔接，在国家物流枢纽网络内积极开展内陆集装箱多式联运，形成可复制的模式后逐步推广。

目标及完成时限：2020 年底前，在部分国家物流枢纽间试点建立"钟摆式"内陆集装箱联运体系。

2. 枢纽多式联运建设工程。加快国家物流枢纽集疏运铁路、公路和多式联运转运设施建设，建立规模化、专业化的集疏运分拨配送体系。研究制定满足多式联运要求的快速中转作业流程和服务规范。依托统一单证探索开展"一单制"物流。

目标及完成时限：2020 年底前，在已投入运行的国家物流枢纽间初步建立多式联运体系，标准化联运设施设备得到推广应用，多式联运相关的服务规范和运行规则建设取得积极进展。

2025 年底前，多式联运体系基本建成，先进的标准化联运设施设备得到大规模应用，多式联运相关的服务规范和运行规则基本形成，"一单制"物流加快发展。

3. 枢纽铁路专用线工程。支持国家物流枢纽新建或改扩建铁路专用线，简化铁路专用线建设审批程序，建立专用线共建共用机制，提高国家物流枢纽内铁路专用线密度，加强装卸场站等联运换装配套设施建设。重点推进港口型枢纽建设连接码头堆场、铁路干线的专用线，鼓励有需要、有条件的铁路专用线向码头前沿延伸。鼓励具备条件的空港型枢纽加强铁路专用线建设。

目标及完成时限：结合国家物流枢纽建设持续推进。除空港型、部分陆上边境口岸型外，已投入运行的国家物流枢纽均具备铁路专用线，实现与铁路运输干线以及港口等交通基础设施有效联接。

4. 枢纽国际物流功能提升工程。支持基础条件好的国家物流枢纽扩大国际物流业务，建设全球转运中心、分拨中心，拓展全球交易中心、结算中心功能，积极推进中国标准"走出去"并与国际标准对接，提高在世界物流和贸易网络中的影响力。

目标及完成时限：2020 年底前，建设 5 ~ 10 个具有较强国际竞争力的国家物流枢纽，健全通达全球主要经济体的国际物流服务网络，辐射带动更多枢纽提升国际物流功能。

5. 标准化装载器具推广应用工程。重点加强集装箱、集装袋、周转箱等载运工具和托盘（1200mm × 1000mm）、包装基础模数（600mm × 400mm）在国家物流枢纽推广应用，促进不同物流环节、不同枢纽间的设施设备标准衔接，提高标准化装载器具循环共用水平。

目标及完成时限：到 2020 年，已投入运行的国家物流枢纽中标准托盘、集装箱、集装袋、周转箱等标准化装载器具得到广泛应用，基本建立标准化装载器具循环共用体系。

六、推动国家物流枢纽全面创新，培育物流发展新动能

（一）加强新技术、新装备创新应用

促进现代信息技术与国家物流枢纽运营管理深度融合，提高在线调度、全流程监测和货物追溯能力。鼓励有条件的国家物流枢纽建设全自动化码头、“无人场站”、智能化仓储等现代物流设施。推广电子化单证，加强自动化控制、决策支持等管理技术以及场内无人驾驶智能卡车、自动导引车、智能穿梭车、智能机器人、无人机等装备在国家物流枢纽内的应用，提升运输、仓储、装卸搬运、分拣、配送等作业效率和管理水平。鼓励发展智能化的多式联运场站、短驳及转运设施，提高铁路和其他运输方式换装效率。加强物流包装物在枢纽间的循环共用和回收利用，推广使用可循环、可折叠、可降解的新型物流设备和材料，鼓励使用新能源汽车等绿色载运工具和装卸机械，配套建设集中式充电站或充电桩，支持节能环保型仓储设施建设，降低能耗和排放水平。

（二）发展物流新业态新模式

高效响应物流市场新需求。适应产业转型、内需扩大、消费升级带来的物流需求变化，加强国家物流枢纽与腹地生产、流通、贸易等大型企业的无缝对接，提高市场感知能力和响应力。发展集中仓储、共同配送、仓配一体等消费物流新模式，构建以国家物流枢纽为重要支撑的快速送达生活物流圈，满足城乡居民小批量、多批次、个性化、高品质生活物流需求。引导国家物流枢纽系统对接国际物流网络和全球供应链体系，支持中欧班列、跨境电商发展。鼓励大型物流企业依托国家物流枢纽开展工程设备、大宗原材料的国际工程物流服务。

鼓励物流枢纽服务创新。建立国家物流枢纽共享业务模式，通过设施共建、产权共有、利益协同等方式，引导企业根据物流需求变化合理配置仓储、运力等资源。加强基础性、公共性、联运型物流设施建设，强化物流枢纽社会化服务功能，提高设施设备共享共用水平。发展枢纽平台业务模式，将枢纽内分散的物流业务资源向枢纽平台整合，以平台为窗口加强业务资源协作，

统一对接上游产业物流需求和下游物流服务供给。拓展枢纽供应链业务模式，发挥国家物流枢纽在区域物流活动中的核心作用，创新枢纽的产业服务功能，依托国家物流枢纽深化产业上下游、区域经济活动的专业化分工合作，推动枢纽向供应链组织中心转变。

（三）打造特色鲜明的枢纽经济

引导地方统筹城市空间布局和产业发展，充分发挥国家物流枢纽辐射广、成本低、效率高的优势，带动区域农业、制造、商贸等产业集聚发展，打造形成各种要素大聚集、大流通、大交易的枢纽经济，不断提升枢纽的综合竞争优势和规模经济效应。依托陆港型枢纽，加快推进与周边地区要素禀赋相适应的产业规模化发展。依托港口型枢纽，优先推进临港工业、国际贸易、大宗商品交易等产业联动发展。依托空港型枢纽，积极推进高端国际贸易、制造、快递等产业提质升级。依托生产服务型枢纽，着力推进传统制造业供应链组织优化升级，培育现代制造业体系。依托商贸服务型枢纽，重点推进传统商贸向平台化、网络化转型，带动关联产业集群发展壮大。依托陆上边境口岸型枢纽，推进跨境电商、进出口加工等产业聚集发展，打造口岸产业集群。

专栏4　　国家物流枢纽创新驱动工程

1. 枢纽经济培育工程。发挥国家物流枢纽要素聚集和辐射带动优势，推进东部地区加快要素有机融合与创新发展，提高经济发展效益和产业竞争力，培育一批支撑产业升级和高质量发展的枢纽经济增长极；推进中西部地区加快经济要素聚集，促进产业规模化发展，培育一批带动区域经济增长的枢纽经济区。

目标及完成时限：2025年底前，依托国家物流枢纽及相关产业要素资源，推动20个左右承载城市发展各具特色的枢纽经济，探索形成不同区域、不同类型国家物流枢纽支撑和带动经济发展的成熟经验。

2. 枢纽业务模式创新培育工程。支持和引导国家物流枢纽开展物流线上线下融合、共同配送、云仓储、众包物流等共享业务。在平台开展物流对接业务的基础上，进一步拓展交易担保、融资租赁、质押监管、信息咨询、金融保险、信用评价等增值服务，搭建物流业务综合平台。结合枢纽供应链组织中心建设，提高枢纽协同制造、精益物流、产品追溯等服务水平，有序发展供应链金融，鼓励开展市场预测、价格分析、风险预警等信息服务。

目标及完成时限：2025年底前，建设30个左右体现共享型、平台型、供应链组织型特色的国家物流枢纽。

续　表

3. 智能快递公共枢纽建设工程。依托国家物流枢纽，建设一批信息化、标准化、智能化、绿色化特征显著，设施配套、运行高效、开放共享的国际和国内快递公共枢纽，推进快递与上下游行业信息联通、货物畅通、资金融通，促进快递运转效率进一步提升。 目标及完成时限：2025 年底前，基于国家物流枢纽的快递高效服务网络基本建立，联结并辐射国际重要节点城市，实现物品安全便捷寄递。

七、加强政策支持保障，营造良好发展环境

（一）建立完善枢纽建设协调推进和动态调整机制

充分发挥全国现代物流工作部际联席会议作用，建立国家物流枢纽培育和发展工作协调机制，统筹推进全国物流枢纽布局和规划建设工作。在符合国土空间规划的基础上加强与综合交通运输规划等的衔接。研究制定国家物流枢纽网络建设实施方案，有序推动国家物流枢纽建设。建立国家物流枢纽定期评估和动态调整机制，在规划实施过程中，对由市场自发建设形成且对完善国家和区域物流网络具有重要意义的枢纽和所在城市及时调整纳入规划范围，享受相关政策；对枢纽长期达不到建设要求或无法有效推进枢纽实施的承载城市要及时调出。有关地方要加强部门间的协调，扎实推进相关工作，形成工作合力和政策协同。

（二）优化枢纽培育和发展环境

持续深化物流领域“放管服”改革，打破阻碍货畅其流的制度藩篱，支持国家物流枢纽的运营企业通过技术创新、模式创新、管理创新等方式提升运营水平，为入驻企业提供优质服务。规范枢纽内物流服务企业的经营行为，严格执行明码标价有关规定，坚决消除乱收费、乱设卡等推高物流费用的“痼疾”。适当下浮枢纽间铁路干线运输收费，适当提高中西部地区铁路运输收费下浮比例。研究内陆地区国家物流枢纽实施陆港启运港退税的可行性。鼓励地方政府在国家物流枢纽统筹设立办事服务机构，支持交通、公安、市场监管、税务、邮政等部门进驻枢纽并开展联合办公。在全国信用信息共享平台和国家企业信用信息公示系统中，完善枢纽物流服务企业信用信息，增

强企业信用信息记录和查询服务功能，落实企业失信联合惩戒制度，为国家物流枢纽发展提供良好信用环境。

（三）完善规划和用地支持政策

对国家物流枢纽范围内的物流仓储、铁路站场、铁路专用线和集疏运铁路、公路等新增建设用地项目，经国务院及有关部门审批、核准、备案的，允许使用预留国家计划；地方相关部门审批、核准、备案的，由各省（区、市）计划重点保障。鼓励通过“先租后让”、“租让结合”等多种方式供应土地。对因建设国家物流枢纽需调整有关规划的，要积极予以支持。利用国家物流枢纽中的铁路划拨用地用于物流相关设施建设，从事长期租赁等物流经营活动的，可在五年内实行继续按原用途和土地权利类型使用土地的过渡期政策，期满及涉及转让需办理相关用地手续的，可按新用途、新权利类型和市场价格以协议方式办理。加强国家物流枢纽空间布局与城市功能提升的衔接，确保枢纽用地规模、土地性质和空间位置长期稳定。研究制定合理的枢纽容积率下限，提高土地资源利用效率。

（四）加大投资和金融支持力度

中央和地方财政资金利用现有渠道积极支持枢纽相关设施建设。研究设立国家物流枢纽中央预算内投资专项，重点支持国家物流枢纽铁路专用线、多式联运转运设施、公共信息平台、军民合用物流设施以及内部道路等公益性较强的基础设施建设，适当提高中西部地区枢纽资金支持比例。中央财政投资支持的国家物流枢纽项目需签订承诺书，如改变项目土地的物流用途等，须连本带息退还中央财政资金。引导商业金融机构在风险可控、商业可持续条件下，积极支持国家物流枢纽设施建设。支持符合条件的国家物流枢纽运营主体通过发行公司债券、非金融企业债务融资工具、企业债券和上市等多种方式拓宽融资渠道。按照市场化运作原则，支持大型物流企业或金融机构等设立物流产业发展投资基金，鼓励包括民企、外企在内的各类社会资本共同参与国家物流枢纽规划建设和运营。

（五）加强规划组织实施

各地区、各部门要按照职责分工，完善细化相关配套政策措施，认真落实规划各项工作任务。各省级发展改革部门要会同交通运输等部门，根据本规划和相关工作方案要求，指导承载城市结合城市总体规划和本地区实际编制具体方案，并对照有关要求和重点任务，积极推进枢纽规划建设。已编制物流业发展规划的城市，应结合国家物流枢纽布局，对原有规划进行调整修编；尚未编制物流业发展规划的城市，按照本规划要求结合实际尽快统筹编制相关规划。国家物流枢纽运营主体要完善统计制度，加强数据收集和分析，定期报送相关运营情况。国家发展改革委、交通运输部要会同有关部门加强统筹协调和工作指导，及时协调解决规划实施中存在的问题，重大问题及时向国务院报告。

附件三　国家物流枢纽网络建设实施方案（2019—2020年）

为贯彻落实党中央、国务院关于加强物流等基础设施网络建设的决策部署，科学推进国家物流枢纽布局和建设，根据经国务院同意印发的《国家物流枢纽布局和建设规划》（发改经贸〔2018〕1886号，以下简称《规划》），制定本方案。

一、总体要求

以习近平新时代中国特色社会主义思想为指导，全面贯彻党的十九大和十九届二中、三中全会精神，认真落实中央经济工作会议各项部署，牢固树立和贯彻落实新发展理念，按照高质量发展的要求，聚焦打造"通道+枢纽+网络"的物流运行体系，2020年底前布局建设30家左右国家物流枢纽，推动物流组织模式和行业管理体制机制创新，优化物流资源配置和物流活动组织，提升物流服务质量和效率，推动降低全社会物流成本水平，为促进形成强大国内市场，建设现代化经济体系提供有力支撑。

——市场主导、创新推进。遵循市场经济规律和现代物流发展规律，使市场在资源配置中起决定性作用和更好发挥政府作用，结合国家物流枢纽承载城市及区域经济发展战略，科学选址布局，加强国家物流枢纽建设和运营模式创新，激发各类市场主体积极性，支持和引导具备条件的物流枢纽做大做强。

——存量优先，有序推进。坚持以存量设施整合提升为主、增量设施补短板为辅，以市场自发形成的物流枢纽设施和运行体系为基础，选择各项基础条件成熟的物流枢纽进行重点培育，成熟一批推进一批，全程跟踪监测评估，确保枢纽建设质量。

——集约整合，协调推进。加强城市规划协同衔接和部门协同配合，强化枢纽间的功能和业务对接，依托枢纽推动整合物流资源与产业资源，培育行业发展新动能，探索枢纽经济新范式。加强国家级城市群内部国家物流枢纽的共建共享共用。

二、重点工作

（一）科学布局建设国家物流枢纽

以整合区域内的物流资源为导向，加强同一承载城市不同类型枢纽的功能协同，鼓励合并建设。鼓励京津冀、长三角、珠三角等地区的承载城市在城市群内部积极开展枢纽合作共建。加强国家物流枢纽与本地区其他物流枢纽的分工协作和有效衔接，带动其他物流枢纽发展。

（二）创新推进国家物流枢纽培育引导工作

遵循市场化原则，发挥地方政府在国家物流枢纽培育中的关键引导和统筹推动作用，创新物流枢纽经营管理模式，以提升效率效益为导向，激发市场主体积极性，通过资产整合、业务融合、联盟运作等手段，培育形成 10 家左右枢纽建设运营标杆企业。围绕“一带一路”建设、京津冀协同发展、长江经济带发展、粤港澳大湾区建设、长三角一体化发展等重大战略实施，支持基础条件较好的物流枢纽扩大国际物流业务，拓展全球转运分拨中心、国际交易中心、国际结算中心功能，建设 5 ~ 10 个具有较强国际竞争力的国家物流枢纽，健全通达全球主要经济体的国际物流服务网络，辐射带动更多物流枢纽提升国际物流功能。

（三）推进国家物流枢纽网络化系统化建设

完善国家物流枢纽铁路专用线及多式联运转运等相关设施，对接中欧班列、海铁联运班列等干线运力资源，加强枢纽间铁路货运班列开行力度，探索有效的枢纽间干线业务联通模式、分拨网络与干线对接模式，形成覆盖所有枢纽的铁路集装箱班列、货运专列、班轮航运、航空运输等干线运输网络。依托已投入运行的国家物流枢纽，支持行业协会、枢纽运营企业和研究机构等组建国家物流枢纽联盟，制定联盟工作章程，促进枢纽间业务、信息联通共享以及标准对接等。初步建立国家物流枢纽间多式联运体系，完善相关服务规范和运行规则，推广应用标准化联运设施设备和标准托盘、集装箱、集装袋、周转箱等标准化装载器具，推动建立标准化装载器具循环共用体系。鼓励和引导部分国家物流枢纽间试点建立“钟摆式”内陆集装箱联运体系。

（四）探索发展具有中国特色的枢纽经济

引导国家物流枢纽承载城市统筹谋划枢纽建设与城市经济发展，重点在枢纽布局与城市产业布局协同、枢纽物流服务网络打造与产业网络化组织联动、枢纽要素聚集与产业形态融合创新等方面创新突破。推动承载城市依托枢纽培育具有特色的枢纽经济增长极和新的比较优势，打造各种要素大聚集、大流通、大交易的枢纽经济，不断提升枢纽的综合竞争优势和规模经济效应。

三、申报基本条件

（一）具备存量发展基础

原则上选择已投入运营、基础设施条件相对完备、市场需求旺盛、发展潜力较大、区域带动作用较强、在行业内具有一定影响力的物流枢纽开展国家物流枢纽建设，国家级示范物流园区可优先考虑。

（二）满足基本建设要求

拟申报的枢纽应符合《规划》关于国家物流枢纽规划建设的要求，即：区位条件良好、空间布局集约、存量设施优先、开放性公共性强、服务功能完善、统筹运营管理、区域协同联动等（详见《规划》文稿第三部分），具备充足的建设用地，并为枢纽未来发展预留足够的用地空间。

（三）编制合理建设方案

各省（区、市）及计划单列市发展改革委要会同交通运输等部门，指导承载城市人民政府（直辖市和计划单列市为拟申报的枢纽所在地的区县人民政府，下同）对照《规划》关于国家物流枢纽的规划建设和培育发展要求，会同枢纽建设运营主体按照《国家物流枢纽建设方案编制要点》（附件 2），牵头编制《（城市名称 + 枢纽类型）国家物流枢纽建设方案》。

四、实施程序

（一）方案初审

各省（区、市）及计划单列市发展改革委要会同交通运输等部门，组织专家对承载城市人民政府编制的建设方案进行初步审查。2019 年 5 月 30 日前，择优选取 1 ~ 2 家方案较为成熟的枢纽，连同初步审查意见一并报送国家发展改革委、交通运输部。2020 年申报时间另行通知。

（二）专家评审

国家发展改革委、交通运输部将组织专家，按照《规划》和本实施方案确定的条件要求，对各地报送的方案进行综合评审，必要时将赴枢纽承载城市和枢纽所在区域实地考察，在此基础上形成国家物流枢纽建议名单。

（三）发布名单

国家发展改革委、交通运输部将依据专家建议名单，结合国家重大战略实施需要，研究确定并联合印发国家物流枢纽年度建设名单，对枢纽建设提出指导性意见，并抄送承载城市所属省（区、市）或计划单列市人民政府。

（四）建设实施

各省（区、市）及计划单列市发展改革委要会同交通运输等部门，按照专家评审意见，指导枢纽承载城市人民政府修改完善枢纽建设方案并印发实施，同时根据国家发展改革委、交通运输部提出的指导性意见，加强对枢纽建设的日常指导。

五、组织保障

（一）加强组织协调

国家发展改革委、交通运输部将会同有关部门建立国家物流枢纽培育和发展工作协调机制，统筹推进全国物流枢纽布局和建设工作。各省（区、市）及计划单列市发展改革委要会同交通运输等部门，指导承载城市建立国家物流枢纽布局和建设工作推进机制，对照《规划》要求，加强跨部门、跨城市合作统筹，加大国家物流枢纽培育力度，申报条件成熟后及时组织承载城市人民政府申报。有关重大情况要及时报送国家发展改革委、交通运输部。

（二）完善监督评估

国家物流枢纽运营主体要结合实际完善统计制度，加强数据收集和分析，定期报送相关运营情况。国家发展改革委、交通运输部将建立国家物流枢纽定期评估和动态调整机制，对枢纽建设和运行情况进行全程跟踪监测，并进行年度评估。对由市场自发建设形成、对完善国家和区域物流网络具有重要意义的枢纽和所在城市，将及时调整纳入《规划》，对长期达不到建设要求的国家物流枢纽或无法有效推进枢纽落地的承载城市将及时调出。

（三）加大政策支持

各省（区、市）及计划单列市发展改革委要会同交通运输等部门协调推动《规划》确定的各项政策落实，及时研究解决本地区国家物流枢纽建设和运营中面临的突出问题。在优先利用现有设施推进国家物流枢纽布局建设过程中，要建立枢纽重大项目储备库，将与国家物流枢纽密切关联的铁路专用线、多式联运转运设施、公共信息平台、军民合用物流设施、集疏运公路以及内部道路等公益性较强的重点建设项目纳入国家重大建设项目库，并及时向国家发展改革委、交通运输部报备。对符合条件的项目，国家发展改革委、交通运输部将按职责研究使用中央预算内资金或现有车购税资金渠道适时予以支持。

参考文献

［1］亚当·斯密．国民财富的性质和原因的研究（下卷）［M］．郭大力，王亚南，译．北京：商务印书馆，1974.

［2］阿尔弗雷德·韦伯．工业区位论［M］．李刚剑，陈志人，张英保，译．北京：商务印书馆，1997.

［3］保罗·克鲁格曼．地理和贸易［M］．张兆杰，译．北京：北京大学出版社，中国人民大学出版社，2000.

［4］迈克尔·波特．竞争论［M］．高登第，李明轩，译．北京：中信出版社，2003.

［5］埃德加·M. 胡佛．区域经济学导论［M］．王翼龙，译．北京：商务印书馆，1990.

［6］何黎明．中国物流园区［M］．北京：中国物资出版社，2009.

［7］贺登才，颜滨，袁有丰．德国物流园区考察报告［J］．中国物流与采购，2010（15）：58－61.

［8］黄有方，严伟．我国制造业与物流业联动发展的趋势及建议［J］．上海海事大学学报，2010，31（1）：1－6.

［9］何明珂．物流系统论［M］．北京：中国审计出版社，2001.

［10］汪鸣．国外物流园区运营模式及借鉴［J］．中国储运，2003（5）：14－16.

［11］奥古斯特·勒施．经济空间秩序——经济财货与地理间的关系［M］．王守礼，译．北京：商务印书馆，1995.

［12］董千里．高级物流学［M］．北京：人民交通出版社，2006.

［13］张晓东．物流园区布局规划理论研究［M］．北京：中国物资出版社，2004.

［14］徐康宁．产业聚集形成的源泉［M］．北京：人民出版社，2006.

［15］ 海峰，刘勤．物流园区规划设计与运营管理［M］．武汉：华中科技大学出版社，2015.

［16］ 王宏新．物流园区——规划·开发·运营［M］．北京：清华大学出版社，2014.

［17］ 李向文，杨健．物流园区信息平台建设与信息化管理［M］．北京：清华大学出版社，2015.

［18］ 周凌云，赵钢．物流中心规划与设计［M］．2 版．北京：清华大学出版社，北京交通大学出版社，2014.

［19］ 贾争现，刘康．物流配送中心规划与设计［M］．北京：机械工业出版社，2004.

［20］ 席平，严国荣，曹鸿．建立中国西部国际港口——“西安陆港”的设想［J］．唐都学刊，2001（4）：12－14.

［21］ 董千里，阎敏，董明．关于区域物流理论在我国应用的研究［J］．重庆交通学院学报，1998（2）：76－82.

［22］ 沃尔特·艾萨德．区位与空间经济——关于产业区位、市场区、土地利用、贸易和城市结构的一般理论［M］．杨开忠，沈体雁，方森，等译．北京：北京大学出版社，2011.

［23］ 韩伯领，周凌云．物流园区规划设计与运营：理论、方法及实践［M］．北京：清华大学出版社，北京交通大学出版社，2018.

［24］ 陈文福．西方现代区位理论述评［J］．云南社会科学，2004（2）：62－66.

［25］ 刘瀛寰．内陆港选址风险评价模型研究［D］．大连：大连海事大学，2010.

［26］ 陈柳钦．分工协作、交易费用与产业集群［J］．西华大学学报（哲学社会科学版），2006（5）：34－39.

［27］ 胡娟．物流产业集群的成长及治理［M］．武汉：武汉大学出版社，2015.

［28］ 黄基伟，鲁莹．保罗·克鲁格曼——新经济地理学开创者［M］．北京：人民邮电出版社，2009.

［29］ 刘恒江，陈继祥．国外产业集群政策研究综述［J］．外国经济与管理，2004（11）：36－43.

［30］孙家庆，张赫，程显胜．集装箱多式联运［M］. 北京：中国人民大学出版社，2010.

［31］付韬，张永安．产业集群生命周期理论探析［J］. 华东经济管理，2010，24（6）：57－61.

［32］朱长征．国际陆港作用机理与布局规划理论研究［D］. 西安：长安大学，2010.

［33］韩伯领，苏顺虎．铁路现代物流中心综合发展规划理论与应用［M］. 北京：中国物资出版社，2010.

［34］唐凯江，蒋永穆．产业集群演化论［M］. 北京：社会科学文献出版社，2013.

［35］黄丽丽．物流产业集群形成机理与空间结构演化研究［D］. 成都：西南交通大学，2016.

［36］刘憋．物流产业集群与区域经济互动研究［D］. 北京：北京交通大学，2009.

［37］陈岳．现代陆港物流园区形成机理研究［D］. 西安：长安大学，2009.

［38］秦璐．城市物流空间结构特征及演化理论研究［D］. 北京：北京交通大学，2012.

［39］中国物流与采购联合会．中国物流园区发展综述［EB/OL］.（2014－05－30）［2020－06－11］. http：//www.chinawuliu.com.cn/wlyq/201405/30/290277.shtml.

［40］中国物流学会．中国物流园区发展：历史、现状和未来［EB/OL］.（2012－11－27）［2020－12－09］. http：//csl.chinawuliu.com.cn/html/19885600.html.

［41］国家发展改革委．关于印发全国物流园区发展规划的通知［EB/OL］.（2013－10－15）［2020－09－15］. https：//www.ndrc.gov.cn/xxgk/zcfb/ghwb/201310/t20131015_ 962143.html.

［42］中国物流与采购联合会，中国物流学会．中国物流园区发展报告（2016）［M］. 北京：中国财富出版社，2016.

［43］中国物流与采购联合会，中国物流学会．第四次全国物流园区（基地）调查报告［R/OL］.（2015－08－10）［2020－11－01］. http：//www.chinawuliu. com. cn/lhhzq/201508/10/304105. shtml.

[44] 谭小平．美国多式联运枢纽建设发展情况及对中国的启示 [EB/OL].(2015-07-24)[2019-12-03]. https：//wenku. baidu. com/view/2cd8edaf5901020207409cac. html.

[45] 宫秀芬．我国物流产业集群模式及形成机制 [J]. 科技促进发展，2016 (2)：249-255.

[46] 席平，王娟，牛熠．西安陆港和临港产业区的布置与规划 [J]. 中外物流，2007 (5)：89-91.

[47] 李超杰．物流园区规模确定方法研究 [D]. 成都：西南交通大学，2011.

[48] 吴文征．物流园区网络协同研究 [D]. 北京：北京交通大学，2012.

[49] 李玉民，李旭宏，毛海军，等．物流园区规划建设规模确定方法 [J]. 交通运输工程学报，2004 (2)：76-79.

[50] 董冲．物流园区的成长及其对区域经济发展的影响研究 [D]. 武汉：华中科技大学，2015.

[51] 王欢明．成都发展内陆"干港"研究 [D]. 成都：西南交通大学，2008.

[52] 牛慧恩，陈璟．我国物流园区规划建设的若干问题探讨 [J]. 城市规划，2001 (3)：58-60.

[53] 朱长征．国际陆港形成动因分析 [J]. 物流工程与管理，2009，31 (12)：39-40，61.

[54] 支海军．国际陆港规划理论及运行机制研究 [D]. 西安：长安大学，2010.

[55] 陆成云．我国物流园区开发模式研究 [J]. 综合运输，2010 (4)：50-52，80.

[56] 邢虎松．我国物流园区建设前期程序初探 [J]. 北京交通大学学报(社会科学版)，2015，14 (3)：84-88.

[57] 海峰，靳小平，贾兴洪．物流集群的内涵与特征辨析 [J]. 中国软科学，2016 (8)：137-148.

[58] 张戎，艾彩娟．内陆港功能定位及发展对策研究 [J]. 综合运输，2010 (1)：44-47.

［59］马交国，马永欢，刘清春．我国物流园区规划、建设和发展模式研究述评［J］．现代城市研究，2016（1）：90－95.

［60］孙家庆．物流运输组织与管理［M］．大连：大连海事大学出版社，2004.

［61］王娟，刘凌，李亚凡．德国物流园区的建设运营模式对我国物流园区发展的启示与借鉴［J］．物流技术，2014，33（17）：31－32，380.

［62］H. 哈肯．高等协同学［M］．郭治安，译．北京：科学出版社，1989.

［63］张宇圣，颜二鹏，朱咸东．陆港的名称和定义［J］．水运管理，2013，35（2）：36－38.

［64］国家发展和改革委员会经济贸易司，中国物流与采购联合会．示范物流园区创新发展报告（2017）［M］．北京：中国财富出版社，2017.

［65］EIICHI TANIGUCHI，R G THOMPSON. Logistics Systems For Sustainable Cities［M］. Bradford：Emerald Group Publishing，2004.

［66］FEI YAN，QIANLI DONG. Research on the Complexity of Industrial Supply Chain Logistics Network and its Characteristics［C］. Wuhan International Conference on E-Business，2008.

［67］VIOLETA R. Factors Influencing Implementation of a Dry Port［J］. International Journal of Physical Distribution & Logistic Management，2008，38（10）：782－798.

［68］MURAT IYIGUN. Clusters of invention，life cycle of technologies and endogenous growth［J］. Journal of Economic Dynamics and Control，2005，30（4）：687－719.